"博学而笃志，切问而近思。"

(《论语》)

博晓古今，可立一家之说；
学贯中西，或成经国之才。

作者简介

黄瑚，男，1955年7月出生于上海市，原籍江苏海门。博士，现任复旦大学新闻学院副院长、教授、博士生导师，并担任教育部高等学校新闻学学科教学指导委员会委员兼秘书长、中国新闻史学会副会长、上海市新闻学会副会长等社会兼职。1973年中学毕业后在上海一家工厂当工人，1979年经高考被录取为复旦大学新闻学专业本科生，1983年本科毕业并获学士学位，同时被录取为复旦大学新闻学专业硕士研究生，1986年7月毕业并获硕士学位。之后，在复旦大学新闻系（1988年升格为新闻学院）执教，攻读并获得博士学位。曾在美国东西方中心和夏威夷大学进修，在香港中文大学、英国诺丁汉特伦特大学和美国北卡罗莱纳大学作访问学者，在香港珠海学院和台湾铭传大学担任客座教授。著有《新闻法规与新闻职业道德》（四川人民出版社1998年版）、《中国近代新闻法制史论》（复旦大学出版社1999年版）、《中国新闻事业发展史》（复旦大学出版社2001年版）、《新闻伦理学》（新华出版社2001年版）、《新闻法规与职业道德教程》（主编兼撰稿人，复旦大学出版社2003年版）、《简明中国新闻事业史》（第一作者，中南大学出版社2005年版）、《网络传播法规与道德教程》（第一作者，复旦大学出版社2006年版），参加撰写的专著、教材、辞书等各类著作有《中国新闻事业通史》、《中国新闻图史》、《中国大百科全书·新闻出版卷》、《辞海》等二十多部。此外还发表过论文数十篇。

新闻与传播学系列教材/新世纪版

中国新闻事业发展史

（第二版）

黄瑚 著

JC

復旦大學出版社

内容提要

本书在第一版的基础之上，根据作者近几年的研究成果，将中国新闻事业的发展历程分为“新闻事业在中国的出现与长足发展（1815–1895）”、“从民族报业的勃兴到新闻事业的全面发展（1895—1927）”、“两极新闻事业的发展及其影响（1927–1949）”、“社会主义新闻事业的建立、发展与改革（1949–）”四大阶段，并据此将本书分为四编十六章，条理明晰，观点鲜明，构架合理，文字顺畅。本书还顺应时代发展的要求，增加了新闻事业的产业化、集团化以及网络等新媒体的发展等全新内容。总之，本书无论在内容和形式上都较第一版更为成熟和完善。

本书可用作新闻传播学科的本科生、研究生教材，也可用作新闻从业人员学习进修的参考书、新闻传播爱好者的自学读物。

目　录

第一编　新闻事业在中国的出现与长足发展(1815—1895)

第三编 两极新闻事业的发展及其影响(1927—1949)

第一编

新闻事业在中国的出现与长足发展(1815—1895)

自人类社会诞生起,出于生活、生产的需要,人类新闻信息传播活动也随之出现。作为世界文明古国之一,中国的新闻信息传播活动可谓源远流长,其表现形式也由简而繁、由单一而多样。与大一统的封建帝国的新闻信息传播需求相应,"邸报"等被统称为中国古代报纸的新闻信息传播手段在唐代以后开始出现并不断发展,至清代时已出现类似于近代报刊形式的《京报》。随着商业的出现与发展,广告也应运而生。印刷广告在宋代的问世,使中国成为世界上第一个出现印刷广告的国家,比西方国家至少要早300多年。

但是,新闻事业,作为人类社会有目的、有组织、专业化、规模化的新闻传播活动,则是在人类社会发展到一定阶段、生产力发展到一定水平的时候才可能形成。因此,中国的新闻事业出现于19世纪初,比欧洲国家晚了200年左右。当时,有几位英国传教士为便于在华布道而把近代报刊引进到中国来,揭开了中国新闻事业发展的序幕。但是,中国近代报刊进入长足发展时期,则是在鸦片战争失败、清政府被迫向外国人开放国门之后。外国人在华主办的近代报刊,时称"外报",在19世纪50年代后"渐行于中土",70年代后迅猛发展,至90年代中期维新变法运动兴起前夕已遍布全国,并垄断了当时中国的新闻舆论阵地与报业市场。不幸的是,虽然国人在这一时期已认识到近代报刊的社会功能与社会影响并开始尝试办报,但是这些国人自办报刊因中国封建专制政府的百般钳制与迫害而只能是昙花一现,旋起旋辄,其对当时社会的影响十分微弱。

第一章

中国古代新闻信息传播及其主要形式

中国古代新闻信息传播活动及其表现形式，特别是“邸报”、《京报》等中国古代报纸，不仅满足了当时社会的新闻信息传播需求，而且对近代中国的新闻事业发展也具有或是显性的、或是隐性的影响。因此，我们在学习中国新闻事业发展史时，有必要回顾一下中国古代的新闻传播活动及其表现形式，重点是自唐代后发展起来的“邸报”、《京报》等古代报纸和古代商业广告。

第一节　古代新闻信息传播的早期形式

一、从口语传播到标识传播

人的社会性，是人区别于动物的一个最基本的特点。自人类社会诞生起，人就是结群而居的。基于生活、生产的需要，人与人之间的新闻信息传播活动，也与人类社会同时产生，并成为人类社会生存与发展的基本手段之一，其表现形式则随着社会生产力的发展由简单而复杂、由单一而多样。但是，由于生产力水平低下、人类新闻信息传播需求不强，古代新闻信息传播活动始终是融合在一般的社会生产活动之中，而没有形成一项独立的社会职业活动。

在中国，最早出现的是口语、标识这两种新闻信息传播形式。这一点，在世界上的其他国家，也概莫能外。

口语传播这一形式，即口耳之间的传播形式，可能肇始于先民们在劳动中“前呼邪许，后亦应之”（《淮南子》）的举重劝力之歌。因此，将新闻信息用易懂、易诵、易记的谣谚等表达形式进行传播，为先民们所常用。但是,人的喉咙发出的声音,毕竟音量有限,因而先民们发明了喇叭等原始扩音器,以提高口语传播的效果。在青海地区民和县阳山新石器时代后期的遗存物中,我们发现了一个长约二尺、形状与现代的喊话筒相似的陶制喇叭筒,距今约4 000至10 000年。这个陶制喇叭筒的出现,标志着人类已经有了可以向众人进行新闻信息传播的工具。之后,号角等各种口语传播工具相继出现。

在口语传播工具发展的基础上,人们又发明了木铎等音响传播工具。木铎是一种木舌金铃的发声器具,为中国古代所特有,其他国家的古代社会未有类似的新闻信息传播工具。据记载,早在夏商周时期,有一类被称为"遒人"的政府官员,巡行各地时手中摇着木铎,以宣达政令和收集民情(采风)。

然而,声音传得再远,限于当时的科技水平,是无法被留住的。因此,先民们不仅使用口语传播形式,同时还使用标识传播形式。标识传播的具体手段,有结绳、画图、雕刻、烽烟、旌旗等等。结绳,是先民们在文字产生前用绳子结扣来记事的一种手段,相传大事打大结、小事打小结。这种绳结所标示的各类信息包括新闻信息,可以被保留下来,使不在现场的人们也有可能获取和使用。至今仍有一些没有文字的民族还在用结绳这种手段记事。画图、雕刻,现在已发展成为两种艺术表现形式,但在出现之初则是用来记录、保留与传播各类信息的工具。烽烟,是中国古代边防军事通讯、报警的重要手段,即在敌人侵犯时白天燃烟、夜间点火,通过山峰之间的烽火迅速传达讯息。相传西周幽王为博得其宠妃褒姒一笑,无故点烽火以戏弄各诸侯,终因失信于天下而导致西周衰败。旌旗,又称旗帜,泛指悬挂在杆上并绘有图案的布,其图案往往具有标识性,以用于传达各类讯息。时至今日,仍有用作宣传的各类旗帜。

二、文字传播:早期新闻信息传播的完备形式

文字传播及其各种表现形式的陆续问世,是古代新闻信息传播活动趋于成熟的标志。

在中国,早在殷商时代,文字已经发展到了相当高的水平,并已成为当时重要的新闻信息传播手段。目前已发现的早期文字传播形式,

主要有刻有各类文字信息的甲骨、金属铸件、岩石等。甲骨大多是殷商时代的遗物，金文刻铸之风盛行于周代，而在岩石上刻字则是周代以后的一种信息传播形式。至春秋战国时期，驿站、传舍的建立，使信使往来日趋便利，作为新闻信息传播形式之一的书信，开始为人们所常用，其地位与作用也日趋显著。

公元前221年秦始皇统一六国后，为建设中央集权的政治法律制度之需，对西周大篆进行削繁就简的改造，制订出一套全国统一的新文字——小篆，并由丞相李斯亲自书写《仓颉》篇作为字体范本，基本上消除了以文字形式向全国发布新闻信息的障碍，使文字传播开始真正成为一项面向黎民百姓的新闻信息传播手段。而皇帝发布的诏书开始成为传播官方新闻信息的主要形式。例如，秦统一六国这一特大新闻信息，秦始皇向全国发布"四十字诏书"："廿六年，皇帝尽并兼天下诸侯，黔首大安，立号为'皇帝'。乃诏丞相状、绾，法度量则不一歉疑者，皆明一之。"①秦始皇还规定，所有的度量衡器皿上都必须刻上或铸上这份诏书。值得注意的是，考古学家马衡在现存的秦代陶量上发现，量器边上的"四十字诏书"有用木戳子印上去的，一个木戳子刻四个字，十个木戳子正好合成一篇诏书。由于陶量在当时为常用物品，用这种办法复制诏书，表明"四十字诏书"这一新闻信息的传播面十分广泛。至汉代，皇帝诏书往往由御史府发布，各级地方民政和军事管理机构层层转抄、传阅。从目前出土的汉简来看，汉代边郡的军政机关，在军情紧急的情况下还将奏记抄件向下属机构递送，直到边防哨所。至于新闻信息传播的物质载体，则以竹简、木简和绢帛为主。

文字的出现，还提高了标识传播水平，出现了露布等新的新闻信息传播手段。露布，是文书不加检封、公开发布的意思，大约出现在秦汉时代，东汉末年时成为发动战争前讨敌檄文的别称和战争胜利后宣扬战绩的捷报。至南北朝，露布开始专指公开发布的告捷文书，抄写在大幅缣帛上，并像旗帜一样高高地悬挂在漆竿前。送捷报的将士们擎着它，快马送往京城或皇帝所在地。将士们在驿站换马、休息或住宿时，露布就竖在地上，让群众聚观。之后，露布这种手段因其时效迅速、影响立竿见影而被沿用了1 000多年。

① 《窓斋集古录》，第24册，转引自翦伯赞、郑天挺主编：《中国通史参考资料》，古代部分第二册，中华书局1962年版，第147页。

第二节 古代报纸的产生与发展

一、古代报纸的诞生

自唐代起,一种被后人称为“邸报”的古代报纸开始出现①。这一中国封建王朝传播新闻信息的主要手段,在性质上与近代意义上的报纸最为相似,直至清王朝的覆灭而最终消亡。

在唐代,中央政府每日条布于宫门外的朝政公报,可能是最早出现的古代报纸的表现形式。唐代孙樵撰写的《经纬集》中一篇题为《读开元杂报》的短文,是现存最早的一份述及朝政公报的历史文献,作于唐宣宗大中五年(公元 851 年)。据这篇短文记载,在唐开元时期,朝政简讯每天条布于宫门之外,有人将这种朝政简讯抄录后传往外地。100 多年后,这类手抄件尚流传在襄樊地区。孙樵把这类朝政简讯的抄件称为“开元杂报”,并将其内容与编年史《开元录》作了比较,发现条条都有根据。此外,《读开元杂报》叙及唐玄宗开元十三年(公元 725 年)皇帝封禅事件,可见这种朝政公报最晚在唐玄宗开元十三年已经问世,至孙樵撰写《读开元杂报》的大中五年(公元 851 年)时仍在每天发布。孙樵把这种朝政简报称为“条报朝廷事者”,可见当时并无一种固定的名称。至后唐时代,这种朝政简报,作为中央政府公开发布宫廷新闻的工具,直接向民众宣布,并开始被通称为“朝报”。

唐中叶以后,又出现了“进奏院状”等古代报纸的新形式(图1.1)。当时,地方藩镇割据势力形成,其最高行政长官节度使(有的地区为观察使)大权在握,飞扬跋扈,不受中央政府所节制。藩镇设在京都的办事处——邸(自唐代宗大历十二年(公元 777 年)起改称进奏院),其负

① 关于中国古代报纸的起源,戈公振在《中国报学史》中援引《西汉会要》中关于“邸”(当时郡国在京师所设立的办事处)的日常工作是“通奏报,待朝宿”一语,提出了中国古代报纸起源于汉代的假设。1967 年,台湾新闻史专家朱传誉在其《宋代新闻史》中通过对宋代“邸报”的详尽而又可靠的阐述,得出了宋代已有邸报这一令人信服的结论。1983 年,方汉奇发表论文,通过研究唐代进奏院及其传发的进奏院状报,提出了中国古代报纸起源于唐代的观点,并为新闻史学界所普遍认同。

图 1.1　唐进奏院状

责官员及一般成员都由地方上的节度使（或观察使）所委派，中央政府一般不敢过问。进奏官的任务，除了呈递和承转文书、查询与地方有关的政务之外，就是不断向节度使提供京师消息，收集军政情报，考察地方驻京使节和办事人员的表现。这种由进奏官提供给节度使的新闻信息材料，被称为“进奏院状”，目前尚有两份存世，均出自唐代驻守沙洲（现为敦煌）的藩镇——归义军派驻京都的进奏院。这两份“进奏院状”，于 1900 年在敦煌莫高窟藏经洞出土，1907 年前后分别被英籍匈牙利考古学家斯坦因和法国汉学家伯希和从敦煌盗走。斯坦因盗走的一份现为英国不列颠图书馆所收藏，1982 年为中国人民大学新闻学院教授方汉奇先生发现，馆藏编号为 S1156（S 即斯坦因），系当时的归义军进奏院于 887 年发出的进奏院状报实物，长约 1 米，宽约 30 厘米，用毛笔抄写，共 60 行，2 000 余字，内容是报告归义军节度使派出的人员向朝廷求取旌节（代表行使权力的一种权杖，犹如后世的官方大印）的情况。伯希和盗走的一份现存法国巴黎国立图书馆，1986 年被发现，馆藏编号为 P・3547（P 即伯希和），其发报时间是 876 年，比现存英国不列颠图书馆的那份早 11 年问世。方汉奇先生认真考证、分析了他所发现的那份进奏院状报，认定为最早出现的中国古代报纸。当然，也有学者认为进奏院状报充其量不过是一种公文而已。

事实上，从现存的实物和有关史料记载来看，唐进奏院状确实只是专门提供节度使本人阅读的上行官文书，即一种半官方的情报，没有复本，也不抄报州一级机关。其内容包含中央政府公开发布的官方新闻,如官员迁除、皇帝谕旨、军事捷报、皇室动态等,也有一些进奏院官员自行采集的新闻信息,如节度使在京家属受荣宠的情况、地方节度使向朝廷交涉事件的经过,甚至有向藩帅通报的朝廷绝密消息。另据有关文献记载,唐代还有一种名叫"观察使牒"的古代报纸形式,可能是地方的观察使认为某些新闻需要让州县官员知道,因而通过道一级的下行文书形式通报下属机构。

此外,诏令这一秦汉时常用的新闻信息传播形式在唐代仍继续存在。一些对封建统治者有利的新闻信息内容,朝廷有时会以诏令形式向黎民百姓公开发布,一般由郡县长官指派书吏将诏令抄录在大版上,在村坊要路"膀示"。一件新闻从告知地方官到正式向老百姓公布,大约需要历时半个多月。诸道观察使还派员检查抄录的诏令有无脱文和错字,以便及时察觉纠正,并作为郡守、县令政绩勤惰的一个考察内容,上报中央。

二、古代报纸在宋代的发展

宋代建立后,古代报纸得到了长足的发展,其最重要的表现是宋代中央政府逐步加强对古代报纸的监管并最终全面掌控官方新闻信息的发布,以及由此而产生的一系列古代报纸的变化与改进。

宋朝开国时,沿袭唐、五代的旧制,在京师的进奏院由各藩镇自设,进奏官也由所派遣的藩镇的行政长官委派。之后,宋太祖成功地削夺了藩镇的军权,巩固了中央集权制度,从而也动摇了由地方势力控制的驻京进奏院制度。公元 977 年,即宋太宗接位的第二年,中央政府宣布:藩镇子弟只能到京师供职,不得在辖地任亲兵将校;所有原由节度使直接管理的州郡,全部由中央直辖,各州郡大吏可以直接向中央汇报情况。公元 981 年(宋太宗太平兴国六年),中央政府接受起居郎何宝枢的建议,命供奉官张文璨、王礼整顿各州派驻京师的进奏院。是年 10 月,钤辖诸道都进奏院(通称都进奏院)建立,由门下省给事中负责领导,供奉官张文璨任第一任监官,统一管理各州进奏院的业务活动。都进奏院的一项重要工作,就是在封建政府机构内部传播新闻信息:"凡朝廷政事施设、号令赏罚、书诏章表、辞见朝谢、差除注拟等合播告四方令通知者,皆有令格条目具合报事件誊报。"①公元 983 年(宋太宗

① 引自《宋会要辑稿》第 59 册,职官二之五一,中华书局 1957 年影印本,第 2397 页。

太平兴国八年），根据皇帝的命令，都进奏院被改组成中央政府的一个官署，设在大内近侧，由门下后省管辖。

与此同时，宋代中央政府还逐步建立起一套完整的新闻信息审查制度，并随着政治形势的变化而屡经变革。宋朝制度规定，各地官员的章奏及申禀文书均通过进奏院转递，诏敕及中央各官署符牒也都由进奏院颁下。虽然所有官员章奏都经过进奏院，但是只有经过皇帝审批后发下的臣僚奏疏才可在进奏院发布，否则以违制论处。由于皇帝审批发下的章奏很多，因而判定该奏疏是否应在进奏院状报中抄发的权限则掌握在负责进奏院的官员给事中手里。这一判定工作，在当时被称为“判报”。公元999年（宋真宗咸平二年），皇帝下诏令进奏院将所供报状每五日一次抄送枢密院，由枢密院最后批准决定是否向各地抄报，开始建立起当时被称为“定本”的新闻信息审查制度。王安石实行变法后，定本制度已徒有形式，“邸吏辄先期报下，或矫为家书以入邮置”。于是，倾向于新法的枢密院检详文字官刘奉世提出取消定本制度，实行枢密院派专人抽检制度。这一建议得到了皇帝的批准，定本制度于公元1070年（宋神宗熙宁三年）被废止。公元1086年（宋哲宗元祐元年），高太后秉政，保守派得势，定本制度被恢复。公元1094年（宋哲宗绍圣元年），哲宗皇帝在高太后死后亲政，恢复新法，重新执行熙宁时代的抽检制度，再次废止定本制度。南宋建国后，高宗极力恢复旧制，定本制度被再次恢复，至公元1156年（宋高宗绍兴二十六年）始被废止，规定由给事中“判报”。公元1170年（宋孝宗乾道六年），国家主要税收来源江浙地区发生严重的水旱灾情，朝廷决定进奏院发布的报状由专管度支、仓库、户籍的六曹作最后选定。公元1190年宋光宗接位后，为避免泄漏外交机密，重新建立起定本制度，至宋朝覆灭后才自然消亡。

上述种种举措的实施，使宋王朝中央政府实际上控制了官方新闻信息的发布与传播，从而也使古代报纸在宋代产生了一系列的重大变化与改进。

第一，由于进奏院状已十分普及，因而有关这种新闻信息传播手段的各种名称，如进奏院状、进奏院报、进奏官报、邸状、邸吏状、朝报等，也在当时人的奏章以及诗文、书信中屡见不鲜。“邸报”这一名词也在北宋开国82年后出现。在现存的宋代文献资料中，最先使用“邸报”一词的是著名文学家范仲淹，他在陕北守边时写给秦凤经略安抚招讨使韩琦的信中说：“顷接邸报，某有恩改职增秩，诚为光宠……”之后，在北宋一代,王安石、司马光、苏轼等不少文人学士的诗文和书信中都曾出现过邸报一词。宋朝南渡后,"邸报"这一名词成为被使用得最多的一个名词,后被用作中国古代报纸的通称。

第二,与唐代的进奏院状相比,宋代的进奏院状虽然在性质上仍是一种官方的新闻传播形式,但其公共性更为鲜明。都进奏院由中央政府直接控制,进奏官和进奏吏都是国家机关工作人员。凡是中央政府公开发布的文告,都通过这些属于中央政府官员的进奏官吏传送给全国各地。每个进奏官负责三四个州的文告传递工作,只能从进奏院公开发布的官方文书中选择与自己所辖的州、军有关的或有参考价值的部分予以抄报,不存在进奏官吏自行采写的消息。而且,进奏院状不再是单线的情报资料,所抄送的对象已从道(宋代称"路")一级的节度使扩大到州、军一级地方官,同时也抄送给各中央官署。

第三,进奏院状的具体内容也基本定型。一是朝政简报,每天由门下后省编定,由进奏院公布,大多为关于帝王动态、大臣任免升降的消息;二是明发上谕,即最近皇帝公开发布的诏书;三是大臣奏章,即臣僚给皇帝的上书。大臣奏章自宋仁宗庆历八年(公元1048年)起开始作为抄传的一项主要内容,因其对赏功罚过、黾勉下属具有较大的教育意义。这三项内容,后历经近千年而未变。

第四,进奏院状出现了商品化的进步趋向。周密在《武林旧事》中介绍南宋临安各类商店的情况,其中提到有一类"供朝报"的店家,显然是以卖进奏院状(在南宋时常常被称为"朝报")为业的店铺。朝报之所以可以公开发售,主要是因为宋代邸报的发布是经过严格审查的,副作用不大,因而朝廷可以允许其存在。根据现存资料判断,宋时商铺出售的朝报主要以市民为读者对象,为了防止擅自增加不应抄传的内容,政府特别指定几个低级官员充当"承发朝报保头人",一旦发现朝报出现不该传报的内容,唯"保头人"是问。又据记载,卖朝报这一行业在北宋末年的汴京也曾一度出现过。《靖康要录》云:宋钦宗靖康二年(公元1127年)二月十三日凌晨,金人利用卖朝报者和在大街上贴出大榜告示,诳称允许百官士庶推举赵氏贤者为帝,其实是诱骗他们集中起来推戴汉奸张邦昌为楚帝。

古代报纸在宋代得到长足发展的另一重要表现,就是小报的出现与盛行。这是宋代新闻信息传播活动发展的一个全新的现象。

小报是中国古代民间私自抄发的新闻信息传播形式,最早出现于北宋末年，盛行于南宋，是宋代社会动荡不安、内忧外患严重的产物。但是，进奏院状的商品化趋向，是小报得以产生的内在因素。由于进奏院状（又称朝报）可以在市集上公开出售，因而一部分胆大的进奏官以及其他官吏等各色人等，便将一些人们迫切想了解的新闻信息编为小报，并"隐而号之曰新闻"，在街市上叫卖。作为"邸吏辈为之"的非法传播手段，小报出现后即受到政府的压制和打击，但始终未能根绝。据宋徽宗大观四年（公元1110年）六月的一份诏书记载："近撰造事端，妄作朝报，累有约束，当定罪赏，仰开封府检举，严切差人缉捉，并进奏官密切觉察。"①可见，大观年间已经出现了民间"小报"这一非法出版物，其形式与官方朝报相似，其新闻来源与进奏院信息泄漏有关，主要从京城（即开封）流传出去。

南宋时期，小报发展得更为成熟。南宋周麟之的《海陵集》中载有《论禁小报》一文，对小报作了详尽的记载："小报者，出于进奏院，盖邸吏辈为之也。比年事有疑似，中外不知，邸吏必竞以小纸书之，飞报远近，谓之小报。"小报的内容，"或是朝报未报之事，或是官员陈乞未曾施行之事"，"或得于省、院之漏泄，或得于街市之剽闻，又或意见之撰造"。为小报提供新闻信息的人员，大多是有公职的中央各官署的下级官员、大吏的差官和新贵的家人，也有进奏院的官吏，其动机完全是为了谋利。由于他们的信息来源不同，因而有所谓内探、省探、衙探等多种称呼，分别探听宫廷、中央机关和各级官署的内部消息。

由于两宋政局动荡，一般下级官吏和民众很需要各类新闻消息，因而小报在当时十分走红，人们为之奔走相告，"以先得者为功"。因此，朝廷严禁小报的命令，往往只是一纸空文。即使被查实的私办小报者，所受的处罚也不重，一般是流放到500里外的地方接受当地政府的管束。

三、明清时期古代报纸的发展与《京报》的出现

以邸报名世的中国古代报纸，在元代大为倒退，至明清时期才再度出现向前发展的局面。

在明代，国家管理体制出现了不少变化。明代内外文武官员的条奏和各政府部门的本章，均由通政司收受后，根据不同内容分送有关衙

① 引自《宋会要辑稿》刑法二上。

门处理,特别重要者则呈请皇帝裁决。凡是要送呈皇帝审阅的章奏,都由内阁首辅拟定批答之词,墨书于票签上送呈皇帝审批。送入大内后,由司礼监根据皇帝的旨意用笔批覆(称为"批红"),然后再交还内阁。之后,内阁将经过审批的章奏,根据各自管辖的范围分别交给与六部相应的皇帝秘书机构六科,由六科再抄发给各部院。只有经过批红的材料,才可以作为邸报的内容抄发。各省巡抚及总兵官(明代省一级最高军事首长)均派有提塘官驻在京师。这些提塘官的职责之一,就是去六科抄录那些经过批红的官文书,并传报给各地方政府。万历中期后,常有皇帝不理朝政、奏疏大多留中不发的特殊时候,许多材料也只能不待批红即先行抄出传报。

至于新闻信息的审查问题,明代既没有给事中判报的规定,也毋需呈请枢密院审定批准,只要根据司礼监的批红便可决定应否抄发。由于皇帝在批阅文件时,往往只考虑对奏章本身提出处理意见,不大在意它在邸报上发布后会产生什么副作用,因而可供抄发的官文书为数甚多,六科每天大约提供万余字可抄发的文书,使提塘官可以自行选择有新闻价值的信息进行传播。明代宫廷内部的一些勾心斗角的权力斗争,如被称为明代三大奇案的"梃击"、"红丸"、"移宫"事件,也都在邸报上有所反映。据记载,后金执政者曾用重金收购邸报,以搜集明朝的军政情报。此外,明代邸报内容的另一个亮点是,类似于今天社会新闻性质的材料很多,因为这类官文书没有什么机密可言,皇帝审阅时容易通过,而提塘官在抄传文书时又乐于抄传这类材料。

明代新闻信息传播活动的最大进步,是民间抄报行与抄报人的出现。据记载,在明代的360行中,有一行叫"抄报行",专门为官府抄送邸报,是一个本少利薄的行业。明神宗万历十年(即公元1582年)四月,户部尚书张学颜曾为30多种利润很薄的行业上书请求皇帝免其征税,其中就有抄报行:"抄报行、刊字行、图书行……共三十二行,仰祈皇上特赐宽恤,断自本年六月初一日,以后免其纳银。"①明代之所以出现民间抄报行与抄报人,其原因有三:一是明代邸报的发行范围扩大,一个府就有好几本;各省提塘官从六科抄得邸报原件后,除专程快马递送给巡抚、总兵等省级地方长官外,又另雇用民间抄报人抄写若干份,由塘兵排日递送;有的州、府衙门还专门雇人在京专事抄报工作。二是

① 引自沈滂著:《宛署杂记》,北京古籍出版社1982年版,第108页。

明代的京官必须自费订阅邸报，因而抄报行不仅供应外地官府的邸报，还为本地京官抄送邸报；外地官府订阅经费虽由公家支付，但订阅份数很少，县一级的邸报大都另外花钱请书吏转抄，并存放在县衙门的承行房里，任何人只要愿花些银两即可前去抄录。明人小说《金瓶梅词话》中有这样一段故事："西门庆叫吴主管来，与他五两银子，教他连夜往县中承行房，抄录一张东京行下来的文书邸报来看。"书中所讲的虽是北宋末年的故事，但宋时邸报只发到州、军一级，并未看到抄送到县的记载，可见书中所说的应是明代邸报的发行制度。三是在一般百姓中也出现了阅读邸报的现象。由于邸报内容有一定的保密性，因而阅读邸报是当时官员们的政治待遇。但是，由于抄报人是普通老百姓，因而也出现过个别胥吏和商贾向民办报房订阅邸报的事情。这种现象，可以说是违法的，但在明清两代屡禁难止。

在明代，民间抄报人，又被称为"京报人"或"刷写文报者"，因而"京报"这一名称在明末也开始出现。关于"京报"一词的出现，还有一种说法是："京报"是当时邸报的别称。在明代，各省都派有专司文报的提塘官长驻京师，兵部则派出提塘官分驻各省。驻京提塘官称为"京塘"，京塘抄发的邸报称为"京报"；驻省提塘官称为"省塘"，抄录的各省辕门钞称为"省报"。这种省报往往印成单张随京报一同分发。

明代的邸报一般还是手抄本，在明末才开始出现活字印刷本。明末清初的著名文人顾炎武在其《亭林文集》卷三《与公肃甥书》中云："忆昔时邸报，至崇祯十一年方有活版。自此以前，并是写本。"明代的邸报保存至今的，一是当时的摘抄本《万历邸钞》，现存台北"中央图书馆"，已影印出版；二是《天变邸抄》，作为附录被收入《颂天胪笔》等书；三是《急选报》，可能是现存唯一的一份明代邸报实物，出版于明万历八年四月二十二日（公元1580年5月5日），用雕版印刷，长为24.6厘米，宽为14.4厘米，现存北京图书馆。

到了清代，古代报纸在明代的基础上进一步发展，其中具有飞跃性发展意义的是"京报"的趋于完备与成熟，即由"京报"发展为《京报》，"京报"一词已被用作固定的正式刊名。

《京报》的出现，大约是在清高宗乾隆年间。清高宗乾隆十八年（公元1753年），抚州卫千总卢鲁生等抄传伪稿案发。朝廷感到由各省提塘官分别向地方抄发"京报"，很容易夹入伪稿，便决定对抄报制度进行改革。清高宗乾隆二十一年（公元1756年），朝廷决定："嗣后令各提塘公设报房,其应钞事件,亲赴六科钞录,刷印转发各省。所有在京各衙门钞报,总由公报房钞发。仍令六科、五城御史严行访察,如有讹传、私钞、漏泄等弊,交部治罪。"①由于全国统一抄发,复制量很大,因而这一印制任务自此开始由与内府有关系的荣禄堂南纸铺承担,这种印制物的名称也被命名为《京报》。清高宗乾隆三十八年(公元1773年)后,朝廷又进一步规定,凡刊入京报的奏章抄件,要盖上承办衙门的印信,才可由负责公报房的直隶提塘交付刊行,最后还需将京报样本和盖有印章的原始抄件一起每10天一次送兵部验证存档。由于《京报》的销路越来越好,荣禄堂的印刷力量已很难满足日益增长的社会需要,因而贩报人便联合起来,在正阳门外另办起一所报房,直接供应私人订户,于是又出现了纯民办的京报房。

民办的京报房不仅专司抄报工作,还承担《京报》的印刷、销售工作。《京报》一般由民办报房印刷,有的报房每天印刷一期,还有的隔天印刷一期,内容也详简不一。其封面大都用黄色纸印制,因而有"黄皮京报"之称。《京报》印制出来后,由民办的京报房直接销售给官员或平民。《京报》是统一印刷的,因而印刷量不少,每天常有少量剩余。据说,当时有个以负贩为生的山东登州人,将过期的一大摞《京报》带到北方去试销。由于当时科举考试策论时要涉及时事问题,而《京报》恰恰能提供这方面的资料,于是这些过时的废物居然十分畅销。后来,送《京报》成了山东人在京谋生的一项手段。

现存的《京报》实物,最早的出版于道光年间,但为数不多,大量留存下来的都出版于光绪、宣统年间。但是,据现存文献记载,嘉庆初年外国人已经能看到《京报》,并且有声称从《京报》上看到某官员升任协办大学士而向其祝贺之事②。

考察现存《京报》可知,我们发现:《京报》的性质仍然属于官场情报资料,其内容仍是宫门抄、明发谕旨和大臣章奏等政府文书。但是,它们已经不具有政府公报的性质。"所有刊刻邸钞(即京报——引者注),乃民间私设报房,转相递送,与内阁衙门无涉。"③据记载,《京报》在当时虽然主要还是在中央和地方官吏中发行的内部参考资料,但也

① 引自《大清会典事例》,卷七〇三。

② 《达衷集》,转引自曾虚白:《中国新闻史》,台湾三民书局1989年版,第95页。

③ 引自《大清会典事例》,卷十五。

可以公开销售于民间,因而出现了现代大众传播工具的商品特征。总之,《京报》作为中国古代报纸发展得最成熟的一种形式,确实已与近代报刊十分接近。但是,《京报》还不能说是大众传播媒介,因为它只有抄录和印刷人员,没有专业采编人员,政府只许它照章抄录宫门钞、谕旨和奏章,不准自行采写新闻、发表评论、安排版面。因此,《京报》与以前的同类新闻信息传播载体相比,虽然有很大的不同,但仍没有质的变化。

又据记载,当时不仅北京有报房多家,各省也有类似京报房的翻印机构,其印制物不叫《京报》,而是各有各的名称,如《谕折汇存》等。

第三节　古代商业广告的产生与发展

一、古代商业广告的出现及其早期表现形式

生产是人类生存与发展的基本手段,生产力水平是社会发展的首要标志。随着生产力的发展和剩余产品的出现,人类物质交换活动也开始出现。为了把用于交换的产品交换出去,势必需要通过陈列、叫喊等形式,让那些用于交换的产品为人所了解和喜爱,于是出现了古代商业广告活动。之后,随着生产力水平的不断提高和剩余产品的日益增多,古代商业广告活动日趋频繁与发达。

在中国,大约是在公元前21世纪至前16世纪的夏代,农业、手工业与商业的分工开始出现,被当时人称为"商"、"贾"的一个社会阶层也应运而生。"商之为言章也,章其远近,度其有亡,通四方之物,故谓之为商也。贾之为言固也,固其有用之物,待以民来,以求其利者也。故通物曰商,居买曰贾。"(《白虎通》)因此,商又被称为行商,是指走村串户进行沿途买卖的商人;贾又被称为坐贾,是指有一定场所的、招徕他人前来买卖东西的商人。不久,随着商业的发展和商品交换的日趋频繁,开始出现了集市和城市。据史家论证,我国最早的城市出现于夏禹时期。自秦到唐,作为商品交换集散地的城市的发展十分迅猛,出现了洛阳、广州、扬州、泉州和长安等"万国通邦"之地。据记载,唐西京长安城内有东西二市,每市各有212行;东京洛阳有130行、3 000余

“肆店”。

中国古代商业广告活动兴起后,最先出现的是实物广告和叫卖广告两种形式。实物广告是最早出现的商业广告形式之一。因为要将剩余产品交换出去,势必首先要将实物展示于他人或陈列于市场。在《诗经·卫风·氓》中,有“氓之蚩蚩,抱布贸丝”两句,直观、形象地描述了当时商业活动中用展示物品的方式进行销售的情景,可见当时已经开始使用实物广告这一形式。春秋时期,人们往往把陈列于市的实物悬挂在货摊上以招引顾客。《晏子春秋》中有如下描述:“君使服于内,犹悬牛首于门而卖马肉于内也。”实物广告虽然是最早出现的商业广告形式,但在其他广告形式出现后仍未消亡,而是与其他广告形式长期共存。据记载,在北魏时期,洛阳的延酤、治卷二里,“里之人多以酿酒为业”,“河东人刘白堕者,善酿酒,季夏盛暑,以罂贮酒,暴日中一旬,酒味不动,饮之为美”。

叫卖广告与实物广告一样,也是最早出现的商业广告形式之一。因为在实物展示之时,辅之以叫卖之声,更能吸引人们的注意。最先是用喉咙大声叫唤,后又借用喇叭、乐器等发声器材以高扬其声。据唐人记载:“其时卖饧之人,吹箫以自表也。”之后,在实物陈列的基础上又演变出标志广告,如招牌、幌子、酒旗等。酒旗,早在春秋战国时期韩非子就有过“悬帜甚高著”的描写,唐代著名诗人杜牧也写过“水村山郭酒旗风”的著名诗句。

文字问世后,文字广告也随之出现。文字广告的出现,是中国古代商业广告发展的一大进步。文字广告在何时出现,一般认为在春秋时期。河南省登封县告咸镇发掘出土的东周陶器上印有的“阳城”篆体陶文字样标记,被认为是我国最早的文字广告。有了文字后,招牌、幌子等广告形式也开始用文字取代原先的实物或图像。

自唐代起,还出现了商品展销会这一综合性的商业广告形式。据《旧唐书·韦坚传》记载,天宝年间,韦坚将渭水通往长安的漕舟集于宫苑墙外,供皇帝御览所载各地货物,其时“坚预于东京、汴采取小斛底船三二百只,置于潭侧,其船皆著牌表之,若广陵郡船,即袱背上堆积广陵所出之绵、镜、铜器、海味;丹阳郡船,即京口绫衫缎;晋陵郡船,即折造端绫绣;会稽郡船,即铜器、罗、吴绫、绛纱;南海郡船,即玳瑁、珍珠、象牙、沉香;豫章郡船,即名瓷、酒器、茶釜、茶铛、茶碗;宣城郡船,即空青石、纸、笔、黄连;始安郡船,即蕉葛、蚺蛇喧、翡翠”。

二、宋代后商业广告活动的日趋发达与印刷广告的问世

宋朝建立后，中央政府改革了自古以来的市坊和夜禁制度，取消了“日中为市”的限制，日市、晓市、夜市连轴转，买卖之声昼夜不绝，市场交换的地域也不再为官方规定所限制，随地可为。随着商业活动日趋广泛与活跃，广告活动及其表现形式在宋代以后较前发展得更为迅速，出现了多种广告形式长期并存、互相融合的局面。

实物广告这一形式在北宋的新发展，主要表现在店面装潢——彩楼、欢门等新形式的出现。北宋的汴梁作为当时的主要商品集散地，商店的门面修饰也成了广告竞争的一种形式。一些大商店往往对其店面进行精心装潢，建有彩楼、欢门等豪华设置。《清明上河图》画有一家店面装饰十分考究的“正店”。宋朝《梦粱录》描述杭州的茶肆“插四时之花，挂名人画，装点门面”。至元、明、清时期，店堂装饰更是竞比奢华。

叫卖广告，因小商小贩已被允许串街走巷做生意而十分兴旺。南宋诗人范成大在其《范石湖集》中有“墙外卖药者九年无一日不过，吟唱之声甚适”的注释。元曲中“货郎儿”的曲牌，最早是沿街叫卖的货郎担为招徕顾客而唱的，后来才演变为艺人的曲目。明代汤显祖的《牡丹亭·闺塾》里有“你听一声声卖花，把读书声差”的描述。明代冯梦龙所编宋、元、明“话本”和“拟话本”的总集《警世通言·玉堂春落难寻夫》中更有对当时广告叫卖词的记载：“却说庙外街上，有一小伙子叫云：‘本京瓜子，一分一桶，高邮鸭蛋，半分一个’。”据记载，用各种不同的器具摇、打、划、吹以发出不同的音响，还表示着行业的不同，如货郎用的是拨浪鼓，剃头匠用的是铁滑剪等。

招牌、幌子、酒旗、灯笼等标志广告，被注入了新的内容，继续发挥着重要的招徕顾客的作用。自从唐代把招牌作为一种行市管理手段之后，招牌一直是横跨唐、宋、元、明、清等五代上千年的广告形式之一。在《清明上河图》中，我们可以看到当时各种招牌的形象。在清代，北京城里曾经出现过利用招牌对骂同业的广告：“雨衣油纸家家卖，但看招牌只一家，你也窦家我也窦，女娼男盗只由他。”早期的招牌一般比较简单，但为了在商业竞争中取得广告优势，后来就发展出请名人书写，并在招牌的装饰上用艺术性图案和描金写红等手段竞富比贵，后又出现了酒店的“太白遗风”、米店的“民食为天”等店铺中堂。幌子的表现手段也日趋多

样，元曲中有“满城中酒店三十座，他将那醉仙高挂，酒器张罗”的唱词。门匾这一新形式也开始出现，在《清明上河图》上画有“刘家上色沉檀拣香”、“赵太丞家”、“杨家应症”和“王家罗匹帛铺”等门匾。

明代以后，又出现了具有中国民族风格的对联广告。据传说，明太祖朱元璋是第一个撰写广告对联的人。他曾为一户阉猪人家写下一副对联：“双手劈开生死路，一刀割断是非根。”但此说不太可靠。明代中后期，当时的文人儒士已经冲破了传统经商观念的影响，以他们的文字专长涉足于广告领域。明代著名书画家唐伯虎有“江南第一才子”之称，不仅精通书画，还写的一手好对联，曾为一家新开张的商号写下“生意如春草，财源似水泉”一联，见者无不称赞，为观联而前来购物者络绎不绝。明代另一个著名书画家祝枝山也曾为杭州西湖边一家因经营不善而生意萧条的父女合伙酒馆亲笔写下一副对联：“东不管西不管，我管酒管；兴也罢衰也罢，请罢喝罢。”酒店生意从此开始兴隆。清代以后，对联广告更为流行，各个行业都有自己的专用对联，但以酒楼用得最多，如九江浔阳楼的“世间无此酒，天下有名楼”等。理发店的对联广告，有譬喻贴切、恰到好处的“相逢尽是弹冠客，此去应无搔首人”，但也有令人望而却步的“磨砺以须，问天下头颅几许？及锋而试，看老夫手段如何”。此外，不少商家开始在春联里赋以商业性内容，堪称两全其美之举。

图 1.2　济南刘家功夫针铺

宋代广告发展的最大成果，是印刷广告的出现。在古代中国，印刷工艺在隋代为雕版印刷，至宋代已发展为活字印刷。印刷技术的发明，为广告的发展开辟了一个新的天地，出现了一种全新的广告传播媒介。在宋代出现的印刷广告，留存至今的有“济南刘家功夫针铺”的印刷铜版，现存上海博物馆（图 1.2）。这块印刷铜版，上沿横排刻“济南刘家功夫针铺”一行阴文，为该店铺名称。铜字下正中间刻有白兔拿着铁杵捣药的一幅图画，其中的白兔相当于现代的产品商标。图两边分别为“认门前白”、“兔儿为记”两行竖排阳文。白兔捣药图及“认门前白兔儿为记”文下刻有七行竖排阳文，内云：“收买上等钢条，造功夫细针，不以宅院使用者，转与贩，别有加饶。请记白。”可见，这一铜版印刷广告，不仅注明该店铺的名称与经营范围，还对该店铺的产品也详加介绍，内容简明，形象生动，设计精巧，反映了广告在宋代已经发展到了成熟阶段。这一印刷广告铜版的存世，还证明中国是世界上第一个出现印刷广告的国家，比西方国家至少要早300多年。

至元明时期，木版印刷进一步发展。尤其在明代中叶以后，印坊所出小说、戏曲大都加有插图绣像，作为书商推销刊本的广告宣传。明弘治戊午年(1498年)刊本《奇妙全像西厢记》，其书尾就附有出版商金台岳家书铺的出版说明：“……本坊谨依经书重写绘图，参订编大字本，唱与图合。使寓于客邸，行于舟中，闲游坐客，得此一觉始终，歌唱了然，爽人心意。”

第二章

近代报业在中国的出现

第一节　外国传教士与近代中文报刊的诞生

一、《察世俗每月统记传》的问世

18 世纪末，西方资本主义国家已经开始觊觎中国这块巨大的潜在商品市场，但中国封建政府则采取闭关锁国的基本政策。至 19 世纪初，以英国为首的西方列强，随着它们对华贸易量的不断增大，打开中华帝国国门的欲求日益迫切，曾多次向清政府提出放宽限制、扩大贸易交流等要求，但仍然遭到拒绝。与此同时，西方基督教会也把目光投向中国，派遣传教士远涉重洋来华传教，进行文化和意识形态的渗透。

1804 年，英国传教士罗伯特·马礼逊（Robert Morrison，1782—1834）向其所属的英国海外传教组织伦敦布道会（London Missionary Society）提出去中国传教的请求，3 年后获准。1807 年 5 月 12 日，马礼逊乘“三叉戟”号货船从英国启程，至 9 月 4 日抵达澳门、8 日抵达广州，成为基督教在近代来华传教的第一人。马礼逊来华之初，倾其全力学习中文，在不到 3 年的时间内，就学会了一口流利的中国官话和粤语。在传教过程中，马礼逊还发现，中国地方大、方言多，而文字则是统一的，因而采用出版书刊等印刷手段传教比口头传教更易于为各地民众所接受。而且，当时中国人对外国传教士怀有戒心乃至敌意，很难直接对中国人作口头宣传，而散发中文书刊比较可行。但是，马礼逊出版传教书刊的设想，有悖中国政府严禁外国人在中国境内从事传教及出版活动的文化政策。1810 年，即马礼逊来华 3 年后，清嘉庆皇帝发布谕旨："如有洋人秘密印刷书籍，或设立传教机关，希图惑众，及有满汉人等受洋人委派传扬其教，及改称名字，扰乱治安者，应严为防范，为首者立斩。"①因此，马礼逊虽然以重金诱使蔡高、梁发（又名梁亚发）等中国刻工印刷《圣经新约》和其他宣传教义的小册子，但很难形成气候。1813 年，英国伦敦布道会又将一位名叫威廉·米怜（William Milne，1785—1822）的年轻传教士派遣到中国来协助马礼逊工作。7 月 3 日，米怜抵达澳门，1814 年初受马礼逊委派去南洋群岛散发中文《新约》等传教小册子。在南洋群岛，米怜受到了当地官绅的礼遇，并作了为时 8 个月的认真考察，发现那里是华人聚居地，中国与南洋群岛两地的华人往来极为频繁，而且当地的荷兰殖民当局十分支持传教活动。因此，米怜重返广州后向马礼逊建议，将出版传教书刊的基地设在南洋地区，并立刻得到了马礼逊的赞同。

1815 年 4 月 17 日，米怜带上已皈依基督教的中国刻工梁发等人离开广州，再度前往马来半岛，于 5 月下旬抵达马六甲。之后，米怜立即着手筹建英华书院及其印刷所，3 个月后初步建成一个以传教为主旨的出版基地。在此基础上，米怜又办起了一份中文月刊，作为他传教的主要工具。这份中文月刊，就是中国历史上出现的第一份近代化报刊《察世俗每月统记传》，于 1815 年 8 月 5 日在马六甲正式创刊（图 2.1）。《察世俗每月统记传》的创办，揭开了中国新闻事业发展史的第一页。

图 2.1　《察世俗每月统记传》

《察世俗每月统记传》纯粹是一份宗教宣传性质的期刊，其办刊宗旨是以"阐发基督教义为根本要务"。米怜作为该刊的创办人始终担任该刊的主编，梁发是米怜办报的主要助手，1816 年受洗正式加入基督教，后成为最早的中国籍传教士。《察世俗每月统记传》出版 6 年又

① 转引自麦沾恩：《中华最早的布道者梁发》，载《近代史资料》，1979 年第 2 期，中华书局 1979 年版，第 147 页。

4个月,共发表文章244篇,其中直接宣传教义的有206篇,占总数的84.5%;关于科学文化方面的文章29篇,占11.9%;有关办义务学校、办济困会等告白、章程共9篇,占3.6%。即使是那些举办善事和介绍天文、地理、医学以及其他文化方面知识的文章,大多也旨在宣扬上帝的全德全能,如介绍天体运行知识时最后竟将此自然现象归诸神的旨意:"若神一少顷取去其全能之手不承当宇宙,则日必不复发光,天必不复下雨,川必不复流下。"此外,他们介绍西方科技文化知识的目的,主要是为了向中国人炫耀西方科技水平之高超,显示外国人对中国人的友好,以改变中国人对西方文化的看法。但不管怎样,《察世俗每月统记传》介绍、宣传西方文化与近代科技知识的内容,如介绍蒸汽机、农业技术、急救方法等,确为当时中国社会所需要,因而有十分重要的积极意义。至于时事政治问题,《察世俗每月统记传》前五卷概未涉及,连米怜自己也认为是一大缺陷,但将这一缺陷归诸当时条件的限制,声称并非其办刊本意。因此,自第六卷起,该刊增设"全地各国纪略"栏目,简要介绍世界各国概况,同时发表时事评论性文章,如评价法国大革命、支持波旁王朝等,甚至有涉及发展中英贸易乃至鸦片贸易等现实问题,但所占篇幅甚少。《察世俗每月统记传》上刊登的新闻报道,有《月食》等,但为数极少。《月食》是刊登在该刊第二期上的一则预告自然现象的消息,内云:"照查天文,推算今年十一月十六日晚上,该有月食,始蚀于酉时约六刻,复原于亥时约初刻之间。若此晚天色晴明,呷地诸人俱可见之。"此外,该刊还刊登过一篇记述清道光元年(1821年)四月初九出现在马六甲东街蚋地区祭祀痘娘娘活动的报道,并以西方宗教的观点对这一东方巫术作了批评。这篇报道还附有插图《事痘娘娘悬人环运图》,把当时祭祀痘神时银钩吊人回旋转动的场面形象地记录下来。这幅插图是我国报刊史上最早发表的新闻图画。该刊在后期还辟有《儿童页》,其中一部分文字为英华书院的中国学生所写。

在宣传策略上,米怜等传教士十分明白,他们创办的报刊要想在中国的土地上立足,就不能不迁就中国的国情和民族传统。为了不与中国人的传统意识形态发生直接的冲撞,《察世俗每月统记传》在宣传上处处"附会儒学",将基督教义与孔孟之道相比附。该刊创刊号的封面上标印的不是基督福音,而是孔子语录:"子曰:多闻。择其善者而从之。"米怜还给自己取了一个中国式的笔名"博爱者",在该刊左下角署上“博爱者纂”字样。为了适合中国人的阅读习惯,《察世俗每月统记传》采用木刻(雕版)竹纸印刷,形状就像一本中国线装书,文句右旁有中式圈点。该刊为非卖品,主要在东南亚华侨居住地区散发,逢广东省县府乡试时被运回国内与宗教书籍一起分送,创刊号上刊有主编米怜的一则告白说明其发送办法:“凡属呷地各方之唐人,愿读察世俗之书者,请每月初一、二、三等日,打发人来到弟之寓所受之。若在葫芦、槟榔、安南、暹罗、咖留吧、廖里龙牙、丁几宜、单丹、万单等处各地之唐人,有愿看此书者,请于船到呷地之时,或寄信与弟知道,或请船上朋友来弟寓所自取,弟即均为奉送也。”

《察世俗每月统记传》每月出版一期,每期5页,每面8行,每行20字,全年合订一卷,还印有全年目录、序文和封面,以便于读者保存。据记载,该刊月印500册,3年后增至1 000册,最高发行数字达2 000册。1821年12月,《察世俗每月统记传》因主编米怜病重无力主持编务而停刊,共出7卷70多期,累计574页。1822年6月2日,米怜在马六甲去世,年仅37岁。

《察世俗每月统记传》终刊一年后,英国伦敦布道会还先后出版过《特选撮要每月纪传》、《天下新闻》两份宗教性报刊。

《特选撮要每月纪传》于1823年7月在巴达维亚(Batavia,今雅加达)创刊,创办人为英国传教士麦都思(Walter Henry Medhurst,1796—1857)。麦都思于1817年受伦敦布道会派遣,在马六甲从事印刷工作,并协助米怜主办《察世俗每月统记传》,不仅是《察世俗每月统记传》的主要撰稿人,还在米怜去广州休假期间担任过几个月的代理主编。1822年初,麦都思来到巴达维亚从事传教活动,《察世俗每月统记传》终刊后创办《特选撮要每月纪传》并担任主编,以继承米怜开创的事业。麦都思在《特选撮要每月纪传》创刊号上发表的创刊序文中声称:“如今继续此察世俗书,……书名虽改,而理仍旧矣。”因此,该刊内容首重“神理”,认为“是人中最紧要之事,所以多讲之”,此外还有“人道”、“天文”、“地理”等。

在宣传策略上,《特选撮要每月纪传》虽然也和《察世俗每月统记传》一样,在形式上采用中国书本式样,木刻竹纸印刷,但在内容上则不同于《察世俗每月统记传》以附会中国人的传统风俗为能事,而是刊登了不少文章以批评、抨击中国人的传统风俗习惯,如中国人祭拜祖先和对佛教、道教的偶像崇拜等,从而也引起了当时中国人的反感,有的读者甚至将该刊扔在地上加以践踏。《特选撮要每月纪传》每月出版一期,每期8页,每年编为一卷。该刊的发行量最初为1 000份左右,后逐渐增加,至1826年停刊时已达83 000份左右①。

《天下新闻》于1828年在马六甲创刊,由该布道会传教士、英华书院院长纪德(Samuel Kidd,1799—1843)主持编务,其资金据说是两名热心的英国商人所提供。《天下新闻》在形式上是白报纸活版印刷的报纸,在内容上有中外新闻、西方知识以及科学、历史、宗教和伦理等,还刊载有关中国的新闻报道以冀引起中国读者的兴趣,宗教内容已退居次要地位。其中最引人注目的连载麦都思编写的《东西史记和合》的摘要,云西洋人早在公元前4000年已有历史的记载。1829年底,纪德因其夫人健康原因而离开马六甲去新加坡,不久后回英国,其主编的《天下新闻》也因此而终刊。

据记载,在1827年至1828年间,还有一份中、英文对照的报刊《依泾杂说》在当时为葡萄牙所占据的澳门出版。《依泾杂说》为木版刻印本,由葡萄牙人主办。该刊因揭载官府陋规,为清政府所严禁。

二、《东西洋考每月统记传》在中国境内的创刊

1833年,外国传教士创办的近代中文报刊闯进了中国的国门,将外国传教士在中国的办报活动推向一个新的发展阶段,其标志性事件是《东西洋考每月统记传》的创刊。

1833年8月1日,《东西洋考每月统记传》②在广州创刊,为中国境内出版的第一份近代中文报刊。该刊之所以能率先闯入中国,应该说是与其创办人郭士立(图2.2)有很大关系的,因而有"郭士立的杂志"之称。郭士立(Karl Friedrich August Gutzlaff,1803—1851),一译郭实腊,普鲁士籍传教士,1824年受荷兰布道会派遣到暹罗传教,曾多次在中国沿海各地游历,后脱离了荷兰布道会,与英国传教士、商人和外交官建立了联系,并在1831年间来到中国。这时,一方面由于英国等西方商人违反中国禁令,大肆贩卖鸦片而使中国同英国等西方国家的

① 转引自卓南生著:《中国近代报业发展史(1815—1874)》(增订版),中国社会科学出版社2002年版,第42页。

② 有时刊名中的"记"字标作"纪"字,因而其刊名一作《东西洋考每月统纪传》。

关系，特别是同英国的关系处于十分紧张的境地，另一方面则是外国人大量来华，长住广州的外国人就有300多人，其中英国人约占一半。这些外国人分别隶属于“基督教联合会”、“中国海员教友会”、商会3家团体，拥有3家印刷所用来出版英文报刊，为打开中国大门而通力合作。甚至有些外国人还乘船到中国沿海搜集情报，窥探边防虚实。郭士立就是对侵华事业有浓厚兴趣的外国人之一，不仅精通中文，能讲北方官话及闽粤方言，还十分了解中国传统文化与习俗，曾3次乘船到中国沿海口岸探听军事情报，收集政治、经济方面的信息，也曾参与走私鸦片等活动。他在航海日记中说：“我诚恳地期望，应该采取某些更为有效的措施，以打开和中国自由交往的通路。我如能竭尽微力，为推进这一事业做些有益的工作，将感到莫大荣幸。”①

图2.2　《东西洋考每月统记传》创办人、普鲁士传教士郭士立

正是基于上述考虑，郭士立创办了《东西洋考每月统记传》，以冀通过宣扬西方文化的优越来征服具有强烈的排外心理、傲慢自大的中国人。郭士立曾说：“这个月刊是为维护广州和澳门的外国公众的利益而开办的。它的出版意图，就是要使中国人认识我们的工艺、科学和道义，从而清除他们那种高傲和排外观念。刊物不必谈论政治，也不要在任何方面使用粗鲁的语言去激怒他们。这里有一个较为巧妙的表明我们并非‘蛮夷’的途径，这就是编者采用摆事实的方法，让中国人确信，他们需要向我们学习的东西还是很多的。”②值得深思的是，在清朝政府三令五申严禁外国人秘密印刷书籍的情况下，《东西洋考每月统记传》为什么能在广州公开出版两年之久？个中原因，一是郭士立的

---

① 引自《郭士立航行日记》，载《中国丛报》，1832年9月。

② 原载《中国丛报》，1833年8月，转引自宁树藩：《〈东西洋考每月统记传〉评述》，载《新闻大学》，1982年第5期。

奸猾,另一是清政府官员的腐败。

《东西洋考每月统记传》虽是一份宗教性报刊,但其所刊载的内容已包括宗教、政治、经济、科学文化知识、新闻和杂俎等各个方面,并以时事政治为主,宗教已退居次要地位,不再刊载解释教义的专文,言论主要用来宣传中外人士之间的行为准则,如中国人不要称外国人为"蛮夷",中国人和外国人做生意要公平、诚实,中国应学习各国的长处等等。在科学文化知识的引进上,《东西洋考每月统记传》除了介绍西方的情况之外,还大量介绍东南亚各国和印度的情况,旨在打破中国人闭关自守的观念,美化英国殖民统治。就新闻信息的传播而言,《东西洋考每月统记传》每期必有一定数量的新闻,绝大部分译自外报,少数为广州、澳门的地方新闻,后期也摘录一些《京报》上的材料。《东西洋考每月统记传》对商贸活动十分重视,后期曾多次刊登中外贸易进出口的物价表。这些物价表,以近代化报刊为媒介进行商品及商业服务的介绍与推广,应视作中国现代商业广告的雏形。

在宣传策略上,《东西洋考每月统记传》与《察世俗每月统记传》相仿,处处附会儒学,尽可能与中国传统文化相吻合。每期约十二三页,楷书木刻,连史纸印,中国线装书本形式。封面上也印有中国传统格言,多录自四书,如创刊号上印的格言是:"人无远虑,必有近忧。"左下角注有"爱汉者纂"四字,"爱汉者"是主编郭士立的笔名。但是,该刊虽然打算以中国读者为对象,在当时仍"甚少华人出资订购"。在编辑业务上,《东西洋考每月统记传》文字通俗、文风简短,栏目也比较固定,长文分期连载,每期还刊有目录以便于阅读。

《东西洋考每月统记传》在 1834 年 1 月发表《新闻纸略论》一文,是在中国国内发表的第一篇新闻学专文。《新闻纸略论》全长 331 字,简要地介绍了西方报纸的起源、发展以及有关报刊出版自由的法律和制度:"在西方各国有最奇之事,乃系新闻纸篇也。此样书纸乃先三百年初出于义打里亚国,因每张的价是小铜钱一文,小钱一文西方语说加西打,故以新闻纸名为加西打,即因此意也。后各国照样成此篇纸,致今则到处都有之甚多也。惟初系官府自出示之,而国内所有不吉等事不肯引入之。后则各国人人自可告官而能得准印新闻纸,但间有要先送官看各张所载何意,不准理论百官之政事。又有的不须如此,各可随自意论诸事,但不犯律法之事也。其新闻纸有每日出一次的,有二日出一次的,有七日出二次的,亦有七日或半月或一月出一次不等的。最多者乃每日出一次的,其次则每七日出一次的也。其每月一次出者,亦有非纪新闻之事,乃论博学之文。于道光七年,在英吉利国核计有此书篇共四百八十多种,在米利坚国有八百余种,在法兰西国有四百九十种也。此三国为至多,而其理论各事更为随意,于例无禁,然别国亦不少也。"①

《东西洋考每月统记传》创刊号原印600份,后再版300份,出版12期后暂时停刊。已出的12期刊物,由"在华实用知识传播会"(The Society for the Diffusion of Useful Knowledge)编为2卷,重印1 000册,在新加坡、马六甲、巴达维亚、槟榔屿等华侨聚居地区广为发行。1835年2月,《东西洋考每月统记传》在广州复刊,但出版6期后再度停刊,1837年2月后改由"在华实用知识传播会"接办,由郭士立、小马礼逊(John Robert Morrison,一译马儒翰)等主编,在广州编辑后寄至新加坡,由在新加坡的麦都思交付印刷发行。小马礼逊为英国伦敦布道会派遣来华传教的第一人马礼逊之子,1814年生于澳门,16岁起就在广州替英国商人当翻译,热心传教事业,1843年在澳门去世,年仅29岁。1838年10月,《东西洋考每月统记传》终刊。

在《东西洋考每月统记传》终刊的同月,即1838年10月,一份取名《各国消息》的中文月刊在广州创刊。该刊是英国传教士麦都思在后成为其女婿的英国青年奚礼尔(Charles Batten Hiller,?—1856)协助下创办起来的,由麦都思担任主编,奚礼尔担任助理编辑。《各国消息》的办报方针和内容同《东西洋考每月统记传》基本相似,只是宗教性的内容已不复存在,主要刊登各国和广州新闻,以及航运消息、物价行情等。但是,该刊刊载的各国新闻,并非真正的新闻,实为各国的历史、地理知识的介绍,其本意是改变中国人思想闭塞状况和宣扬英国统治殖民地的威力与德政。《各国消息》作为一份传教士主办的中文报刊,不把重点放在传教上而放在各国国情、商情的提供上,可见当时传教士大多还具有其他多重身份,特别是反映出当时旅居中国的外国人,无论是传教士,还是外交官或者商人,其关系都十分紧密,甚至在许多大是大非面前互相包庇、沆瀣一气。当然,《各国消息》还不能说是一份商业性报刊,但已产生了有关商业性报刊的办报理念,还为后人留下了主办另一类报刊的编辑理念与实践经验。

---

① 爱汉者等编:《东西洋考每月统记传》,黄时鉴整理,中华书局1997年版,第66页。

《各国消息》每期3至8页不等,用连史纸石印,出至1839年5月中英关系紧张、英人纷纷离开广州之时停刊,最多出过8期,目前仅见第1期、第2期。

综上所述,自1815年至1839年,先在南洋地区、后在中国境内出版的中文报刊共6种。这些报刊,就其本质而言,都是宗教性报刊,其基本内容一是阐发教义,二是宣传西方文化。随着社会形势的变化,这些报刊的宗教色彩也不断由浓厚转淡薄,而政治、经济色彩则由淡薄转浓厚。特别是对新闻信息传播的日趋重视,使这些报刊的新闻传播性质日益凸显。这些报刊的创办人都是外国传教士,且大多与英国伦敦布道会有直接的组织关系。

第二节 外文报刊的出现及其对中国社会的影响

一、《蜜蜂华报》等葡文报刊的率先问世

19世纪二三十年代,在华外国人还创办起了一批外文报刊,以满足他们进行信息、观点交流的需要。这些外文报刊,其种数、出版时间和规模都远远超过同期出版的中文报刊。截至1839年,外国人在中国境内出版的外文报刊有17种左右,出版时间有的长达十几年或二十年之久,但出版地点则局限于澳门与广州两地。

澳门是最先出现外文报刊的中国领土。1822年9月12日,葡萄牙文周报《蜜蜂华报》(A Abelha da China)创刊,这是在中国出版的第一家外文报纸。该报虽然是在中国的澳门出版,但与当时中国社会并无关系,而是当地葡萄牙人中的立宪派人士为了宣传立宪党人的主张、争取民众的支持而创办的,立宪派首领、少校巴波沙(Panlino da Silva Barbosa)以及医生阿美达(Josede Almeida)等为创办人,阿马兰特(Goncalode Amarante)神父等担任编辑工作,由官印局印刷,每逢周四出版,另附有增刊数种。

作为当时在葡萄牙执政的立宪派在澳门创办的政府机关报,《蜜蜂华报》以鼓吹立宪派的主张为宗旨,以大量篇幅刊登立宪派人士的

言论以及政情消息、会议记录、名人演说、议事会与市民的往来信函、王室谕旨与报告等政治性报道，也刊有一些当地和广州一带的报道。该报取名"蜜蜂"，意味着要像蜜蜂那样痛蜇反对派。1823 年 12 月 26 日，由于葡萄牙政局发生变动，执政的立宪派被推翻，作为澳门立宪派喉舌的《蜜蜂华报》也受到波及而被迫停刊，共出版了 67 期。

《蜜蜂华报》停刊后，与立宪派相对立的保守派人士创办的《澳门报》(Gazeta de Macao)取而代之。该报于 1824 年 1 月 3 日在澳门创刊，以宣传保守派的政治主张为主要内容，1826 年 12 月因财政问题而停刊。

19 世纪 30 年代后，葡文报刊开始在澳门成批出现。1834 年 10 月 12 日，《澳门钞报》(A Chronica de Macao)创刊，出至 1837 年停刊。1836 年 6 月 9 日，《帝国澳门人》(Macaista Imperial)创刊，1838 年 7 月 24 日为澳门当局所查禁。1838 年 10 月，《真爱国者》(O Verfadciro Patriota)创刊。1839 年 1 月 9 日，葡文刊物《澳门政府公报》(Boletin Official do Governa de Macao)创刊，自第 2 期起易名《澳门公报》(Gazette de Macao)。此外还有《中国葡萄牙人报》(O portuguez na China)等。至 1839 年，先后在澳门出版的葡文报刊共计 8 种。

这些葡文报刊，由于澳门当局的专制政治和葡萄牙国内党争激烈，再加上经济上的困难，因而出版时间大多很短。它们所报道的内容，也大多是葡萄牙本国和澳门问题，对中国事务很少有兴趣，因而对中国社会的影响不大。鸦片战争爆发后，这些葡文报刊一般都持中立态度，但也有少数持亲华立场。

二、英文报刊的纷纷出版

19 世纪 20 年代后期，英、美等国人士在广州、澳门出版了一批英文报刊。这些英文报刊，虽然也是当时来华的外国人之间进行信息与意见交流的工具，但对中国社会的影响力，则远远大于在澳门出版的葡文报刊。

1827 年 11 月 8 日，在中国出版的第一份英文双周刊《广州纪录报》(Canton Register，一译《广东纪事报》)在广州创刊，自第 2 期起改名为"The Canton Register"，但中文译名不变，1834 年后改为周刊，逢星期四出版。该报由英国鸦片商马地臣(James Matheson，1796—1878)出资创办,美国商人伍德(William W. Wood)为第一任主编,马礼逊、施赖德(John Slade)等为主要撰稿人。不久后,伍德因与马地臣意见不合而离去,改由马地臣和马礼逊主持编务。《广州纪录报》是一张商业性报纸,货价行情、航运消息占主要篇幅,1833 年还出版过广告商情附刊《广州行情周报》(Canton General Price Current,一译《广州市价表》)。同时,该报还广泛刊登政治时事新闻和评论,具有强烈的政治色彩。《广州纪录报》对中国问题十分关心,有关中国的新闻和材料占相当多的篇幅,内容大多是为鸦片贸易辩护、攻击中国官员无视外商利益及对外国人傲慢无礼等,主张英国政府对中国持强硬政策,认为经过斗争自由贸易就会实现,西方文化也会被中国所接受。该报在当时影响很大,读者远及南洋、印度及英美一些主要商埠,自 1835 年起还开始接受华人订户。

1833 年,《澳门杂文编》(The Evangelist and Misellanea Sinica)在澳门创刊,是我国继《广州纪录报》后的第二份英文报刊。该刊是英国传教士马礼逊创办的宗教性英文周刊,每期还刊有一篇中英文对照的短稿,以外籍基督教新教传教士为读者对象。《澳门杂文编》由亚本印刷厂用刚从英国运来的平版印刷机承印,但仅出 4 期即因含有反对葡萄牙国教天主教的成分而被查封。

19 世纪 30 年代后,英文报刊开始在广州纷纷创刊,办报人不仅有英国人,还出现了美国人。

英国人创办的报刊主要有《广州杂志》(The Canton Miscellany)、《广州周报》(Canton Press)等。《广州杂志》创刊于 1831 年,月刊,东印度公司主办,由该公司澳门印刷厂承印,仅出版了 5 期即告停刊。《广州周报》创刊于 1835 年 9 月 12 日,周刊,每星期六发行,篇幅较《广州纪录报》为多,为另一家颇有影响的英文报纸。该刊为英国自由贸易派商人所主办,在经济上受到颠地洋行的支持,弗兰克林(W. H. Franklyn)为首任编辑,1836 年 2 月后由普鲁士人摩勒(Edmund Moller)继任编辑。《广州周报》作为英商自由贸易派的报纸,反对东印度公司垄断对华贸易政策,曾同亲东印度公司的《广州纪录报》展开过激烈的论争。该报对中国问题十分关注,大量介绍中国情况,但在鸦片贸易和为拓展对华贸易不惜采取严厉措施等方面,该报与《广州纪录报》等英商报纸完全一致。林则徐在禁烟运动期间组织翻译的“澳门新闻纸”,其内容大多译自《广州周报》。

美国人在广州创办的报刊，主要有《中国差报与广州钞报》(Chinese Courier and Canton Gazette)、《中国丛报》(Chinese Repository，一译《中国文库》)等。

《中国差报与广州钞报》是美国人在华创办的第一份报纸，于1831年7月28日创刊，美国商人伍德创办并任编辑。该报创刊后积极鼓吹自由贸易政策，反对东印度公司和为美国利益辩护，并同《广州纪录报》展开激烈的争论。1832年4月14日，该报进行改版，并将报名简化为《中国差报》(The Chinese Courier，一译《中国导报》)出版。1833年10月，《中国差报》因编辑伍德离华而停刊。

《中国丛报》创刊于1832年5月31日，英文月刊，每期约50页，销数最高时为1 000册以上。该刊由美国第一个来华的传教士裨治文(Elijah Coleman Bridgman，1801—1861)创办并担任第一任主编，美国人巴驾(Peter Park)、卫三畏(S. W. Williams)以及郭士立、马礼逊等参与编辑和撰稿工作。美国巨商奥立芬(D. W. C. Olyphant，?—1851)、"广州基督教联合会"等曾予以资助。尽管美国公理会指示裨治文须以在中国人中推广福音为首要任务，但《中国丛报》有关宗教的文章很少，以提供"有关中国及其邻邦最可靠、最有价值的情报"为宗旨，内容"多为英人在华的商务报告，对于中国文字及华人生活有极精密之研究"①，大量而又详尽地报道与评述中国的政治、经济、军事、文化、外交、地理、历史、风俗等各方面的情况，甚至连中国官员贪赃枉法的手法、道光皇帝懦弱的性格也都在其报道与评述之列。此外，该报还报道西方传教士、商人在中国和亚洲其他地方活动的情况，经常讨论对华政策问题，甚至提供奖金。为了引起讨论，该刊也发表一些不同意见，但鼓吹对中国采取强硬手段乃至鼓吹武力侵华则是其基本舆论导向。《中国丛报》的撰稿人大多是文化素养和社会地位较高的在华西方人士，因而其舆论颇为西方社会所重视，对英国和美国政府的决策有明显影响。由于该刊所刊载的资料十分丰富，因而至今仍为中外学术界所高度重视。

1839年中英关系紧张、战争一触即发之时，在广州出版的英文报纸全部迁移到澳门出版。5月，英文《中国丛报》自广州迁至澳门出版，在鸦片战争爆发后销数顿减。接着，《广州纪录报》和《广州周报》也在

---

① 引自戈公振著：《中国报学史》，中国新闻出版社1985年版，第70页。

英国商务监督义律(C. Ellot)拒绝缴烟、下令所有英商撤离广州声中先后迁至澳门出版。《广州周报》还增出商情附刊《商品市价表》(Commercial Price Current),出版到1844年3月在澳门停刊。

综上所述,这些在中国出版的外文报刊,在政治上完全是西方国家侵华的舆论工具,但大多采用商业性报纸的办报模式,在内容上以提供情报和新闻信息为主,在新闻业务上采、写、编、评等各方面的水平都较高,达到当时出版的近代报刊应具有的水准。

第三节 鸦片战争爆发后香港报业的崛起

一、近代报刊在香港的出现

1840年6月,英国东方远征军由义律率领抵达广东海面,向中国发动战争,史称"第一次鸦片战争"。1841年1月,义律仅与清钦差大臣琦善议订《穿鼻草约》后即单方面宣布《草约》成立,英国侵略军在同月25日占据香港。6月7日,英国侵略军又宣布香港为自由港,准许商船自由出入,并开始按照殖民地模式管制香港。当时,在香港这一面积仅80平方公里的山形小岛上,人口仅3 650人①。

英国占据香港后,近代报刊开始在香港出现。1841年5月1日,《香港钞报》(Hongkong Gazette,一译《香港公报》)创刊,为在香港出版的第一份近代报刊。该报为英语半月刊,其创办人是小马礼逊。该报是一份得到官方授权出版的商业性报纸,其发刊词称:"目的在于使英国政府官员和英国军官不时颁布的一般命令众所周知。需要时将出版增刊,刊载有价值或有意义的统计表格和其他公文。"②

1842年3月17日,又一份英文报纸《中国之友》(The Friend of China)在香港创刊。该报为半周刊,创办人是英商奥斯威尔德(Richard Oswald),小马礼逊、怀特(James White)等担任主笔。《中国

---

① 转引自李谷城著:《香港报业百年沧桑》,香港明报出版社有限公司2000年版,第51页。

② 同上,第52页。

之友》仅出版了一期，自 1842 年 3 月 24 日出版的第 2 期起即与《香港钞报》合并为《中国之友与香港钞报》出版，仍由小马礼逊主持编务。1843 年，该报产权为约翰·卡尔（John Carr）购得。1844 年，《中国之友》恢复本名单独发行。1850 年 8 月，台仁特（William Tarrant）购得《中国之友》产权并担任发行人兼主编，该报的立场由支持政府转而为反对政府，猛烈攻击港英政府的弊政和腐败行为，指名道姓地揭露港英政府高级官吏的丑闻，1858 年被港英政府停刊数月，台仁特于 1859 年也被控诽谤罪而入狱。该报十分重视中国新闻，对太平天国作过系统报道，并对太平军持同情态度，在当时的香港外文报刊中是罕见的。1860 年，台仁特出狱后将报纸迁往广州出版，1863 年 1 月再迁上海，1869 年停刊。

二、《南京条约》签订后香港报业的初步发展

1842 年 8 月 29 日，中、英《南京条约》正式签订，清政府将香港永久割让给英国。之后，大批英国移民涌入香港，使该地区的外国侨民跃居全国首位，为香港报业的崛起创造了极为有利的条件，使香港成为鸦片战争后外国人在华办报的第一个重要基地。英文商业报纸的成批出现，是这一时期香港报业崛起的标志。

1843 年 6 月，由当时著名的怡和洋行大班马地臣出资创办的《广州纪录报》由澳门迁至香港出版，并改名为《香港纪录报》（Hong Kong Register）。之前，怡和洋行自身也率先将自己的总行从澳门迁至香港。《香港纪录报》持反对香港政府的态度，但主要是代表一些外国商人对香港政府在侵华策略上的不满，认为香港政府不能最大限度地满足他们不断扩大侵华范围的要求。该报十分重视刊登有关中国的材料，曾将《三国演义》译成英文在报上连载。该报对鸦片战争期间中英关系及商务活动记载甚详，现已成为后人研究早期中英关系的重要原始资料。1845 年，《香港纪录报》增出附刊《大陆纪闻与行情》（The Overland Register and Price Current），对当时的中英商务言之甚详。该报产权曾几度变换，但报纸的基本立场不变，至 1858 年停刊。

之后，一些原在广州等地出版的报纸也纷纷迁至香港出版。1844 年 10 月 19 日，美国人主办的《中国丛报》从澳门迁至香港出版。

新创办的英文商业性报纸则数《德臣报》（The China Mail）和《孖

刺报》(Daily Press)最有声名。《德臣报》创刊于1845年2月20日,又译作《德臣西报》、《中国邮报》,初为周刊,1862年2月1日起改为日报。《德臣报》的创办人兼主笔为英国出版商肖德锐(Andrew Shortrede),英商狄克逊(Andrew Dixson)参加创办事宜,后独家购得该报所有产权。狄克逊(Dixson)一词在粤语中译为“德臣”,故中国人将该报叫做《德臣报》。在政治上,该报持亲政府态度,自创刊至1858年,曾获得刊印香港政府公报的合同。1847年,该报曾资助容闳、黄胜、黄宽等3名学生赴美留学,开中国人出国留学之先河。黄胜回国后一度在该报担任印刷、管理等方面的工作。《德臣报》是香港历史上出版时间最长、影响最大的英文报纸,直到1974年8月才停刊,历时129年。

《孖剌报》创刊于1857年10月1日,为香港出版的第一份英文日报。该报在政治上对港英政府持批评态度,敢于揭露港英政府的弊政和政府官员的腐败行为。该报创办人和第一任主编是美国人赖登(George M. Ryden)。翌年,因该报所刊评论攻击怡和洋行,赖登被香港法院以诽谤罪判处有期徒刑6个月,其主编一职改由莫罗(Yorick J. Murrow)继任。莫罗(Murrow)的粤语音译为“孖剌”,故中国人将这份英文日报叫做《孖剌报》。1867年,《孖剌报》增出周刊《香港周报及大陆商报汇报》,每星期五出版,每期约30页,专载商业及船舶消息。《孖剌报》的出版历史也很悠久,直至1941年底日军侵占香港后才停刊。

总之,1860年前,香港报业的基本格局是《德臣报》、《香港纪录报》和《中国之友》三报鼎立。之后,由于《中国之友》迁往广州、《香港纪录报》产权转让并日趋萧条,香港报业又出现了《孖剌报》与《德臣报》两强对峙的新格局。

三、战后中文报刊在香港的出现

19世纪50年代后,近代中文报刊在香港出现,是近代中文报业在中国“梅开二度”的标志。

1853年8月1日,中文月刊《遐迩贯珍》在香港创刊,每月1日出版,16开本,每期12至24页不等,沿用线装书的装帧形式,竹纸铅印,为我国中文报刊使用铅印之首。该刊由鸦片战争后迁至香港的英国伦敦布道会下属的对华文化教育机关马礼逊教育会出版、英华书院印刷。该刊创办人、英国传教士麦都思为首任主编，一年后由麦都思的女婿、前香港法院首席法官奚礼尔接任，1856 年奚礼尔调任英国驻暹罗领事后由英国传教士、香港英华书院院长理雅各（J. Legge，1814—1897）接任。

《遐迩贯珍》虽为传教士所办，但实际上是以新闻为主的刊物。该刊创刊号上的《序言》说："中国除邸抄载上谕奏折，仅得朝廷活动大略外，向无日报之类。""吾每念及此，思于每月一次，纂辑贯珍一帙，诚为善举。其内有我邦之善端，可以述之于中土，而中国之美行，亦可达之于我邦，俾两家日臻于洽习，中外均得其裨也。"因此，该刊在内容上以时事新闻为重点，与鸦片战争前出版的中文期刊迥异。所占篇幅最多的是反映当前时事的新闻报道和评论，既有报道中国和中外关系的新闻，也有反映欧美、日本和东南亚的新闻。所刊罗森的《日本日记》，是中国人对当时日本时事政治很有价值的记述。《遐迩贯珍》的政治倾向，无疑是站在英国殖民主义者的立场上的，但在报道中国内部消息时，因其不必顾忌清政府的干涉而能比较客观、公正地反映事情的真实面貌。例如，1854 年 12 月出版的《遐迩贯珍》第一次刊出"时论"，评论清军攻打上海小刀会事件，对清军将领的谎报军情和夸大战功作了揭露。其他有关太平天国和小刀会起义的报道，以及法兰西公使到南京与太平军将领会谈的报道等等，也都能及时、准确地反映事实真相。《遐迩贯珍》还十分注重对文化知识的介绍，曾广泛介绍西方政治、历史、地理和科学知识。这些知识尽管明显地有炫耀西方文明、为英国殖民政策辩护的用意，但对中国人还是很有启迪和借鉴的作用，对开阔中国人的视野，了解中国和世界具有一定的积极意义。该刊宗教宣传所占的比重很小，这可能是因为基督教在香港地区完全可以直接向市民传播，不必借助宗教报刊作为主要宣传工具。

在新闻报道业务方面，《遐迩贯珍》也有长足的进步，消息、短讯、通讯、评论等近代新闻体裁都已具雏形，还出现了连续报道等新的形式。1855 年，《遐迩贯珍》增出附刊《布告篇》，随报发行，每期 4 页，专载商情及船期。值得进一步说明的是，《布告篇》率先在我国中文报刊上推出广告收费举措：凡刊登各类广告，初次每 50 字收费银半元，50 字以上每字加 1 先令。如果再次刊登同一广告，收费减半。此外，该刊还刊有中英对照目录等新形式。

《遐迩贯珍》每期“以印三千本为额”,每册售价15文。除在香港发行外,还发行到广州、厦门、宁波、上海、福州等地。1856年5月,理雅各以“事务过繁,无法兼顾”为由,宣布将该刊停刊,并在5月1日出版的终刊号上发表其亲自撰写的英文停刊小启,略云:“《遐迩贯珍》之成就,远超过吾人所预期者。尤以香港上海之欧美社会,均曾予以慷慨支持。最近一年来,订费及批售收入,几乎足以维持开支,所动用之马礼逊教育会基金,为数无多,华人社会并未给予财政支持。华人订户,续有增加,仍较吾人所预期者为少。但是,读者甚众,且遍及各省。”“《遐迩贯珍》今兹停刊,众多人士将引以为憾。因之,本刊并非失败,吾人努力之经过,适足以鼓励有志与才智之士,依据出版报刊之途径,介绍世界历史及西洋知识,用以唤醒华人。”① 该刊前后共出33期。

顺应战后商品经济发展的大潮,中文商业性报纸也在香港出版的英文商业性报纸中孕生。1857年11月3日,由孖剌报馆创办的中文《香港船头货价纸》创刊,周三刊,每周二、四、六发行,实为英文《孖剌报》的中文版,所刊内容以船期、商品价格、行情、商业信息和广告为主,主要读者对象为商店职员。该报是我国历史上第一份中文商业报纸、最早的经济类报纸和最早以单页形式两面印刷的中文报纸。

① 转引自潘贤模:《鸦片战争后的香港报刊》,载《新闻研究资料》,总第11辑,展望出版社1982年版。

第三章

外报在华的拓展与垄断

第一节　外报在广州、上海等地的率先发展

一、广州报业的复苏与上海报业的问世

鸦片战争后，广州、上海、宁波、福州、厦门5个东南沿海城市被迫对外开放，随着外国侵略势力在中国境内的不断拓展，外国人在中国出版的近代报刊，在当时被称为“外报”，在中国境内绝迹五六年后于1845年卷土重来。

1. 广州报业复苏

广州由于在战前已是对外开放口岸，且密迩香港，因而成为外报“渐行于中土”的第一站。1845年5月，原在广州创刊的著名英文报纸《中国丛报》重新迁回广州出版。由于时过境迁，上海等5个口岸城市的对外开放已经使广州不再是外国侵略者的青睐之地，因而《中国丛报》重回广州后，对当时社会的影响力不大，至1851年时只有300家订户。1851年12月底，《中国丛报》自行停刊，使广州再度成为一个无报之城。直至19世纪60年代后，广州报业才开始发展起来。1860年10月13日，台仁特主编的《中国之友》从香港迁往广州。1865年2月2日，中文周刊《中外新闻七日录》创刊，由英国传教士湛约翰（John Chalmers）主编，16开本，报头右有“广州城”，左有“远人采”字样。创刊号刊有《小引》称：“我侪传耶稣教者，忻忻而创是新闻录，非欲借此以邀利也，盖欲人识世事变迁而增其闻见，为格物致知之一助耳。”该报所刊内容有新闻、科学、宗教、杂俎等，出至1870年停刊，共出版了

152 期。同年,《广州新报》创刊,小型周刊,由美国传教士、医生嘉约翰(John Glasgow Kerr)创办,出至 1871 年停刊。

2. 上海报业问世

正当广州报业举步维艰之时,上海报业一问世就出现了迅猛发展之势,其原因是上海坐落在东海之滨的江浙富庶之地,又有长江流域作为其发展腹地,因而为来华外国人所青睐。

1850 年后,上海继广州之后成为战后外报"渐行于中土"的第二站。1850 年 8 月 3 日,英文周刊《北华捷报》(North China Herald)创刊,每逢星期六出版,揭开了上海报业发展史的第一页(图 3.1)。该报由英国商人亨利·奚安门(Henry Shearman)创办并担任主编,后由英商字林洋行发行。《北华捷报》初创时每期仅出对开一张 4 页(版),内容大多是广告、行情、船期等商业性材料。该报创刊号不仅刊有大量广告,还将当时侨居上海的 59 个西方人及其家庭成员的名字全部刊诸报端。在政治上,《北华捷报》站在英国在华商人的立场上,其新闻、言论反映英国在华商人的利益。在太平天国革命时期,《北华捷报》对太平军与上海小刀会起义持反对态度。1854 年 10 月 21 日,《北华捷报》发表社论,主张对占领上海县城的小刀会武装力量进行包围和封锁,后为租界当局所采纳。1856 年后,随着商业广告的日益增多,北华捷报馆开始增出英文广告日刊《每日航运新闻》(Daily Shipping News),1862 年后改名为《每日航运与商业新闻》(Daily Shipping and Commercial News,一译《航务商业日报》)。自 1859 年起,该报被英国驻沪领事馆指定为公署文告发布机关,得到优先刊载上海公共租界最高行政机构——工部局的文告和付费广告的特权,从此开始在一定程度上反映英国政府的观点,被视为"英国官报"(Official British Organ)。

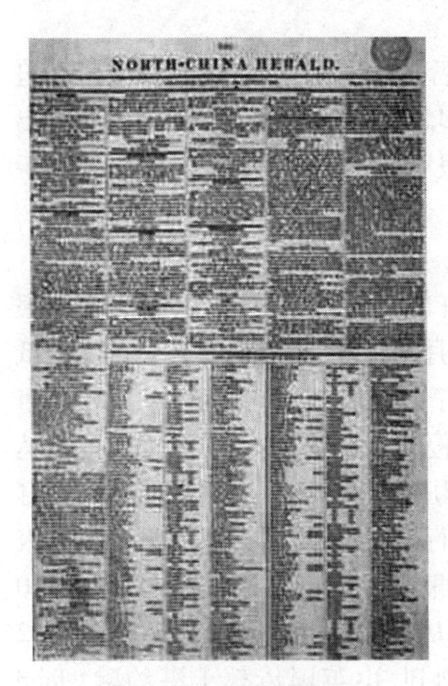
NORTH-CHINA HERALD.

图 3.1 《北华捷报》

1864 年 7 月 1 日,北华捷报馆将《每日航运与商业新闻》改为综合性日报独立出版。这时,该报馆组织已改组为字林洋行,因而当时的中国人将这份名叫“North China Daily News”的英文日报译作“字林西报”。《字林西报》在创刊后虽仍大量刊载航务、商业等方面的文字,但十分重视并不断加强新闻报道工作,曾在中国边远地区聘有通讯员,还曾一度获得独享刊登英国路透社电讯的特权。《字林西报》对言论也十分重视,经常对中国政局与中外关系发表意见,但其基本态度是为英美侵华活动辩护。但从总体上说,《字林西报》因其报道面广、信息及时、内容丰富而受到中外人士的重视,社会影响日渐增强,后发展成为近代中国历史最长、影响最大的英文报纸。

《字林西报》创刊后,《北华捷报》转而成为《字林西报》的星期附刊继续出版,其地位与影响日益下降,1867 年 4 月 8 日后增加商情并易名为《北华捷报与市场报道》(North China Herald and Market Report)继续出版。1870 年 1 月 4 日,《北华捷报与市场报道》增出期刊《最高法庭与领事公报》(The Supreme Court and Consular),不久后两报合并,改名《北华捷报及最高法庭与领事馆杂志》(North China Herald and Supreme Court and Consular Gazette)继续出版。

1857 年后,近代中文报刊开始在上海诞生。1857 年 1 月 26 日,上海的第一份中文报刊《六合丛谈》创刊,系外国传教士主办的宗教性报刊,由墨海书馆印行。该刊的主编是英国伦敦布道会派遣来华的传教士伟烈亚力,中国早期的杰出报人王韬等曾参与编辑。《六合丛谈》月出 16 开本 16 页 1 册,售价 12 文,其内容不再纯粹宣传基督教义,是一份刊有宗教、科学、文学、新闻等多种内容、以时事新闻为主的综合性期刊。该刊主编伟烈亚力在创刊词中阐述其办刊主旨说:“今予著《六合丛谈》一书,亦欲通中外之情,载远近之事,尽古今之变。见闻所逮,命笔志之,月各一编,罔拘成例。务使穹苍之大,若在指掌;瀛海之遥,如同衽席。”由于上海是当时最重要的外贸集散地之一,因而该刊上还有不少“水脚单”、“进出口之货价与交易单”等商情信息。《六合丛谈》的发行量很小,因而仅出版了一年多即自行宣告停刊。

1861 年 11 月 19 日,《上海新报》创刊,为以北华捷报馆为主体的字林洋行创办与出版的周刊,自 1862 年 5 月 7 日起改为周三刊,每星期二、四、六出版。《上海新报》创刊号上刊有发刊词,宣称其编辑方针是:“大凡商贾贸易,贵乎信息流通。本行印此新报,所有一切国政军情,市俗利弊,生意价值,船货往来,无所不载。”因此,该报初创时为两个版面,第1版为商业信息和新闻,第2版全部为商业性内容,将商业信息放在首要地位。1868年2月1日后,《上海新报》革新版式,每期出版1张4版,第1版广告,第2版中外新闻,第3版广告、船期及行情表,第4版论说及杂著,其中广告、船期、行情等商业信息仍占多数。自是日起,该报还开始用白报纸两面印刷,并重新编号,称新式第1号。自1870年3月24日起,《上海新报》在国内率先在每条新闻上加标简明题目,用头号字排标题,4号字排正文,一改当时报纸仅有"中外新闻"、"选录某报"等新闻栏题的旧规。1872年7月,《上海新报》改为日刊。该报主笔先后是伍德(M. F. Wood)、傅兰雅(J. Fryer)、林乐知(Y. J. Allen)等英美来华的传教士,担任助编的有中国人董明甫等。

《上海新报》所刊载的新闻,大多译自沪、港等地出版的外文报纸,有时也摘登一些"京报"信息。另辟有"苏省日报"专栏,刊登"辕门抄"发布的江苏政界消息。《上海新报》初创时,正值太平军席卷江南、意欲进军上海之际。为了满足上海市民、特别是慑于太平天国革命运动的威力而纷纷逃入上海租界避难的江南一带的财主、乡绅了解太平天国最近动态的需求,该报刊登了许多有关太平天国的报道,经常通过外国侨民及教会团体,探得官军及太平军双方的消息,很受读者重视。偶尔也刊登一点有关言论,持反对太平天国革命的政治态度,曾长篇连载吹捧镇压太平天国革命的外国雇佣军"常胜军""功绩"的文章,并为清政府最终消灭太平军出谋划策。

二、宁波、福州、汉口等各地报业的出现

除广州、上海两地外,宁波、福州、汉口等地的近代报业也在鸦片战争后先后出现。

1854年5月11日,《中外新报》在宁波创刊,中文杂志型,初为半月刊,后改为月刊,木刻竹纸印,封面用黄纸,类似京报,每期出4开本4页,售价10文。该报是一份外国传教士主办的宗教性报刊,其内容分宗教、科学、文学、新闻等类,"以圣经之要旨为宗旨",美国浸礼会传教士玛高温(Deniel Jerome MacGowan, 1814—1893)为第一任主编。《中外新报》在中国新闻史上的意义,不仅在于它是宁波最早的一家中文报刊,而且还在于它只比鸦片战争后香港第一份中文报刊《遐迩贯珍》晚9个月,比上海第一份中文报刊《六合丛谈》早2年又7个月。

1858年12月19日，美国传教士应思礼（E. B. Inslee）接替玛高温担任《中外新报》主编，该刊也另改序号出版，但其宗教性报刊的定位与编辑方针未变，至1861年2月10日停刊。

1858年10月12日，英文《福州信使报》（Foochow Courier，一译《福州府差报》）在福州创刊，由英国人主办。之后，英文《福州广告报》（Foochow Advertiser）、《福州每日广告与航运报》（Foochow Daily Advertiser and Shipping Gazette）、《福州捷报》（Foochow Herald）、《福州每日回声报》（Foochow Daily Echo）、《中国纪录报》（Chinese Recorder）等英文报刊相继创刊。其中值得一提的是《中国纪录报》，创刊于1868年10月1日，由美国传教士巴得温（S. L. Baldwan）主持编务，所刊内容以时事报道为主，也有不少研究中国的论文，不久后迁至上海出版，成为美国长老会的机关报。最早在福州出版的中文报刊则是《教会使者报》，1860年创刊，每月出版一期，是一份用方言拉丁文拼音的教会刊物。此外还有1868年外国传教士创办的《中国读者》月刊等。

第二次鸦片战争后，汉口等地也成为对外开放的通商口岸。1866年1月6日，英文《汉口时报》（HanKow Times）创刊，为武汉地区出版的第一份近代商业报刊，由美人汤普生（F. W. Thomson）主编，日出对开1张，专供在汉口的外国侨民阅读，至1868年停刊。

这一时期，香港报业在原有基础上也有不少新的发展，主要表现在中文报刊的相继问世。英文德臣报馆创办的中文报刊，始于1861年8月10日发刊的该报中文附刊《香港新闻》，以报道船期、货价为主要内容，曾刊登过一些关于太平天国的新闻，出至8卷停刊。1871年3月18日，德臣报馆发刊中文《中外新闻七日报》，逢星期六出版，由广东人陈霭廷主持，以报道中外新闻为主，也有一些评论，旨在使"中国士商益增识见，扩新耳目"。1872年4月17日，德臣报馆决定将《中外新闻七日报》改版为《香港华字日报》，独立发行，由陈霭廷担任主编并独立负责编务。该报初创时每隔两日出版8开4版1张，所刊内容以翻译外报和转载京报为主，宣称其唯一的宗旨是"以世界知识灌输于国人，以国内政务报告于侨胞，使民智日开，而益奋其爱国之念"。1882年后，《香港华字日报》改为日刊，并自备铅字。

英文孖刺报馆则在1864年至1865年前后将《香港船头货价纸》改名为《香港中外新报》，继续以报道商业行情为主，但所刊新闻进一步增多，设有"京报全录"、"羊城新闻"、"中外新闻"等栏目，其发行对象也从最初的商人扩大为一般市民。1872 年 5 月 4 日后,《香港中外新报》每日另出“行情纸”,为读者提供市场信息。1873 年,《香港中外新报》改版为日报,之后又脱离《孖剌报》,成为中国人自己办的报纸。该报早期主要编辑是广东人黄胜,字平甫,是我国第一批留美学生之一,因病提前返港后在英文《德臣报》和英华书院印刷所从事印刷出版业务,是最早从事报业的中国人之一。

此外,香港出版的中文报刊还有 1864 年间创刊的《近事编录》,由英国传教士罗郎也(Noronha)创办,据说与德臣报馆有一定的关系。该报除刊登行情、船期和广告外,还大量刊登新闻,是当时所有中文报刊中最早报道巴黎公社起义消息的报纸,其新闻还经常为当时的《上海新报》等报所转载,因而在大陆也有一定影响。著名政论家王韬一度担任主编,并在该报上刊出过不少他的早期政论。1883 年,罗郎也将《近事编录》的产权转移给华人,该报每年订费也由 5 元减至 4 元,但不久后因报纸销路不佳而停刊。

鸦片战争后出现的近代报刊,虽然在绝大多数地区最先出现的是外国传教士创办的宗教性报刊,但在数量上则以外国商人等创办的商业性报刊居多,反映出鸦片战争后中国近代报业的商业化倾向。香港中文商业报纸的发展,还成为全国各地的样板,有力地推动了中国近代报业的发展。据记载,上海《申报》在其创办之初,曾派人专程到香港学习。

第二节 在华外报网的形成与商业性报纸模式的确立

一、以上海为中心的外报网的形成

19 世纪 70 年代后,外报在华拓展的步子日趋加快。至 90 年代中期,外报已遍布全国,一个垄断中国报业市场和新闻舆论阵地的庞大外报网由此形成。这一时期,由于上海具有地理等各方面的强大优势,因而上海的报业也发展得尤为迅猛,至 19 世纪 90 年代,无论是中文报刊还是外文报刊的数量,都已超过香港、广州、澳门等中国近代报业的发源地,成为 19 世纪中期后形成的在华外报网的中心,影响中国的新闻与舆论往往出自上海的各类报刊。

自19世纪70年代至90年代，上海报业发展的主流，则是1872年后《申报》等中文商业性报刊的纷纷创刊（图3.2）。1872年4月30日，《申报》在上海创刊，初为两日刊，出至第5期起改为日刊，星期日休刊，用毛太纸单面印刷，后改用赛连纸印刷。《申报》创办人是英国商人安纳斯脱·美查（Ernest Major）。1871年5月19日，美查和伍德沃德（C. Woodward）、普赖尔（W. B. Pryer）、约翰·麦基洛（John Machillop）4人订立合同，集股1 600两（每人400两），由美查负责创办一份中文日报，即《申报》。美查创办《申报》的目的完全是为了赚钱，因而十分重视办报质量。美查认为中国编者最了解中国读者，因而毫不犹豫地将编辑大权交给了蒋芷湘、钱昕伯等中国文人，使《申报》成为第一家由中国人主持笔政的外报。在美查的精心策划下，《申报》发行量不断上升，至1877年时已接近1万份。1889年10月15日，《申报》创办人美查将所营事业改组为美查兄弟有限公司（Major Bros. Ltd），设立由英国人艾波诺特（E. O. Abuthnot）等组成的董事会，其性质已由外国人独资创办的报纸，转为外资控股、中外合资的报纸，席裕祺（子眉）开始出任该报的买办（华方经理）。

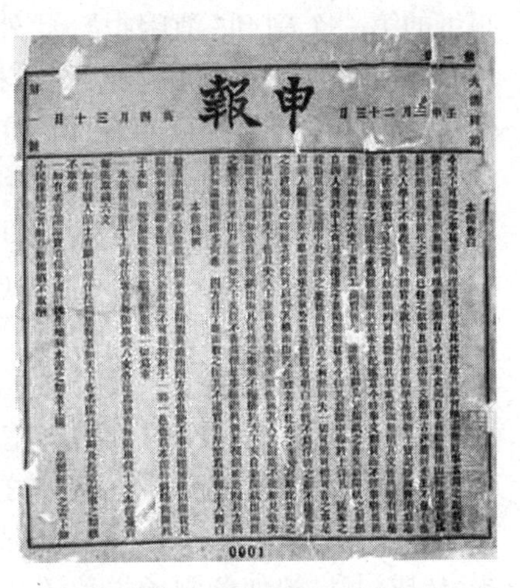
申報

0001

图3.2　《申报》创刊号

《申报》创刊后，其发展势头蒸蒸日上，竞争矛头直指先于《申报》出版的《上海新报》，使后者被迫应战。例如，《申报》为日刊，《上海新报》为了在时效上与之竞争，也于7月2日起改为日报。又如，《上海新报》使用价格很贵的瑞典进口白报纸，每份报纸的售价是制钱30文，而《申报》采用廉价营销手法，定价为8文，《上海新报》也不得不将售价降为8文，以争取读者。由于不胜亏损，《上海新报》被迫于1872年12月31日宣告停刊。

但是，《申报》的成功，不能不令人看好报业这块市场，使上海商业性报纸在19世纪80年代后出现大发展的局面，在《字林沪报》、《新闻报》创刊后形成了“申”、“新”、“沪”三报鼎立的格局。

1882年,字林洋行(即英文字林西报馆)在停刊《上海新报》近10年后,重振旗鼓,于5月18日发刊中文《沪报》,同年8月10日后改名《字林沪报》,日出对开4张,聘请戴谱笙、蔡尔康等担任主笔。该报的主要内容及版面安排,“首列上谕,尊君也;次列论议,以见心想;次列出译电西报,俾共稔知中外时事;次列外埠及本埠诸新闻,事取其详,文取其富;次列诗文杂作,以供文士之消遣;次列邸抄,辕门抄,务求其速;次列各种告白及钱洋市价、轮船进出等类,以便贸易场中及往来仕商阅看”①。该报所刊新闻,最初大半译自《字林西报》。1885年5月20日,《字林沪报》刊出征稿启事,加强新闻报道。为了吸引读者,《字林沪报》曾连载长篇小说《野叟曝言》,并于1897年11月24日创办我国报纸的第一个副刊《消闲报》,此外还刊有《花团锦簇楼诗》等杂著。1895年,《字林沪报》出版晚刊《夜报》,为中国最早的中文晚报之一,但不数日即停刊。1900年春,由于销路不好,英文字林西报馆将《字林沪报》转售给日本东亚同文会,后者将其改名为《同文沪报》继续出版。

《新闻报》创刊于1893年2月17日,初为中外合资性质,由华商张叔和、英商华盛纺织厂董事丹福士(A. W. Danforth)及斐礼思(F. F. Ferris)等合组公司主办,公推丹福士为总董、斐礼思为总理,后公司的全部股权归英商丹福士一人所有。《新闻报》一创刊,就同《申报》展开竞争,采取低于《申报》的价格推销办法,报费每日售价铜钱7文,较《申报》便宜1文。《新闻报》创刊之初,上海各剧场的海报只刊《申报》一家,《新闻报》派人前往主动兜揽遭拒后故意在自己的报纸上乱排海报,造成混乱,迫使各剧场主动送刊广告。1893年12月,《新闻报》开始出版画报单页,用随报附送石印画报的办法争取读者,开我国日报定期附送画页的先例,1894年4月起发刊《新闻报馆画报》。1894年,即《新闻报》出版一年后,发行数字已由初创时的300份增加到3 000份,仅次于《申报》而位居第二。1899年11月4日,丹福士因经济拮据宣告破产,时任上海南洋公学校长的美国人福开森(John C. Ferguson)买下《新闻报》,聘汪汉溪任总经理,金煦生为总编辑。

19世纪70年代后,在上海出版的中文宗教性报刊也有较大的发展。其中英美基督教会或传教士主办的报刊,数《万国公报》影响最

① 《本馆告白》,载《沪报》,1882年5月8日。

大。《万国公报》的前身是《中国教会新报》,1868 年 9 月 5 日创刊,周刊,用毛太纸印刷,大小如官版书(25 开本),美国监理会传教士林乐知(Young John Allen)集资创办并担任主笔,慕威廉(William Muirhead)、艾约瑟(Joseph Edking)等协助林乐知担任编辑工作,所刊内容以宣传宗教为主,间刊一些中外史地、科学常识等方面的稿件,以及有关中国教育方面的消息。1872 年 8 月 31 日,该报自 201 期起改名为《教会新报》,并更改体例,设立政事、教务、中外、杂事、格致 5 栏,分别刊载有关稿件。1874 年 9 月 5 日,该报自第 301 期起再次改名为《万国公报》,仍为周刊,但篇幅略有增加,所刊内容也改以时事政治为主,减少了有关宗教教义的宣传,经常发表时事评论、重要法令、条约及外报译文,大量介绍西方政治模式和西方科技知识。1883 年 7 月 28 日,《万国公报》出至第 750 期后休刊。1889 年 1 月 31 日,该刊恢复出版,另起编号,刊期也由周刊改为月刊,由 1887 年在华英美传教士联合主办的基督教书报出版机关同文书会(后改称广学会)主办,主编仍为林乐知。1892 年,主编林乐知回国休假,李提摩太(Timothy Richard,1845—1919)代林主持编辑工作。这一切,使《万国公报》的读者对象由基督教徒扩展为社会各界人士,《万国公报》也逐渐发展成为上海乃至全国影响最大的宗教性报刊,其发行量在维新变法运动期间高达 38 400 份。

《万国公报》对中国时政的评论十分重视,并极力宣传英美等国的通商、传教活动之有益于中国,希望中国的社会变革沿着西方列强所期望的发展道路前进。其中影响最大的是英籍传教士李提摩太于 1895 年 11 月 11 日撰写的《新政策》一文,刊于 1896 年 4 月出版的《万国公报》第 87 期上。该文企图引导清廷当局按照他们的规划进行改良,列举了 9 项"中国目下应办之事",其中之一就是设"国家日报",认为"欲使中国官民皆知新政之益,非广行日报不为功";"非得通达时务之人,主持报事以开耳目,则行之者一,泥之者百矣,何以速济?则报馆其首务也",并建议由英人傅兰雅、美人李佳白"总管报事",以及"派中国熟悉中西情势之人为之主笔"。自 1875 年起,中国人撰写的文章在该刊上日益增多。1894 年 10 月,该刊第 69 期、第 70 期连载孙中山撰写的上李鸿章书,题为《上李傅相书》,下署"广东香山来稿"。孙中山在这篇长达 8 000 余字的文章中,向当时掌握清廷军政外交大权的直隶总督兼北洋通商大臣李鸿章,提出了一系列富国强民的主张,反映了这位中国民主革命先行者的早期政治改革思想。

除《万国公报》外,这一时期出版的英美基督教会或传教士主办的重要报刊还有《格致汇编》、《成童画报》、《小孩月报》等。《格致汇编》,1876年2月17日创刊,英人傅兰雅(John Fryer)主持,月刊,所刊文字对数、理、化、生物、医学都有所介绍,是我国最早的科学杂志,1882年1月下旬出至第4年第12卷后停刊。《成童画报》,1889年1月创刊,墨海书局发行,后改名《福幼报》,为广学会对中国儿童进行宣传的刊物之一,也是中国最早出版的儿童刊物之一。《小孩月报》,1875年5月5日自广州迁至上海出版,改名《小孩月报志异》,由上海基督教清心书馆发行,美国长老会传教士范约翰(J. M. W. Farnham)任主编,设有诗歌、故事、名人传记、博物、科学等栏目,文字浅近易读,经常刊出国外英美教会出版机关用过的废旧铜版和黄杨木版插图。1876年改名《小孩月报》,后又改名为《月报》、《开风报》,1914年夏因欧战爆发自行停刊,前后出版40年。

由法国人主持的天主教教会出版的中文报刊,主要有《益闻录》、《圣心报》等。《益闻录》创刊于1878年12月16日,皈依天主教的中国人李杕任主编,后改名《格致益闻汇报》、《汇报》,为天主教教会在中国创办的主要机关刊物,1938年停刊。《圣心报》创刊于1887年7月21日,先后担任主编的有李杕、徐元希等,出至1949年上海解放后才停刊。

日本人在上海建立的佛教机构也在1894年创办《佛门日报》,为日本人在华创办的第一家中文日报。该报由东本愿寺别院出版,院主佐野则悟任主编,标榜以"济度支那人为目的"。

这一时期在上海出版的英文报刊,比较著名的有:《华洋通闻》(The Celestial Empire),1874年创刊,葡萄牙人陆芮罗(Pedro Loureiro)创办,出版后不久由巴尔福继任主编,曾发表《远东浪游》(Waifs and Sttrays from the Far East)一书的主要内容;《文汇报》(The Shanghai Mercury),1879年4月17日创刊,晚刊,英国人克拉克(J. D. Clark,旧译开乐凯)等任主编,为上海主要晚报之一,也是国内最先使用煤气引擎轮转机印报的报纸。该报对中国问题的报道与评论无所顾忌,为清廷所不满。至90年代,上海的英文报业市场形成了《字林西报》、《华洋通闻》和《文汇报》三足鼎立的局面。

此外,法国、德国、日本、葡萄牙等国来华各色人等也在第二次鸦片战争结束后先后在上海办起了本国文字的报纸。法国人在上海办报始于19世纪70年代。法文报刊在上海的影响与势力,仅次于英文报刊,但各报之间态度对立、斗争激烈,出版时间一般都不长。1870年12月5日,法文周刊《上海新闻》(La Nouvelliste de Shanghai,一译《法国七日报》)创刊,是上海出版的第一份、也是国内出版的第一份法文报刊,法商比尔(H. A. Beer)创办并任主笔。《上海新闻》出版3个月后,又一份法文周刊《进步》(Le Progres)于1871年3月21日创刊,并与之进行激烈的竞争,致使两败俱伤,都在1872年间先后停刊。之后,《上海信使》周刊(Le Courrier de Shanghai)、《上海回声报》日报(L'Echo de Shanghai)先后创刊,也都出版不久后即告停刊。德国人在上海办报始于19世纪80年代中期。1886年10月1日,《德文新报》(Der Ostasialische Lloyed)创刊,为国内出版的第一份德文报纸。该报初为日刊,后改为周刊,由纳瓦拉(B. R. A. Navarra)主编,为德国在华的言论机关,出至1917年我国对德宣战后停刊。日本人在上海的办报活动较晚,始于19世纪90年代,在中日甲午战争之前先后办过3种日文报刊(《上海新报》、《上海时报》和《上海周报》),但出版时间都不长。其中《上海新报》创刊于1890年6月5日,日文周刊,由修文书馆发行,松野平三郎主编,1891年5月29日停刊,出版不满1年,为国内出版的最早的日文报纸。葡萄牙人在上海出版的葡文报刊,始于19世纪60年代后期,主要为该国内部政治派系斗争作宣传,寿命很短,影响甚微。

除上海外,在华外国人在19世纪70年代后的办报活动,不仅在东南沿海各地继续向纵深发展,而且还逐渐向中原腹地和京畿重地拓展。

在东南沿海各地,广州报业在70年代后进入了发展的"快车道"。在这一时期出版的报刊中影响较大的有:《小孩月报》(英文译名是The Child's Paper),1874年间创刊,由嘉约翰(John Glasgow kerr)主编,后迁至上海出版。在宁波,《宁波日报》和《甬报》是这一时期出版的两份重要报刊。《宁波日报》创刊于1870年,由外国传教士主办,福特莱尔任主编,不久即停刊。《甬报》创刊于1881年2月,月刊,由英国牧师阚斐迪邀李小池等合办,徐漪园主编,美华书馆印刷。该刊创刊号刊有《新闻纸论》一文,极力鼓吹"新闻纸之有益于中国"。在福州,《小孩月刊》于1874年2月创刊,以儿童为主要读者对象,文字浅显,并附有插图,创办人是与教会有关的两名外籍妇女普洛姆夫人(Mrs. N. J. Plumb)和胡巴尔夫人(Mrs. Hubbard)。美国美以美会主办的教会月刊

《郇山使者报》也在1874年间创刊,由武林吉牧师主办,黄乃裳主编,1876年7月21日改版为《闽省会报》,由施美德等任主编。此外,日本人在1895年间在福州创办日文报纸《闽报》,主编为中曾根。在厦门,英文《厦门航运报道》(Amoy Shipping Report)创刊于1872年,为厦门出版的第一份近代报纸。之后,《厦门新报》、《漳泉公会报》、《厦门画报》等先后创刊,均出版不久后停刊。

19世纪70年代后,外报在长江中游重镇汉口进一步发展,其主要标志是中文报刊的出现与初步发展。1872年,《谈道新编》创刊,月刊,为英国伦敦布道会教士所办,出至1876年停刊。1875年,《开风报》创刊,由外国传教士主办,最高发行数字曾达3 000份。1893年3月23日,《字林汉报》创刊,日刊,由英商主办,以上海《字林沪报》为后援,姚文藻、梅问羹任主编。

北京作为中国的首都,也在19世纪70年代后出现了外国人创办的宗教性报刊。1871年9月,在北京的英、美等国传教士发起成立"在华实用知识传播会",以帮助华人"增广见闻,扩充智虑"为名,集议倡办报刊。1872年2月,《中西闻见录》在北京创刊,月刊,由美国传教士丁韪良(William Alexander Parsons Martin)、英国传教士艾约瑟(Joseph Edkins)等任主编。丁韪良为美国长老会传教士,曾受清廷总理各国事务衙门之聘,担任京师同文馆总教习,与官场高层人士往来密切,为他在京都办报提供了便利条件。《中西闻见录》作为"在华实用知识传播会"的机关刊物,为北京乃至华北地区最早的近代化报纸,自称"系仿照西国新闻纸而作",杂录各国新闻近事,以及天文、地理、格致之学,对科技知识的介绍比较多,曾发表过郑观应《盛世危言》中的部分篇章。该刊每期发行千余份,多数为免费散发。1875年8月,《中西闻见录》出至第36期后停刊。1891年,《华北新闻》在北京创刊,为基督教华北公理会主办的中文刊物,由美国传教士梅子明(William Scott Ament)主编,每期发行约500份。

在天津,英、美、法等国早在第二次鸦片战争结束后就开始设立租界,使该地成为中国北方的外贸交易中心,但外国人在天津的办报活动则始于19世纪80年代。1880年,天津第一家近代报刊《北方邮报》(Northern Post)创刊,主要刊登海关贸易统计之类材料,社会影响甚微。1886年,天津海关税务司德璀琳(S. Detring)与怡和洋行总理笳臣等集资创建时报馆,同时出版中文《时报》和英文《中国时报》(The

China Times)。中文《时报》创刊于1886年11月6日,日刊,报头横书,以海上日出为背景图案,报名上有"在明明德"四篆文。该报广登京津地区新闻,具有鲜明的地方色彩,得到直隶总督李鸿章的支持。1890年7月,英国传教士李提摩太应李鸿章之邀出任《时报》主笔,每日著论一篇,每7日登一插图,宣传中国应仿照西方,实行"新法"。1890年8月23日,李提摩太还创办起《时报》周刊,选载《时报》一周中重要谕旨、论说与新闻,向外地发行。英文《中国时报》创刊于1886年11月,周刊,其特色与中文《时报》相仿,主笔为亚历山大·梅基(Alexander Michie),李提摩太等经常在该报发表文章。至1891年,中文《时报》和英文《中国时报》先后宣告停刊,其产权为英商天津印刷公司(Tientsin Press Ltd.)购得。1894年3月,英文《京津泰晤士报》(Peking and Tientsin Times)创刊,由英商天津印刷公司创办,初为周刊,后改日刊,英国人贝林汉姆(W. Bellingham)主编,协助担任编辑工作的还有伍德海(H. G. W. Woodhead)等。该报是一份反映天津英租界工部局观点的报纸,重视京津和北方新闻,经常评论时政、发表政见,但其标榜的办报目的是:"把西方的文化介绍于中国,并应用西方批评的标准,激动中国根本之变革。"1895年1月26日,《直报》在天津创刊,日刊,德国人汉纳根主办,杨荫庭任主编,设有上谕恭录、评论、新闻等栏目,曾刊载过严复撰写的《论世交之亟》、《原强》、《辟韩》等政论文章。

在汕头、九江、烟台等地,外报也在19世纪90年代前后出现。1889年,《潮惠会报》在广东汕头创刊,是一份以潮汕方言编写的基督教教会刊物。1890年,《护教者》(The Church Advocate)在江西九江创刊,月刊,白话文言合刊,为基督教教会主办。1894年,《芝罘快邮》(Chefoo Express)在山东烟台创刊,英文周刊,由德商沙泰公司发行,1900年停刊,1901年更名《快报》(Express)复刊。

澳门作为中国近代报业的发源地之一,其报业虽然在鸦片战争后对中国社会的影响已日渐衰减,但仍有所发展。1893年7月18日创刊的《镜海丛报》是第一份对中国社会发展产生较大影响的澳门报刊。该报为周刊,分葡文、中文两种版本,由葡籍印刷商法·连斯哥·飞南第(Francisco H. Fernandes)主办。孙中山与该报的关系密切,在该报上发表过《农学会序》等文和《医药问答》等。1895年,《镜海丛报》中文版和葡文版先后停刊。

二、《申报》在创新中发展与商业性报纸模式的确立

这一时期,《申报》不断在创新中发展,不仅是整个中国办得最为成功、最有特色的商业性报纸,还确立了中国商业性报纸的基本模式。

《申报》的办报方针,其创刊号上刊登的《发刊辞》、《本馆条例》及《申江新报缘起》宣称:“凡国家之政治、风俗之变迁,中外交涉之要务,商贾贸易之利弊,与夫一切可惊可愕可喜之事,足以新人听闻者,靡不毕载”,还向社会征求“天下各名区竹枝词及长歌纪事”等各类稿件。在新闻业务上,《申报》将新闻报道工作放在首位。1872 年 5 月 28 日,《申报》发表《采访新闻启》,征求各方面稿件。1874 年 7 月 9 日,《申报》发表征稿告白,宣布对送刊的稿件“概不取值”,并向作者赠送报纸数张,以为酬谢。1875 年 7 月 5 日,《申报》发表《搜访新闻告白》,宣布“本馆立志欲将中国境内各紧要消息采录无遗”,要求各地读者惠寄新闻、评论以实篇幅。至是年 7 月止,该报已在北京、南京、苏州、杭州、武昌、汉口、宁波、扬州等城市聘定特约记者,以报道当地新闻。其余无特约记者的城市,则要求当地读者“发于楮墨,而惠寄刊列”,发表后付给稿酬。1882 年 9 月 6 日,《申报》发表《招延访事》启事,决定在江宁、镇江、芜湖、九江、长沙、沙市、宜昌、成都、重庆、贵阳等 19 个城市聘请记者以采访新闻,“俾十八省之民风土俗,轶事奇文,均得罗列报中,以供诸君披阅”。

《申报》十分重视新闻报道的真实性原则。1874 年 6 月,日本借口侨民被杀,派兵侵入台湾,《申报》特派一位记者去前线进行实地采访。1882 年 9 月 9 日,朝鲜爆发政变,《申报》特派该报原驻横滨及烟台记者前往汉城一带作实地采访。所写报道自是日起以《高事近耗》、《高丽形势》等为题,在报上连续刊出,成为国内唯一派记者采访朝鲜“壬午政变”新闻的报纸。在 1883 年法国入侵越南并由此而引发的中法战争期间,《申报》为取得可靠资料,特雇用俄国访员深入越南法国军营采访。1884 年 2 月 6 日,《申报》开始在欧洲及香港两地约聘外籍记者采访有关“法越交涉事件”新闻。3 月 13 日,法军大举进犯越南北宁、太原等地。《申报》为了尽快得到有关中越军民抗法斗争的消息,特加派华籍记者一人,前往越南前线采访战地新闻,但因法方阻挠而未能达到预期目的。1885 年 3 月,法舰侵犯我东南沿海,《申报》特派记者前往宁波前线采访,所写战讯在报上发表后深受读者欢迎。

为了提高新闻的时效性,《申报》在国内报纸中最早使用电报传送新闻稿。1874 年 1 月 30 日,《申报》刊出经由丹商大北电报公司海底线路拍来的有关英内阁改组的伦敦电讯,为国内报纸刊出的第一条电报新闻。全长 1 400 公里的津沪电报线路于 1881 年 12 月 24 日交付使用后,《申报》立刻利用这条电报线路传递南北各报新闻。1882 年 1 月 16 日,《申报》刊出该报记者从天津发来的新闻专电,全文摘录了有关清廷给欠解铜款的云南按察使衔候补道张承颐以"摘去顶戴"处分的"上谕",开辟了我国报纸利用电报在国内传递新闻的新路。1882 年 10 月 25 日,顺天乡试在北京发榜,《申报》驻京记者连夜用快马将江浙皖三省士子中式名单送往天津,电传上海,于当日见报,上距发榜时间仅 24 小时,为国内报纸第一次用电报传递有关科举考试的消息。1884 年 8 月 22 日,《申报》驻京记者开始使用有线电报从北京直接向上海拍发新闻专电。《申报》还在国内报纸中最早发布号外。1884 年 8 月 6 日晚 7 时,《申报》出版单张号外,报道福州最近情况。先是,上海市面谣传中法两国海军已在闽江口外开火,本日下午 6 时 30 分,《申报》接获该报驻福州记者拍发的报道"驻榕法舰尚无动静"的来电,遂据以刊发号外以飨读者。此前,仅上海英文《字林西报》曾出版过关于越南抗法战争进展情况的英文号外。

《申报》还不断拓宽新闻的报道面,大量报道社会新闻。自 1874 年 4 月 18 日起,《申报》开始报道杨乃武被诬与葛华氏通奸并唆使后者谋杀亲夫一案的有关消息,至 1877 年 4 月 11 日止,连续报道达 3 年之久,使这一事件成为当时家喻户晓的一大社会新闻。1878 年 7 月 19 日,《申报》发表新闻《星使驻英近事》,介绍清驻英大使郭嵩焘在英画像事,以"笔涉诙谐",为郭所不满,郭迭次要求更正和追查责任,反复交涉至第二年郭任满离职后始告结束。此外,《申报》还最早刊登国际旅行通讯。1876 年 6 月 7 日,《申报》开始在新闻后连载署名"环游地球客"所写的长篇通讯《东行日记》,为国内报纸上刊登的第一篇国际旅行通讯。"环游地球客"名叫李圭,字小池,江苏江宁人,海关职员,1876 年 5 月 13 日奉派离沪赴美参加纪念美国建国 100 周年的世界博览会,还顺便访问了旧金山、华盛顿、纽约、费城等地,后又渡过大西洋,顺道访问了伦敦、巴黎,经地中海、印度洋和南洋群岛,于 1877 年 1 月 17 日返回上海,历时 8 个多月,行程 82 351 里。《东行日记》是李圭应《申报》的约请,记载沿途见闻,陆续寄回国内发表的旅行通讯。

1876年后,《申报》开始使用新闻图片。是年8月18日,《申报》在其发表的题为“拿获九龙山匪党”的新闻中,插刊了用木版雕刻的“九龙山匪党”的臂章图样,为《申报》刊出的第一张新闻图片。1879年5月24日,美前总统格兰特访问上海,《申报》于当日石印格氏画像1万张,随报分送读者,为国内报纸刊载新闻人物画像之始。1884年中法战争期间,《申报》于4月29日石印单张《越南东京地图》一种,随报附送,供读者阅读有关战报时参考。

《申报》还注意加强报纸言论工作。美查声称,“利”和“义”并不完全对立,办报为了营利,并不排斥在必要时仗义执言,报纸的言论要“上关皇朝经济之需,下知小民稼穑之苦”①。1875年10月11日,《申报》发表社论《论本馆作报本意》,鼓吹该报“大抵以行业营生为计”,宣传“所卖之报张皆属卖与华人,故依恃者惟华人”,否认在言论上“一味夸助西人,以轻藐华人”,标榜自己“谋利而兼仗义”、立论“公道”。不管怎样,《申报》的言论,或为中国富强献计献策,或对陋规苛政口诛笔伐,就其启迪民智而言,都具有一定的积极作用。《申报》还广开言路,发表读者来信来论。1875年3月13日,《申报》发表读者来信《与申报馆论申报纸格式鄙见》,建议该报增辟《文章策问》专栏,发表范文,“以资观摩”。

重视发表副刊性文字,也是《申报》在新闻业务上的一大创造性举措。该报公开征集竹枝词等文艺类作品,并在版面上特辟文艺类作品的篇幅,以满足当时主要读者群——旧式文人的兴趣与爱好。这一创举,为后起的《字林沪报》、《新闻报》所仿效,开我国报纸副刊之先河。1872年6月4日,《申报》在第2版本埠新闻后发表《戏园琐谈》一文,对正在演出的京戏进行评论,为我国报纸上刊出的第一篇剧评。

申报馆除了出版《申报》外,还利用其人力和物力资源的优势,经营其他出版事业,也取得了很大的成功。

一是出版发行各类期刊。1872年11月11日,申报馆出版发行我国最早的文艺期刊《瀛寰琐记》,月刊,所刊内容除诗词、骈文、散文、小说、翻译等文艺作品外,也有少量时事政论、史料和知识小品等。1875年2月,《瀛寰琐记》出至28期后改名为《四溟琐记》,仍为月刊,性质与《瀛寰琐记》相同,但版面缩小,改为巾箱本,“庶舟车携览更形简便”,所刊内容减少小说,增多笔记类作品。1876年3月9日,《四溟琐记》出至第12期

---

① 引自《本馆条例》,载《申报》,1872年4月30日。

后改名《寰宇琐记》,仍为月刊,内容以诗词、笔记、杂著为主,式样与《四溟琐记》相同,出至1877年1月停刊。此外,申报馆还在国内率先出版以图画为主的刊物。1877年6月6日,《寰瀛画报》创刊,系《申报》附出的图画增刊,为我国出版的第一种以图画为主的刊物,1880年间停刊。1884年5月8日,《申报》又创办起《点石斋画报》,旬刊,由著名风俗画家吴友如主编,内容以新闻时事画为主,并附有简要的文字说明,同时还刊载人物及风俗画和铜版照片,绘印精美,为同时期出版的其他画报所不及,深受读者欢迎,出版近13年后停刊。还值得一提的是,申报馆于1876年3月30日发刊我国最早使用白话文和标点符号的报纸《民报》,旨在"俾女流、童稚、贩夫、工匠辈皆得随时循览,以扩知识而增见闻"①。《民报》尽管用心良苦,但当时中国下层民众绝大多数是文盲,且在经济上根本无力订阅报刊,因而创刊不多久即自行停刊。

二是兼营书籍出版业务。1872年10月16日,《王洪绪先生外科证治全生集》出版,为申报馆出版的第一本书,也是所谓"美查版"的第一本书。之后,申报馆出版过一套铅印《聚珍版丛书》,由《申报》总编辑钱昕伯任主编,先后刊行160多种,大多是一些颇有价值而濒临灭绝的孤本名著,为保存中国传统文化作出了贡献。1885年后,申报馆设立上海图书集成局,开始着手用铅活字翻印大部头丛书《古今图书集成》。1888年,用扁体铅活字排印的《古今图书集成》大功告成,全书共1万卷,分订1 628册,有"康熙百科全书美查版"之称。

在发行、广告等报业经营业务上,申报馆也有不少成功的经验。在创刊的第一年内,申报馆采用廉价销售的营销策略,售价本埠每张8文,外埠10文,趸售6文。自7月17日起,开始雇用报童在街头叫卖报纸。出版不满半年,销数已达3 000份以上,并从上海渗入江浙等地区。1873年后,《申报》进一步加强外埠发行工作,先后在杭州、福州、广州、北京、长沙、沙市、宜昌等城市设立分销处,聘请经理人负责该报在当地的发行事宜。对一些没有设置分销处地区的读者,则委托信局代寄,邮费另加。

《申报》还向读者招刊广告(即告白),鼓励各界人士踊跃刊登广告。《申报》于1872年5月7日刊载《招刊告白引》一文,内云:"尝游通都大邑,见中国一城一邑,一岁一市之中,有怀一端之事思告白于人

---

① 引自《劝看民报》,载《申报》,1876年5月16日。

而无由遍诉者,常贴墙阴屋角间,罗而致之,不可枚举。然多旋贴旋扯,往往十无一三经人之眼者,其故有由来也。盖人徒知事之可以告白,而不知所以善其告白之术,既知告白之大有可恃,而不思可久可广之策,以传其告白之方,甚至我有事以白之人,而彼亦因我之事以曲为直而别白之,则我前所白之人者已隐,而人之曲直不彰,后起而别白之反显矣。是何术以善之,非思夫可久可广之策,无以遐布而迩闻也。盖告白一事,西人各国行之历有年所。事无大小,莫不通晓,遍谕四达,而天下共知。至如华人,往往即通衢大道之中贴于墙上,然多囿于乡邑,未能家喻户晓。始则诧为异闻,继且隐而未见。而高车驱马者不顾焉,杜门不出者不知焉。是我欲告白于人,历时未久,有后起者出,反至墨白未分,是非混淆,而后来居上矣。西人之为民下者亦尝患此久矣,思夫善其术以出之。盖有新闻纸出,而民之情不至拥于上闻矣。"1874 年 1 月 2 日,《申报》发表声明,宣布广告版截稿时间为每晚 7 时。逾此,则"版已告竣,不能列入,须俟翌日刊矣"。

《申报》的成功,标志着我国中文商业性报纸发展到了成熟阶段。《申报》无愧为我国商业性报纸的一个成功典范。而商业报纸的成功,有力地促进了中国新闻事业的发展,带来了许多新的变化。最先是新闻时效性观念的提高。原来的中文报刊均为月刊、周刊,而中文商业报纸则多为周三刊、周二刊和日刊。由于刊期缩短和信息时间要求的加快,通讯手段也得到进一步改进和加强,印刷条件日趋先进,从而也促进新闻编采工作水平的进一步提高。为了争取快速出版,中文商业报纸摆脱了以往的书本形式,形成近代报纸散页出版物的模式,从而使报纸的版面编排更加丰富多彩。商业报纸要求信息量大、及时、真实,一些消闲性的志怪传奇之作逐渐被排除,使报纸的新闻特性更为凸显。

第三节　外报在华的垄断及其对中国社会的影响

一、外报在华的垄断及其侵略本质

外人在华办报活动是一种殖民主义文化侵略活动。

在华外报的出现以及由东南沿海向中原腹地的步步深入，是与西方殖民势力的入侵和扩张同步进行的。鸦片战争前后来华的外国人，情况相当复杂，确有许多怀着侵略野心的，也有一些纯粹出于传教的目的，更多的也许是想寻找发财的机会，但是有一点是共同的，他们企图打开中国封闭的大门，他们宣传基督教和西方文明，企图以西方模式改变中国人的头脑。这种做法实际上就是将中国逐步推向殖民地的道路。

从在华外报的政治倾向来看，鸦片战争之前，大多数外报，特别是英文报刊，都积极为英国倾销鸦片政策辩护，鼓吹对中国实施武装侵略。鸦片战争以后，又为新的侵略扩张行为制造舆论，为助纣为虐的"洋枪队"屠杀太平军大唱赞歌。一些外报特别赞扬西方殖民主义统治下的印度，鼓吹中国应走印度的道路，其殖民主义的立场是十分明显的。许多在华外报的主持人，更是直接投入到侵华活动中去。如郭士立就曾为英国侵略军充当向导，在英军侵占舟山时，还直接担任当地的行政长官。麦都思曾担任英国侵略军的翻译，成为上海工部局董事会董事。裨治文则担任过侵华美军司令的翻译，参与签订《望厦条约》的活动。像这样的人物，他们所办的报刊自然是为西方殖民主义者侵略中国的总目标服务的。

我们还应看到，同样是外国人办的报纸，英文报纸要比中文报纸的侵略性更强、反华的叫嚣更露骨；葡文报纸与英文报纸也不一样，葡文报纸对中国事务较少注意，一般能保持中立。即使同是英国人办的英文报纸，也有的对中国持友好态度，如英商台仁特主持的《中国之友》，始终同情太平天国革命，并敢于揭穿英国政府为挑起第二次鸦片战争，借口中国士兵撕下"亚罗"号船上英国旗的谎言。但是这样的英文报纸，毕竟是凤毛麟角，为数极少。

二、在华外报对中国社会发展的积极作用

在华外报对中国社会发展的积极作用，可以归纳为以下两点。

1. 外报的出版客观上促进了中西文化交流

西方国家在18世纪以后科学技术得到突飞猛进的发展，中国则停滞不前，明显落后于西方。清朝政府为了遏制西方殖民势力的入侵，采取闭关自守的政策，禁止传教，严格限制通商，致使中外文化交流隔绝，

也阻碍了西方先进的科学技术传入中国。自我封闭的结果，只能使中国越来越落后，越来越弱。所以闭关政策被打破，中西文化交流得以恢复，对中国来说也并非坏事。在华外报所作的科学文化知识的介绍客观上促进了中西文化的交流。

从《察世俗每月统记传》开始，外国人办的中文报刊就已经把自然科学知识，诸如日食、月食、地球运转等等向中国读者作了通俗化的介绍。随着洋务运动的兴起，实用科技方面的介绍越来越多，如治河、防火、炼钢、探矿、造纸、织布等等。还介绍一些新的科技发明，如轮船、火车、电灯、电话、电报、照相、千里镜、显微镜等，这些都使中国读者大开眼界。尽管办报的西方人士刊登这些科技知识有其多种用意，如显示西方文化优越，以取得中国人对他们的尊重；或表示对中国人的友好，将知识传播给读者；或作为一种手段，吸引中国人入教。但是，将西方有益有用的科学知识和先进技术介绍到中国来，通过东西方文化交流使中国固有文化提高一步，毕竟是一件好事。当然，办报的传教士大多不是科技专家，他们的知识也极其有限，介绍的内容大多一鳞半爪，十分肤浅，其所产生的积极效果也不能估计过高。

外报还大量介绍世界各国的地理、历史和现状。宣扬英美等国政治开明、社会繁荣，介绍西方的富强之道，诸如开矿、筑路、办厂、兴学、通商、理财等等办法。他们为了对抗中国传统的封建文化，从 19 世纪 70 年代以后，断断续续地介绍了西方的政治制度、经济制度和社会制度，于是中国人才知道市场经济、议会政治、出版自由、男女平等、民主法制等思想。自由、平等、博爱等资产阶级革命的口号，在中国也逐渐深入人心。实际上外报所宣传的社会科学和人文科学方面的知识，其对中国社会的影响大大超过自然科学技术方面的介绍。它对长期处于封建思想禁锢下的中国读者，具有深刻的启蒙作用。

2. 外报的实践有助于中国民族报业的发展

近代报刊为资本主义社会的产物，它与封建邸报不同之处是有独立撰稿权，记者和编辑可以自行采写新闻，发表评论。正是这一点，近代报刊体现了民主主义观念，也正因为这一点，不能为专制独裁的封建统治者所容忍。所以如果不是西方殖民者在强行进入中国之时将近代报刊也带来中国的话，在严厉的封建统治之下是不可能产生近代报刊的。

西方各国早在 16 世纪末和 17 世纪初已经有了印刷报纸，到 17 世纪后半叶日报也已问世,所以传教士在19世纪初来到中国时,他们所掌握的办报技术已经相当成熟,在华出版的外文报刊在形式上与欧美最先进的报刊并没有多少区别。外国人办的中文报刊,为了适应中国人的传统习惯,采取线装书的形式。但是当1828年第三种中文报刊《天下新闻》问世时,已改为散张形式,更接近于一张近代报纸了。

鸦片战争以后,对外国人办报活动的限制已经解除,他们可以像在本土一样自由自在进行采访、编辑、出版,并且雇用中国文人当助手。通过外报的办报实践,西方的新闻采访与编辑业务、新闻事业的管理方法和发行、广告、印刷等技术也陆续为中国人所掌握。西方的办报经验为中国报业发展开辟了一条捷径,外报也为中国培养了第一代新闻工作者。当时著名的报人王韬、钱昕伯、蔡尔康、何桂笙、高太痴等,无一不是在外报的办报实践中成长起来的。

石印和铅印技术也是随着外国人的办报活动传入我国的。1827年广州出版的《广州纪录报》便是用英文铅字印刷机印制的。鸦片战争后,英华书院于1844年从马六甲迁来香港,成了中国第一家拥有中文铅字设备的印刷机构。1853年创刊的《遐迩贯珍》,便是由英华书院的铅印设备印刷的。

石印技术在鸦片战争前夕引入我国,1838年创刊的《各国消息》便是石印出版的,当时在广州已有石印机3架。1874年上海天主教土山湾印书馆设立石印部,已有中国石印技师,《点石斋画报》便是聘请中国石印技师印刷的。铅印和石印技术的引进为国人自办报刊创造了有利条件。

第四章

国人办报活动的初步实践与海外中文报刊的出现

第一节 国人办报呼声的出现

一、鸦片战争前后国人办报理念的萌生

鸦片战争前后，随着外国传教士在中国办报活动的开展，西方新闻思想开始逐渐传入中国。

最早接受西方新闻思想的人是林则徐和魏源。1838年底，林则徐受命以钦差大臣的身份去广东禁烟。林则徐抵达广州后，有鉴于各级官吏不谙外情、处处受制于人的情况，提出了"探访夷情，知其虚实，始可以定控制之方"的主张。他派人到澳门搜集各种外文报刊，并组织翻译班子，将其中有关鸦片贸易和其他方面的消息、言论翻译成中文，以作为制定对外政策的参考材料。这些参考材料，重点是禁烟和兵事，关于禁烟方面的内容有英国政府纵容和支持鸦片贸易、英国人民谴责鸦片贸易和支持中国禁烟以及英国政府准备发动侵华战争等报道，关于兵事方面的内容有英国备战、中国水师、兵勇等军备情况，以及九龙、厦门战役的报道和评论等。这些内容大多选译自原在广州出版、1839年迁至澳门的《广州周报》和《广州纪事报》两家英文周报，也有一些内容选译自从澳门购来的新加坡、孟买、加尔各答、伦敦、悉尼等地出版的报纸。翻译人员主要有梁进德、袁德辉、亚林和亚孟(音译)，其中梁进德是参与编印《察世俗每月统记传》的梁发的儿子，最为林则徐所赏识。在形式上，这些参考材料是零散的，并无名称，但后来被汇集成册，取名"澳门新闻纸"，现存南京图书馆的有6册，共171

条。此外,林则徐还将其中一些重要材料,亲自加工、润色,另编为“澳门月报”,并按不同性质的问题汇编为《论中国》、《论茶叶》、《论禁烟》、《论兵事》、《论各国夷情》5辑,共52条。这5辑“澳门月报”被魏源收入《海国图志》之中,署名“林则徐译”。林则徐组织的译报活动,不仅在当时受到一些外报的赞赏,称林则徐为“聪明人”,而且对后世也有巨大影响,开梁启超、严复等人“广译五洲近事”之先河。1841年8月,林则徐在江苏镇江将其主持编译的《四洲志》译稿及其他中外文资料托付其好友魏源整理出版。魏源依据这些材料和其他一些文献资料,整理编著成《海国图志》50卷,于1842年刻印出版,1847年再版时增订为60卷,1852年在扬州第三次刊行时又扩编为100卷。在《海国图志》中,魏源对西方新闻事业作了不少如实介绍:“澳门所谓新闻纸者,初出于意大里亚国,后各国皆出,遇事之新奇及有关系者,皆许刻印散售,各国无禁。苟当事留意探阅,亦可觇各国之情形,皆边防所不可忽视也。”①从林则徐、魏源的上述活动中,可见他们对报刊沟通信息的这一功能已经有了一定程度的认识。

1859年,太平天国后期将领洪仁玕在其向天王洪秀全进呈的《资政新篇》中,从整个国家政权结构的宏观角度着眼,高度评价了报纸在社会结构中的重要地位,提出了设立新闻馆、设置新闻官、“准卖新闻篇(即报纸)”等新闻主张。洪仁玕说:“设新闻馆以收民心公议,及各省郡县货价低昂,事势常变。上览之,得以资治术;士览之,得以识变通;农商览之,得以通有无。昭法律,别善恶,励廉耻,表忠孝,皆借以行其教也。教行则法著,法著则知恩,于是民相劝戒,才德日生,风俗日厚矣。”而新闻馆应“准富民纳饷禀明而设”。他还说:“兴各省新闻官。其官有职无权,性品诚实不阿者。官职不受众官节制,亦不节制众官,即赏罪亦不准众官褒贬。专收十八省及万方新闻篇有招牌图记者,以资圣鉴。则奸者股栗存诚,忠者清心可表,于是一念之善,一念之恶,难逃人心公议矣。”洪秀全对于上述建议,有的完全同意,硃批:“此策是也。”有的则并不完全同意,如准卖新闻篇和设置新闻官两条,硃批:“此策现不可行,恐招妖魔乘机反间,俟杀绝残妖后行,未迟也。”②综而言之,洪仁玕的主要新闻观点,可归纳为以下四条:第一,报纸是维系

---

① 引自魏源著:《海国图志》卷三十四《英吉利广述上》,道光二十二年(1842年)古微堂木活字本,第24页。

② 洪仁玕:《资政新篇》,载《太平天国史料》,开明书局1951年版,第31—41页。

中央政权、加强集中统一领导的有力工具,可以通过报纸"禁朋党之弊",以消除种种弱本强末的离心力量。第二,办报是实现民主政治的手段,可以通过报纸这一桥梁,沟通太平天国领导集团和民众之间的公议。第三,报纸具有教育民众、移风易俗的作用。第四,报纸具有监督政府的作用。但是,太平天国在洪仁玕提出上述主张后不久即覆灭,因而洪仁玕的办报主张在当时并未有实施的机会。

二、早期资产阶级改良主义思想家的办报思想

继洪仁玕之后,早期资产阶级改良主义思想家王韬、郑观应等人在19世纪70年代后发表了一系列有关办报的主张与思想。

19世纪70年代后,王韬撰写了《论日报渐行于中土》、《论各省会城宜设新报馆》和《论中国自设西文日报之利》等文章,阐述了他对报业的认识和有关办报、特别是中国人办报的主张与思想。

第一,阐述了办报的目的与意义。王韬曾在其《上潘伟如中丞》书中阐述道:"韬虽身在南天,而心乎北阙,每思熟刺外事,宣扬国威。日报立言,义切尊王,纪事载笔,情殷敌忾,强中以攘外,诹远以师长,区区素志,如是而已。"①在这里,王韬提出了借日报立言,即通过报纸来宣传变法自强的政治主张这一观点,后来发展成为我国早期国人自办报刊的主要传统之一。

第二,阐述了报纸的功能和作用。王韬认为:(1)报纸可以使"民隐得以上达"。只要在各省省会设立报馆,就可以"一知地方机宜","二知讼狱曲直","三辅教化之不及",使报纸成为"博采舆论"的工具。(2)报纸可以使"君惠得以下逮"。报纸宣扬君王的恩德,传播朝廷的政令,使"君民上下互相联络",消除隔阂,国家才能长治久安。(3)报纸可以"达内事于外"。他主张创办外文报纸,开展对外宣传。(4)报纸可以"通外情于内"。王韬十分强调创办报刊介绍西方的国政民情,以便师其所长,避其所短。因此他建议设立翻译外报的专门机构,"汇观各处日报而撷取要略,译以华文,寄呈总理衙门",使朝廷随时掌握外国情况,"即遇交涉之事,胸中自具成竹"②。

---

① 王韬:《弢园尺牍》,第206页,转引自胡太春:《中国近代新闻思想史》,山西教育出版社1997年版,第36页。

② 王韬语,转引自徐培汀等著:《中国新闻传播学说史》,重庆出版社1994年版,第142—143页。

第三,阐述了新闻自由的思想。王韬最早在国内提出了言论自由的要求,呼吁朝廷放宽言禁,允许民间创办报纸,允许报纸"指陈时事,无所忌讳","言之者无罪,闻之者足戒"①。

第四,阐述了报纸的文风。王韬认为,报纸的文风应该是直抒胸臆,词达而已。他说:"知文章所贵,在乎纪事述情,直抒胸臆。俾人人知其命意之所在,而一如我怀之所欲吐,斯即佳文。至其工拙,抑末也。"②他甚至愤慨地说:"时文不废,天下不治。"时文是指当时盛行于文坛的桐城派古文。

第五,阐述了报人应具备的基本素质。王韬认为,报纸的编辑人员应该是知识广博的"通材","不可不慎加遴选",报纸的主笔"非绝伦超群者不得预其列",他们应该品德高尚,持论公平,不得"挟私讦人,自快其忿"③。

王韬的这些办报主张,在当时不失为出类拔萃的真知灼见,对于后世也有很大影响。

郑观应的新闻思想,主要见之于他撰写的专著《盛世危言》中的《日报》等有关文章里。《盛世危言》5 卷本于 1894 年秋冬间刊行于世,1895 年增订为 14 卷本再版。郑观应的主要新闻观点,可归纳为以下几点。

第一,日报是"通民隐,达民情"的有力工具,"欲通之达之,则莫如广设日报矣"。郑观应认为,广设日报是西方国家实行民主政治的枢纽。"凡献替之谟,兴革之事,其君相举动之是非,议员辩论之高下,内外工商之兴旺,悉听报馆照录登报。主笔者触类引伸,撰为论说,使知议员之优劣,政事之从违,故日报盛行,不胫而走。""日本无郡不有日报馆,惟禁报馆妄言,以肃观听,英、美、比三国无禁报馆言事之条。"因此,"官家以其有益于民,助其成者厥有三事:一、免纸税,二、助送报,三、出本以资之"④。在《邮政下》、《巡捕》等文中,郑观应还具体介绍了西方各国报刊优惠邮递、法庭设有记者专席等详细情况:欧洲各国的邮费"惟书籍、国纪、日报则只收三分之一"。美国"公堂有台高三尺,有暖阁设公案,坐问官三人,各具纸笔,随问随录,旁一桌坐三、四人,为报馆记事者"⑤。

---

① 王韬:《论各省会城宜设新报馆》,转引自《中国近代报刊史参考材料》上册,中国人民大学新闻系 1982 年版,第 238—239 页。

② 王韬:《弢园文录外编》,上海书店出版社 2002 年版,第 1 页。

③ 同上,第 171—172 页。

④ 夏东元编:《郑观应集》上册,上海人民出版社 1982 年版,第 345、346 页。

⑤ 同上,第 675、515 页。

第二,创办报纸是中国变法自强的重要手段,应该维护民族尊严,允许国人办报。郑观应说:“今如欲变法自强,宜令国中各省、各府、各州、各县设报馆”,“其日报馆每日所出新闻,必以一纸寄京师,上呈御览……不准地方官恃势恫喝,闭塞言路”,“如是,则国势之隆无不蒸蒸日上”①。郑观应对当时清政府只准外人而不准国人办报的愚蠢政策表示强烈的不满:“中国通商各口,如上海、天津、汉口、香港等处,开设报馆,主之者皆西人,每遇中外交涉,间有诋毁当轴,蛊惑民心者。”“奈何掩聪塞明,钳口结舌,坐使敌国怀觊觎之志,外人操笔削之权,泰然自安,庞然自大,施施然甘受他人之凌侮也。”他建议:“今宜于沿海各省,次第仿行,概用华人秉笔,而西人报馆止准用西字报章。”②

第三,制定报律来规范报业。郑观应明确提出了新闻立法的建议,要求清廷制订与颁行法律以保护人民的言论出版自由权利:“我各省当道,亦宜妥订章程,设法保护,札饬有体面之绅士倡办,以开风气。”“无事之时,官吏设法保护,俾于劝善惩恶,兴利除弊;……大、小官员苟有过失,必直言无讳,不准各官与报馆为难。”“其有志切民生、不惮指陈、持论公平、言可施行者,天子则赐以匾额,以旌直言。不准地方官恃势恫喝,闭塞言路,偶摘细故,无端封禁。”“如有无端诋毁诈财贿者,只准其禀明上司,委员公断,以存三代之公。……倘有徇私受贿,颠倒是非,借公事以报私仇,藉巧词以纾积忿,逞坚白同异之辩,乱斯民之视听者,可援例告官惩治。”“有事之际,官吏立法稽查:于本国之兵机,不宜轻泄;于敌人之虚实,不厌详明。”“地方有公事,如官绅会议,陪员审案等,则派访事人员亲至其处,援笔记录,务在真实详明。”③

第二节 国人自办报刊的问世

一、广州、汉口与上海三地国人自办报刊的出现

19世纪70年代后,随着中国内部要求社会变革思潮的兴起和对

---

① 夏东元编:《郑观应集》上册,上海人民出版社1982年版,第350页。
② 同上,第346—348页。
③ 同上,第346、347、350、351页。

外交往的日益频繁,中国人创办与出版近代报刊的活动才开始发展起来,在神州大地上出现了一些国人自办的近代报刊。

第一份国人自办的报纸,目前有两种说法。一说是《采新实录》(又名《羊城采新实录》),1872 年在广州出版。但是,这份报纸由于早已失传,具体情况又不可考,因而并不为新闻史学界所认同。另一说是《昭文新报》,1873 年 8 月 8 日在汉口创刊,艾小梅创办。该报初为日报,装订如书册状,用白鹿纸印刷。3 个月后以"人情未习","惑于市道",阅者较少,改为五日刊。该报内容以奇闻轶事、诗词杂作为主,"为博览者所不废"。《昭文新报》创刊后,上海《申报》曾作过如下报道:"汉镇创设昭文新报馆,盖亦仿香港、上海之式而作者也。今承该报馆邮致十六日报,得窥崖略,兼识例言,读之不胜雀跃。查新报之设,创于泰西,所以使下情能达,时事周知也。倘能于各行省及大都会之处,遍设此馆,则南北不至有风尚之殊,山泽不至有情事之隔,将来汇而存之,可以作野史,可以备辅轩矣,岂不美哉!吾尤望汉皋诸君子洒墨挥毫,无第勤于始事也。因记之以志欣幸云。"①由于《昭文新报》留存至今的资料尚可,因而多数新闻史著视之为中国人自办报刊之第一。

紧接着,国人自办的近代报刊在上海开始出现,即国人在上海办的第一家中文日报《汇报》。该报创办人容闳,广东香山(今广东省中山市)人,少年就读于澳门马礼逊学校,后与黄胜、黄宽赴美国留学,回国后曾参与洋务派办企业、办教育,1872 年以留美学生副监督的身份赴美,次年回国筹办《汇报》,共集资白银 1 万两,投资者多为粤人,广东籍上海知县叶廷眷、招商局总办唐景星也曾予以支持。由于股东们担心办报惹祸,特聘英国人葛理(Grey)任名义上的总主笔,而实际上主持报务的是广东人邝其照。1874 年 6 月 16 日,《汇报》创刊,声称"本局为中华日报,自宜求有益于中华之事而言之。故于有裨中国者,无不直陈,而不必为西人讳"。为了维护民族利益,该报曾多次同外商办的《申报》和《字林西报》进行笔战。该报因其消息、评论常涉及政事而遭到官府非议,有的股东要求退股。9 月 1 日,该报进行改组并改名《彙报》,由葛理出面承顶并任发行人,实际产权未变,主笔改由管才叔继任。《彙报》继承《汇报》传统,为维护中国利益继续同《申报》、《字林西报》以及香港《德臣报》论战,不满一年后因种种困难而再次改组,聘

① 《汉口创设昭文新报馆》,载《申报》,1873 年 8 月 13 日。

朱莲生为主笔，并于1875年7月16日更名为《益报》，以示报纸对官府有益而无害，勉强维持至年底停刊。

1876年11月23日，上海又出现了一份取名《新报》的国人自办报纸。该报日出对开1张，名为商办，以各省商帮的名义发行，但实际上的主办人是上海道台冯焌光，经费也全部出自道库，主笔由袁祖志担任。初创时中英文合刊，翌年6月11日起取消英文栏，成为纯中文的报纸。《新报》的办报宗旨，其创刊号上发表的《本报告白》宣称："窃以入仕经商，所贵周知夫时事；居无易有，必当博采夫世情。如朝廷之政教维新，京外之升迁调补，暨列国政令之变置，各货居积之所宜，以及岁时收成厚薄，货物行销利钝，价值高下，船只往来，或时事，或异闻，皆为仕商之切要，要经营之不可少也。"据此宗旨，该报所刊内容，除转录京报和苏省辕门抄外，还刊有本埠新闻、各地新闻及国际新闻，涉及政治、军事、外交、商情等方面，且"于京省各报，则求速而且详；于西字诸报，则求译而无误；时事则查访的实，货价则探听确真"①。由于该报为上海道台所控制，因而还明确宣布"国政则不可议也"，规定凡"疾世愤时"之作一律不予发表。1882年7月14日，《新报》并入上海机器制造局，转为该局机关报，旋停刊。

此外，这一时期在上海出版的其他国人自办报刊，值得一提的还有《飞影阁画报》。该画报创刊于1890年10月16日，石印旬刊，前《点石斋画报》主笔吴友如任主编，除新闻画外，还设有百兽、闺媛、仕女等栏目。

19世纪80年代后，广州也开始出现了国人自办的近代报刊。目前已知的第一份在广州出版的国人自办报纸是《述报》，创刊于1884年4月18日，由广州海墨楼石印书局印刷发行，日出4版。该报创刊之日，正逢中法战争爆发，因而其版面的70%都是有关中法战争的消息、电讯、评论、译论和来论等，连续、详尽地报道了这次战争的发展过程、战役实况以及官方态度、社会舆论等，并发表了许多颇有见解的评论，主张对法作战，反对"输金议和"，表现出该报鲜明的爱国立场。该报还积极支持省港两地人民的抗法斗争，报道了不少有关刘永福黑旗军和法国侵略军作战的消息，称赞刘永福为"今之人杰"，对清廷当局的妥协活动则明确表示强烈不满。在业务上，《述报》十分重视图像新闻报道，自创刊之日起每期必刊登一幅或多幅新闻纪实图画，与文字新

---

① 《本馆告白》，载《新报》，1876年11月23日。

闻穿插编排,力求做到图文并茂。在报道刘永福黑旗军抗法斗争时,该报并曾“用西国映相法拍得刘提督小像”,印成单张,随报免费赠送给读者。《述报》还每月将其发表的新闻评论汇编为《中西近事汇编》、译稿汇编为《格致便览》出版,署名“述报馆主人辑”。1885 年 4 月 7 日,《述报》宣告暂停 3 日,但实际上未再恢复出版,而是永远停刊了。

继《述报》后,《广报》于 1886 年 6 月 24 日在广州创刊,日刊,邝其照为创办人,吴大猷等先后任主笔。该报在形式上与《申报》略同,所刊内容除中外新闻外,也刊登一些匡正时弊的文章。1891 年,该报发表了一条某政府要员被参的消息,触怒两广总督兼署粤抚李瀚章,被李下令封禁。于是,邝其照等人将馆址迁至沙面租界,由英商必文出面,改名为《中西日报》继续出版。由于《中西日报》借用洋人的名义,又栖身于租界,因此“渐肆议论,指谪政治,官无如何”。该报后又迁回广州城内,1900 年因刊登义和团战胜八国联军的消息,被英、法等帝国主义者勾结广东地方当局查封。1900 年冬,邝其照等人又将报名改为《越峤纪闻》,因发行受阻,不久停刊。该报的发行面很广,除广东各地和香港、澳门、上海外,还发行到新加坡、西贡、小吕宋、旧金山等地。

此外,在广州出版的国人自办报刊,影响较大的还有《岭南日报》,1891 年间创刊,编辑方针与《广报》、《中西日报》基本相同,出至 1897 年停刊。

至 19 世纪 80 年代末,作为国人自办报刊发源地的汉口,重新出现了中国人自己办的报纸,即 1889 年间创刊的《公论报》。该报初由李涵秋主编,后由江汉关职员宦诲之接办,其言论倾向于官方,因而有“官报”之称。1907 年后,该报改名为《公论新报》继续出版,为辛亥革命前武汉地区的重要报纸之一。

二、香港《循环日报》及其主笔王韬

由于香港为英国所割据,清朝封建统治势力鞭长莫及,因而中国人在 19 世纪 70 年代后自办的近代报刊,数香港《循环日报》办得最为成功,而该报的创办人与主笔王韬也从而成为中国新闻界第一位杰出人士(图 4.1)。

王韬(1828—1897),初名利宾,后易名瀚,字懒今,江苏长洲甫里村(今苏州市甪直镇)人。自幼资赋聪敏,八九岁时已“通说部”、“毕读群经”,18岁考取秀才,自1849年起在上海的外国传教士麦都思主办的墨海书馆中担任中文编校工作。1861年冬,他回家乡探亲,据说曾化名“黄畹”上书太平军苏州地方长官献计献策,因而在回上海不久后遭清政府通缉,被迫于1862年8月流亡香港,并更名韬,字仲弢,一字紫诠,自号弢园老民、天南遯叟等。在香港,王韬受到英华书院院长理雅各的赏识,协助其翻译中国典籍,并一度主编《近事编录》,曾随理雅各到英国“佐译经籍”,又两度游法,对西方资本主义社会进行考察,深感中国社会之愚昧、落后,认识到必须顺应历史潮流,变法以图强,成为我国著名的早期资产阶级改良主义思想家。

图4.1 《循环日报》创办人王韬

1870年后,王韬与友人黄胜(平甫)集资购得英华书院的印刷设备,组成中华印务总局,接着又积极筹办出版中文日报。1874年2月4日,《循环日报》在香港创刊,“所有资本及局内一切事物,皆我华人操权”①。因黄胜此时已远赴美国,王韬自任该报主笔,独立主持报务。该报取名“循环”,是因为王韬是循环论的真诚的信奉者,坚信世事之道必将是终而复始、循环不已。在王韬的主持下,《循环日报》以“强中以攘外、诹远以师长”②为办报宗旨,成为我国第一份宣传资产阶级改良主义思想、公开鼓吹变法图强的报纸之一。正是利用《循环日报》这一舆论阵地,王韬先后在该报上发表了数以百计的政论文章,纵论中外形势,指陈时弊,褒贬得失,提出建议,鼓吹“变法自强”。他还主张在政治上建立一个君民共治的国家,使“民隐得以上达,君惠得以下逮”;在经济上大力开发矿藏,修筑铁路,扶持民族工商业,以实现国家富强;在外交上维护国家主权和独立,反对列强对中国的侵略。

在业务上,王韬主办的《循环日报》,以“立言”为目的,大胆改革文

① 《本局布告》,载《循环日报》,1874年2月12日。

② 王韬:《弢园尺牍》,第206页,转引自胡太春:《中国近代新闻思想史》,山西教育出版社1997年版,第36页。

体,首创并建设报刊政论文体,开我国国人自办报刊重政论的传统。王韬为《循环日报》撰写的政论,立场鲜明,短小精悍,深入浅出,通俗易懂,而且富于感情,对当时的文坛和后来的维新派报人都有很大影响。王韬在《循环日报》上发表的政论文章,以及其他在《香港华字日报》等报刊上发表的政论文章,后被编入《弢园文录外编》,于 1883 年 5 月在香港出版,因而有人把《弢园文录外编》称为我国第一部报刊政论文集。《循环日报》的新闻报道,约占报纸的 1/3 篇幅,分为 3 栏:首录《京报》,次为“羊城新闻”,又次为“中外新闻”。因消息不足,常登载野语稗史以资补白。该报的新闻部分用白报纸印刷,船期部分用土纸印刷。1875 年,《循环日报》增出月报一种,择重要时事汇为一册,因销路不畅出版不满一年即停刊。1878 年,《循环日报》为争取读者起见,特将每晨出版的日报提前于头一天傍晚印好送出,成为香港最早的中文晚报,1882 年后取消每晚提前出版第二天日报的办法,恢复每晨出报。

1884 年,王韬在主持《循环日报》笔政 10 年后因年老思归乡里,在得到李鸿章默许后回国,后定居上海,至 1897 年 5 月病逝。王韬不再担任《循环日报》主笔后,该报仍在香港出版,但风光不再。

除《循环日报》外,在香港出版的国人自办报刊还有《维新日报》(后改名为《国民日报》)、《粤报》(又名《香港粤报》)、《日报特选》等。原来由英国人罗郎也创办的中文日报《近事编录》也在 1883 年间产权为国人购得而成为一份国人自办报刊。

第三节 海外中文报刊的出现与初步发展

一、海外中文报刊的出现

在国人自办报刊在神州大地兴起的前后,海外中文报刊也开始问世。

在美国加利福尼亚,因其为当时华人华侨旅居之地而最先出现中文报刊。19 世纪 40 年代后期,金矿在加利福尼亚被发现。由于急需大批采金的劳工,而当地的黑人矿工远远不敷所用,因而矿主们纷纷来到中国南方沿海地区,诱拐走大批“契约华工”去充当苦力。加利福尼亚的华人人口猛增,1848 年尚不满 800 人,但 1852 年时已高达 25 000 人。为了使华工安于艰苦的劳动和贫困的生活,当地基督教会创办起以华人华侨为读者对象的中文报刊,以作为向华人华侨宣教与安抚的手段。

1854 年 4 月 22 日,第一份以华人华侨为读者对象的中文报刊《金山日新录》(英文名为 The Golden Hills' News)在华工众多的加利福尼亚州旧金山市创刊。该报为周刊,由美国基督教会主办,威廉·霍华德(William Howard)为发行人,其创办目的“是为了解决华人在宗教上的无知,向华人解释美国法律,是为了解决华人的需要,并使华人的人格柔和、有尊严并得以提高”①。该报每期出 4 版,第一版为新闻,第二版刊登中西商业广告,第三版为国内外船期,第四版 2/3 为新闻并杂以广告,1/3 为货物行情。自 1854 年 6 月起,第一版左边 1/3 用以刊登英文言论,讨论诸如人权、政治、宗教等问题,题目有《在加州的中国人是没有帮助的吗?》、《七月四日与中国种族》等,但所占版面不足 1/10。可见,《金山日新录》虽为教会所办,但本质上是一份以报道新闻、反映舆论为主的新闻综合性报纸,具有浓重的新闻性、商业性色彩。在形式上,《金山日新录》完全具备现代报纸的各种特征,其版式与西方报刊无异。就发行方式而言,该报不再免费赠送,而是明码标价,公开发行。《金山日新录》仅出版了几个月后即告停刊。之后,中文《东涯新录》(英文名为 Tung-Ngai Sanluk 或 Oriental)于 1855 年 1 月 4 日在旧金山创刊,由基督教长老会牧师威廉·斯卑尔(William Speer)创办,中国留美学生李根(Lee Kau 的译音)担任华文编辑。李氏是第一批旅居美国的华侨知识分子,曾经与容闳一起在澳门马礼逊学校读书,被称为“美国第一位华人编辑”。《东涯新录》初为双日刊,几个月后改为周刊,其内容、形式与《金山日新录》十分接近,出至 1856 年底停刊。

《金山日新录》和《东涯新录》,虽然是为旅美华侨服务的报纸,但其创办人都是美国教会人士。在美国出版的第一份由旅美华侨自己创办的中文报纸,则是 1856 年 12 月创刊的《沙架免度新录》(英文名为 Chinese Daily News)。该报由旅美华侨、广东四邑人司徒源集资创办并担任主编,在当时旅美华侨聚居地之一的加利福尼亚州首府萨克拉门

① 杨力:《海外华文报业研究》,燕山出版社 1990 年版,第 215 页。

托(Sacramento,当时译为沙架免度)出版。《沙架免度新录》初为日报,不久后改为周二刊,是以刊登与华人社会有关的新闻为主的报纸,出至1858年停刊,出版时间不满两年。《沙架免度新录》之所以在中国新闻事业史上具有较高的历史地位,是因为它不仅是第一份中国人在海外创办的中文报纸,同时也是中国以及世界上出版的第一份中文日报。

综上所述,《金山日新录》、《东涯新录》和《沙架免度新录》于19世纪50年代在美国西海岸的先后出版,揭开了海外中文报刊史的第一页,但终究因华侨人数尚少、市场不大而无法长期生存与发展,出版时间最长的也仅有两年而已。

海外中文报刊在美洲消失了8年后,一份名叫《飞龙报篇》(英文名为The Flying Dragon Reporter)的中文报纸于1866年1月14日在英国伦敦创刊,不仅重新续写海外中文报刊的历史,而且还揭开了欧洲中文报刊史的第一页(图4.2)。

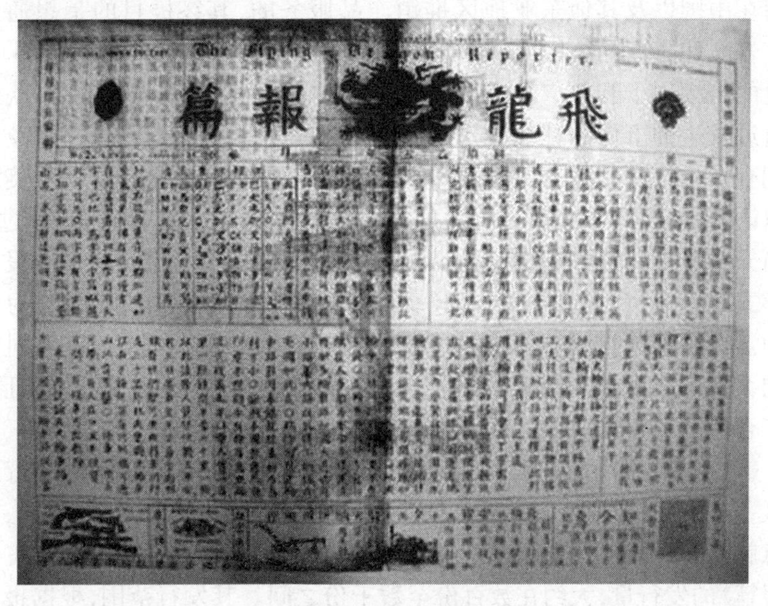
飛龍報篇

图4.2　《飞龙报篇》

作为欧洲最早的中文报刊,《飞龙报篇》是在西方资本主义列强对华经济侵略逐步扩大、商业活动日趋频繁的情况下问世的。当时的英国,由于工业革命的成功,经济高速发展,已成为世界上最富裕的国家和“世界工厂”。为了打开中国大门,进一步开发远东市场,以倾销工业产品和实行殖民霸权,英国已先后发动了两次侵略中国的鸦片战争,并胁迫清政府签订不平等条约,攫取了一系列特权,基本实现了它向中国大肆倾销工业品以掠夺巨额利润的目的。与此同时,中国清朝政府为了挽救摇摇欲坠的封建统治,也开始发起以学习西方先进科学技术、引进机器生产为中心内容的"洋务"运动,最初主要引进军事装备和军工生产,后进而建设近代工矿交通企业和发展科学技术。一言以蔽之,一个有大量工业产品急需出手,另一个急需引进大量以生产设备为主的工业产品。在此情势下,创办以中国人为主要读者对象的中文报刊以沟通新闻与商业信息,就中、英双方而言,都是当务之急。虽然当时外国人已在中国境内创办了一些报刊,但对于远在英伦的企业和商家来说,在自己家门口办一份中文报刊,用来向遥远的东方传递商业等各类最新信息,也十分必要。这就是《飞龙报篇》诞生的主要原因。

《飞龙报篇》的办刊宗旨,是为英国以及其他欧洲国家的生产厂商在中国以及其他东亚地区推销产品服务的,其终极目的是想通过广告来兜售商品。因此,该报刊载的内容以广告为主,一般有3/4以上的篇幅用于刊登广告。该报所刊登的新闻报道,大多是传递欧洲新近发生的事件和社会变动,"以达外事与中华"①。《飞龙报篇》还刊有言论以及其他有关科技知识的介绍性文章。为提高读者的英汉双语水平,以利于东西方文化的交流,现存的《飞龙报篇》还刊登过6篇介绍英汉双语知识的文章。就形式而言,《飞龙报篇》是一份报纸形式的月刊,每月14日出版。两面印刷,初为雕版印刷,后改为铅印。在版面编排上,《飞龙报篇》采用竖排分栏的编排法,较之同时期大多中文报纸采用竖排一栏到底的编排法,不仅美观大方,而且更符合视觉科学规律。

《飞龙报篇》的读者和服务对象,主要在中国等东亚汉语通行地区,应以中国等东方国家的官僚、商人阶层为主。该报取名"飞龙",其意就在于契合东方文化之神韵,能为东方民众所接受和喜爱。《飞龙报篇》的发行量,大约在数百份至数千份之间。其发行范围,根据报上刊载的中、英文启事所云,主要是中国各地,包括香港、澳门、上海、广东、汕头、福州、宁波、汉口、天津、北京,此外还有日本的长崎、横滨,以及新加坡、暹罗(泰国)、巴达维亚(今雅加达)、吕宋(今菲律宾)乃至

① 《总论新闻纸之便益》,载《飞龙报篇》,1866年1月14日,第一号,第一版。

美国的旧金山等地。在香港、上海、新加坡、宁波、长崎、横滨、巴达维亚等地，该报还设有代理处等分支机构。向国外发行的手段主要是邮寄，每年邮寄费5先令，并要求提前付资。《飞龙报篇》的创办人和主编申雅客（又译心麻士、心玛士，Mr. G. Street），是一位英国年轻人，曾经在中国学习汉语4年，有一定的中文基础，对中国有较深感情。《飞龙报篇》何时停刊不详，但现存的最后一期即该报的第二十八号出版于1868年4月14日，因而该报至少出版了3年以上。

二、海外中文报刊的初步发展

19世纪70年代后，海外中文报刊才开始进入高速发展时期。这一时期出版的中文报刊，绝大多数诞生在美国和南洋地区。

鸦片战争前，清廷严禁华民出洋，所有的内地劳工都是秘密招募、非法出口的，人数并不是很多。19世纪60年代后，清政府被迫解除了禁止华工出国的法令，在其分别与英、法、美签订的《北京条约》、《蒲安臣条约》中，外国人招募华工和华工出国得以合法化。华工出洋人数由此激增并形成高潮。除华工之外，远涉重洋的还有一批日后成为华人社会中坚力量的商人和知识分子。这一切，为海外华文报刊的崛起奠定了良好的基础。

海外中文报刊发展的新潮流，最先是在美国旧金山兴起。1874年7月14日（一说15日），《旧金山唐人新闻纸》（英文名为The San Francisco China News）创刊，由美国人主办，旅美华侨主编，每周出版石印1张，自称以“欲华人多闻广见”为办报宗旨，分各货行情、来往船期、上海新闻、花旗新闻、大埠新闻、羊城杂报新闻等栏。1875年9月11日，《唐番公报》（英文名为The Oriental或Tang Fan Kung Pao）创刊，周刊，由旅美华侨黄卓（Chock Wong的译音）与美国人霍夫曼（J. Hoffman）联合创办，翌年由旅美华侨林赞（Lim Danc的译音）接办并将改报名为《华番汇报》，逐渐使该报成为完全由华人经营的报纸。该报后几经改名，如《中西汇报》、《华洋新报》等，出至1903年左右停刊，是19世纪在美国出版时间最长的一份中文报纸。1876年，《文记唐番新报》、《华人记录》和《金山新报》等3份中文报刊先后创刊。1878年，《中外新报》创刊，后改名为《翰香报》、《翰香捷报》。1883年，《华西申报》、《萃记华美新报》、《中外新闻》等创刊。

19 世纪 80 年代后,旅美华侨在美国出版的中文报刊还扩展到美国中部、东部。1883 年,《华美新报》在纽约创刊,由留美华侨黄清福创办,为当地出版的第一家中文报纸。1888 年,《华英经报》在纽约创刊,月刊,中英文合刊,是一份以旅美华侨为读者对象的基督教教会刊物。1890 年,旅美华侨黄清福又在芝加哥创办《华美新报》,为当地出版的第一份中文报纸。1891 年,《瑞香华洋新报》在波士顿创刊。1892 年,《华美字报》在费城创刊。1899 年 5 月 10 日,《华美新报》在洛杉矶创刊,1900 年迁至旧金山出版。

这一时期,海外中文报刊发展得比较繁荣的地区,还有夏威夷檀香山地区和新加坡等南洋诸国。

在夏威夷檀香山出版的中文报刊,最早问世的是《檀山新报》(英文名为 The Hawaiian Chinese News),1883 年 3 月 16 日创刊,社址在檀香山更街(King Street),初为石印周刊,后改铅印,1899 年后改为周二刊,逢星期三、六出版,先后主持报务的有程蔚南、何宽、许直臣、张泽黎等。该报内容以当地各业行情为主,酌刊有关中国的消息。该报为隆记公司接办后,曾在报头中加标"隆记"字样,故又被简称为"隆记报"。1894 年,孙中山在檀香山从事革命活动,并创建中国资产阶级革命派的第一个团体——兴中会。在孙中山的影响下,《檀山新报》一度倾向革命,成为兴中会的言论机关。1896 年 3 月前后,孙中山在檀山新报馆设立据点,联络同志,筹募经费,并组织兴中会员进行军事操练。除《檀山新报》外,其他在檀香山出版的华文报刊还有 1893 年创刊的《华夏报》、1895 年前后创刊的《丽记报》等。

在新加坡,据说早在 1858 年就出现过一份名叫《日升报》的华文周报,但由于原报已佚,这份中文周报的性质、内容以至创刊日期等一切均无从考据,仅知该报的创办人是汤姆森·威廉·史密斯(Thompson William Smith)。因此,为人们所认同的"南洋第一报",则是 1881 年 12 月 10 日创刊的《叻报》。报以"叻"名,是因为"叻"是马来语"Selat"(即海湾)的译音字,早期华侨称新加坡为"石叻坡"。《叻报》之所以成为"南洋第一报",与当时新加坡的政治、经济发展状况有着密切的关系。19 世纪中期以后,新加坡的华人社会逐渐成长、壮大,华人人口增长很快,其中大部分是商人、手工业者和垦殖者,在新加坡总人口中所占比重越来越高。临近 19 世纪的末期,随着华人经济实力的不断增长,出现了一批华人富商,从而为报纸的创办与出版奠定了坚实的物质基础。而且,在这一时期,新加坡逐渐发展成为亚洲最大的转口贸易港,中西交往日益频繁,新加坡华商亟欲了解与商业有关的各方面的知识与信息,以便有效地从事经济、贸易活动。正是在这样的背景下,《叻报》应运而生。《叻报》的创办人是新加坡华人富商薛有礼,主笔一职则由原任职于香港《中外新报》的叶季允担任。叶季允为《叻报》服务达40年之久,因而有“南洋第一报人”之誉。《叻报》所刊内容包括社论、国内外新闻、政府公报和广告等,除本地新闻为自行采写外,其他要闻多转译自当地英文《海峡时报》和转载香港、上海报纸的电讯。该报还以较多的篇幅刊登各国洋行的广告,因此而受到外商的重视。《叻报》是新加坡乃至整个东南亚地区出现最早、寿命最长的中文日报,一直出版到1932年停刊。

继《叻报》之后,在新加坡出版的中文报刊,影响较大的有《星报》、《日新报》、《天南新报》。

《星报》于1890年由林衡南创办,是一份商业性的中文日报。1899年,参与戊戌变法活动的福州人黄乃裳流亡新加坡后受聘担任《星报》主编,宣传民主主义思想,与报馆主办人发生矛盾而辞职,《星报》也随之停刊。

紧接着,新加坡著名医生及侨商林文庆利用《星报》的印刷设备,于1899年创办起《日新报》。该报以较大篇幅介绍西方科学技术知识,在政治上属维新派,主张变法,发表过一系列支持康、梁,拥护光绪,反对慈禧太后的社论及评论,后因经济困难而停刊。

《天南新报》于1898年5月26日创刊,著名侨商、文人邱菽园创办并自任出版人、总理和总主笔,另聘请陈德逊任总经理、林文庆任顾问。该报是在康有为、梁启超、欧榘甲、徐勤等维新派人士的推动下创办的,积极支持国内的变法维新运动,是维新派在东南亚地区的第一份机关报和在海外的重要舆论阵地。戊戌政变发生后,康有为于1900年流亡新加坡,在当地成立保皇会分会,邱出任分会长,该报的维新变法及保皇立场更加坚定。自立军失败后,邱宣布与康、梁脱离关系,并于1901年底辞去《天南新报》的一切职务,将该报股权转让给阮添筹。1903年3月,该报再度易主,由许山河承办。1905年4月29日,《天南新报》出版了最后一期后停刊,先后出版7年之久。

在菲律宾,影响较大的中文报刊有《华报》、《岷报》和《益友新报》。《华报》是菲律宾最早出版的中文报纸,1888年在马尼拉创刊,由闽籍华侨商人杨维洪(汇溪)独资创办并自任社长兼编辑及翻译。由于当时华侨中识字者少,能读报者更寥寥无几,因而该报销量很少,出版不到1年即停刊。《华报》停刊后,其主持人杨维洪等决心东山再起,于1890年又创办起《岷报》,出版1年后停刊。《益友新报》于1899年由粤侨、菲律宾保皇会领袖潘庶蕃在马尼拉创办,为保皇会在菲律宾出版的机关报,宣传康、梁维新保皇主张,出版1年多后改名《岷益报》,又出版了数月后停刊。

在马来亚,影响较大的中文报刊有《槟城新报》(英文名为 Penang Sin Poe),1895年8月8日在马来半岛槟榔屿市创刊,创办人为点石斋印字馆主人林花簪及林成辉,初为石印周二刊,后改铅印,1896年7月21日改为日报。

这一时期,在世界其他地区出版的中文报刊还有:《华字新报》,1876年在日本东京创刊,在旅日华侨中发行。《中英商工机器时报》(又名《清韩英实业杂志》),1894年10月在伦敦创刊,季刊,伦敦白来公司(Pelham Press)发行,为一份面向中国、朝鲜发行的中文期刊,旨在推销机器,内容以介绍机器用途为主,并附刊大量广告。《日闻》,1895年在德国勃力门创刊,为德国人创办的中文报刊。《日新报》,1899年10月5日在加拿大温哥华创刊,为保皇派在加拿大的言论机关。《东华新报》,1899年在澳大利亚悉尼创刊,为保皇派在澳大利亚的言论机关。

第二编

从民族报业的勃兴到新闻事业的全面发展(1895—1927)

19世纪90年代维新变法运动兴起后,中国民族报业开始勃兴,在1912年中华民国成立前先后出现过两次影响巨大、意义深远的国人办报高潮,结束了外报垄断中国报业市场和新闻舆论阵地的局面。与此同时,资产阶级改良派、革命派以及其他政治力量还在境外积极从事办报与宣传活动,出版了一大批在中国近代史上具有重要地位的报刊。

中华民国成立后,孙中山领导的民国临时政府建立了自由新闻体制,后虽屡遭扭曲,但民族报业发展势头并未中挫,资产阶级商业性报纸的经济实力日益增强,并取代以政论为灵魂的政治性报纸在中国报业市场上占据龙头地位。新闻通讯事业走向成熟,广播事业开始出现,新闻学研究与教育也开始步入独立发展阶段,形成了中国新闻事业全面发展的新局面。

1915年后在中国兴起的新文化运动,既是民初报业向纵深发展的产物,又是报业进一步发展的新动力。进入20世纪20年代后,随着共产主义运动在中国的兴起,中国共产党领导创建的无产阶级新闻事业也应运而生,并在国民革命的洪流中不断发展。

第五章

民族报业的勃兴与国人在境外的办报活动

第一节 维新变法运动与第一次国人办报高潮

一、《中外纪闻》、《时务报》等维新派报刊的创办

1895年中日甲午战争的失败,加深了中华民族的危机和中国社会的半殖民地化,但同时也唤醒了沉睡中的中国人,逼迫清朝政府直面现实以广求善后之策。于是,一场声势浩大的维新变法运动,以"公车上书"为起点,在政治上较为开明的年轻君主光绪皇帝的支持下,在古老的中华大地兴起。维新变法运动兴起后,以康有为、梁启超为代表的资产阶级改良派人士,率先以报刊为武器,办起了《万国公报》(后改名为《中外纪闻》)、《强学报》和《时务报》等以宣传维新变法为主旨的政论报刊,以进一步唤醒国人。

康有为(1858—1927),字广厦,号长素,广东南海人,出身官宦之家,旧学根基扎实,22岁时游历香港,"始知西人治国有法度,不得以古旧之夷狄视之",25岁赴京考试落第后途经上海,目睹"上海之繁盛","益知西人治术之有本"。此后,康有为潜心研究西学,同时在广州收徒讲学,培养出梁启超等一批日后维新变法运动的骨干。1895年5月2日,愤甲午之战败,康有为联合全国18个省参加会试的举人1 300人,发动"公车上书",呼吁朝廷变法图存。之后,康有为、陈炽等积极筹募经费,于1895年8月17日在北京发刊《万国公报》,由康门弟子梁启

超、麦孟华担任编辑。该报袭用当时外国传教士在上海办的《万国公报》之名,是因为康有为在研习西学时受该报影响最大。该报作为中国资产阶级改良派出版的第一份报刊,所刊内容以讲论洋务为主,每期刊载文章1至3篇,题目有工商、铁路、邮政、兵制、学校、报馆等,其中必有梁启超所撰论说,其余大多选自广学会出版的书报。由于当时北京没有铅印机器,该报只好委托民间报房用木板雕印,两天出版一期,并由各报房在递送《京报》时免费赠送在京的"王公大臣"及"士夫贵人"。最初每期送出千余份,以后最多时为3 000份左右。康有为等在北京成立强学会后,《万国公报》转为该会机关报。《万国公报》的出版,立即在京师引起强烈反响。"报开两月,舆论渐明。初则骇之,继而渐知新法之益。吾复挟书游说,日出与士大夫讲辩,并告以开会之故,明者日众。"①12月16日,《万国公报》改名为《中外纪闻》,并增加外电、外报选译和国内各报摘录以及上谕等内容。1896年1月12日,又有一份维新派报刊在上海问世,即11月下旬创建的上海强学会的机关报《强学报》。该报的出版,是康有为1895年10月离开北京南下南京、上海宣传维新变法主张的结果,由康门弟子徐勤、何树龄主编,免费派送。该刊不用大清年号而用孔子纪年,借以"托古改制"。

康有为等维新派人士组织学会、出版报刊的活动,当然要引起封建顽固派的忌恨。先是"谣诼蜂起",《中外纪闻》"送至各家门者,辄怒以目,驯至送报人惧祸及,悬重赏亦不肯代送矣"。紧接着,御史杨崇伊于1896年1月20日参劾强学会植党营私、刊印《中外纪闻》,请饬严禁,清廷即据此折命都察院"查明封禁"。于是,《中外纪闻》被迫停刊,仅出18期;问世刚满14天的《强学报》停办,仅出3期,其中第3期未及发行。

《中外纪闻》和《强学报》虽然被封建顽固派扼杀了,但它们的出版冲破了封建"言禁",为即将到来的国人办报高潮拉开了序幕。

1896年8月9日,以《时务报》在上海创刊为标志,资产阶级维新派办报活动重新崛起。该报创办人黄遵宪(1848—1905),字公度,广东梅县人,是清末著名的维新派官员。上海强学会被查封后,他"愤学会之停散,谋再振之,亦以报馆为倡始",并带头"捐金一千元为开办费",其余经费则来自上海强学会余款及他人的捐赠。《时务报》创刊

① 引自《康南海自编年谱》光绪二十一年,见《戊戌变法》(4),神州国光社1953年版。

后，由梁启超任总主笔，汪康年任经理。梁启超（1873—1929），字卓如，号任公，笔名饮冰室主人、少年中国之少年、中国之新民等，广东新会人，是清末影响较大的资产阶级报刊宣传家之一。他自小熟读经史，17 岁中举人，后师从康有为，1895 年在北京参加“公车上书”，后主编《万国公报》(《中外纪闻》)，开始在舆论界初露锋芒。1896 年夏，梁启超应黄遵宪等之邀，南下上海主持《时务报》笔政，初创时一人独自负责该刊的编撰工作，日撰评论 4 000 多字，经手修改的文稿 2 万多字，使年仅 24 岁的梁启超崭露头角，“自通都大邑，下至僻壤穷陬，无不知有新会梁氏者”。

《时务报》每 10 日出版 1 期，所刊内容有政论、谕折、京外近事、域外报译、西电照译等。梁启超在《时务报》上发表了数十篇为变法维新而呐喊的政论，其中影响最大的是《变法通议》，自创刊号起在报上连载了 43 期，涉及当时的政治、经济、文化、军事等各个方面的问题，第一次全面系统地阐明了维新派的变法主张。《时务报》上大胆而新颖的言论使朝野震动，所译外报文章更使读者大开眼界，因而“举国趋之，如饮狂泉”，其发行量也与日俱增：创刊时 3 000 多份，半年后增至 7 000多份，一年后增至 12 000 多份，最高达 17 000 份，创当时报刊发行量的最高纪录。与此同时，《时务报》也遭到封建顽固派的反对和忌恨。曾大力支持《时务报》的湖广总督张之洞以该报言论“太悖谬”为由横加干涉，后又竭力排挤梁启超，致使梁启超于 1897 年 10 月愤然辞职，离开上海赴湖南长沙就任时务学堂总教习及参加《湘报》筹办事宜。

二、第一次国人办报高潮的出现

1897 年后，随着维新运动的深入，各地维新志士以极大的热情创办报刊。1898 年 6 月 11 日，光绪帝下“明定国是”诏，宣告变法，将维新运动推向高潮。光绪帝发布的准许官民办报的诏书，进一步促进了各地报刊的飞速发展。据不完全统计，自 1895 年至 1898 年的 3 年间，全国出版的报刊有 120 种左右，其中 80% 以上是中国人自办的，第一次国人办报高潮在古老的中华大地上兴起，不仅推动了维新运动的进一步发展，还结束了外报垄断中国报业市场与新闻舆论阵地的局面，使国人自办报刊及其宣传报道活动成为中国社会舆论的主要力量。

资产阶级维新派主办的政论性报刊,是第一次国人办报高潮的主流,并在这次高潮中发挥了积极的领先作用,举其要者有澳门的《知新报》、天津的《国闻报》、湖南长沙的《湘学新报》与《湘报》等。

《知新报》是维新派在华南的重要舆论阵地,1897 年 2 月 22 日在澳门创刊,初为五日刊,后改为周刊、半月刊,在康有为支持下由澳门巨商何廷光(字穗田)创办,何廷光、康广仁担任总理。该报与上海《时务报》的编辑方针基本相同,因清朝封建统治鞭长莫及而在宣传报道上比《时务报》更为敢言,曾刊登过康有为上光绪帝书的全文、梁启超在保国会成立大会上的演说等。戊戌政变发生后,国内各地维新派报刊被摧残殆尽,唯独《知新报》能继续出版,歌颂为变法死难的烈士,谴责发动政变的后党,指名道姓地痛骂慈禧太后和荣禄等人是“逆贼”、“奸党”,同封建顽固派作最后斗争。1901 年 1 月 20 日,《知新报》自动停刊,共出 133 期。

《国闻报》是维新派在华北的重要舆论阵地,也是维新派创办的第一份日报,1897 年 10 月 26 日创刊于天津。该报主要创办人严复(1854—1921),字又陵,福建侯官(今闽侯县)人,是我国近代启蒙思想家、报刊活动家和翻译家。严复出生于名医世家,1866 年考入福州船政学堂,毕业后在军舰上工作,1877 年赴英国格林尼次海军大学留学,1879 年学成回国后担任福州船政学堂教习、天津水师学堂总教习、总办。甲午海战失败后,严复连续在天津《直报》上发表《论世变之亟》、《原强》、《辟韩》、《救亡决论》等文章,抨击帝国主义侵略行径,揭露封建专制弊端,提出了“鼓民力”、“开民智”、“新民德”等主张。1897 年夏,严复与王修植、夏曾佑、杭慎修(辛斋)等人集资创办《国闻报》及《国闻汇编》(旬刊),并为《国闻报》撰写了大量鼓吹变法的社论,但与康、梁交往甚少。《国闻报》“以通外情为要务”,因而十分注重外报选译和新闻采访工作,在国内各地及国外伦敦、巴黎、柏林、彼得堡、纽约、华盛顿等城市设有特约记者,还不惜重金聘请精通英、法、德、日文字的翻译人员。严复还自己动手翻译《斯宾塞尔劝学篇》和赫胥黎《天演论》在《国闻汇编》上刊出,但因故未能完成全部书稿的翻译。赫胥黎运用达尔文的进化论学说来解释人类社会的发展变化,严复在译述中将这一原理加以引申,认为中国只有顺应“天演”规律,厉行变法,才能使中国逃脱亡国灭种的命运。在主办《国闻报》期间,严复等人十分谨慎,不仅把报馆设在天津租界内,还推出一个不知名的福建老乡充当"馆主",1898年3月后又将该报改造成日本人西村博主办的日商报纸,报上加印"明治"年号。由于采取了这些特殊的办报策略,因而《国闻报》在政变发生后借助日商招牌继续出版,向读者报道了谭嗣同等"戊戌六君子"殉难的过程,为中国近代史留下了珍贵史料。1899年2月后为日本人所掌控。

《湘学新报》和《湘报》是维新派在华中的重要舆论阵地。《湘学新报》于1897年4月22日在长沙创刊,自第21期起改名为《湘学报》,由江标、黄遵宪、徐仁铸先后督办,唐才常等主持编务,出至1898年8月28日停刊,共出45册。该报是一份以讲求实学、新学为主的旬刊,以倡新学、开民智、育人才、图富强为宗旨,深受读者欢迎,仅"长沙一城,销千数百份",并在上海等地设立了分销处。1898年2月,湖南维新派人士在长沙成立南学会。有鉴于《湘学新报》十日一出,且偏重于学术,南学会决定另办一份日报以作为其机关报,即1898年3月7日在长沙创刊的《湘报》,"专以开风气、拓见闻为主旨",由唐才常任主编,谭嗣同等担任主要撰稿人。谭嗣同(1865—1898),字复生,号壮飞,甲午战后在家乡浏阳倡立学社,后游历北京、上海以吸收新学知识,1897年回湖南后积极参与各项变法活动,在《湘报》上发表了25篇政论文章,提倡新学新政。《湘报》的激进言论,使湖广总督张之洞和湖南守旧势力惊恐不安,引发了一场《湘报》存废之争。张之洞曾致电陈宝箴要求其下令停办《湘报》,长沙的守旧派人士还煽动流氓打手捣毁湘报馆、殴打编辑人员。1898年7月19日,《湘报》被迫停刊,至8月2日宣布"改订章程,专归商办",并自行复刊。9月21日政变发生后,《湘报》坚持出版至10月15日被停刊,共出177期。

在1898年"百日维新"期间,康有为还试图夺回已为张之洞等掌控的《时务报》,并展开激烈的斗争。7月17日,康有为通过御史宋伯鲁上疏光绪皇帝,建议清廷将上海《时务报》改为官报,由梁启超主办,光绪帝批准了这一计划,责成康有为督办此事。对此,当时主持《时务报》及《时务日报》的总经理汪康年依仗张之洞为后台,于1898年8月将《时务报》改名为《昌言报》、《时务日报》改名为《中外日报》继续出版,引发了康有为、梁启超与汪康年的笔墨之争,光绪帝不得不另派黄遵宪去上海调查处理。但不久政变发生,康、梁逃亡海外,黄遵宪称病不出,调查之事不了了之。

资产阶级维新派主办的以政论见长的政治性报刊,在中国近代史上发挥了很大的进步作用:一是思想启蒙。维新派报刊将西方资产阶级的哲学、社会科学和自然科学知识介绍到中国来,使众多知识分子从埋头经史、醉心八股的桎梏中解放出来,开始以新知新学为武器,同传统的封建意识进行斗争。二是救亡图存。维新派报刊揭示出中华民族面临的严重危机与帝国主义侵略中国的罪恶阴谋,使一部分士大夫和知识分子从睡梦中醒来,积极投身于救亡图存运动之中。三是探索变法之路。维新派报刊不仅大力鼓吹变法,还提出了不少具有建设性的意见,如废除科举、兴办京师大学堂、倡办实业、准许民间办报等,在政变后也并未全盘废止。

资产阶级维新派主办的以政论见长的政治性报刊,对我国新闻事业发展的贡献则表现在以下几个方面。

第一,冲破了封建统治者的言禁、报禁。早在维新运动兴起之前,王韬等人就发出过要求解除言禁、允许私人办报的呼吁,1895 年康有为在"公车上书"中又提出"纵民开设报馆"的要求。1896 年《时务报》创刊后,各地维新派报刊如雨后春笋般出现,实际上冲破了封建统治者的言禁、报禁。"百日维新"期间,光绪帝又颁布了准许"官绅士民"办报的诏书,允许报纸"据实昌言,不必意存忌讳",并要求各地政府给办报以免税的奖励。

第二,提高了报人、报业的社会地位,并开政治家办报的先河。在康、梁办报以前,一般士大夫和知识分子视办报为不务正业,视报纸为文坛垃圾。康有为、梁启超、严复等一批政治活动家从事办报活动后,社会上对报人、报纸的看法为之一变,报人、报业的社会地位大大提高。维新派报刊的主办人都是当时积极从事变法维新运动的政治家,他们把办报与办学会、办学堂等其他政治活动紧密联系起来,使其办报活动带有鲜明的政治品格。在湖南,南学会、时务学堂和《湘学新报》还形成了"三位一体"的活动形式,报刊编辑同时是学会骨干和学堂教师,学会为创办报刊和开办学堂提供各种条件,学堂为报刊和学会培养和输送人才。

第三,创造了报章新文体,影响了一代文风。所谓"报章文体",是指出现于现代报刊之上,不同于桐城派古文的一种通俗浅近的文体,王韬等早期改良主义报人曾作过尝试,而梁启超则成为这一文体的集大成者。由于报章文体在梁启超主办的《时务报》、《新民丛报》

上运用得最好,因而被称为"时务文体"、"新民文体"。这种新文体的特点是半文半白、平易畅达和笔锋常带感情,正如梁启超在其所著《清代学术概论》中所说的那样:"启超夙不喜桐城派古文,幼年为文,学晚汉、魏、晋,颇尚矜炼,至是自解放,务为平易畅达,时杂以俚语韵语及外国语法,纵笔所至不检束,学者竞效之,号新文体。老辈则痛恨,诋为野狐。然其文条理明晰,笔锋常带情感,对于读者别有一种魔力焉。"①

在第一次国人办报高潮中,除了资产阶级维新派主办的以政论见长的政治性报刊得到长足发展外,还出现了一大批其他各类报刊,主要包括专业性报刊、纯商业性报刊、文艺娱乐性报刊,以及以青年、妇女、儿童等各类社会群体为对象的报刊、图画报刊、白话报刊等,其中大多数也是由维新派或倾向维新派的人士创办与主编的。例如,1896 年清末著名小说家李伯元在上海创办的《指南报》,是我国最早的消闲性小报;1897 年罗振玉等在上海创办的《农学报》、黄源澄在上海主编的《算学报》,是我国最早的专业性科技报刊;1898 年康同薇、李蕙仙等在上海创办的《女学报》,是我国最早的由妇女主持编务、以妇女为读者对象的报刊。

三、近代新闻立法的有益尝试

在维新运动中,康有为等维新志士还冲破了"言禁"、"报禁"的藩篱,公开提出建立以言论出版自由为本的近代新闻法律制度的要求。在维新运动中,中国近代新闻法制建设,以皇帝发布具有法律效力的上谕为主要方式,迈出了具有历史意义的第一步。

中国人虽然早在 19 世纪 70 年代已经喊出了要求办报的呼声,但清政府对这一呼声充耳不闻,继续顽固地执行"言禁"、"报禁"政策。中日甲午战争惨败后,康有为等维新志士在 1895 年 5 月 2 日的"公车上书"中提出"纵民开设报馆"的建议。康有为中进士并被授予工部主事后,他又以工部主事的身份连续上书光绪帝,在 6 月 30 日的上书(史称"上清帝第四书")中再次提出建议"设报达聪","宜令直省要郡各开报馆,州县乡镇亦令续开,……而民隐咸达,官慝皆知"。他还建议

① 梁启超著:《饮冰室主人自说》,江苏人民出版社 1999 年版,第 40 页。

光绪帝“其有燕暇，随意阅报，但使得备乙览，已可风化肃然，更不怀奸，人皆自励矣”①。紧接着，康有为等维新志士立即将其主张付诸实践，自筹资金办起《万国公报》、《强学报》，虽出版不久即被查禁，但广立报馆的建议已被清廷部分采纳。1896 年 2 月 5 日，总理各国事务衙门在《奏复书局有益人才请饬筹议以裨时局折》中建议：“拟照八旗官学之例，建立官书局”，“聘定通晓中西学问之洋人为教习”，负责有关书籍和“各国新报”的选译印售工作。3 月 4 日，清廷派工部尚书孙家鼐为管理官书局大臣，规定官书局除印行新书外，还出版《官书局报》和《官书局汇报》，事实上承认了办报的合法地位。3 月 20 日，清政府创建国家邮政，规定报纸邮费标准为中文报纸每张 5 厘，外文报纸每张 1 分，推出了一项减低报纸的邮寄费用以扶助报业发展的举措。1898 年 4 月，清政府决定报纸按“货样”标准纳费投寄，邮费略低于普通信件。

1898 年 6 月“百日维新”开始后，光绪帝发布上谕，正式承认近代报刊具有合法地位，官绅士民得到了办报自由权利。7 月 26 日，光绪帝就孙家鼐奏遵议上海《时务报》改为官报一折发布上谕：“报馆之设，所以宣国是而达民情，必应官为倡办。该大臣所拟章程三条，似尚周妥，著照所请，将《时务报》改为官报，派康有为督办其事，所出各报，随时呈进。其天津、上海、湖北、广东等处报馆，凡有报章，著该督抚咨送都察院及大学堂各一份。择其有关事务者，由大学堂一律呈览。至各报体例，自应以胪陈利弊，开扩见闻为主，中外时事，均许据实昌言，不必意存忌讳，用副朝廷明目达聪，勤求治理之至意。所筹官报经费，即依议行。”②此后，光绪帝还发布过多道具有法律效力的上谕，进一步扶植、鼓励官绅士民创办近代报刊。8 月 9 日，光绪帝应康有为《恭谢天恩条陈办报事宜折》中所请发布上谕，命官报局所需经费，照官书局之例，由两江总督按月筹拨银一千两，另拨开办经费银六千两。8 月 16 日，光绪帝就总理衙门代奏工部主事康有为条陈、请兴农殖民以富国本一折发布上谕，鼓励创办农报。8 月 26 日，光绪帝就孙家鼐奏举人梁启超请书籍报纸恳免纳税一折发布上谕，实行对书籍报纸免税的优惠政策。

更为可喜的是，新闻法(当时称报律)的制订也第一次被提上了议

① 引自梁启超著：《戊戌政变记》，中华书局 1954 年版，第 123—125 页。
② 同上，第 35 页。

事日程。1898 年 8 月 9 日，康有为在上光绪帝《恭谢天恩条陈办报事宜折》的同时上了一个附片《请定中国报律折》，在中国首次提出了报律的制订问题。光绪帝在康有为上书的当日（即 8 月 9 日）就发布上谕："泰西律例，专有报律一门，应由康有为详细译出，参以中国情形，定为报律，送交孙家鼐呈览。"①但是，不久后变法失败，报律未及问世便胎死腹中。

当然，这次借维新变法运动之势而兴起的新闻法制建设活动好景不长，在 1898 年夏秋之际以慈禧太后为首的封建顽固派镇压了维新变法运动后被迫中止，刚取得的一些新闻法制成果也被毁于一旦。9 月 26 日，清廷发布上谕，宣布废官报局，停办《时务官报》。10 月 9 日，清廷又发布上谕，命各地督抚查禁报馆、严拿报馆主笔。10 月 11 日，清廷更进一步发布禁立会社、严拿会员的上谕，对出版报刊最力的各种社会团体一律予以严禁。

第二节　清末新闻法制的建设与第二次国人办报高潮

一、从"报禁"开放到近代新闻法制的初步建成

1900 年八国联军的入侵，使清廷不得不改弦易辙，以维持其摇摇欲坠的封建专制统治。1901 年 1 月，清廷宣布实行"新政"。"新政"的实行，最关键的一点，就是必须更改旧有的法制，于是，新闻法制建设在朝野上下的强烈呼声中重新起步。

有限度地开放"报禁"、"言禁"，给予人民以创办报刊的自由权利，是清末近代新闻法制建设迈出的第一步。清政府宣布实行"新政"后，允许民间办报，同时还允许朝政信息的公开传布。然而，虽然报业因"报禁"、"言禁"的逐步开放而一下子涌现出数以千计的报刊，但旧的文化专制主义法律制度尚未废止，对危害清王朝政治统治的报刊及其宣传报道仍将被扣以"造妖书妖言"罪而受到惩处，如 1903 年发生的

① 引自梁启超著：《戊戌政变记》，中华书局 1954 年版。

上海“苏报案”、北京“沈荩案”和1905年发生的四川“卞小吾案”①等。因此,近代报业要继续向前发展,最关键的一点,就是废止旧的文化专制主义的法律制度,建立新的近代新闻法律制度。新闻法的制定工作不仅重新被提上议事日程,而且成了当务之急。1905年,出使各国考察政治大臣载泽等在《奏请以五年为期改行立宪政体折》中明确提出迅速制定集会、言论、出版三项法律:“集会、言论、出版三者,诸国所许民间之自由,而民间亦以得自由为幸福。然集会受警察之稽察,报章听官吏之检视,实有种种防维之法。非若我国空悬禁令,转得法外之自由。与其漫无限制,益生厉阶,何如勒以章程,咸纳轨物。宜采取英、德、日本诸君立国现行条例,编集会律、言论律、出版律,迅即颁行,以一趋向而定民志。”②

1906年9月清廷宣布实行预备立宪后,随着清廷修律活动步子的加速,新闻立法工作也正式起步。1906年7月,由清政府商部、巡警部和学部共同拟定与公布的《大清印刷物件专律》,对包括报刊在内的印刷物的注册登记、印刷物的禁载事项、毁谤与教唆,以及违律行为的惩罚等作了明确的规定。由于《大清印刷物件专律》一时无法施行,因而巡警部札饬京师巡警总厅于1906年10月12日颁布《报章应守规则》,令京师及各地报纸一体遵守。《报章应守规则》共9条,前8条都是有关防范报刊宣传危及其政治统治的规定,只有最后一条是有关开办报馆的呈报事宜。由于该《规则》只有禁载事项而无相应的惩罚规定,经清廷批准,民政部于1907年9月5日又制订了《报馆暂行条规》10条,虽其基本精神与巡警部制订的《报章应守规则》完全相同,但其内容更具体、操作性更强。

1908年1月16日,商部、民政部、法部等参考日本的新闻纸法拟定了《大清报律》草案报请清廷审批。接着,清廷将此草案批交宪政编查馆审核议复,并发交奕劻、载沣、世续、张之洞、鹿传麟、袁世凯等六大臣“详加修补,悉心改正”。1908年3月14日,《大清报律》奉旨颁行。

---

① 1904年10月17日,具有革命倾向的报人卞小吾在重庆创办《重庆日报》,聘日本人竹川藤太郎担任社长以自保。该报勇于抨击清廷腐败、鼓吹民主革命,为当地政府所忌恨。1905年6月1日,卞小吾被地方当局诱捕,旋解往成都省城监狱拘押,其主办的《重庆日报》被迫停刊。6月12日,卞小吾在成都狱中被一个受收买的囚犯乱刀捅死,遗体各部有刀伤23处。

② 《清末筹备立宪档案史料》上册,中华书局1979年版,第112页。

《大清报律》共45条,除将前些时候制订与颁行的报刊禁载规定全部收入外,还新增了不少限制性条款。1910年,民政部再次修订《大清报律》,并将修订本交资政院及军机处复议。1911年1月29日,修改后的《大清报律》改称《钦定报律》经清廷批准后颁行,共38条,另有4个附条。

此外,自1906年至1911年的5年时间内,清廷有关部门还先后制定了一批或与新闻事业有关的、或含有调整与规范新闻事业条款的法律与法令,如《钦定宪法大纲》、《违警律》、《清新刑律》、《电报总局传递新闻电报减收半价章程十条》、《重订收发电报办法及减价章程》、《著作权章程》等。1908年8月27日颁发的《钦定宪法大纲》第一次在法律性文件中明确作出赋予国民以言论出版自由权利的规定:"臣民于法律范围以内,所有言论、著作、出版及集会、结社等事,均准其自由。"当然,这一自由权利,首先被限制在法律范围之内,其次还得受皇帝的制约,因为皇帝具有"当紧急时,得以诏令限制臣民之自由"的权力。上述有关新闻事业的法律、法令的创制与颁行,特别是《大清报律》等一批专门适用于新闻事业的法律、法令的出台,标志着中国近代新闻法律制度的初步建成。

根据这些法律、法令的规定,国民可自由创办报刊与传递新闻信息。自1905年起,民间报馆还被允许现场采访大规模的军事演习。1907年,经清廷民政部批准,司法审判庭特为记者添设旁听专席。1909年,各省咨议局先后成立,均明文规定记者可以旁听议员辩论。1911年资政院召开首次会议,20余名记者被允许与会采访。关于报刊的创办,清政府最初实行的是批准制,《大清报律》颁行后改为注册登记制加保证金制,受理办报审批手续的部门也由巡警衙门改为行政部门。《大清报律》还规定:"报纸记载失实,经本人或关系人声请更正,或送登辨误书函,应即于次号照登。"(第8条)有关报刊禁载事项,《大清报律》归纳为6条:(1)"诉讼事件,经审判衙门禁止旁听者,报纸不得揭载。"(第10条)(2)"预审事件,于未经公判以前,报纸不得揭载。"(第11条)(3)"外交、海陆军事件,凡经该管衙门传谕禁止登载者,报纸不得揭载。"(第12条)(4)"凡谕旨章奏,未经阁抄、官报公布者,报纸不得揭载。"(第13条)(5)"下列各款,报纸不得揭载:诋毁宫廷之语,淆乱政体之语,损害公安之语,败坏风俗之语。"(第14条)(6)"发行人或编辑人,不得受人贿嘱,颠倒是非。发行人或编辑人,亦不得挟嫌诬蔑,损人名誉。"(第15条)

清末颁行的新闻法律、法令以及由这些法律、法令构成的新闻法律制度,就其形式而言,可列入近代资产阶级法制的范畴,但也含有大量封建文化专制主义的陈规,在实际执法过程中更是以当权者的意志为依归,并不严格依法办事。1909年,《湖北日报》因刊载湖北文普通学堂学生向炎生所作漫画,讽刺湖广总督陈夔龙、鄂军统制张彪,及发表《中国报纸于官场有特别之利益》一文,被湖北巡警道金鼎查封,经理郑江灏及漫画作者向炎生被捕。1910年春,山西《晋阳公报》因揭露晋抚丁宝铨以禁烟为名屠杀交城、文水两地百姓百余人的暴行,被丁以"簧鼓革命、动摇人心"等罪名查封,记者张树帜、蒋虎臣被捕,主编王国宾被迫流亡外地。1911年2月13日,汉口《夏报》创刊,以"敢言"闻名于时,后因刊载清军三十一标管带肖国斌兄妹通奸丑事而被肖率兵捣毁,报社编辑也遭到搜捕,不久后被鄂督瑞征下令查封。3月6日,奉天防疫所总办张孝侯指派防疫委员露厚带领军警四五十人捣毁《大中公报》,并打伤该报社长杜某、拘捕经理袁昆乔,原因是《大中日报》在前一天刊出评论《请问巡警总局防疫所并告国人预备自由行动》,对防疫所陆军及二区巡警无理干涉妇女坐车予以谴责。

此外,清末新闻法制还遭到当时已经走向成熟的资产阶级革命派的坚决抵制,外国人也以享有"治外法权"而拒不执行,使其在实际运用上大打折扣。

二、民族报业的复苏与第二次国人办报高潮的出现

1901年"报禁"、"言禁"开放后,中国民族报业迅速复苏并进入一个蓬勃发展的新时期,官绅士民自办的报刊纷纷创刊,其数量年年递增,据不完整的统计,1901年为34种,1902年为46种,1903年为53种,1904年为71种,1905年为85种。至1906年9月清廷宣布预备立宪后,第二次国人办报高潮出现,据不完整的统计,新创办的报刊在1906年为113种,1907年为110种,1908年为118种,1909年为116种,1910年为136种,1911年为209种。报刊出版的地点计有北京、天津、西安、太原、三原、保定、开封、上海、南京、镇江、常州、常熟、苏州、无锡、太仓、嘉定、南通、江阴、杭州、宁波、绍兴、福州、厦门、芜湖、安庆、广州、汕头、梅县、海丰、台山、番禺、潮州、梧州、武昌、汉口、宜昌、南昌、赣州、九江、长沙、衡山、宁乡、成都、重庆、贵阳、桂林、昆明、济南、烟台、青

岛、奉天、营口、海城、大连、长春、吉林、哈尔滨、齐齐哈尔、黑河、兰州、伊犁、西藏等60多个城市或地区，几乎遍布全国。

在民族报业复苏并迅速走向高潮的过程中，顺应当时社会的多种需求，中国报坛上出现了各类报刊百花齐放、争奇斗艳的景象。

政治性报刊的大量出版，是当时民族报业发展的主流。在各类政治性报刊中，数资产阶级革命派创办的报刊影响最大。资产阶级革命派创办的政治性报刊，最先出现在香港、澳门地区以及日本、美国等海外地区。1901年清廷举办"新政"、开放"报禁"后，已经认识到办报宣传之重要的资产阶级革命党人，立即开始在国内积极开展办报与宣传活动。不少革命志士回到国内，充分利用清廷出台的各项政策，创办起一大批以合法的面目公开出版的革命报刊。

在上海，1902年12月9日，《大陆》月刊创刊，以刊登政论为主，由戢元丞担任主编。该刊虽倡言革命，但用语含蓄，以适应当时的政治环境。同年，《苏报》开始转向革命立场。《苏报》创刊于1896年6月26日，创办人胡璋让其日本妻子生驹悦在日本驻上海总领事馆注册，以"日商"名义出版。1899年后，该报因经济上难以为继而为当时在政治上倾向改良派的革职官员陈范所接办。1902年4月，蔡元培等人在上海成立中国教育会，同年夏又在上海建立爱国学社。陈范与蔡元培等人频繁接触并深受革命影响，其政治立场由改良转向革命，在经济上资助爱国学社，而爱国学社师生则每天轮流为《苏报》撰写论说以作为回报。1903年5月，章士钊出任《苏报》主笔。6月，《苏报》刊文介绍邹容撰写的《革命军》，发表章士钊署名"爱读革命军者"的论说《读〈革命军〉》和章太炎所作《革命军序》，公开倡言革命。同时，《苏报》还在"新书介绍"栏介绍章太炎撰写的《驳康有为论革命书》，以《康有为与觉罗君之关系》为题摘登了其中部分文字，不仅痛斥康有为"只可行立宪，不可行革命"的主张，还以轻蔑的口吻直呼光绪帝为"载湉小丑"。这一切，当然为清政府所不能容忍。6月30日，清政府经与上海领事团多次密谋，决定由上海租界工部局发出拘票，对陈范、章太炎、邹容等7人实行拘捕，当日章太炎等被捕，邹容闻讯后于翌日自动投案。章、邹被捕后，上海租界会审公廨开始会审"苏报案"，一场以清政府为原告、以章、邹等为被告的特殊审讯开始。经过一番曲折，租界当局判决章太炎监禁3年、邹容2年，《苏报》永远停刊，史称"苏报案"。但是，"苏报案"并未中止资产阶级革命派在上海的办报宣传活动。1903年

8月7日,《国民日日报》创刊,由章士钊主编,汲取《苏报》被封的教训,比较注意斗争策略,在宣传上不作“爆炸性之一击”。12月15日,《俄事警闻》问世,参与编撰工作的有蔡元培等,1904年2月26日更名为《警钟日报》继续出版,至1905年春被查封。

1905年后,资产阶级革命派的办报活动日益兴旺,包括北京在内的中国各地都先后出现了资产阶级革命派主办的报刊,其中上海、武汉和广州发展成为革命派在国内的三大办报基地。

在上海,自1905年到1911年,革命派在上海创办了16家报刊,其中最为著名的是于右任主办的《神州日报》、“竖三民”报等。于右任(1879—1964),原名伯循,字诱人,陕西三原人,1906年东渡日本加入中国同盟会,后回上海创办革命派在国内创办的第一家大型日报《神州日报》,1907年4月2日创刊,出版了80天后报馆被焚,于右任无力恢复而退出该报。1909年5月15日,于右任重新集资在公共租界创办《民呼日报》,由于该报揭露陕甘官吏侵吞救灾赈款,于右任被反诬贪污赈款而被捕,致使《民呼日报》于9月8日被查封,于右任被逐出公共租界。10月3日,于右任在上海法租界创办《民吁日报》,因大胆揭露日本政府企图夺取满洲铁路筑路权并进而控制我国东北的阴谋,日本政府恼羞成怒,串通清政府与上海租界当局于11月19日将该报查封。1910年10月11日,于右任又办起了《民立报》,聘宋教仁等报界精英担任编辑。该报创刊之初,言论较为温和,但随着革命形势的发展而日趋激烈。1911年7月,领导长江流域革命斗争的同盟会中部总会成立后,《民立报》成了该总部的机关报和联络机关。由于《民呼日报》、《民吁日报》和《民立报》都是于右任创办,报名都以“民”字打头,创办时间又互相衔接,史称“竖三民”报。

在武汉,自1905年到1911年武昌起义前,革命党人创办或被革命党人掌握的报刊有10多家,其中比较重要的有《楚报》、《商务报》和《大江报》。《楚报》创刊于1905年,是当地最早出现的一份具有革命倾向的报纸,是年冬因将湖广总督张之洞向外商借款修铁路所签的草约全文发表而为张之洞勾结英租界所查封。《商务报》创刊于1909年10月8日,原是一家商业报纸。不久被日知会员宛思演盘进,更名为《商务日报》,聘请群治学社成员詹大悲任总编辑,成为群治学社的机关报。群治学社以报馆为秘密联络点,并储存枪支弹药准备起事,事泄后被湖广总督瑞徵函请租界当局查封。《大江报》,其前身是《大江白话报》,创刊于1911年1月3日,为革命团体文学社的机关报,詹大悲投资创办并自任总经理兼总编辑。《大江报》以新军士兵和下级军官为主要读者对象,用大量篇幅反映新军士兵的疾苦,维护士兵利益,因而被士兵们视为自己的喉舌,不少士兵还受《大江报》的影响而参加革命派组织。1911年7月17日,《大江报》发表何海鸣撰写的时评《亡中国者和平也》;7月26日,该报又发表黄侃撰写的言词更为激烈的评论《大乱者救中国之妙药也》;8月1日,鄂督瑞徵以"淆乱政体,扰乱治安"的罪名派军警查封大江报馆,逮捕詹大悲,何海鸣闻讯后自动投案。瑞徵原拟对詹、何判重刑,但慑于民愤,不得不从轻判处詹、何两人各服刑18个月,史称"大江报案"。

在广州,先后出版的革命派报刊有《拒约报》、《时事画报》、《群报》、《珠江镜报》、《廿世纪报》、《南越报》、《平民日报》、《可报》、《天民报》等18家,均为同盟会员自由结合集资创办,不具备机关报性质。其中《时事画报》创刊于1905年9月,是革命派创办的第一份画报,由著名岭南派画家高剑父、潘达微等人编绘出版。《可报》创刊于1911年3月30日。当时广东赌风颇盛,咨议局开会时,一部分议员主张禁赌,另一部分议员则反对,在表决时同意者书"可"字、反对者书"否"字,因而被戏称为"可议员"与"否议员"两派。不久,"可议员"陈炯明、朱执信等创办《可报》,表示要为禁赌和革命而呐喊,后因报道温生财刺杀广州将军事件而被查封。

清廷宣布举办"新政"后,在政治上倾向改良主义的报刊也乘势在国内各地出现,其中影响较大的有《大公报》、《时报》、《京话日报》等。《大公报》于1902年6月17日在天津法租界创刊,由皈依天主教的满族人英华(敛之)创办并主持报务。《大公报》创刊甫始,即明确宣称其"忘己之为大、无私之谓公",故取报名为"大公"。在政治上,《大公报》主张变法维新、保皇立宪,对外先是亲法,后转而亲日。由于英华有法国公使馆做后台,报纸又在天津租界出版,因而敢于揭露清政府的黑暗和贪官污吏的罪行。《时报》是戊戌政变后改良派在国内创办的第一份报纸,1904年6月12日创刊于上海,康门得力弟子狄葆贤和罗普分别担任该报经理和主笔,梁启超也曾潜回上海参与策划。《时报》的命名,取义于《礼记》的"君子而时中"一语,意谓该报要合于"时",随"时"而变。《京话日报》是一张以城市居民为主要读者对象的报纸,1904年8月16日创刊于北京,创办人彭翼仲自任社长。该报使用北京话,因而以“京话”命名。因揭露社会黑暗而开罪官僚和权贵,该报于1906年9月28日被清廷以“妄议朝政,容留匪人”之罪查封,彭翼仲被流放新疆。1906年9月清廷宣布“预备立宪”后,原改良派人士大多转而投身于资产阶级立宪运动,创办起一大批以宣传立宪为主旨的报刊。这些资产阶级立宪派报刊,有立宪人士以个人名义创办的,如梁启超等人创办与主编的《政论》月刊、《国风报》、《国民公报》等;也有以立宪团体名义创办的,如上海的《预备立宪公会报》、四川宪政会主办的《蜀报》和《蜀风杂志》、贵州宪政预备会主办的《黔报》和《贵州公报》、广东地方自治研究社主办的《广东自治研究录》等。

清末出现的官报,也是政治性报刊的一个组成部分。自1901年实行“新政”后,清政府开始创办官报,各级政府部门先后出版了约110种官报,分布于除新疆外的全国各地。1902年,直隶总督兼署理北洋大臣袁世凯为鼓吹新政并抵制民办报刊的“诡激失中之论”,率先在天津创办了《北洋官报》(双日刊),附带发行《北洋学报》及《北洋政学旬报》。1903年,《南洋官报》创刊,由江苏总督兼南洋大臣督办创刊,销行江苏以南沿海及长江各地。紧接着,各省也纷纷根据政务状况和经济实力创办起一大批官报,如《山西官报》、《安徽官报》、《四川官报》、《豫省中外官报》、《湖北官报》、《汉口官报》(原为商办)、《江西日日官报》、《山东官报》、《陕西官报》、《甘肃官报》等。1906年“立宪”运动兴起后,各地方政府的官报进一步发展,中央政府的一些部门也开始创办官报。1907年4月23日,清政府正式设立官报局,官报的发展进入制度化阶段。同年11月5日,《政治官报》在北京创刊,由中央政府的宪政编查馆主办。1911年内阁成立后,《政治官报》于8月24日由内阁印铸局接办,改名《内阁官报》,改组为公布法律、命令的内阁机关报。

在第二次国人办报高潮中,商业性报刊、文教性报刊等其他类型的报刊也都有不同程度的发展。商业性报刊自鸦片战争后虽然一直是在华外报发展的主流,但国人自办的商业性报刊却十分软弱,旋办旋停者也为数不少,始终不成气候。这一时期,国人自办的商业性报刊开始进入发展的“快车道”,并成为中国报业的一支重要力量。仅以上海为例,这一时期国人新创办的商业性报刊就有10多种。更值得注意的是,原外人出版的商业性报刊的“龙头”《申报》和《新闻报》,前者的产权在1909年转入国人之手,后者的部分股权也在1906年为国人所拥有。文教性报刊,包括文化、教育、科技等各类报刊,在全国各地特别是经济文化发达地区迅速发展。上海、北京、成都、广州、武汉等地都有一定数量的文教性报刊。作为文教性报刊的一个重要组成部分的白话文报刊也在这一时期遍布全国主要城市或地区。这些白话报刊,大多为革命派所创办,如《中国白话报》、《杭州白话报》、《安徽俗话报》等,以便其向下层民众宣传革命主张等。也有一部分是倾向于君主立宪的人士所创办,如《江苏白话报》、《直隶白话报》、《白话新报》、《预备立宪官话报》等。外国人在华出版的各类报刊,特别是日本人的报刊,在这一时期也有一定程度的发展,但已风光不再,特别是已无力主宰中国社会的新闻舆论。

三、清末新闻业务的发展

在清末,新闻业务得到了前所未有的发展。

在内容上,这一时期的报纸一般已具备新闻、评论、副刊和广告四大要素。首先,新闻报道开始为报纸特别是商业性报纸所重视。由于通讯设备和印刷技术的改进,加上经济的发展和政局的多变,新闻报道量大大增加。大型日报每天刊登的新闻稿一般有20至30条,多者在50条以上。新闻报道面也相应扩大,开始划分为政治新闻、经济新闻、社会新闻、国际新闻等不同门类,在固定的版面上刊载。新闻报道的体裁也日益增多,既有简明扼要的短讯,也有夹叙夹议的长篇;既有对某一事件的追踪报道,也有对全局形势的综合分析报道。除消息外,作为新闻新体裁的通讯也开始在报上出现,当时称为“通信”或“纪事”。为了增加新闻来源,不少报纸还建立起一支专业与业余结合的记者队伍,有的报刊还在外埠聘请通讯员和“特派访员”。

其次,评论工作进一步改进。维新变法运动时期,报纸的评论形式十分单调,大多只有长篇累牍的“论说”。辛亥革命特别是第二次国人办报高潮期间,由于政治形势的发展和受到西方报刊的影响,报纸评论的形式日益多了起来,有“社论”、“社说”、“时论”、“代论”、“来论”、“时评”和“编者按”等。“时评”这种形式始于《时报》,就当日某一新闻配发短小精悍、鞭辟入里的言论,后各报纷起效法,著名的有《神州日报》的“时事小言”栏、《民呼日报》的“公言”栏和《天报》的“悱言”、“痛言”栏等。“编者按”在这一时期得到了广泛的运用,然而当时大多为一事一议,置于新闻的后面,用“按”、“本馆按”、“记者按”、“记者曰”等字样开头,然后就新闻中的某一事件进行评论。

再次,文艺副刊也有新的发展。《申报》的《自由谈》、《新闻报》的《庄谐丛录》(后改名为《快活林》)等著名的文艺副刊,都是在这一时期诞生的。《申报》的《自由谈》,创刊于1911年8月24日,由王钝根首创,初创时其内容多为滑稽小品,如“游戏文章”、“海外奇谈”、“岂有此理”、“博君一粲”等,后不断随着时代的发展而发展,在各个历史时期都发挥其无可替代的影响与作用。有些报纸还分为庄、谐两部,将副刊与正刊相提并论。

广告在报纸上占据重要地位,广告文字的编写和美术设计也有很大的改进。维新变法运动时期,报纸已经认识到刊登广告之重要意义,但排版简陋、形式单调,表现手法也十分古板。辛亥革命时期,广告的内容进一步扩大,百货、电影、医药、银行、书籍及个人通告充斥各类报纸;广告的版面安排、编辑水平也有所提高,不仅有文字说明,而且还有彩色画面以作图解。不仅商业性报视作自身生存与发展的生命线,政治性报刊、文教性报刊乃至刚刚出现的清政府主办的官报也无不刊登广告并高度重视广告工作。

在形式上,这一时期的大多数报纸已由近代形态的报纸发展成为现代形态的报纸,结束了“报”、“刊”不分的时代。在报纸编排方面,早期的报纸仍然沿袭《京报》的书册式,连外国传教士办的中文报刊和维新时期的《时务报》都是如此。19世纪50年代后,《循环日报》和《上海新报》开始用单张印刷,但仍按中文书写习惯由右到左上下直行编排。1898年《时务日报》为了与《申报》竞争,开始用机制白报纸两面印刷,分版分栏编排,句读加点,从而揭开了我国报纸版面革新的序幕。1904年,上海《时报》对报纸版式进一步改革,将每天报纸划分为4版,根据内容拟定标题,配发时评,字号多样,力求版面醒目活泼。第二次国人办报高潮期间,报纸已完全摆脱了书册式和杂志式的痕迹,成为对开或4开的单张报纸。如《神州日报》、《民立报》等大报,日出3大张12个版或4大张16个版。“综合编辑法”被广泛采用,即将重要新闻放在版面的显著位置,并充分利用大字、通栏标题、加框、加花边、设专栏、配图片等编辑手段,使报纸的特点和优势得到充分发挥。新闻标题也一改过去那种按地区归类、一文一题和题文同一字号的作法,出现了大字题和主题、眉题、副题等多行题。为了提高新闻的时效性,一些报纸对重大的突发事件开始发行“号外”。新闻摄影图片开始被广泛运用。摄影术在19世纪40年代传入中国。1876年,上海《格致汇编》最早刊登铜版镂刻照片。1901年后,上海的《万国公报》、《大陆》等刊出影像逼真的铜版印刷新闻照片。

第三节 资产阶级保皇派和革命派在境外的办报活动

一、资产阶级保皇派在境外的办报活动

戊戌政变后,康有为、梁启超等维新派人士逃亡日本。他们在海外除了创立保救大清皇帝会(简称保皇会)外,还以梁启超挂帅,积极开展办报活动,大力鼓吹保皇立宪思想与活动,从而也使海外中文报刊得到前所未有的大发展,日本、美洲、澳洲、南洋以及我国的港澳等地出现了一大批宣传保皇立宪的报刊。据统计,自1898年至1911年辛亥革命前夕,保皇派在海外创办和控制的报刊有30多家。

在这些保皇派报刊中,康有为、梁启超等在日本创办的《清议报》和《新民丛报》影响最大。《清议报》是戊戌政变后保皇会在海外办的第一个机关报,1898年12月23日在日本横滨创刊,旬刊,经费由旅日华侨冯镜如、冯紫珊等负责筹集,梁启超主持编务,麦孟华、欧榘甲等曾担任编撰工作。为自保计,该报的发行编辑人署"英国人冯镜如",印刷人署"日本人铃木鹤太郎"。《清议报》的办报宗旨是"主持清议、开发民智"。所谓"主持清议",就是猛烈抨击慈禧、荣禄等"逆后贼臣"及其把持的朝政,拥护"明君圣主"光绪皇帝复位;所谓"开发民智",就是大量介绍西方资产阶级的社会政治学说和文化科学知识。在此期间,梁启超频繁与孙中山、陈少白等革命党人接触,在思想上受其影响。为了适应时代潮流,梁启超、欧榘甲在《清议报》上发表了一些谈民权、谈自由、谈破坏、谈革命的文章,赢得了不少读者。然而,思想比较保守的麦孟华却向康有为告密,说梁启超"渐入行者(指孙中山)圈套"。于是,康有为下令在保皇会的报刊上不得出现"革命"、"民权"、"自由"、"独立"等字样,并将梁启超、欧榘甲分别派往檀香山和旧金山去进行保皇活动。1901年12月21日,当《清议报》出版了第100册后,一场

大火焚毁了报馆,报纸因此而停刊。

一个多月后,梁启超在旅日华侨的大力支持下,于 1902 年 2 月 8 日在横滨又创办起了一份保皇派报刊,即《新民丛报》(图 5.1)。该报是梁启超仿效西方大型综合性杂志创办的一份半月刊,主编仍是梁启超,编辑有蒋智由、马君武、麦孟华等。梁启超宣称,要把《新民丛报》办成"中国报界前此未有"、"足与东西各报相颉抗"的报刊。的确,该报一创刊,即以崭新面孔与读者见面:封面是一幅彩色的中国地图,内容分设 25 个栏目,社会科学、自然科学无所不包,古今中外无所不谈。其内容之丰富、编辑之严谨、印刷之精美,确实是"中国报界前此未有"过的。《新民丛报》的命名,取意于《大学》:"大学之道,在明明德,在新民,在止于至善。"在梁启超看来,中国积弱的根本原因,不是帝国主义的侵略,也不是清朝政府的腐败,而是由于国民素质低下,缺乏"公德"和"私德",缺乏国家思想、义务思想和权利思想,缺乏进取、冒险、自由、自治、自尊、合群、尚武等精神。只有通过教育手段来提高国民素质,造就一代"新民",中国才能富强,国家才有希望。为此,《新民丛报》用大量篇幅介绍西方资产阶级的政治、经济、军事、法律、宗教、教育、文化等各方面的学说,其中包括马克思主义学说。

图 5.1 《新民丛报》

在政治上,《新民丛报》总的倾向是鼓吹保皇立宪,但前期的《新民丛报》与后期的《新民丛报》有所区别。1903 年以前的《新民丛报》适应时代潮流,发表了许多高谈革命的文章,引起保皇派的不满,就连曾经赞扬梁启超的文章"惊心动魄,一字千金"的黄遵宪,也劝他勿作"危险激烈之言"。然而正因为如此,《新民丛报》大受读者欢迎,销量达 14 000份,在国内外设立了 97 个代销处,可谓盛极一时。1903 年底梁启超赴美洲游历考察以后,公开宣布不再谈革命,与共和告别。从此,《新民丛报》的言论变得"柔声缓语,形同妇妾,梦绕大清,心恋小丑",

在读者中的威信江河日下。后来又在与《民报》的笔战中惨败,不得不于1907年8月悄然停刊。

此外,梁启超还在日本横滨创办《新小说》,1902年11月创刊,1906年1月停刊,是中国近代第一份以刊登新体小说为主的文学艺术期刊。梁启超之所以出版这份刊物,是因为他认为“小说有不可思议之力支配人道”,因此“欲新一国之民,不可不先新一国之小说”①。

在香港、澳门以及海外各地,康有为、梁启超等保皇派人士也创办了为数不少的报刊,并设法控制各地原有的华侨报刊,把它们改造成保皇派的宣传工具。在香港,他们除利用《华字日报》、《循环日报》、《维新日报》等老牌报纸进行保皇立宪的宣传外,还于1903年创办《实报》、1904年创办《香港商报》,以作为自己的喉舌。在澳门,除《知新报》继续出版外,保皇派还创办了《濠镜报》等报刊,并利用《镜海丛报》作为保皇立宪的宣传工具。在美国旧金山,徐勤于1899年主持《文兴日报》,欧榘甲于1902年主持《大同日报》。其中《大同日报》原为旧金山华侨团体洪门致公堂的报纸,欧榘甲以其曾参加过洪门组织这一关系,加入《大同日报》并担任总编辑,利用它宣传保皇立宪。在夏威夷,梁启超于1900年在檀香山创办《新中国报》。在加拿大,梁启超于1900年在温哥华支持华侨创办《日新报》。在澳大利亚,唐才质于1902年在悉尼创办《东华报》。在新加坡,徐勤帮助当地保皇会于1899年创办《天南新报》,1906年又将1905年由当地华侨陈楚楠等人集资创办的资产阶级革命派报纸《南洋总汇报》改造成保皇会的宣传工具。在印尼,康有为于1903年亲自在爪哇岛创办《泗水日报》,1904年又支持苏门答腊保皇会创办《苏岛日报》。在菲律宾,康有为派人于1900年在马尼拉创办《益友新报》。在泰国,徐勤、梁伯鸣于1907年在曼谷创办《启南日报》。

二、资产阶级革命派办报活动在境外的兴起与发展

以孙中山为首的资产阶级革命派,自1894年在檀香山成立兴中会、举起反清革命的旗帜起,就开始了他们的宣传活动。但在最初的几年里,孙中山等革命党人并没有重视报刊这一重要的宣传武器,直至1900

① 梁启超:《论小说与群治之关系》,载《新小说》创刊号,1902年11月。

年后才开始创办自己的机关报,进行民主革命的宣传与鼓动工作。

《中国日报》是中国最早宣传资产阶级民主革命的报纸,1900 年 1 月 5 日在香港创刊,由兴中会创办(图 5.2)。由于港英当局禁止孙中山入境,因而该报的具体筹备工作由孙中山委派的陈少白主持。陈少白(1869—1934),原名闻韶,广东新会人,1899 年冬奉孙中山之命、用“服部次郎”的日文化名潜回香港创办《中国日报》,并担任第一任社长兼总编辑。《中国日报》的宣传内容,主要是揭露清政府的腐败状况与卖国罪行,介绍英国、法国资产阶级革命的历史和资产阶级民权思想,鼓动人民起来投身反清革命、争取民主自由权利。该报还详尽报道了兴中会在惠州、广州等地发动的武装起义,对义和团的反帝反侵略行动明确表示支持。1902 年革命党人发动的第二次广州起义失败后,广州的保皇派报纸《岭海报》发表文章诬蔑这次起义扰乱社会治安、大逆不道,《中国日报》坚决驳斥这一谬论,同《岭海报》进行了为时月余的论战,为辛亥革命时期资产阶级革命派与改良派论战之嚆矢。中国日报馆同时还出版《中国旬报》,刊登译稿和长篇论说,设有“杂俎”专栏,利用广东民间喜闻乐见的粤讴、南音、班本等文艺体裁讴歌革命、讽刺昏庸腐朽的清朝官吏。“杂俎”专栏在《中国旬报》停刊后移入日报,改名《鼓吹录》,成为中国报纸最早的文艺副刊之一。中国日报馆还是当时革命党人策划、组织和联络武装起义的一个重要活动据点。

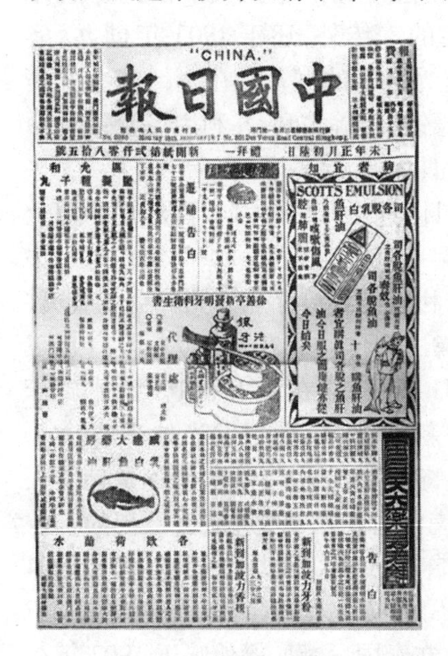
"CHINA."
中國日報
SCOTT'S EMULSION

图 5.2 《中国日报》

继《中国日报》之后,《世界公益报》、《广东日报》、《有所谓报》等革命派报刊先后在香港出版,由郑贯公等创办与主编。《世界公益报》创刊于 1903 年 12 月 29 日。由于言论过分激烈,为该报股东所不容,郑贯公力争无效,乃自行告退,重新集资另创《广东日报》,1904 年 8 月 31 日创刊。1905 年 6 月 4 日,郑贯公又在香港创办《唯一趣报有所谓》，简称《有所谓报》。该报取名“有所谓”，是因为郑贯公等人看到“故国濒危”，决定要“抒救时之策，鸣警世之钟”，再不能“无所谓”了。

在革命派报刊发展初期，留日学生创办的报刊，具有十分重要的地位与作用。这些留日学生报刊，作为革命派报刊的一支重要力量，大力鼓吹民主革命，全面介绍西方社会政治学说，为资产阶级革命推波助澜。1900 年 11 月 1 日，留日学生团体开智会主办的《开智录》在横滨创刊，为中国留日学生创办的第一份刊物，由郑贯公等创办。同年 12 月 6 日，《译书汇编》在东京创刊，杨廷栋等创办，专门译载卢梭的《民约论》、孟德斯鸠的《万法公理》、斯宾塞的《政治哲学》等西方资产阶级学者的名著。1901 年 5 月 10 日，《国民报》在东京创刊，月刊，由秦力山等创办。该刊在第 4 期上发表章太炎撰写的《正仇满论》，驳斥梁启超“保皇扶满”的言论，为革命派从正面批驳保皇派的第一篇文章。1903 年前后，随着留日学生人数的日益增多，留日学生办报活动进入高潮时期，出现了一大批以同乡会名义出版的报刊。1902 年 12 月 14 日，湖南留日学生会主办的《游学译编》月刊在东京创刊，杨毓麟主编，为第一个以留日学生同乡会名义创办的刊物。1903 年 1 月 29 日，湖北留日学生会主办的《湖北学生界》月刊在东京创刊，自第 5 期起改名为《汉声》。2 月 13 日，直隶留日学生会主办的《直说》月刊在东京创刊。2 月 17 日，浙江留日学生会主办的《浙江潮》月刊在东京创刊，鲁迅的第一篇小说《斯巴达之魂》即在该刊上发表。4 月 27 日，江苏旅日学生会主办的《江苏》月刊在东京创刊。该刊自第 3 期起就不用光绪年号而改用黄帝纪元，曾发表孙中山的来稿《支那保全分割合论》。

1905 年，随着中国革命形势的日益高涨，以孙中山领导的兴中会和华兴会、光复会等其他革命组织决定联合起来，共举革命大业。8 月 20 日，中国资产阶级革命派的联合组织——中国同盟会在日本东京举行成立大会。中国同盟会决定将 6 月 3 日在东京由各省留日学生联合创办的《二十世纪之支那》改组为自己的机关报。但是，由于该报第 2 期发表揭露日本侵华野心的《日本政客之经营中国谈》一文而被日本政府勒令停刊，中国同盟会不得不另办《民报》以作为自己的机关报，于 1905 年 11 月 26 日在日本东京创刊。《民报》是一份大型时事性政论月刊，主编先后为胡汉民（第 1 至 5 期）、章太炎（第 6 至 18 期、第 23 至 24 期）、陶成章（第 19 至 22 期）、汪精卫（在东京秘密编发的第 25、26 期）。孙中山亲自为《民报》撰写《发刊辞》，第一次将其革命主张概括为民族主义、民权主义和民生主义,后被简称为"三民主义",以作为《民报》的办刊宗旨。据此,《民报》的宣传内容主要有以下三个方面:一是宣传以排满为中心的民族主义,二是宣传以建立共和政体为中心的民权主义,三是宣传以土地国有、平均地权为中心的民生主义。

《民报》创刊后,清醒地认识到自己担负着一项重大的历史使命,即清除保皇派的思想影响,扫除革命发展的障碍。因此,《民报》一创刊,就以"主帅"的身份,同当时影响最大的保皇派报刊《新民丛报》展开论战。在《民报》创刊号上,汪精卫的《民族的国民》、陈天华的《论中国宜改创民主政体》和朱执信的《论满洲虽欲立宪而不能》3 篇文章,指名道姓地批判君主立宪的主张。1906 年春,《新民丛报》将其旨在反对民主革命、鼓吹君主立宪的《开明专制论》、《申论种族革命与政治革命之得失》等文章,汇编成《中国存亡一大问题》的小册子,广为散发。对此,《民报》第 3 期以《号外》的形式公布胡汉民撰写的《〈民报〉与〈新民丛报〉辩驳之纲领》,将《民报》与《新民丛报》的重大分歧问题归纳为 12 条,并连载汪精卫撰写的长篇政论《希望满洲立宪者曷听诸——附驳〈新民丛报〉》,将论战的矛头直指《新民丛报》。自第 7 期起,章太炎接编《民报》并充当大论战的主将,先后发表了《革命之道德》、《箴新党论》、《中华民国解》、《排满平议》等 13 篇论文和多篇杂文。这场大论战的主题,一是要不要进行民族革命、推翻满清统治,二是要不要进行民权革命、建立共和政体,三是要不要实行土地国有、平均地权,四是革命会不会引起帝国主义干涉、使中国招致瓜分之祸。这场大论战,持续到 1907 年冬《新民丛报》停刊止,为时一年半,以《民报》的大获全胜而告终,不仅使资产阶级民主革命思想得到广泛传播,孙中山的三民主义逐渐深入人心,而且还为辛亥革命作了组织上的准备,许多原来支持保皇派的人士转变了立场,纷纷退出保皇会,加入同盟会。

《民报》的宣传活动,受到国内外同盟会员和同情革命的知识分子的热烈欢迎,同时也受到清朝政府的忌恨与日本政府的关注。1908 年 10 月,《民报》第 24 期因发表汤增璧撰写的论文《革命之心理》而被日本政府以"扰乱秩序"、"破坏治安"为由下令禁售,并对《民报》及其主编章太炎提出起诉。12 月 12 日,日本法院作出章太炎及《民报》有罪并罚款的判决,迫使《民报》休刊。之后,《民报》在东京秘密编发过两期后于 1910 年 2 月终刊。

《民报》的出版,标志着中国同盟会成立后资产阶级革命派报刊进入了大发展的新阶段。除《民报》外，这一时期在日本创办的革命派报刊还有李叔同等人主办的《醒狮》、柳亚子等人主办的《复报》以及一大批各地留日学生同乡会主办的报刊。这一时期革命派人士在海外其他地区出版的革命报刊还有：在新加坡出版的《图南日报》、《中兴日报》、《星洲晨报》和《南侨日报》，在槟榔屿出版的《槟城日报》和《光华日报》，在吉隆坡出版的《吉隆坡日报》和《四州日报》，在印尼出版的《泗滨日报》、《民铎报》、《苏门答腊报》和《华报铎》，在西贡出版的《美南日报》、《湄南日报》、《华暹日报》和《同侨报》，在仰光出版的《光华报》、《进化报》和《全缅公报》，在马尼拉出版的《公理报》，在檀香山出版的《民生日报》、《自由新报》和《启智报》，在旧金山出版的《大同日报》和《少年中国晨报》，在温哥华出版的《华美日报》、《大汉报》，在秘鲁出版的《民醒日报》，在墨尔本出版的《警东日报》，在悉尼出版的《民国报》等等。

第六章

自由新闻体制从确立到扭曲与民族报业的职业化走向

第一节　自由新闻体制的确立与屡遭扭曲

一、中华民国的创建与自由新闻体制的确立

1911年10月10日(清宣统三年辛亥八月十九日),武昌新军率先发动起义,打响了辛亥革命的第一枪。两个月后,全国24个省(或地区)中有14个省起而响应并宣告独立。1912年1月1日,中华民国临时政府在南京成立,孙中山就任临时大总统。

辛亥革命爆发后,取得胜利的革命党人立即在其所控制的地区,按照言论出版自由的理念,创建自由新闻体制。11月9日,中华民国湖北军政府颁布《鄂州约法》,其中明确规定:“人民自由言论著作刊行并集会结社”,只有在“有认为增进公益,维持公安之必要,或非常紧急必要时得以法律限制之”①。中华民国南京临时政府成立后,革命党人进一步通过立法手段保障人民的言论出版自由权利,建立起与西方先进国家接轨的自由新闻体制。一是将言论出版自由的原则载入国家的根本大法之中。1912年3月11日颁行的《中华民国临时约法》庄严宣告:“人民有言论、著作、刊行及集会、结社之自由。”(第2章第6条第4款)这一自由权利只有在“有认为增进公益、维持治安,或非常紧急必要时,得以法律限制之”。(第2章第15条)此外,南京临时政府还颁

---

① 引自陈旭麓编:《宋教仁集》上册,中华书局1981年版,第350页。

发了一些有利于新闻事业发展的新法律、法令，如有关核减新闻邮电费的法令等。二是废止亡清限制言论出版自由的旧法规。1912年3月4日，南京临时政府内务部通电全国新闻界知照："查满清行用之报律，军兴以来，未经民国政府明白宣示，自无继续之效力。"①至于前清的《著作权章程》，因其没有同民国国体相抵触的内容，南京临时政府内务部决定在未颁行新的著作权法前暂时援用。南京临时政府制定的宪法性文件《中华民国临时约法》以及其他法律、法令的颁行，确立了以言论出版自由为本的新闻法制原则，标志着自由新闻体制在中国的建成。这一自由新闻体制，与封建文化专制制度是完全对立的，对于强化言论出版自由等资产阶级民主观念，促进中国资产阶级新闻事业的发展，具有不可忽视的进步意义。

对于这一新创建的自由新闻体制，以孙中山为代表的新政府领导人在实际行动中也予以高度的尊重与关注。中华民国临时大总统孙中山始终自居为国民公仆，恪守言论出版自由原则，认真接受报纸和舆论的监督，平易近人地接受记者的采访，并经常参加报界的会议，热情鼓励报刊在共和建设中发挥舆论监督与指导作用。独立各省新政权的领导人，尤其是原革命党人掌握政权的地区，也大体上实行言论出版自由的政策，对报刊出版持鼓励态度。老同盟会员陈其美任沪军都督期间，十分尊重当地的报刊出版工作，优礼报馆与报人，在有关呈文的批示中多次表示欢迎报纸对军政府的"箴规"，"庶足以保言论自由，俾为政者得闻其失"②。对上海某些报纸有关都督府的一些明显失实的报道，也未多加指责，只是平和地函请更正。都督府还经常邀请各报开会座谈，"共同讨论，商榷政策之进行"③。江西军政府及其都督李烈钧也很尊重报界，曾聘请当地革命报纸的主笔任顾问，支持设立"报界俱乐部"，定期与报界接触沟通。即使在一些由立宪派分子和旧官僚掌权的地区，也不得不在原则上尊重新闻界。如大汉四川军政府，在所颁《独立协定》中规定："巡警不得干涉报馆。"四川都督府政务处每次开会时，还在旁听席上用红布围成一个女记者室，以便于女记者旁听采访。省内外往来电报，可以发表

---

① 引自《内务部颁布暂行报律电文》，载复旦大学新闻系新闻史教研室编：《中国新闻史文集》，上海人民出版社1987年版，第88页。

② 引自《民立报》，1911年12月11日。

③ 引自《申报》，1912年6月14日。

的,也都油印得清清楚楚,分送报馆。

为了恪守言论出版自由的原则,孙中山领导的南京临时政府还理智地解决了因《中华民国暂行报律》的颁布而引发的一场风波。1912年3月2日,南京临时政府内务部发布《中华民国暂行报律》,同新闻界约法三章:"(一)新闻杂志已出版及今后出版者,其发行及编辑人姓名,须向本部呈明注册,或就近地方高级官厅呈明,咨部注册。兹定自令到之日起,截至阴历四月初一日止,在此限期内,其已出版之新闻杂志各社,须将本社发行及编辑员姓名呈明注册,否则不准其发行。(二)流言煽惑,关于共和国体有破坏弊害者,除停止其出版外,其发行人、编辑人并坐以应得之罪。(三)调查失实,污毁个人名誉者,被污毁人得要求其更正。要求更正而不履行时,经被污毁人提出诉讼时,得酌量科罚。"

但是,《暂行报律》的电文一发布,立即遭到新闻界的一致反对。3月6日,中国报界俱进会和上海《申报》、《新闻报》、《时报》、《时事新报》、《神州日报》、《民立报》、《天铎报》、《大共和日报》、《启民爱国报》、《民报》等报纸联名致电孙中山并通电全国各地,反对《暂行报律》的颁行。3月7日,章太炎撰写的《却还内务部所定报律议》一文在上海《大共和日报》上作为社论发表,对《暂行报律》三条逐一加以批驳,攻击南京临时政府"钳制舆论"、"欲蹈恶政府之覆辙",还提出"民主国本无报律"的观点,否定新闻立法的必要性,"观美法诸国,对于杂志新闻,只以条件从事,无所谓报律者。亡清诸吏,自知秕政宏多,遭人指摘,汲汲施行报律,以为壅遏舆论之阶"。同日,上海各报均破例予以转载。对此,孙中山持明智的态度,虚怀若谷地接受了新闻界的反对意见,3月6日复电明确表态:"民国一切法律,须经参议院议决发布,乃生效力。此次内务部所布暂行报律三章,未经参议院决议,应作无效。"3月9日,孙中山正式发布《大总统令内务部取消暂行报律文》。

从孙中山的上述文电中,我们可以清楚地看到孙中山对言论出版自由的基本认识和对《暂行报律》的基本态度。首先,言论出版自由是至高无上的原则。清末中国人民追求自由、民主的心路历程,先是效法英国,接着是效法日本,最后是效法美国。孙中山等资产阶级革命党人以美国为师,在民主自由权利方面赋予国民以较大的自由度。因此,制定报律的行为,与以孙中山为代表的资产阶级革命派的基本理念是相违背的。其次,法律的创制须慎重与合乎程序,孙中山在担任临时大总统期间曾多次阐释过这一观点。1912 年 3 月 3 日,孙中山在咨复参议院弹劾吕志伊违法文中说:“惟查法律最重方式,苟方式一有不备,即不能发生效力。”①《暂行报律》既然未经参议院议决,当然没有法律效力。第三,内务部制订《暂行报律》的本意并非如新闻界所说的那样是为了压制言论出版自由,而是出于“补偏救弊之苦心”。因此,由《暂行报律》引发的一场风波,积极的一面是加深了人们对言论出版自由权利不得滥用法律加以限制的认识,但消极的一面则是放弃了革命政权对新闻事业的必要的管理与约束,为敌对政治力量利用报刊破坏革命提供了方便。

二、袁世凯及各派北洋军阀对自由新闻体制的扭曲

中华民国成立后不久,中国封建买办势力的总代表袁世凯利用革命形势给清王朝的强大压力和手中的军政大权,以逼迫清帝退位为筹码,为自己谋得了临时大总统的职权,并在北京建立起代表封建地主和买办资产阶级利益的中央政府。袁世凯死后,北洋各派军阀在不同的帝国主义的支持下,先后控制北京政府,继续实行封建军阀独裁统治。对于近代新闻事业,特别是对于一个高度自由的新闻界,袁世凯及其继任者出于其封建地主阶级的本质,无不怀有忌恨之心,并运用政权的力量和法律的手段,对孙中山确立的自由新闻体制进行扭曲与破坏,使其有其名而无其实。

在袁世凯上台之初,由于民主共和思想和言论出版自由理念的深入人心,新闻界十分活跃,“有冠皇帝大限告终,无冠皇帝炙手可热”。刚刚平息的《中华民国暂行报律》之争,不仅反映了当时新闻界的强烈意愿,还显示了新闻界的强大力量。鉴此,袁世凯不得不故作尊重新闻自由的姿态,甚至推出一些保护新闻自由的举措,如在国务院特设新闻记者接待室、每天由国务院秘书长亲自出面接待等。但是,在袁世凯的统治地位稍稍巩固后,他就开始以总统、中央政府及其组成部门、各级地方政府的名义发布具有法律效力的命令,以钳制舆论、阻碍报业发展。1913 年 3 月 11 日,即袁世凯刺杀宋教仁事件发生前夕,京师警察

① 引自《孙中山全集》第二卷,中华书局 1982 年版,第 169 页。

厅向各报转发了北洋政府陆军部、内务部的命令,以防止泄露外交、军事机密为借口,宣告自即日起由陆军部派员对各报拟刊载的新闻稿实行预检,违者军法从事。5月1日,袁世凯发布总统令,规定:凡罪案未经审讯前,报纸不得刊载。同月,内务部通令各地报刊不得使用“万恶政府”、“政府杀人”、“民贼独夫”等字样,违者从严取缔。6月17日,内务部又两次通令全国各报,不得就“宋案”和善后大借款事进行“谩骂”与“泄露机密”,否则按“报律”议惩,公然将已废止的亡清《钦定报律》重新搬回民国报坛。从此,报馆、报人被警告训斥、传讯罚款、搜查封禁、直至被捕被杀的事件接连不断,日甚一日。7月12日孙中山领导的“二次革命”爆发后,袁世凯政府颁发的新闻禁令更是一个接着一个,并要求全国所有的报刊重新登记注册。“二次革命”失败后,袁世凯政府把国民党诬指为“乱党”,凡国民党系统的报刊一律被扣上“乱党报纸”的罪名而遭查封。

进入1914年后,随着袁世凯统治地位的巩固与加强,袁世凯政府开始制订与颁行对新闻界实施全面管制的专门法律。4月2日,《报纸条例》(教令第四十三号)颁行,不仅把《大清报律》对报刊的禁限条款悉数照抄,还从1909年颁布的日本《新闻纸条例》等外国报律中搬来了许多新的禁限措施。根据这一《条例》,报纸的创办实行批准兼保证金制,并规定包括“学校学生”在内的六种人不得申办报纸。《报纸条例》还规定了8条禁载事项:“一、淆乱政体者;二、妨害治安者;三、败坏风俗者;四、外交、军事之秘密及其他政务,经该管官署禁止登载者;五、预审未经公判之案件及诉讼之禁止旁听者;六、国会及其他官署会议,按照法令禁止旁听者;七、煽动、曲庇、赞赏、救护犯罪人、刑事被告人,或陷害刑事被告人者;八、攻讦个人阴私损害其名誉者。”

12月5日,《出版法》(法律第十八号)颁行,不仅把《报纸条例》中的限禁规定推而广之到所有的文字、图画等各类出版物,而且在报刊的创办及其条件方面更为苛刻。《出版法》明确规定,所有出版物“应于发行或散布前,禀报该管警察官署”。由于“禀报”一词语义含糊,因而许多地方在执行过程中对“禀报”一词的含义擅自增益,逐渐演变为出版前的预检制度。该法还给予警察部门必要时没收出版物的权力,禁止违犯《出版法》的境外出版物入境出售或散布。之后,袁世凯政府根据《报纸条例》的执行情况以及《出版法》等有关法律的规定,将《报纸条例》修改为《修正报纸条例》,于1915年7月10日以大总统的名义公布施行。

同年，袁世凯政府还颁布了《新闻电报章程》、《电信条例》、《著作权法》、《著作权法注册程序及规费施行细则》等与新闻传播活动相关的法律、法令。此外，袁世凯政府颁布的含有钳制新闻事业条款的法律、法令还有《治安警察条例》、《陆军刑事条例》等。为了给新闻立法提供宪法上的依据，袁世凯政府还在1914年3、4月间匆匆组织"约法会议"制订新的宪法性文件《中华民国约法》，于5月1日公布施行，同时宣告废止《中华民国临时约法》。根据《中华民国约法》第二章第五条第四款的规定："人民于法律范围内，有言论、著作、刊行，及集会、结社之自由。"这一规定，改变了《临时约法》规定的只有在增进公益、维持治安或非常紧急必要等特殊情况下方可对言论出版自由权利予以法律限制的基本精神，使人民的言论出版自由权利在任何情况下均可予以法律限制。

1916年6月6日袁世凯死后，鉴于反袁护国运动的胜利和拥护共和民主的政治声威，刚继任总统的黎元洪在上台之初不得不宣布恢复《中华民国临时约法》、恢复国会，废止袁世凯统治时期颁布的包括《修正报纸条例》在内的一切钳制言论出版自由的法律、法令。但是，这些应景表演只维持了几个月即戛然中止。之后，袁世凯的所有继任者都转而效法袁世凯的故伎，通过法律手段继续扭曲自由新闻体制，钳制和迫害进步报业。

一是袭用袁世凯统治时期颁行的有关新闻事业的法律、法令。袁世凯统治时期颁布的《出版法》未被废止，不仅成为北洋军阀政府钳制与迫害进步报刊与报人的主要法律依据，甚至还被帝国主义租界当局用作镇压租界内中国人民反帝宣传活动的工具。袁世凯统治时期颁行的《戒严法》、《治安警察条例》、《陆军刑事条例》等也一体沿用，被各地军警滥用为迫害报业与报人的法律根据。例如，据《陆军刑律》规定，凡"意图使军队暴动而煽惑之者"，即使非陆军军人，在战时也一律适用该《刑律》，可被处以死刑。

二是继续颁布钳制报业的新法规，如1916年9月内务部颁布的《检阅报纸现行办法》等。1918年间，北洋军阀政府还企图出台《报纸法》，于是年10月将《报纸法案》咨送国会取决。由于这一《法案》与袁世凯时期的《报纸条例》如出一辙，遭到了新闻界内外的一致强烈反对，众议院不敢贸然通过，因而议决将《报纸法案》转交法制股审查了事,挫败了这起严重危害新闻自由的阴谋。1919 年 10 月 25 日,内务部颁布《管理印刷营业规则》,实行印刷业许可证制度,一切不利于北洋军阀统治的新闻出版物将被扼杀于"产房"之内。1925 年 4 月 1 日,京师警察厅颁布《管理新闻营业条例》,推出取保制度,规定在首都地区"发行报纸、杂志或办理通信社者,均须于呈报时,取具五等捐以上铺保两家,以资负责"。此外,1917 年 5 月 26 日,北洋军阀政府宣布恢复邮电检查。1918 年 8 月,北洋军阀政府设立"新闻检查局"。1919 年五四运动后,北洋军阀政府发布《查禁俄过激派印刷物函》,以防范共产主义在中国的传播。

综上所述,经袁世凯及其继任者百般扭曲的民初新闻法律制度,其特点有三。

一是在形式上采用自由新闻体制。民国成立后,在形式上采用资产阶级民主共和政体,原则承认"主权在民"。据此,民国成立后的新闻法律制度也以言论出版自由为本,在形式上采取与西方资本主义国家相同的自由新闻体制。以袁世凯为代表的封建军阀上台后,由于其统治地位极为虚弱,自己又无政治理念,因而不可能公然抛弃自由新闻体制的形式。

二是带有浓重的半封建半殖民地色彩。无论在立法上,还是在司法上,民国后建立的新法制仍然带有十分严重的封建时代的旧痕迹。例如司法机构,虽然原则上仿效资产阶级国家的形式,但地方审判厅大多未建立,实际上仍由地方行政机关兼理司法。在诉讼过程中,刑讯、体罚手段仍被袭用。1914 年间,袁世凯政府颁布《徒刑改遣条例》、《易笞条例》两个法令,公开恢复流、遣、笞等封建时代的刑罚手段。至于半殖民地的色彩,则集中表现为帝国主义在中国建立的租界制度未被废止,"治外法权"原则未被废止,帝国主义列强强加给中国的一系列不平等条约未被废止。而且,历届北洋军阀政府还不断出卖新的民族权益,颁布过一系列维护列强在司法上享有特权的法令,如 1913 年 3 月颁布的《司法部酌定华洋诉讼办法》、1918 年 8 月颁布的《法律适用条例》、1919 年 5 月颁布的《审理无约(即无领事裁判权)国人民民刑诉讼章程》、1920 年呈准的《审理无领事裁判权国人民重罪案件分别处刑办法文》等,以换取帝国主义列强的支持,维持他们的政治统治。

三是滥用军法,唯军阀意志是从。辛亥革命后,地方政权大都为旧封建军阀所窃据。这些旧军人毫无民主观念，横行霸道，鱼肉百姓。袁世凯政府颁布的《戒严法》等法律，还为北洋军阀滥用军法大开方便之门。由于北洋政府统治时期各派军阀混战不休，几乎常年处于战争或戒严时期，因而军事审判在实际上已取代了普通的司法审判。凡反对军阀统治的，将被交付军事法庭审判，依据军法治罪。所谓的普通法院，只不过是军事审判的一种补充手段。

第二节　民族报业的职业化走向

一、政治性报刊的由盛转衰

中华民国成立后，自由新闻体制的确立以及屡遭扭曲，对中国新闻事业的发展产生了极为重要的影响。自由新闻体制的确立，对民国初年新闻事业的发展是一个极大的推动力，报业出现了前所未有的大发展局面。以袁世凯为代表的中国封建势力上台后，袁世凯及其继任者对自由新闻体制的扭曲以及对新闻事业的摧残，迫使由政党等各种政治势力主办的政治性报刊由盛转衰，并结束了中国历史上的政党报刊时代。

民国成立甫始，随着自由新闻体制的确立，民族报业在顷刻之间呈现出前所未有的繁荣景象，有人把武昌起义后的半年称为"报界的黄金时代"。据戈公振的《中国报学史》记录，在武昌起义后的半年内，全国的报纸由100多家猛增至500家，总销数达到4 200万份。这两个数字，都超过了历史最高纪录。报纸的急剧增加，反映了在社会大变动期间人们对新闻的渴求。有的报纸为了抢时间，多发稿，还增出午刊、晚刊，有的接电报后立即印发号外。北京是当时的政治文化中心，报纸发展的势头最猛，因而新创办的报纸也为数最多，达50家之多。除北京外，新创办报纸较多的城市或省份还有：上海（40多家）、天津（35家）、广州（30家）、浙江（20多家）、四川（20多家）、湖南（11家）、武汉（9家）。另据1912年北京政府内务部报告，自2月12日清帝宣布退位到10月22日的8个月内，在内务部注册立案的北京报纸有89家。

这些报刊，绝大多数是政党等各种政治力量主办的政治性报刊。

民国成立后,在“政党政治”潮流的影响下,短时间内全国出现了大大小小300多个政党。这些政党,为了在国会中争取更多的席位,无不竞相创办报刊以作为自己的宣传工具。至第一届国会选举之前,政党等各种政治力量主办的政治性报刊,经过分化整合,基本上形成了“同盟会—国民党”与“共和党—进步党”两大系统。“同盟会—国民党”系统的报纸为数最多,遍布于上海、南京、北京、天津、武汉、广州、长沙等大城市。在上海,除原有的《民立报》、《天铎报》、英文《大陆报》外,新创办的还有《太平洋报》、英文《民国西报》、《中华民报》、《民国新闻》、《国民》、《民强报》等。在北京,除原有的《国风日报》继续出版外,新创办的有《亚东新报》等。在天津,新创办的有《民意报》、《国风报》等。在武汉,除《大汉报》和《中华民国公报》(图6.1)外,武昌起义前被查封的《大江报》恢复出版,新创刊的报纸有《震旦日报》、《春秋报》、《民心报》和《民国日报》等。在长沙,有《长沙日报》和《国民日报》。在广州,有《中国日报》、《中原报》、《平民日报》、《民生报》等。《中国日报》在辛亥革命胜利后由香港迁至广州出版,受广东都督府的巨额津贴,为广州最有影响的报纸。“共和党—进步党”系统的报刊,除武昌起义前已出版的《国民公报》、《时报》和《时事新报》等原立宪派报纸外,大多数是民国成立以后创办的,如北京的《天民报》、《北京时报》、《新纪元》、《京津时报》和《少年中国》周刊等,天津的《庸言》杂志等,上海的《大共和日报》、《民声日报》和《东大陆报》等,武汉的《共和民报》、《强国报》、《国民新报》等,长沙的《湖南公报》等,成都的《共和日报》、《日日新闻》、《公论日报》、《四川正报》等。此外,一些较小的政党、政治团体以及个人也办起了不少报刊。例如,自由党在上海创办的《民权报》,由戴季陶、何海鸣主编,以言论激烈闻名于世,提出“以暴易暴,惨无人道,欲真共和,重在改造”和“报馆不封门,不是好报馆;主笔不入狱,不是好主笔”等激进主义的口号。该报与《中华民报》

中華民國公報

中華民國軍政府大總統孫

賞格

中華民國軍政府鄂軍都督黎　爲

图6.1 《中华民国公报》

和《民国新闻》一起，被人们誉为“横三民”报。

各政党主办的政治性报刊，无不站在自己政党的立场上讲话，常常引发论争。特别是“同盟会—国民党”与“共和党—进步党”两大政党系统的报刊，对国内外一切事务的主张，无不针锋相对、互相攻击。他们之所以不惜工本大量办报，无非是为了壮自己的声威，在议会和政府中争得更多的席位和更大的权力。除了对政治问题的争论外，两党报刊还互揭老底，我骂你是“贼党”、你骂我是“贼报”，甚至发展到殴打报人、捣毁报馆。在北京，《国民公报》因攻击南京临时政府，同盟会方面的《国光新闻》等7家报纸的工作人员数十人便前去捣毁报馆，打伤了该报主笔徐佛苏和蓝公武。在长沙，国民党的《长沙日报》和共和党的《湖南公报》互相敌视，两报记者出入时均备有手枪一支以防不测。上海的国民党系统报纸派遣记者去北京采访时，也发给武器以作自卫乃至在必要时用来自杀。在同一政党报纸之间，也经常出现争论。例如，被视为同盟会机关报的《民立报》，就曾经公开反对过孙中山建都南京和举办汉冶萍抵押贷款的主张。即使在同一张报纸上，对一些重大问题上的意见也常常前后不一致。《民立报》于1911年11月2日曾发表《驳议和论》一文，反对南北议和；既而又毁版重排，另发一篇《檄文中之檄文》，支持议和。两种版本的报纸都流入社会，暴露了报社内部的意见分歧，也损害了同盟会的声誉。这些报刊还无不以“舆论之母”、“舆论的代表”、“四万万民众共有之言论机关”自居，认为“报馆与国务院、总统府平等对待，其性质与参议院均同为监督公仆之机关”，新闻记者是“不冠之皇帝，不开庭之最高法官”，“共和国之最高势力在舆论”。

袁世凯上台后，在扭曲与破坏孙中山建立起来的自由新闻体制的同时，对一批民主革命立场坚定的政党报刊以及其他政治性报刊进行大肆迫害与摧残。1912年6月，袁世凯指使内务部总长赵秉钧出面，派出军警200余人，包围、打砸北京《中央新闻》，绑走该报经理、主笔等工作人员11人。8月，袁世凯政府通过法国驻华公使，指令天津租界当局，将《民意报》逐出租界。上行下效，各地反动势力也开始对革命、进步报刊进行迫害与摧残。8月8日，黎元洪下令查封武汉《大江报》，罪名是“乱党秘密机关”，后又逮捕并以“言论专取无政府主义”为罪名亲自下令杀害该报编辑凌大同。之后，黎元洪又在不到半年的时间里，捏造罪名查封《民心报》、《民听报》、《帝民报》、《群报》、《民哭报》、《民言年报》等革命报纸。在湖南,长沙《大汉民报》因对军队有所批评,被旧军官派兵捣毁;《岳阳日报》因对当地筹饷局“不论贫富,值十抽一”的规定表示了一点异议而被当局查封,主笔被捕。在福建,福州《民心日报》、《群报》因消息中揭载了当地官吏的不法行为和发表同情民军的言论而被强行查封,《民心日报》发行人受通缉,《群报》总编辑被杖责后收押,两名记者遭暗杀。在四川,仅仅在1912年一年内,就有《四川公报》、《中华国民报》、《蜀报》、《蜀醒报》等拥护共和的报纸被当地军阀查封或被军人捣毁,《蜀报》记者朱山竟以“企图炮轰都督府”的莫须有罪名而被斩首。北京的《国风日报》、天津的《新春秋报》和《民意报》、汉口的《震旦民报》等一大批国民党系统的报纸遭封禁。

7月12日孙中山领导的“二次革命”失败后,袁世凯政府更是借军事胜利之淫威,把国民党诬指为“乱党”,大规模地摧残国民党系统的报刊以及其他异己报刊。凡国民党系统的报刊,一律被扣上“乱党报纸”的罪名而遭查封。据此,仅广州一地,军阀龙济光一次就查封了《中国日报》、《平民报》、《中原报》、《民生报》、《讨袁报》、《觉魂报》6家反袁报纸。上海的《民立报》、《民权报》、《民强报》等因在租界出版,袁世凯政府无权直接查封,但由内务部明令各地“禁止售卖”,使这些报纸的发行受到严重影响,印数骤然下降,因经济上难以维持而被迫停刊。《中华民报》则因总编辑邓家彦被袁世凯政府咨请租界当局逮捕、判刑而停刊。福州的《福建民报》、《群报》、《共和报》等被封,主笔被捕,也是北京国务院下的命令。一些本来拥袁的报纸也被殃及。广州一向“拥护中央”的《粤声报》、《民治报》、《公论报》等被查封,原因只是怀疑它们与国民党的粤军和民军有关联。北京《超然报》本系军阀江朝宗津贴的报纸,因刊登《顺天府中之黑幕》一则消息,被赵秉钧指为“诋毁军人名誉”而被查封。政治上相当保守的北京《正宗爱国报》,因一个编辑写的时评中有“军人为国家卖命,非为个人卖命。若为个人,可谋生之处甚多,何必从军”等语,就被扣上“迹近通匪,煽惑军心”的罪名而被查封,该报社长丁宝臣被枪杀。据统计,到1913年底,全国继续出版的报纸只剩下139家,较之民国元年的500家锐减300多家,北京的上百家报纸也只剩下20余家,史称“癸丑报灾”。

1916年6月6日袁世凯去世、黎元洪继任大总统后,一度下令废止袁世凯统治时期钳制言论出版自由的一切禁令,如6月17日中央政府令各省取消报纸保证金、6月21日中央政府通饬停止函件检查、7月

6 日和 8 日内务部先后两次通咨各省区“现在时局正宜宣达民意、提携舆论”等，并宣布被袁世凯政府查禁的报刊“应即准予解禁”、“一律自可行销”。因此，上海一地有《时事新报》、《民国日报》、《中华新报》、《民信日报》、《共和日报》、《民意报》等 20 多种曾被禁邮或查封的报刊恢复出版和邮发，北京等地被捕的报人纷纷获释，使政治性报刊出现了复苏的局面。但是，这一复苏局面为时甚短，未能挽回政治性报刊由盛转衰之势。

二、商业性报刊的空前发展

袁世凯及北洋军阀政府实行的严酷的新闻统制，将中国民族报业兴起后叱咤风云十数年的政治性报刊摧残殆尽。但是，由于袁世凯及北洋军阀政府并未大办官报以垄断报业市场，因而政治性报刊由盛转衰，却给商业性报刊等职业报人主办的报刊赢得了更大的发展空间，一直在默默发展的商业性报刊在报坛上的地位急剧上升，使民族报业的发展出现了职业化的走向。而且，这一时期，正值第一次世界大战期间西方帝国主义列强无暇东顾、中国民族资本主义经济得到前所未有的发展之时，为民族资产阶级主办的商业性报刊的空前发展提供了良好的经济基础。

在此背景下，民族资产阶级主办的商业性报纸通过实行企业化经营的方针等手段，增强了经济实力和市场竞争力，在报业市场的竞争中取得了龙头地位。上海是全国金融的中心，再加上租界的特殊环境，《申报》、《新闻报》等资产阶级商业性大报先行一步，率先实行企业化经营方针，朝着现代企业化报业的方向发展。

1912 年史量才接办《申报》后，提出“经济独立”、“无偏无党”的办报方针，抵制袁世凯等政治势力对报纸的收买，摆脱一切政治集团或政治人物对报纸的影响。在史量才接办初期，该报发行量只有 7 000 多份，到 1922 年创刊 50 周年时，已发展成为平均日销 5 万份的大报。在企业化方面，《申报》主要采取了以下措施。

一是大力开展广告业务。该报聘请张竹平任经理，设立以招揽广告为业务的广告推销科，派出外勤四处招揽广告，向中外工商企业宣传广告对于促进商品销售的作用。当时国内还没有专业广告公司，《申报》则聘用了广告设计人员，改进广告设计，按照商品的性质与客户的意向和要求,代客户绘制广告图样,撰写文字说明,使许多公司、工厂、商店和洋行都乐意在《申报》刊登广告,以扩大自己的商品在市场上的销路。《申报》还制定了广告章程及条例,对广告的刊登方法、程序、规格、价格、折扣及更正方法等作了明文规定,并根据不同发展阶段进行修正与补充,使整个广告经营有章可循。因此,《申报》的广告与日俱增,成为报纸盈利的首要来源。广告占报纸版面的面积逐渐由十分之五、六增为十分之六、七,超过了新闻报道的版面,报纸也由日出对开3大张半扩大为4大张半乃至5大张。为此,《申报》又进一步重视广告版面的拓展,开辟"中缝广告"、在评论版上端开辟"紧要告白"、在每版沿边上下另开狭长地位以作为"特别广告"等。分类广告的刊载,是《申报》对于广告服务功能的一种实践。1923年左右,《申报》特地开了分类广告一栏。1924年2月8日,《申报》创办《本埠增刊》以刊载分类广告。分类广告的内容包括出卖、收买、启事、出租、租屋、聘请、征求、待聘、喜庆、地产、房产、教育、医药、寻访等。

二是加强报纸发行。该报抓紧报纸发行这一环节,设立报纸推广科,除了发展本埠订户外,还设法扩展外埠订户,凡火车、汽车和轮船能当天到达的上海邻近地区,都通过邮局尽量当天送达,使长江三角洲地区的读者能尽早看到报纸。远的地方,则通过邮局或代办处发展机关、团体、工厂、商店和个人订户,使发行量不断上升,外埠长期订户最多时达1万户。报纸销数由1917年的2万份增加到1920年的3万份,1922年接近5万份。

三是加强基础建设,不断更新技术设备。该报从长远利益考虑,筹集了70余万两银子,聘请上海第一流的建筑师,设计了一幢五层楼大厦,在汉口路山东路口(今汉口路309号)的一块土地上动工兴建,于1918年建成。申报大楼按报纸工作流程设计建造,是一座编辑业务、营业广告和排字浇铸、照相制版及生活卫生设施一应俱全的现代化新闻大厦,底层还设有印刷厂,在当时的上海以至全国新闻界来说,都是独一无二的。接着,该报又从美国购进两部最新式的印报机,两小时可印完10多万份报纸,添置配套的制铜版机、铸字机、压纸版机、浇铅版机、铜字铜模等机器,还自备汽车,加快送报速度。这一切,使《申报》成为当时全国设备最新、最完备的报纸,并为以后进一步企业化打下了坚实的基础。

《新闻报》在1899年为美国人福开森接办、汪汉溪出任总经理后,加强经营管理,使报纸销量由1914年的2万份增加到1921年的5万份。开初,资金短缺,汪汉溪采取借款购进大量纸张,伺机出售,从中发了一笔大财,并由此摸索出一条加快资金周转的生财之道,即“借款——还债——再借再还”。1922 年,汪汉溪在国内报界率先在报馆内设置无线电收报台,直接抄收外国通讯社电讯,及时译出,用“本报国外专电”电头,抢先刊发,增强竞争能力。在开拓广告、加强发行和更新技术设备方面,《新闻报》的办法与《申报》相同,进口双层轮转印刷机,采用卷筒纸印报,提高报纸质量和印报速度。为扩大发行,该报在全国各地设有分馆、分销处 500 余所,报纸发行量最高达日销 15 万份,成为全国第一家突破 10 万份以上的报纸。《新闻报》的广告发展速度略快于《申报》,广告时时挤占新闻的版面。为了盈利,一些低级趣味、黄色下流的广告也不时充斥版面。

至 20 世纪 20 年代中期,《申报》、《新闻报》已经发展成为不仅是上海最大的两份报纸,而且还是全国最大的两份报纸。之后,在上海出版的《时报》、《时事新报》、《商报》等商业性报纸也无不实行企业化经营方针,为自己在报业市场竞争中获得一席之地。当然,《申报》、《新闻报》等商业性报纸实行企业化经营方针,突出盈利目的,报纸的编辑方针、新闻业务、经营管理等一切均以是否盈利为转移,因而也诚如戈公振所指出的那样“商业色彩渐浓,日渐失去舆论指导精神”,但在经营管理和新闻业务改革方面积累下不少宝贵的经验,并为中国新闻事业的发展指出了一条新的道路。

第三节　新闻报道业务的加强与名记者的出现

一、新闻报道业务的加强

作为民族报业职业化在新闻工作中的一个重要表现,新闻报道业务得到前所未有的加强。新闻报道业务的强弱,成为民国初年各报是否具有市场竞争力的标尺。

新闻事业在本质上是新闻信息沟通与交流的媒介,因此,新闻事业的主要业务应是新闻报道。但是,中国新闻事业由于在中华民族危急存亡关头诞生,因而一直成为各种政治势力讨论社会问题的论坛,使政党报刊成为中国新闻事业的主流。新闻业务以政论为主,并形成了中国报业的政论传统与特色。1912 年 3 月袁世凯上台后,政党报刊以及有政党背景的报刊遭到摧残并走向衰落,中国报业的政论传统由此中断。而由职业报人主办的商业性报纸生怕因言论而贾祸,往往只发表一些不痛不痒、无关大局的短评,甚至取消社论和论说栏目,将主要精力集中在新闻报道上,使新闻报道业务出现了巨大的进步。报纸上消息的比重加大,电讯增多。一些重要的电讯还用大号字排出,并在字旁加圈加点以引起读者的注意。夹叙夹议的新闻通讯这种新的报道体裁开始走向成熟,深受读者欢迎。一些报纸还刊出时事性插画或定期出版图画附张,新闻摄影照片在报纸上也得到越来越多的运用。由于中国工商业在第一次世界大战期间得到较大发展,因而有的报纸特别是商业报纸还加强了对经济新闻的报道。

以上海出版的《申报》为例,为避免在政争迭起的动荡政局中受到牵连而危及营业利润,该报实行不偏不倚、轻言论重新闻的编辑方针。申报馆主史量才在同国内外新闻界人士的接触中,了解到现代报业的趋势是重视报纸的新闻传播,因而强调报纸首先是新闻纸。他看到民国后时局的变化很快,认识到只有迅速、翔实的新闻报道才能跟得上时局的变化和发展,赢得更多的读者。《申报》在对新闻的取舍上主张去芜存菁,强调短而精。1922 年 5 月 2 日,《申报》刊登了一条只有 6 个字的新闻:“溥仪昨剃辫子”。《申报》总主笔陈景韩认为,报纸不能像伙食公司橱窗内陈列的生菜那样,而必须由名菜馆供应熟肴,并且每日应有几条新闻编写得很出色,如菜馆特别为吃客烧的。他主张写新闻要客观,报道要忠实,反对有闻必录,也反对“流水账式”和起居式的写法。陈景韩把新闻采访写作要求归纳为 3 条:一曰确,二曰速,三曰博。这个新闻“三字经”成为当时《申报》记者编辑的守则,一时为报界的记者所仿效。对于重要政治问题,一般采取只作报道少作评论甚至不作评论的作法,用大量北京专电等政治新闻补充言论的不足。为增加报纸的国际新闻报道,《申报》在欧美各国的首都都聘有特约通讯员。此外,该报还开辟《自由谈》副刊,增设《星期增刊》、《常识》等多种专刊、专栏,以加重报纸的知识性、趣味性内容。

在上海出版的另一家商业性大报《新闻报》,在辛亥革命后逐渐改革报纸内容,以报道经济新闻为主,以工商界和普通市民为主要发行对象,着重开拓经济新闻。1922 年将经济新闻栏扩为专版,重金聘请经济专家主持,报道金融、股票、粮食、花纱布等方面的市场消息,兼及国际经济动态,深受工商界人士欢迎。为有充足的经济信息来源,除设专职记者采访外,还在各行各业聘请通讯员,在会审公廨、捕房等处聘请特别报事员,在北京设常驻记者,国内各大城市均建立通讯网,在各国首都也聘请了访事人员,随时向报馆提供信息或直接供稿。报纸还逐日介绍商情、商场动态,经济信息灵通,为工商界所重视。此外,该报还注意适应市民兴趣,扩大社会新闻报道,设有《快活林》等知识性趣味性副刊、专栏多种。

除《申报》、《新闻报》外,1921 年元旦创刊的《商报》,也以经济新闻报道与评论为主,对国内外金融行情详加介绍。同年,《时报》易主,仿效美国大众化报纸,以突出社会新闻、体育新闻和图片新闻取胜。

二、黄远生等名记者的出现

由于各报加强新闻报道,记者以获得独家新闻为能,报纸以发表精彩的通讯报道取胜,新闻竞争日益加剧。因此,各大报不惜重金聘请有才干、有经验的记者常驻北京,以专电的形式独家报道中央的政治新闻。个别大报还派出了驻国外的记者,加强国际新闻的报道。中国新闻事业史上第一批以采写新闻出名的新闻记者在新闻竞争中应运而生。这些名记者大都受过良好的教育,有一定的新闻学修养和办报经验,又有较好的中西学问基础和驾驭文字的能力。

图 6.2　黄远生

其中最为杰出的是黄远生,戈公振先生在《中国报学史》一书中称之为"报界之奇才"(图 6.2)。黄远生(1885—1915),原名基,字远庸,远生是他的笔名,江西九江人。少年勤奋好学,曾在两年内连中秀才、举人、进士三榜而文名大噪。1904 年中进士后,获得"知县即用"资格,但他不愿做官,却东渡日本官费留学,专攻法律。

1909年回国后,清政府任命他为邮传部员外郎兼参议院行走和编译局纂修官,但他不甘心"以极可爱之青年之光阴,而潦倒于京曹",便经常为京、沪报刊撰写国际时事评述。辛亥革命后,黄远生全身心地从事新闻工作,先是创办和主编《少年中国》周刊,后又编辑过梁启超主办的《庸言》杂志,并担任上海《时报》、《申报》、《东方日报》驻北京的特约记者和北京《亚细亚日报》的撰述,还经常为《国民公报》、《论衡》和《东方杂志》撰稿。

在新闻业务上,黄远生以擅长写新闻通讯而著称于世,被誉为中国新闻通讯的奠基人。黄远生的新闻通讯具有以下特点。

一是题材重大,记载翔实。由于他中过进士,留过学,又在前清做过官,得以周旋于民国总统、内阁总理、各部总长和各政党要人之间,对民初政坛十分熟悉,因而他能采访到许多别人采访不到的重大新闻和内幕新闻。他采写的《政界内形记》、《最近之秘密政闻》、《借款里面之秘密》等通讯,披露了袁世凯、唐绍仪、梁士诒、熊希龄等人之间的复杂关系,各政党之间争权夺利的斗争,以及袁政府不惜以领土主权为抵押向六国银行团借款的内幕,既是新闻,又是信史。

二是针砭时弊,为民请命。作为一个正直的新闻记者,黄远生用他那如椽之笔,对袁世凯的黑暗统治和官僚政客痛加针砭。他大胆抨击袁世凯:"故政局之日趋于险恶者,非他人为之,乃袁总统自为之也。""袁总统者,在世界历史上虽不失为中国怪杰之资格,而在吾民国史上终将为亡国之罪魁。"对那些"如盗、如丐、如流氓"的官僚,黄远生斥之为"百鬼昼行,万恶皆聚,如囊阗塞,危亡面前而不为动"的行尸走肉。

三是通俗自然,涉笔成趣。黄远生提倡"以浅近文艺普通四周",因而他的通讯和文章虽然用半文半白的文体写成,却十分浅近,且不拘一格,有的将背景材料置于篇首而娓娓道来,有的先交代结果后逐渐展开,有的则纵横交错、波澜起伏。因此,邹韬奋曾用"流利、畅达、爽快、诚恳、幽默"①来评论他的文风。至于涉笔成趣,是指黄远生具有超强的捕捉各种细节的能力,绘声绘形,嬉笑怒骂,鞭辟入里。如《外交部之厨子》一文,通过对厨子形象的刻画,写出了当时官场的腐朽,生动具体,入木三分。

此外,黄远生还发明了"新闻日记"这种通讯体裁,用日记形式报

① 邹韬奋:《经历》,三联书店1958年版,第19页。

道或评论当日新闻。

黄远生在新闻思想方面也有不少独到的见解。其最著名的是“四能”说，即“脑筋能想，腿脚能奔走，耳能听，手能写”。他说：“调查研究，有种种素养，是谓能想；交游肆应，能深知各方面势力之所存，以时访接，是谓能奔走；闻一知十，闻此知彼，由显达隐，由旁得通，是谓能听；刻画叙述，不溢不漏，尊重彼此之人格，力守绅士之态度，是谓能写。”①黄远生本人正是实践这“四能”的模范，所以他虽然从事新闻工作的时间很短，却能成为名记者。

在政治上，黄远生的基本态度是拥袁反孙的，尽管他曾宣布脱离一切政党而独立，也曾对袁世凯的黑暗统治进行过无情的揭露和批评，但始终得不到国民党人的谅解。袁世凯准备复辟帝制的时候，曾对他进行多方拉拢。他为了摆脱袁的纠缠，于1915年9月避往上海，在报纸上刊登启事表明反对帝制的立场，后又流亡美国。然而，“袁氏必欲用之，而仇袁者必欲杀之”，黄远生到达旧金山后不久被中华革命党美洲支部派刺客暗杀，年仅31岁。黄远生发表过的文章，后人将其编为《远生遗著》行世。

除黄远生外，这一时期负有盛名的新闻记者还有刘少少、徐彬彬、邵飘萍、林白水、胡政之、张季鸾等人。

① 黄远生：《忏悔录》，载《远生遗著》卷一，商务印书馆1920年版。

第七章

通讯社、广播电台及新闻研究与教育事业的发展

第一节　新闻通讯社的发展与趋于成熟

一、外国新闻通讯社在华分支机构的建立

通讯社(News Agency)最早于19世纪二三十年代在欧洲出现,是以电报通讯技术为物质前提,为适应报纸进一步发展的需求,即满足报纸既能大量增加信息量但又无需耗费太大成本的需求而应运而生的一个专门搜集新闻信息的机构。1825年间,法国银行家夏尔·哈瓦斯(Charles Havas,1783—1858)开展从事经销新闻的行当,即把外国报刊上的消息与资料译成法文并出售给报社或商界订户。1835年12月,他在法国巴黎正式创建哈瓦斯通讯社(L'Agence Havas)。1849年,曾在哈瓦斯社工作过的德国人贝纳德·沃尔夫(Bernard Wolff)在柏林创建沃尔夫通讯社。1850年,英籍德国人保罗·朱利叶斯·路透(Paul Julius Reuter,1816—1899)在德国亚琛设立了一家供应商情的小公司——伦敦皇家交易所路透办事处,翌年迁至英国伦敦,后发展为路透通讯社(Reuters Ltd)。差不多在同一时间,北美洲也出现了通讯社。1848年,美国纽约6家报社为了联合采访欧洲船只带来的消息,创办了美国第一家通讯社——港口新闻社(Harbor News Association),当今美联社的前身。

中国的新闻通讯事业,与近代报业一样,首先是由外国人在中国创办通讯社开始的。1872年,路透社远东分社在上海的设立,揭开了中

国新闻通讯事业的第一页。当时，世界上规模最大的通讯社有哈瓦斯社、路透社、沃尔夫社3家。1870年1月17日，这3家通讯社为了维护自己的垄断利益，防止新的竞争者加入，签订了一份新闻通讯的市场分割协定，规定路透社的垄断领域为大英帝国、荷兰及远东。这一协定还规定，各家通讯社在各自的领域内掌握收集和发布新闻的垄断权，同时相互交换新闻稿以节减经费。因此，在丹麦大北电报公司敷设的从海参崴经日本长崎、上海到香港总长2 237海里的海底电缆于1871年4月延伸至上海后不久，路透社就派遣亨利·柯林斯(Herny W. Collins)来到上海，于1872年间在上海成立了路透社远东分社，以垄断中国的新闻通讯市场。

路透社远东分社在上海建立后，其业务最先是采集有关中国的新闻资料供路透社总社采用，后渐次向中国境内的英文、中文报纸发稿。第一家获得路透社电讯独占权的是英国侨民办的《字林西报》(North China Daily News)，这家报纸在刊载路透社电讯时都要加注“专供字林西报”(Supplied Solely to North China Daily News)的字样来炫耀其特权。1900年开始，忍无可忍的《文汇报》的负责人决定向《字林西报》挑战，公开转载《字林西报》刊登的路透社电讯，而且对此事供认不讳，因此造成“版权”纠纷。《字林西报》对《文汇报》侵犯“版权”的行为十分恼火，遂诉至法庭，《文汇报》败诉。当时正在英国伦敦的该报总董克拉克(J. D. Clark)趁此机会亲赴路透总社与其负责人交涉，争取上海各英文报纸都有平等的机会采用路透社的电讯。最后，路透社同意对上海各英文报纸供稿，唯仍然保留若干为英国侨民最感兴趣的大英帝国及其殖民地消息，专向《字林西报》供稿。19世纪末，部分中文报纸也开始与路透社远东分社洽谈供稿关系。最早采用路透社电讯的是维新运动时期的《国闻报》，该报自1898年9月23日起开辟《路透电报》专栏以刊登路透社电讯，其内容大多是路透社的国际新闻报道。中文报纸大规模采用路透社电讯，则始于1912年路透社向《申报》、《太平洋报》等18家中文报纸供稿之后，促成其事者是当时在上海担任路透社远东分社总主笔的科克司(M. J. Cox)。而且，订购路透社稿件的中文报纸也开始与英文报纸一样，在同一天刊登路透社的国际电讯。之后，路透社又慢慢地向中国其他城市的中文报纸推广，全国各地的中文报纸陆续开始刊登路透社的国际消息及其在中国境内采写的国内新闻。

路透社的业务,还包括收集、发布商业、金融消息。远东分社成立后,伦敦的银价、证券交易价格、新奥尔良的棉价、欧洲的生丝价、世界各重要地区的五金价格都可在12小时内通过电报传到上海、香港以及远东其他重要商埠。由于路透社商业、金融消息准确、及时、公正,远东各地的市场交易活动基本上依靠路透社电进行交易。一次,由于电缆发生故障,路透社远东分社无法提供总社传输过来的交易信息,上海棉花交易为此停市24小时。

第一次世界大战前后,无线电通信在新闻通讯事业中开始广泛应用,一些新兴的通讯社强行进入三大通讯社的势力范围,其他通讯社趁机争相仿效,开展各自的国际新闻业务,从而打破了三大国际通讯社的垄断局面。中国的新闻通讯市场也不再为路透社所独占,各国通讯社纷纷来华设立分社或直接在华开办通讯社。

最早打破路透社垄断的是日本。1914年,日本人宗方小太郎在上海创办东方通讯社。由于该社以搜集中国消息及宣传“大东亚主义”为目的,各中文报纸纷纷采用东方社消息,因而创办不久即成为当时最权威的报道中国问题的新闻通讯机构,呈现出超越在华经营多年的路透社的势头。1919年日本名记者田代参加巴黎和会,目睹西方大通讯社强大的信息传递能力及对国际形势的影响,回国后向日本外务省建议在中国组织特殊的通讯社,实现在中国发表东京意见的目的。1920年,日本政府即派田代前来中国,经协商后将东方通讯社改组成日本外务省在华的官方通讯社,接受日本政府的定期津贴。后日本政府津贴减少,致使东方通讯社出现生存危机。1926年5月1日,东方通讯社与日本国内的国际通讯社合并为日本新闻联合社,简称“日联社”,但在中国仍用东方通讯社名义发稿,供给在中国的中外各报①。

除日本外,自20世纪20年代起在华开始发展业务的外国通讯社还有:苏俄(1922年后改组为苏联)的国家通讯社罗斯社(1925年后改名塔斯社)于1921年6月在上海设立分社,次年派驻北京记者,至1927年塔斯社在哈尔滨、北京、上海、广州、汉口等地都有派驻记者,免费供给这些地区中文和英文报纸的稿件。德国的海通社自1921年起

---

① 日联社与路透社订有合同,规定日联社可以用路透社的电讯,但日联社不能在中国发布消息,因而日联社用东方社的名义发稿,以避开与路透社所订合同的义务。1929年,路透社与日联社重订合同,允许日联社以自己的名义发稿。自1929年7月31日起,日联社以自己的名义发稿,东方通讯社从此消失。

开始在北京活动,1928 年迁至上海,1929 年起正式对外发稿。法国的哈瓦斯通讯社自 1927 年起开始在上海活动,主要业务是收集有关中国的新闻发往巴黎总社,不对包括在华法文报纸在内的所有中国报纸发稿。美国的合众社自 1922 年起开始在中国活动,北平、天津有些报纸最先成为它的直接订户,1929 年 3 月在上海设立分社。美国的另一家通讯社——美联社则于 1926 年征得路透社的同意,开始在日本、中国开展业务,其中国总部设在上海。

外国通讯社在华分支机构的建立及其展开的新闻通讯业务活动,既为报纸扩大了消息来源,又为报纸提供了丰富的国内外消息,从而提高了报纸对读者的吸引力和报纸在市场中的竞争力,同时还使国人认识了一种新型的新闻传播手段,为国人自办通讯社提供了可资仿效的楷模。此外,外国通讯社出于本国利益考虑而时常在报道中国新闻时颠倒黑白,且其处于新闻信息的强势地位而于中国十分不利,更促使国人意识到务必尽快建设起自己的通讯社,向世界发出中国的声音。这一切,促进了中国新闻通讯事业的出现与发展。

二、国人自办通讯社的出现

国人自办通讯社的呼声与最初实践,始于辛亥革命前。

自 1872 年路透社远东分社成立以来,路透社渐渐控制了中国的新闻通讯市场,构成了对我国通讯事业发展的危害。有鉴于此,国人自办通讯社的呼声开始出现。1909 年 11 月 30 日,《民吁日报》就发表了《今日创设通信部之不可缓》的社论,强调通讯机构可以迅速及时地向各报刊提供正确的新闻报道,加强革命报刊的宣传作用。1910 年,由上海《时报》、《神州日报》等 60 多家报纸发起组织“全国报界促进会”在南京成立,会上即有人提出《请成立通讯社案》,并经讨论通过了“设立各地通信社案”。

1903 至 1904 年间,广东老报人骆侠挺等率先筹办通讯社,于 1904 年在广州创办中兴通讯社,1 月 17 日首次向香港、广州地区的报刊发稿,为国人自办的第一家通讯社。1908 年,广州报界公会成立。该报界公会的业务之一,就是向参加公会的广州各成员报馆发布新闻稿件和公电,而各报馆也十分乐意采用这些稿件及公电。因此,广州报界公会成立后,实质上也起了一般通讯社的作用。与广州报界公会类似的新闻通讯机构还有上海的生生社。1909年,上海生生社有《劝铜锡业》、《劝四乡菜园业》、《劝木器业》等稿件刊载在报纸上,所发稿件的内容并非时事新闻报道,但其发稿方式则已具有通讯社的性质。1909年间,国人在海外创办的第一家通讯社——远东通讯社在比利时首都布鲁塞尔成立,由中国驻比利时使馆官员李盛铎和王侃叔共同创办,但影响不大。之后,在广州又出现过一家新的通讯社,即1911年2月杨实公创办的展民通讯社。

起步于中华民国成立之前的中国新闻通讯事业,规模小,工作人员少,自行采集新闻能力差,且旋起旋辄,有些还仅仅是起了新闻通讯社的作用而尚未成型,因而对中国社会的影响甚微,但毕竟揭开了中国新闻事业发展的新一页,其破天荒之功永不可没。

三、国人自办通讯社在民初的长足发展

1912年中华民国成立后,中国新闻通讯事业开始进入发展的"快车道"。民国成立甫始,新闻信息之多已使各报的采写力量难以胜任,于是乎一大批新闻通讯社应运而生,在1912至1913年间,上海、北京、广州、长沙、武汉、哈尔滨、杭州、开封、成都等地都创办起了新闻通讯机构,出现了第一个国人自办通讯社的高潮。其中值得一提的有:广州的公民通讯社(创办人杨公民);长沙的湖南通信社(创办人李抱一和张平子)、湖南通讯社(创办人李景侨);上海的民国第一通讯社(创办人李卓民)、上海新闻社;武汉的湖北通讯社;北京的北京通信社(创办人张珍)等等。1913年后,虽然不少进步通讯社为袁世凯为代表的北洋封建军阀势力所摧残,但创办通讯社的势头未减,新创办的通讯社也为数不少。袁世凯倒台后,又一次创办通讯社的高潮出现,一大批新的通讯社在全国各地纷纷创建。仅长沙一地,1916年10月连续有中华通讯社、华美通讯社、亚陆通讯社、大中通讯社4家通讯社创立。在北京,1917年6月10日民生通讯社成立,1917年9月有专事采访本地新闻的北方通讯社成立,此外还有华英亚细亚通讯社、新闻交通通信社等创办。在成都,1918年9月3日西方通讯社成立。在上海,1918年不甘心国际新闻被外国通讯社垄断的李次山联合同仁组建联合通讯社,同年冬国民通讯社创立,1919年2月在上海举办南北议和会议期间,和平通讯社创立以及时报告会议进展。另外还有武汉的武汉通信社、

广州的岭南通信社等,全国一下子出现了十数家通讯社。五四运动爆发后,出于爱国热情的一批知识分子又创办起一批"中"字头的通讯社,如中国通讯社、中华通讯社、中外通讯社、中孚通讯社等,与其他通讯社、报纸联合一致反对帝国主义对我国主权的践踏。

在这些通讯社中,数邵飘萍主办的东京通讯社和新闻编译社办得最为成功。东京通讯社是邵飘萍于1915年7月在日本留学期间创建的,专门为京、沪报纸提供东京通讯。它曾首先向国内读者报道了袁世凯政府和日本政府秘密商议中的"二十一条密约"的详细内容,对国内的反袁斗争起到了一定的推动作用。新闻编译社是邵飘萍于1916年8月在北京创办的,以消息迅捷闻名,每天晚上发稿一次,内容有本社采写的消息和翻译的外电两部分,每日总有一两篇独家稿件,因而颇得各报好评。

在业务上,这一时期的通讯社从总体上看还很不成熟,有的通讯社只有一两个访员,甚至有通讯社因人力、财力有限而以剪报、译报为主。规模一般都不大,用复写或油印方式向有限的几家报刊发稿,订户少则几家,多则几十家。在经济上,这些通讯社,有的是自由文人独立创办的,也有的是暗中收受官僚政客或资本家津贴的。

20世纪20年代后,新闻通讯事业得到长足发展。一是数量多。至1926年,按照戈公振《中国报学史》的说法,全国共有通讯社155家。但如果将许多未登记在册的通讯社包括在内,实际应不止这个数字。二是分布地区广。我国一些经济、文化落后的边远地区也开始出现通讯社。例如,1926年,内蒙古第一家通讯社绥远通讯社创立,贵州第一家通讯社贵州通讯社创立;1929年,青海第一家通讯社湟中通讯社创立。

当然,这一时期新闻通讯事业得到长足发展的最重要的表现,则是国闻通讯社、申时电讯社等少数通讯社开始初步具备"消息总汇"的规模,从而将中国新闻通讯事业的发展提高到一个新层次,即从地方性通讯社向全国性通讯社发展。

最先创建的是国闻通讯社,1921年8月由属于皖系军阀势力的浙江督军卢永祥出资在上海创立。当时,直系军阀执掌北京政权,失势的皖系军阀及其政治代表安福系联络东北的奉系军阀和南方的国民党,组成三角同盟,并在上海成立了一个临时组织进行反直活动。该社的创建,正是为了便于进行反对直系军阀政治宣传的需要。国闻社成立后,社长由代表皖系军阀势力的邓汉祥担任,总编辑由胡政之担任,但邓只是挂名为社长,实际主持社务的是胡政之。

胡政之,1889 年出生于四川成都,1907 年自费赴日留学,1911 年毕业于东京帝国大学,曾任上海《大共和日报》总编辑、天津《大公报》总经理。1919 年代表《大公报》出席巴黎和会期间,目睹英国路透社在消息采集、发布方面高效率的流水作业方式,深感中国新闻通讯事业之落后,顿生自办通讯社之心。因此,胡政之在主持本该代表军阀喉舌的国闻社时,坚持自己传播真实可信的新闻、建立一个中国人自办的强有力的通讯社的理念。

但是,资助国闻社的军阀势力只想借国闻社作为反对直系军阀的工具,与胡政之建设全国性通讯社的设想大相径庭,因而不可能在资金上满足胡政之建立一个大通讯社的理想。1924 年皖系军阀卢永祥在江浙战争中战败,国闻社内卢永祥的人马纷纷离去,胡政之完全掌握了国闻社的大权,但经济上十分拮据。为了实现自己的理想,胡政之首先在经营管理上进行改进。在发稿方式上,国闻社一直采用现代通讯社在各地发稿的方式,通过总社及各地的分社对各报供应新闻稿,上海总社每日发稿两次,外地分社每日发稿一次,但苦于邮寄稿件速度慢,有的新闻发到订户手中已经变成旧闻。因此,国闻社于 1925 年起开始改用电报发送新闻,以提高通讯传递速度,成为我国较早利用电讯报道新闻的通讯社之一。与此同时,国闻社充实报道内容,扩大报道领域,举凡政治、经济、军事、社会、国际新闻都一一报道,后来又增加工商信息供给工商界参考,颇受各方欢迎。此外,国闻社设立了广告部,为报纸招徕广告以增加通讯社的收入。1924 年 8 月,国闻社创办了《国闻周报》作为国闻社的附属事业。这份政治时事类的新闻周刊,以发表政论和时事评论为主,并记载、评述一周内国内外大事,还请专人撰写外国通讯以介绍各国政局以及社会情况。由于刊物办得很有特色,贴近社会现实,在当时影响颇大。1925 年,国闻社招聘日本东京通讯员一人,为国人自办通讯社设驻外记者之始。早在建社之初,国闻社就有意设立英文部,但苦于资金有限而未果。1925 年段祺瑞就任临时执政,准备召开关税会议收回部分关税主权,为向帝国主义国家宣传关税会议,希望有通讯社能为政府对外作些宣传报道,每月由财政部拨发 1 000元作为经费。胡政之立即抓住这一机会,在政府资助下开办起英文部。国闻社最初在各地设立 8 个分社,后因经费有限,仅有北京、汉口、沈阳、哈尔滨等分社坚持发稿。1925年，胡政之迁居北京，国闻社重心北移。1926年新记《大公报》开办后，胡政之的精力转移到报社，无暇顾及国闻社的发展而致使该社日趋衰落。至1936年，国闻通讯社解散。

申时电讯社的问世稍晚于国闻通讯社，1924年11月在上海创立，创办人是张竹平。张竹平，1914年入申报社工作后充分展示出他的经营能力，成为史量才做大《申报》不可或缺的左右手。但张竹平非久居人下之辈，在积累了经验与资金后就开始谋求独立发展。他看到当时外国通讯社虽然几乎垄断国内新闻通讯，但收费奇高，许多报社虽急需通讯稿但又无力购买，于是联合《申报》、《时事新报》部分编辑，在工作之余将两报所得专电择要编辑，拍发给外地少数有关系的报社，办起了申时电讯社。1928年，因外地委托拍发电讯的报社越来越多，《申报》、《时事新报》两报编辑已无法同时兼顾报社、通讯社工作，张竹平开始将申时电讯社改组为独立的新闻通讯机构，增加资本，扩充业务，聘请专职人员。此时，张竹平已接办《时事新报》，该报的各大城市新闻专电及上海本地通讯也被用上，使申时通讯社的稿源大为扩展。

在新闻通讯业务上还值得一提的是，1920年初由《北京大学学生周刊》的部分师生员工创办的中央写真通信社，使中国第一次有了专门向报纸提供照片的新闻通讯机构。该社每月发稿8次，每月收费10元。

第二节　无线电广播电台的出现与初步发展

一、第一个无线广播电台的诞生

广播事业的诞生，是建立在无线电技术发展基础之上的人类新闻传播手段的一大突破性进展。1864年，麦克斯韦尔发现了电磁的基本原理；1884年，赫兹依照麦克斯韦尔的理论从事实验，终于发现产生、发射与接受无线电波的方法，发明了测量电磁波波长的科学方法。1895年，马可尼和波波夫分别进行无线电传送信号实验，并获得成功。1901年，马可尼完成了越洋电报的收发，使无线电通信进入实用阶段。1906年，美国科学家在无线电传送声音上获得成功。1920年，美国开始试验无线电台广播。同年11月2日，美国匹兹堡KDKA电台正式开播,标志着世界广播事业的诞生。KDKA 电台是世上第一个向政府领取营业执照的电台。之后,许多国家也立即开始着手创建无线广播电台。1922 年,苏俄莫斯科中央广播电台、法国国营电台和英国广播公司先后开始播音,人类广播事业进入了初步发展阶段。

在中国,广播事业的诞生与初步发展,立即引起了国内有识之士的关注。1920 年 8 月,当美国的无线电广播还处于试验阶段的时候,上海的《东方杂志》已经在其第 17 卷第 15 号上发表题为《用无线电传达音乐及新闻》的报道,首次对正在孕育中的现代化新闻信息传播手段作了介绍,使国人大开眼界。

但是,无线电广播事业在中国的首次实践,则归功于一位名叫奥斯邦(E. G. Osborn)的美国商人。1922 年 12 月,奥斯邦将一套无线电广播发送设备由美国运至上海,并创办中国无线电公司(Radio Corporation of China)。之后,奥斯邦与上海出版的英文《大陆报》(The China Press)合作,租用上海外滩广东路 3 号大来洋行的屋顶,设置了一座电台,取名“大陆报—中国无线电公司广播电台”,呼号为 XRO,发射功率 50 瓦。1923 年 1 月 23 日晚上 8 点,中国境内第一座广播电台首次播音,揭开了中国广播事业的第一页。之后,该电台每晚播音一个小时,播出的内容有上海《大陆报》提供的国内及本埠新闻、音乐等娱乐节目,周日则另播出布道、祈祷等宗教节目。为了推销收音机等无线电广播器材,扩大广播的影响,该电台还播送无线电基本知识讲座。特别值得一提的是,该电台在 1 月 26 日播放孙中山当日在上海发表的《和平统一宣言》,孙中山于次日特向《大陆报》发表谈话予以高度赞赏。但是,大陆报—中国无线电公司广播电台的创建与播音,触犯了当时中国政府的有关法律。3 月 14 日,交通部通过外交部饬知上海地方当局取缔这座非法创建的无线广播电台。几经交涉,中国境内第一座广播电台被迫于 4 月间停办。之后,奥斯邦又拟开办另一座广播电台,预定于 5 月 31 日开播,但因中国政府的干预而未果。

此后,美商新孚洋行(Electric Equipment Co.)、美商开洛电话材料公司(Kellogg Switchboard Supply Co.)也看准了这一新的媒体发展市场,分别创办过两座广播电台。1923 年 5 月底,经营电器设备的美商新孚洋行创办起一座 50 瓦功率的广播电台,主要用于试验与推销收音机,至 1924 年 8 月因经费支绌而停办。1924 年 4 月,美商开洛电话材料公司开办的广播电台正式开播。该电台每天上午和晚间各播音一次，共两个小时。该电台还先后与《大晚报》、《申报》、《大陆报》合作，在这些报馆内安装发音室以便报道新闻。1929 年 10 月该电台停办。

除上海外，天津在 1925 年 1 月出现了当地第一座广播电台，即在天津经营无线电器材的日商义昌洋行开办的广播电台，至 1927 年 5 月停办。

二、无线电广播法规的出台

有鉴于无线电广播事业已事实上在中国出现，且这一新生的新闻传播工具具有无比的优越性，当时掌握中国政权的北洋军阀政府不得不修改已落后于时代的有关现行法律。根据当时交通部电政司的有关档案记载，付诸拟议的有"广播无线电台规则"等四五项有关法律、法令，但正式颁行的则只有一项，即 1924 年 8 月交通部颁布的《装用广播无线电接收机暂行规则》。

《装用广播无线电接收机暂行规则》是中国历史上第一个有关无线电广播事业的法律性文件。《暂行规则》共 23 条，系依照《电信条例》的有关原则并结合广播事业的实际状况而制定。规定：民间经呈请交通部核准并发给执照后可装用广播无线电接收机（即收音机），但装设地点仅限于通都大邑及繁盛市镇，不得装设在军事边防、海防及政府示禁的区域；凡中国人欲装设者须由其同乡委任以上职官一人或一家殷实商号出具证明；外国人则由其本国驻华公使或领事，或两家殷实商号为其证明；收音机只准接收音乐、新闻、气象、时刻、汇总之报告以及演说、试验之用，不得借以牟利，不得将所接收之任何电信私自泄露；安装收音机者须按月缴纳执照费；对违犯上述规定者，处以 5 至 200 元罚款或没收其收音机。

至于广播无线电台的安装与使用，有关的法律规范虽未能正式出台，但无条件取缔的政策则有所改变，使中国广播事业的发展成为可能。

此外，1926 年 10 月 1 日哈尔滨广播电台创建后，东北无线电长途电话监督处也曾颁布过经奉系军阀张作霖的公署"镇威上将军公署"批准的《无线电广播条例》、《装设广播无线电收听器规则》和《运销广播无线电接收器规则》3 个地方性无线电广播事业法规。根据上述法规规定：东北无线电监督处办理广播事业，建立广播电台；东北居民只要遵守装设规则,均可安装收音机以收听广播节目;中外商行只要遵守运销规则,均可运输、销售收音机及其附件、零件;任何私人或机关不得在东北地区私运、私售和私设无线电机器并经营无线电广播事业;私人或团体借用东北广播电台向公众宣告或讲演者,须先将底稿交该电台审核以取得许可。

这些无线电广播事业法规,对中国早期广播事业的发展起了一定的促进作用。

三、国人自办电台的出现

目睹外国人在华创办无线电广播电台的事实,中国北洋政府交通部在修订有关无线电广播法律规范的同时,也在1925年2月派人在北京、天津两地酝酿筹办官办的广播电台,但因政局动荡而未果。

但在东北,为了抵制日本人的电信侵略,在东北从事无线电台工作的刘瀚在奉系军阀地方政府的支持下,在哈尔滨创建起第一座国人自办的无线电广播电台,1926年10月1日开始正式播音。这座广播电台,是奉系军阀政府的官办电台,呼号XOH,发射功率100瓦,后来增为1 000瓦,播送内容有新闻、音乐、讲演、物价报告等。1931年"九一八"后被日军侵占。

之后,又有3座官办广播电台先后问世。它们是:天津广播无线电台,1927年5月15日开播,呼号COTN,发射功率500瓦;北京广播无线电台,1927年9月1日开播,呼号COPK,发射功率初为20瓦,后增至100瓦;沈阳广播无线电台,1928年1月1日开播,呼号COMK,发射功率2 000瓦。

这一时期,国人自办的民营商业电台也开始出现。1927年3月18日,上海新新公司开办的广播电台首次播音,呼号初为XGX,后改为XLHA。该电台是新新公司为了推销其制造的矿石收音机而开办,设备十分简陋,发射功率50瓦,主要播送唱片,并转播游艺场的南方戏曲。1927年底,北京也出现了一座民营的商业性广播电台——燕声广播电台。

总之,这一时期出现的广播电台,特别是民营广播电台,规模小,设备简陋,收听范围仅限于电台周围的很小一片地区。此外,当时收音机价格昂贵,一台简单的矿石收音机也要80多元。拥有收音机的多为外侨、官僚、买办、富商。据统计,1928年全国仅有各式收音机1万台左右,其中上海有几千台。因此,刚刚出现的广播事业,其社会影响力还十分微弱。

第三节 新闻学研究与新闻教育事业的初步发展

一、新闻学研究的出现与早期成果

中国有关新闻学研究的成果,最早的是在华办报的外国传教士撰写的报刊创刊词、有关新闻传播活动的各类文章以及他们撰写的其他著作、通信等。其中较为重要的有《察世俗每月统记传序》、《东西洋考每月统记传序》、《新闻纸略论》(载《东西洋考每月统记传》)、米怜撰写的《基督教在华最初十年之回顾》有关论述、马礼逊撰写的《印刷自由论》(载《广州记录报》)等。鸦片战争后,在华外国传教士对新闻学的研究更进一步,其重要的研究成果大部分见诸他们在其主办的报刊上发表的各类文章,如《遐迩贯珍小记》、上海的《万国公报》上发表的《新闻纸论》(花之安撰)和《新闻纸距遣访各国事宜》(艾约瑟译)等。除了外国传教士外,外国商人创办的商业性报纸在鸦片战争后迅速发展起来,不久即取代宗教性报刊而成为中国近代报业发展的主流。反映到新闻学研究上来,出现了不少如何在中国办好商业性报刊的研究成果。这些新闻学研究成果,散见于鸦片战争后出版的商业性报刊的创刊词、出版启事以及在这些报刊上发表的各类有关文章中,如上海《申报》上发表的《本馆告白》、《〈申江新报〉缘起》、《论本馆作报本意》等。

鸦片战争前后,随着外国传教士在中国办报活动的开展和西方资产阶级新闻思想的传播,少数先进的中国知识分子也开始对新闻事业这一新生事物进行探讨和研究。林则徐、魏源等人已经初步认识到报刊沟通信息的功能,太平天国干王洪仁玕更是深刻认识到报纸("新闻篇")在社会结构中的重要地位。之后,王韬、郑观应等早期资产阶级改良主义思想家发表了比较系统的办报主张。王韬是我国第一家政论报纸《循环日报》的创办人,他在《倡设日报小引》、《本局日报通告》、《论日报渐行于中土》、《论各省会城宜设新报馆》和《论中国自设西文日报之利》等文章中,论述了办报的目的是立言、报纸的首要功能和作用是沟通、言论出版要自由、报纸的文风要通俗化和编辑人员要有高尚的品行等观点。郑观应在其撰写的《日报》等有关文章中,阐述了日报是"通民隐,达民情"的有力工具、广设日报是实行民主政治的枢纽、创办报纸是中国变法自强的重要手段、允许国人办报和制定报律来规范报业等观点。

19 世纪末在中国兴起的资产阶级维新运动,不仅将中国人的办报活动推向高潮,也将中国新闻学研究发展到一个更高的阶段。资产阶级维新派的领袖人物康有为以及其他主要人物梁启超、严复、谭嗣同等,无不对新闻学研究具有浓厚的兴趣,提出了不少对中国新闻事业发展十分有益的见解。他们论及的问题,比王韬等前人更为广泛,对这些问题的认识,也比王韬等前人更为深刻。

康有为的新闻观点,最重要的一条是"设报达聪"。他在《上清帝第四书》中明确地提出"设报达聪"的建议,认为中国百弊丛生的原因之一是消息闭塞。梁启超汲取了西方资产阶级的新闻思想,并认真总结了前人和自己的办报经验,形成了比较系统的新闻思想。他一生发表的新闻学方面的专论在 30 篇以上,内容涉及新闻理论、新闻业务和新闻史三大部类。他的许多新闻观点,对当时的报界起到了很大的指导作用。1896 年,梁启超在《时务报》第一册上发表的新闻学处女作《论报馆有益于国事》一文中,把报纸比作耳目喉舌,指出报纸的功能是"去塞求通"。严复在 1897 年撰写的《国闻报缘起》一文中指出,报纸的功能在于"通上下之情,通中外之故",但他强调"尤以通外情为要务"。谭嗣同在《湘报后叙》中强调,报纸要代民立言,成为"民史"、"民口"。

戊戌变法失败后,梁启超流亡日本,继续从事办报宣传活动,由于他在海外能够接触到更多的西方社会政治学说和新闻理论,因而他的新闻观点比在戊戌变法期间更进了一步。一是 1902 年,梁启超在《敬告我同业诸君》一文中提出了报纸的"两大天职"说:"某以为报馆有两大天职:一曰对于政府而为其监督者,二曰对于国民而为其向导者。"他还提出了办报的 4 条基本原则:一是"宗旨定而高";二是"思想新而正";三是"材料富而当";四是"报事确而速"。他在《国风报叙例》和

《读十月三日上谕感言》等文章中比较全面地阐述了舆论问题，认为舆论是一种天地间最大的“社会制裁之力”，报馆则是体现舆论最有力的机关。报刊要造成健全舆论必须具备“五本”，即持论者必须要有广博的知识；要以维护国家利益为目的；要有不畏强暴的精神；要出自公心，不能怀挟党派思想和以个人的好恶来判断是非；要导之以真理，不能拔之以感情，故作偏至之论。关于报刊宣传的方法，他认为有浸润的方法和煽动的方法两种。所谓“浸润的方法，就是“旦旦而聒之，月月而浸润之”，使读者耳濡目染，潜移默化，逐渐接受论者的观点；所谓“煽动”的方法，就是要“故作惊人之语，造极端之词”，使读者猛省。他在《敬告我同业诸君》中说过：“业报馆者既认定一目的，则宜以极端之议论出之，虽稍偏稍激焉而不为病。”

资产阶级革命派的办报活动兴起后，革命派人士也对中国的新闻学研究作出了不少贡献。资产阶级革命派人士的新闻观点，与资产阶级改良派的新闻观点一样，均来自西方资产阶级的新闻学说，但更注意汲取西方新闻学说中反封建的民主主义内涵，因而更具有资产阶级上升时期的革命性和战斗性。在辛亥革命时期，资产阶级革命派的新闻思想，取代资产阶级改良派的新闻思想，成为中国资产阶级的主流新闻思想。

资产阶级革命派的新闻思想，主要有以下观点。

第一，明确提出为革命办报的主张。过去改良派曾提出过报纸是“国之利器”，办报“有益于国事”，以及报纸具有“监督政府，向导国民”的天职等观点。革命派报人认为，改良派所说的“国”是“大清国”，他们要“监督”的政府是大清国政府，这正是革命党所要推翻的。因此，革命派从一开始就明确提出办报的目的是为了革命。胡汉民在《民报之六大主义》（载《民报》第三号）一文中说：“革命报之工作，所以使人知革命也。盖革命有秘密之举动，而革命之主义，则无当秘密者。非为不当秘密而已，直当普遍之于社会，以斟灌其心理而造成舆论。”

第二，公开承认报纸的党派性，明确宣布自己的报纸是“党报”和“机关报”，必须大力宣传党的纲领和主张。孙中山早在创建革命政党前，已经认识到报纸具有党派性这一现实。1894 年孙中山在檀香山创建革命政党兴中会后，将当地华侨创办的《檀山新报》改造为革命党的机关报。1900 年香港《中国日报》创刊后，孙中山接受该报总编辑陈少白的建议,将《中国日报》办成既是革命宣传机关,也是革命组织机关。1910 年 2 月间,孙中山在旧金山指导当地同盟会(对外以少年学社名义活动)工作。他在谈到该组织及其机关报《美洲少年》时提出了革命党是体、报纸是用的观点。

第三,把报纸视为政治斗争的有力武器。革命派报刊将西方新闻学著作中流行的一家报馆犹如一支军队、报纸的威力胜过三千毛瑟枪等观点加以引进,大肆宣扬。秋瑾把她所办的报纸称为革命队伍中的一个"师团"。基于这种认识,革命派报刊把揭露清政府的专制腐败、卖国虐民作为其宣传报道的主要内容。

第四,认为报纸应反映民意、影响舆论和指导舆论,因而特别重视政论的作用。他们认为,革命派创办的报纸,"一纸之出,可以收全国之视听;一议之发,可以挽全国之倾势"(《国民日日报发刊词》)。除上述几点外,革命派报人还发表了一些鼓吹言论自由、重视开发"民智"等方面的主张。

二、新闻学研究的深入与新闻教育事业的萌生

中华民国成立后,新闻事业的大发展促进了中国新闻学研究的深入,出现了集新闻学研究与新闻教育于一体的北京大学新闻学研究会,新闻学研究与新闻教育作为一项事业开始在中国萌生。

图 7.1　徐宝璜

北京大学新闻学研究会,1918 年 10 月 14 日成立,以"研究新闻学理,增长新闻经验,以谋新闻事业之发展"为宗旨,由北京大学校长蔡元培兼任会长,北京大学文科教授徐宝璜任副会长,徐宝璜和《京报》社长邵飘萍是专任导师。徐宝璜于 1912 年赴美国留学,学习经济和新闻学,1916 年回国后任北京大学教授、北京《晨报》编辑(图 7.1)。

北京大学新闻学研究会的创建,不仅是中国新闻学研究发展到一个更高的阶段的标志,还是中国新闻教育事业起

步的标志。中国的新闻教育，在中华民国成立之初已有人建议，但均未实现。第一个新闻学教育团体应数北京大学新闻学研究会。该研究会向校内外公开招收会员，举办了两期研究班，培养会员百余人，为新闻界输送了优秀人才。徐宝璜为研究班讲授新闻学概论，并指导编辑新闻的练习。他的名著《新闻学》，就是将其在北京大学新闻学研究会举办的新闻学研究班上使用的讲义整理改写而成，于 1919 年 12 月由北京大学出版部以新闻学研究会名义出版。徐宝璜的《新闻学》，是中国第一本新闻学专著，学界泰斗蔡元培为该书作序，赞誉该书“在我国新闻界实为‘破天荒’之作”。邵飘萍(图 7.2)在研究班上主讲新闻采访，并指导会员的实习活动，他的名著《实际应用新闻学》也是将其讲课时的讲义整理改写而成。

图 7.2　邵飘萍

北京大学新闻学研究会的活动，为我国新闻教育事业作出了开拓性贡献。当时，青年毛泽东正任职北京大学图书馆助理馆员，探求革命真理，他参加新闻学会，并取得了听讲半年的证书。北大新闻学研究会的有些会员，如高君宇、罗章龙等，后来都曾担任中共早期报刊《劳动音》、《向导》周报、《工人周刊》、劳动通讯社等的记者和编辑。北京大学新闻学研究会还出版《新闻周刊》，为我国第一个新闻学研究刊物，采用横排的先进编排形式，但仅出版了 3 期。北京大学新闻学研究会一直活动到 1920 年 12 月结束。

此外，北京新闻学会在 20 世纪 20 年代时成立，并于 1927 年 2 月编印出版该学会的研究刊物《新闻学刊》，由黄天鹏主编，徐宝璜、戈公振等报界名流为它写稿，并选登过邵飘萍的遗著。1928 年底停刊，部分文章后被编入 1930 年出版的《新闻学刊全集》。

这一时期新闻学研究的深入，还表现在新闻学论著的大量出版上。除了徐宝璜的《新闻学》和邵飘萍的《实际应用新闻学》外，在 1922 年至 1927 年间出版的新闻学专著或译著还有：任白涛的《应用新闻学》、任超的《新闻学大纲》、蒋裕泉的《新闻广告学》、蒋国珍的《中国新闻发达史》、戈公振的《中国报学史》及其翻译的美国开乐凯撰著的《新闻学撮要》等。其中戈公振撰写的《中国报学史》,第一次全面系统地叙述了中国新闻事业发展的历史,被公认是中国新闻史研究的奠基之作。曾多次重印、再版,并出有日文译本。戈公振是著名的新闻记者兼新闻学者,自1913年起在狄楚青主办的上海《时报》工作近15年,从校对、助理编辑晋升到总编辑。他在致力报业改革的同时,从事新闻教育与研究,发起组织上海报学社,1925年夏应聘在上海国民大学讲授《中国报学史》,后将所撰讲稿整理成书,于1927年11月由商务印书馆出版发行。

这一时期,中国新闻界与国际新闻界交往开始增多。仅1921年到1922年间来华访问的西方新闻界知名人士就有:英国《泰晤士报》社长北岩、美国密苏里大学新闻学院院长威廉斯、美国新闻出版界协会会长格拉士、《纽约时报》名记者麦高森、美联社社长诺伊斯等人。他们在各地进行讲学、发表演讲,介绍西方新闻学和办报经验,影响广泛。1921年10月,中国新闻界代表6人参加檀香山世界报界第二次大会,这是中国第一次出席国际新闻界会议。1923年美商控股的上海《新闻报》创刊30周年,出版纪念册一本,其中收有西方新闻界头面人物的祝词、论文多篇,用中英文对照刊出,促进了中西报纸之间的经验交流。

三、高等院校新闻学系科的建立与初步发展

20世纪20年代后,中国不少高等院校开始建立新闻学系科,将中国新闻教育事业推向一个新的发展阶段。

1920年间,上海圣约翰大学首先创设报学系科,在普通文科内增设报学专业,由《密勒氏评论报》主笔毕德生兼职授课,出有英文的《约大周刊》。1924年,圣约翰大学将报学专业扩建为报学系,由美国人武道(Maurice Eldred Votaw)担任系主任。

紧接着,福建的厦门大学,北京的平民大学、燕京大学、民国大学、法政大学和上海的复旦大学、南方大学、国民大学、沪江大学、大夏大学、光华大学等约12所高等院校先后设立报学系科,为中国高等新闻教育的发展奠定了基础。其中,厦门大学报学科于1921年设立,但为时甚短,1923年即停办。平民大学报学系于1923年创建,徐宝璜为第一任系主任,邵飘萍等担任教授,课程设有徐宝璜主讲的《新闻学概论》、邵飘萍主讲的《新闻采集法》以及《新闻事业发达史》、《新闻评

论》等，还建立新闻学研究会，出版《平民大学报学系级刊》（半月刊）。燕京大学报学系于1924年创建，美国人白瑞华（Roswell Sessoms Britton，1897—1951）担任系主任，美国新闻界和新闻教育人士资助开办基金5万美元。1927年，该系因经费缺乏一度停办，1929年恢复，后体制和设备日臻完善，出有《燕京新闻》等报刊，附设有燕京通讯社，逐渐成为国内外较有影响的新闻系。复旦大学在1924年首先在中文系内开设新闻学讲座，1926年扩充为新闻学组，由邵力子主持，至1929年始正式扩建为新闻系，谢六逸为第一任系主任。南方大学报学系于1925年春创建，由《申报》协理汪英宾兼任系主任，戈公振主讲《访事学》课程。该系还办有供学生实习的南大通讯社，向上海各报免费供稿。1926年，南方大学发生学潮，报学系停办，大部分学生转入上海国民大学，促使国民大学增设报学系，由戈公振担任系主任并主讲《中国报学史》，《商报》主笔陈布雷主讲《社论写作》。此外，1924年国共合作时期创办的上海大学，也曾开设过新闻学课，由邵力子主讲。

第八章

报业在新文化运动中发展与无产阶级报业的兴起

第一节　从文教性报刊的发展到新文化运动的兴起

一、文教性报刊的发展

文教性报刊，包括文化、科学、教育等各类报刊，是19世纪90年代维新变法运动期间一部分爱国知识分子倡导“科教兴国”的产物，并成为第一次国人办报高潮中一道亮丽的风景线。1901年清末“新政”期间，特别是第二次国人办报高潮兴起后，文教性报刊在全国各地特别是经济文化发达地区得到长足的发展。在上海，先后出版的文化、教育、科技报刊有80多种，其中着重介绍西方社会科学和自然科学知识的有30多种。在北京，先后出版的各类文教性报刊有50多种①。在成都、广州、武汉等地，文教性报刊也为数不少。1901年后出版的文教性报刊，其主流是白话文报刊，在全国主要城市或地区均有出版，北京为数最多。白话文报刊的发展，在中国这样一个文盲占人口多数的国家，是启发民智的一个有效手段，因而在政策上还得到了政府的支持，1908年颁行的《大清报律》明文规定“白话等报，确系开通民智”者可免交保押费②。为了便于向下层民众宣传革命主张，正在发起辛亥革命的资

① 宁树藩：《中国近代报业发展的地区轨迹》（续一），载《新闻传播论坛》，第2辑，第115页。
② 《大清报律》，载刘哲民编：《近现代出版新闻法规汇编》，学林出版社1992年版，第31页。

产阶级革命党人也接过了这一武器，创办了为数不少的白话文报刊，使白话文报刊成为当时鼓动下层民众参加革命斗争的重要媒介。

中华民国成立后，由于发展文化教育是国家议程上的大事之一，因而文教性报刊继续发展，并因与时事政治联系不是直接的而处于平稳发展的状态。其中教育类报刊数量最多，“民初7年多时间，共出版了120种左右，而在民国以前，总共不过40种左右，只占现在的1/3”①。文化、科学类报刊虽然在数量上不及教育类报刊，且基本上集中在上海、北京等少数几个城市，但其历史地位与作用要远远高于后者。

有鉴于民国成立后帝国主义和国内封建买办势力仍然统治中国的现实教训，不少当年追随辛亥革命的资产阶级、小资产阶级知识分子开始认识到改造国民的意识形态比改造国家的社会制度更加重要。康有为、章太炎等不少当年叱咤风云的资产阶级民主主义战士在思想上倒退了，开始回过头去提倡封建道德和尊孔读经的旧文化，鼓吹复古思想，甚至还有一些人公开宣扬鬼神迷信，阻碍民众的觉醒和社会的进步。另外还有一部分激进的资产阶级知识分子，如陈独秀等人，却能够直面现实，提出了开展一个广泛的“改造国民性”运动的政治主张，认定改造中国首先要用民主、科学来改造国民。但是，无论是提倡尊孔读经的封建卫道士，还是提倡科学民主的新文化战士，无不借用文教性报刊这一形式，以作为其发表对现实的反思成果的主要阵地。前者以康有为于1913年2月在上海创办的《不忍》杂志等为代表，后者则以陈独秀创办的《青年杂志》（后改名为《新青年》）和《科学》杂志等为代表。而正是《青年杂志》和《科学》杂志等的创刊，在中国大地掀起了一场意义深远的新文化运动。

二、《新青年》与新文化运动的兴起

《新青年》，原名《青年杂志》（图8.1），1915年9月15日在上海创刊，16开月刊，每6号为1卷，由上海群益书店印刷发行。自第2卷起因其名与上海基督教青年会主办的《上海青年》有重名之嫌而改名为《新青年》，之后闻名于世。

① 宁树藩：《中国近代报业发展的地区轨迹》（续二），载《新闻传播论坛》，第3辑，第81页。

图8.1　《青年杂志》创刊号

《新青年》的创办人陈独秀(1879—1942),字仲甫,笔名三爱、实庵、只眼等,安徽怀宁(今属安庆市)人。他出生于一个封建官僚地主家庭,1906年考中秀才,次年到南京考举人落榜。由于受到康有为、梁启超发动的维新变法的影响,他抛弃了传统的仕宦旧途,转向寻求西方新学,自1901年起多次东渡日本求学考察。1903年,陈独秀协助章士钊等在上海创办《国民日日报》,担任编辑。1904年,他在安徽芜湖与人合作创办《安徽俗话报》半月刊,并任主编。辛亥革命期间,陈独秀积极投身革命的洪流,在安徽光复后曾担任安徽都督府秘书长。辛亥革命失败后,陈独秀经认真反思后看到了中国社会问题的症结,并提出了医治这些症结的药方。1914年,他在日本东京协助章士钊编辑《甲寅》月刊,并在报刊上发表时论,传播资产阶级民主革命思想,反对封建专制,激励国民志气,克服"奴隶根性"。1915年夏,陈独秀在袁世凯复辟帝制的危难时局中,毅然回国筹办《新青年》,以作为"救国救民"的舆论基地。当时,正值袁世凯称帝的黑云笼罩中华大地之际。《新青年》之所以能够创办并顺利出版的原因,一是该刊在内容上明确自身的历史使命是以思想启蒙为要务,"批评时政,非其旨也";二是在形式上与一般文教性报刊无大差异,按照一般报刊分类法也只能归之于文教性报刊。

《新青年》的创刊,标志着新文化运动在中国的兴起。但是,该刊第1卷(名为《青年杂志》)出版后,社会影响并不大,包括赠送在内每期发行仅千份。自1916年9月出版的第2卷起改名为《新青年》,影响逐渐扩大。1917年初,陈独秀应聘赴北京大学担任文科学长,《新青年》也随之迁至北京出版,并由个人主办的刊物发展为一批进步的教授、学者共同编撰的刊物,并发展为当时新文化运动的主战场。1918年1月第4卷1号开始,该刊实行轮值主编,主编者有陈独秀、钱玄同、刘半农、胡适、李大钊、沈尹默等,主要编撰人有鲁迅、周作人、高一涵、陶孟和、王星拱、陈大齐、张申府等。就其发行量而言,《新青年》至1917年时已达每期一万五六千份,1919年又再版第1至5卷,以满足读者的需求。但是,陈独秀始终是《新青年》的灵魂与主心骨。作为该刊的创办人、主编和重要撰稿人,他先后为《新青年》撰写了100多篇政论、专论、杂文以及通信专栏署名记者的答疑辩难文章等,还不断根据具体情况提出具体宣传策略,确立开展思想文化斗争的原则,组织编者、作者和读者队伍。

在《青年杂志》创刊之前9个月,即1915年1月,一份名为《科学》的杂志在上海创刊,在中国率先倡导"民主与科学"。《科学》杂志的创刊背景是:1914年夏第一次世界大战前夕,欧洲战云密布,9位正在美国康奈尔大学学习的中国留学生胡明复、赵元任、周仁、秉志、章元善、过探先、金邦正、杨杏佛和任鸿隽,聚在一起讨论国际形势和救国方案,认为"中国所缺乏的莫过于科学",立志科学救国。之后,他们自筹经费,办起了这份中文双月刊,由任鸿隽担任该刊的首任社长。《科学》杂志的发刊词云:"民权国力之发展,必与其学术思想之进步为平行线。"因此,《科学》杂志与纯粹的自然科学杂志不同,所刊内容不仅包括世界最新科学知识的介绍,还包括于国民性格关系至重、又为国人所最缺乏的人文知识如历史传记、美术、音乐等。即使对于世界最新科学知识的介绍,也不求高深,以冀读者能由浅入深、渐得科学之智识,并能于研习科学之余得到精神上的帮助。从这个意义上说,《科学》杂志已经注意到了科学对于民众启蒙的意义,在当时起到了《青年杂志》同样的作用。因此,《新青年》杂志创刊后,在卷首位置力荐《科学》杂志是"中国科学界唯一之月刊","宗旨纯正、眼光远大、特色甚多"。

三、《新青年》对新文化运动的贡献

《青年杂志》(即《新青年》)一创刊,就高高举起民主与科学的旗帜,提倡新道德反对旧道德,提倡科学反对迷信,提倡新文学反对旧文学。

在《青年杂志》创刊号上,陈独秀发表了带有发刊词性质的《敬告青年》一文,针对封建思想文化的束缚,打出了科学和民主的大旗,向青年读者提出了6个方面的要求:自主的而非奴隶的;进步的而非保守的;进取的而非退隐的;世界而非锁国的;实利的而非虚文的;科学的

而非想象的。他大声疾呼:"国人而欲脱蒙昧时代,羞为浅化之民也,则急起直追,当以科学与人权并重。"

在这场新文化运动中,《新青年》主要从以下3个方面作了大力宣传。

1. 提倡自由民主,反对封建礼教,开展批孔斗争

《新青年》大力介绍西方的民主、自由、平等、博爱等新思想、新道德,批判中国封建主义的旧思想、旧道德,并针对当时甚嚣尘上的尊孔复辟逆流,展开批判孔孟之道的斗争。《新青年》发表的第一篇批孔文章是易白沙撰写的长篇政论《孔子平议》,刊载在第1卷第6号上。但是,最有影响的是陈独秀、李大钊、鲁迅等人反对当时盛行的尊孔读经的复古逆流而撰写的一系列文章。1916年9月,鼓吹尊孔、复古的代表人物康有为向北洋军阀政府上书,要求把孔教定为"国教"并载入宪法。对此,陈独秀立即在《新青年》上发表了《驳康有为致总统总理书》、《宪法与孔教》、《袁世凯复活》、《复辟与尊孔》、《再论孔教问题》等一系列政论,以袁世凯称帝、张勋复辟都打着尊孔旗号这一事实立论,指出,在已是民国的今天,"主张尊孔,势必立君,主张立君,势必复辟"。陈独秀大力阐述了西方资产阶级自由平等的政治道德观念,把思想上反对封建伦理道德和政治上要求实行民主共和结合起来进行宣传。他疾呼:"欲建设西洋式之新国家、组织西洋式之新社会,以求适今世之生存,则根本问题,不可不首先输入西洋式社会国家之基础,所谓平等人权之新信仰,对于与此新社会、新国家、新信仰不可相容之孔教,不可不有彻底之觉悟,勇猛之决心,否则不塞不流,不止不行。"①这段话集中反映了陈独秀反对封建主义思想道德的坚定意志,也代表了新文化运动前期的指导思想。虽然他所追求的资产阶级共和国的理想在中国难以奏效,但这种民主主义的宣传,对于长期受封建思想束缚的人民却起了振聋发聩的作用。李大钊也在《新青年》上发表《今》、《新的!旧的!》等文章,反对颂古非今和安于现状的人生态度,反对尊孔复辟。鲁迅给《新青年》写的第一篇白话小说《狂人日记》,深刻揭露了封建制度和封建礼教的"吃人"本质,成为不朽的篇章。四川人吴虞撰写了《家族制度为专制主义之根据论》、《吃人与礼教》等论文,深刻地揭露了封建家族制度为君主专制统治服务的内在联系,因而被当时的

① 引自陈独秀:《宪法与孔教》,载《新青年》,第2卷第3号,1917年11月。

进步人士誉为“四川省只手打孔家店的老英雄”。《新青年》还在《读者通信》栏中开展关于“孔教”的辩难,形成了“打倒孔家店”的强大社会舆论。

2. 提倡科学,反对迷信

《新青年》提倡科学,反对迷信,专门介绍自然科学知识的文章不多,主要是倡导用科学的观点来看待社会和人生,反对偶像崇拜、迷信盲从、主观武断和一切黑暗愚昧现象。陈独秀撰写的《偶像破坏论》,提出要打破一切“宗教上、政治上、道德上自古相传的虚荣欺人不合理的信仰”。这种科学的精神,显然和政治上、道德上反对封建主义的民主精神是紧密地联系在一起的。当时,封建统治阶级利用一些组织和报刊宣扬鬼神迷信,现代文明的大都市上海居然有一个“灵学会”的团体,还出版《灵学丛刊》,公然宣扬“鬼神之说不张,国家之命遂促”的谬论。对此,《新青年》发表了一系列文章,痛斥所谓“灵学”,从多方面论证鬼神为无稽之谈,进行唯物主义的无神论宣传。易白沙在《诸子无鬼论》中针锋相对地指出:“鬼神之势大张,国家之运告终。”

3. 发起文学革命运动

《新青年》提倡新文学反对旧文学,提倡白话文反对文言文,发起了一场意义深远的文学革命运动。1917 年初,《新青年》第 2 卷第 5 号上发表胡适的《文学改良刍议》,拉开了文学革命的序幕。胡适是《新青年》倡导新文学和白话文的主力之一,1916 年在美国留学时,就向《新青年》撰写译著,同陈独秀通信交往,撰写《文学改良刍议》等重要论文,同年回国后任北京大学教授,并参加《新青年》编辑部工作,又撰写了《建设的文学革命论》等文章,主张“国语的文学,文学的国语”,着重提倡白话文。他首先在《新青年》用白话文写诗,后汇集出版《尝试集》,一时被称为“白话圣人”。为了呼应胡适在《文学改良刍议》中提出的文学革命主张,陈独秀在《新青年》第 2 卷第 6 号上发表《文学革命论》一文,进一步提出了文学革命的三大主义:推倒雕琢的阿谀的贵族文学,建设平易的抒情的国民文学;推倒陈腐的铺张的古典文学,建设新鲜的立诚的写实文学;推倒迂晦的艰涩的山林文学,建设明了的通俗的社会文学。鲁迅、钱玄同、刘半农、周作人等也都是《新青年》发起的文学革命运动的英勇战士。鲁迅继《狂人日记》之后,又在《新青年》发表了《孔乙己》、《药》等小说,并在该刊《随感录》栏发表了 20 多篇杂文。鲁迅的白话文学作品,树立了批判现实主义的典范,使文学创作与反封建主义斗争紧密结合,显示了"文学革命"的实绩。钱玄同、刘半农赞同陈独秀"以白话文为文学之正宗"的主张,多次给反对文学革命的言论以有力的回击,其中一次是以"双簧戏"的形式进行的。1918 年初,《新青年》第 4 卷第 3 号在《文学革命之反响》的总标题下发表了著名的新旧文学论战的两封信。一封是钱玄同化名"王敬轩"写给《新青年》编辑部反对文学革命的来信,汇集了当时反对新文化运动的许多论点,一封是刘半农写的有 1 万多字的驳论《致王敬轩信》,逐条批驳王的论点,具体论述文学革命的必要性。这两封信的辩驳,推动了文学革命问题的讨论。

同时,《新青年》还从第 4 卷第 1 号起大量译介世界近现代文学名著,发表俄、法、英、德、日、挪威、美、丹麦、印度等 20 多个国家的百余名作家的作品。第 4 卷第 6 号出版《易卜生专号》。同时,对"彻底暴露人生"的写实主义、自然主义和"人的文学"、"平民文学"等文学理论进行探讨,为新文学的发展提供了有益滋养,也为反封建文化思想提供了武器。

上述宣传内容,似春雷初动,惊醒了一代青年。广大读者纷纷致信《新青年》杂志,赞扬《新青年》在"公理消沉,邪说横行之时",能够"独排众议,力挽狂澜",认为《新青年》是"明灯黑室"、"空谷足音",开创了中国历史的"新纪元"。广大青年推崇陈独秀是"思想界的明星"。

当然,这一时期《新青年》对民主与科学的宣传,没有超出旧民主主义思想的范畴。但是它唤醒青年一代冲破封建思想的牢笼,为五四运动的爆发、为马克思主义在中国的传播开辟了道路。此外,《新青年》在发起新文化运动时期也存在着不少缺点,对于历史与现实不是肯定一切就是否定一切,缺乏历史唯物主义的态度。

第二节 报刊宣传新阵线的形成和"新旧思潮之激战"

一、《每周评论》的创刊与报刊宣传新阵线的形成

第一次世界大战结束后,中国民众,特别是青年,日益关注国内外时事,对即将召开的关系国家权益的巴黎和会,以及涉及国家前途的国

内南北和会的召开等问题尤为注目。这就迫切要求报刊加强时事政治的报道和评论,《新青年》单枪匹马地与整个封建势力斗争显然已不能适应时代的需要了,一个新的报刊宣传阵线应运而生。

《每周评论》是这个新的报刊宣传阵线中最有影响的报纸之一,积极配合《新青年》,将新文化运动推向一个新的发展阶段。《每周评论》于1918年12月22日在北京创刊,是陈独秀、李大钊等《新青年》同仁为适应新的形势而创办的一份小型政治时事评论报纸。《每周评论》与《新青年》一样,以"输入新思想"、"提倡新文学"为己任,但《新青年》"重在阐明学理",《每周评论》则"重在批评事实",把思想文化斗争和政治斗争紧密结合起来。陈独秀在发刊词中提出以"主张公理,反对强权"为宗旨,因而报道、评述反帝反封建军阀的政治时事是该报的宣传重点之一。

在五四运动期间,《每周评论》发挥了积极的舆论先导作用。五四运动前夕,陈独秀著文痛斥巴黎和会是"分赃会议",说"巴黎的和会,各国都重在本国的权利,什么公理,什么永久和平,什么威尔逊总统十四条宣言,都成了一文不值的空话",要想求得世界和平,人类幸福,"非全世界的人民都站起来直接解决不可"。五四运动爆发后,《每周评论》对运动作了连续系统的报道,及时评论,给予支持与引导。运动发生当天出版的第20号一版《国内大事述评》栏,一面报道巴黎和会上日本帝国主义的狡诈态度,一面披露北洋政府外交部电令和会代表采取对日妥协退让、"对于山东问题,不要坚持到底"的消息,吁请读者注意"卖国贼"的阴谋诡计。自5月11日出版的第21号起,一连5期用全部或大部分篇幅,有时还增出专页,详细报道了五四运动的经过和前因后果,发表评论,引导群众斗争。正是《每周评论》,把这场伟大的群众爱国运动第一次称为"五四运动",赞扬它是中国学生和中国人民的一个"创举";第一次提出学习"五四运动"的精神,即在关系中国民族危亡的时候所表现的"学生牺牲、社会制裁和民族自决"的精神。

《每周评论》不仅政治思想内容丰富,议论精辟,而且在报纸类型上也是一种创新。这张4开4版的小型报纸,栏目新颖多样。除正张外,有时还抓住重大事件,增出《特别附录》一张,随报赠送,如《对于新旧思潮的舆论》、《对于北京学生运动的舆论》等。《新潮》杂志评价该报说:"读它的人可用最廉的代价最经济的时间,知道世界上最新最要的事件。"1919年8月31日,该刊被北洋军阀政府查禁,共出37期。

前25期由陈独秀负责主编,李大钊是主要撰稿人,鲜明宣传反帝反封建思想,并倾向社会主义。自第26期起,由胡适接编,改变了革命的政治方向,挑起"问题与主义"的论战,成为宣传实用主义的刊物。

与此同时,不少资产阶级和小资产阶级的报刊也开始转向进步,加入了报刊宣传新阵线。五四运动爆发后,北京的《晨报》、《国民公报》和上海的《民国日报》、《星期评论》等资产阶级、小资产阶级的报刊,与《新青年》、《每周评论》等新文化运动战士主办的报刊,在反对帝国主义、反对军阀政府的立场上空前一致,为推动新文化运动的广泛深入发展,发挥了极为重要的舆论作用。1919年1月巴黎和会开幕后,上海《民国日报》、北京《晨报》等83家新闻单位于4月15日在上海成立中华全国报界联合会,呼吁新闻界团结合力,"外为和会专使之后盾,内作南北代表之指导"。5月2日,北京《晨报》、《国民公报》最早披露了巴黎和会上中国外交失败的消息,使国内群情激愤。五四运动爆发后,北京《晨报》于5月5日突出报道了5月4日北京学生集会、游行示威的消息,刊发学生散发的传单、标语和外交委员会会长等向京师警察厅保释学生的呈文,并配发社论《为外交问题警告政府》。《京报》和上海的《民国日报》也全力报道声援。全国报界联合会通令全国报纸拒登日商广告,显示报界一致对外的爱国立场。

五四运动前后,随着群众政治斗争蓬勃开展的需要,在《新青年》、《每周评论》的带动下,进步学生报刊如雨后春笋般地生长起来,在1919年一年之内就达400种之多。这些进步学生报刊,是报刊宣传新阵线的一个重要组成部分。其中影响较大的有毛泽东主编的《湘江评论》、周恩来主编的《天津学生联合会报》、瞿秋白等编辑的《新社会》旬刊、少年中国学会出版的《少年中国》杂志和恽代英主编的武汉《学生周刊》等。

《湘江评论》于1919年7月14日在长沙创刊,4开4版的小型周报,全部用白话文写作,为湖南学生联合会机关报,毛泽东任主编,被李大钊誉为全国最有分量、见解最深的刊物。该刊以述评为主,毛泽东为之撰写了近40篇政论、述评或杂文,其中长篇政论《民众的大联合》,在该刊第2至4号上连载,分析总结十月革命、辛亥革命和五四运动的历史经验,深刻阐述"民众大联合"的思想和策略主张,反映了毛泽东的民主革命统一战线思想的萌芽,为当时上海、北京、成都、浙江的一些报刊所推荐、介绍或全文转载。该刊创刊号初印2 000份,当即销售一空,又加印2 000份,自第2期起印行5 000份,主销湖南外,上海、北京、武汉、广东、四川等地都有它的读者,8月上旬仅出版了一个月即为湖南军阀所查封。

《天津学生联合会报》于1919年7月21日创刊,对开大张日报,后改为三日刊,为天津学生联合会机关报,周恩来任主编,被广大读者誉为天津的"新曙光"、"全国的学生会报冠"。该刊以评述为重点,发表了不少周恩来用笔名"飞飞"撰写的许多评论,还以大量篇幅报道学生运动、工人罢工斗争,并派出"特派员"专程赴山东采访,还发行号外支持山东学生群众代表赴京请愿。该刊除发行天津外,还行销北京、上海、南京等全国许多地方,平时日销4 000多份,最高达万份以上。该刊于9月22日出版仅两个多月后即被查封,后经反复斗争,10月7日复刊并改出三日刊,1920年初停刊,共出刊100多期,现存17期。

二、马克思主义的传播与新旧思潮在报刊上的论争

正当中国新文化运动发展到高潮之际,俄国十月革命的炮声,给中国人民送来了马克思主义。

李大钊等先进的中国知识分子,敏锐地意识到马克思主义是解决中国社会问题的强大的思想武器,率先在《新青年》等报刊上发表文章,介绍与传播马克思主义。

1918年,正当皖系军阀段祺瑞政府阴谋把我国拉进帝国主义反苏干涉战争中去的时候,李大钊在报刊上接连发表了几篇热情歌颂十月革命的政论,如《法俄革命之比较观》(载1918年7月《言治》季刊)、《庶民的胜利》和《Bolshevism的胜利》(载1918年11月《新青年》月刊)、《新纪元》(载1918年1月1日《每周评论》)等,歌颂十月革命"是世界革命的新纪元,是人类觉醒的新纪元";指出第一次世界大战的结束是军国主义、资本主义的失败,"是民主主义的胜利,是社会主义的胜利,是Bolshevism的胜利,是赤旗的胜利,是世界劳工阶级的胜利,是20世纪新潮流的胜利"。他解释什么是布尔什维克说:"他们的主义,就是革命的社会主义;他们的党,就是革命的社会党;他们是奉德国社会主义经济学家马客士为宗主的。"他满怀信心地预言,十月革命"不过是使天下惊秋的一片桐叶罢了","试看将来的环球,必是赤旗的世界"!他鼓舞读者,不要为俄国革命后"一时之乱象"而抱悲观,要"翘

首以迎其世界新文明之曙光”,从十月革命中看到新的希望。1919 年五四运动前夕,李大钊把他轮值主编的《新青年》第 6 卷第 5 号编成《马克思研究》专号,发表他精心撰写的长篇论文《我的马克思主义观》,系统、简明地介绍了马克思主义的政治经济学、唯物史观和科学社会主义 3 个组成部分,向读者推荐马克思主义是“世界改造原动的学说”。

之后,新思潮得到迅速传播。在此形势下,《新青年》开始出现了社会主义倾向。五四运动前夕,陈独秀开始改变怀疑观望态度转而同情十月革命,谈论社会主义,在 12 月出版的《新青年》第 7 卷第 1 号发表《本志宣言》一文,强调指出:“我们相信世界上的军国主义和金力主义,已经造成了无穷的罪恶,现在是应该抛弃的了,”把批判的矛头初步地指向了帝国主义和资本主义。1920 年初,陈独秀由北京出走,回到已发展为新文化运动中心的上海,开始筹建中国共产党上海发起组,《新青年》也自第 7 卷第 4 号起由他在上海主编出版。在筹建中国共产党上海发起组的过程中,陈独秀把《新青年》第 7 卷第 6 号编成《劳动节纪念号》,篇幅多达 360 多页,比平时扩大一倍以上。该期发表了陈独秀的《劳动者的觉悟》、李大钊的《May Day 运动史》,以及大量全国各地工人劳动、生活状况的调查报告和材料(包括数十幅照片),揭露在资本主义剥削下广大劳工牛马不如的奴隶生活。值得注意的是,这些材料有相当部分是《新青年》的记者和各地进步学生团体深入工人群众中调查得来的,还有几篇就是工人自己写的稿子和多幅工人题词。这表明《新青年》同仁中的激进民主主义者逐渐转向了无产阶级的立场,促使《新青年》的社会主义因素不断增长,这为《新青年》后期转变为社会主义刊物打下了基础。《劳动节纪念号》的出版,是《新青年》宣传马克思主义与工人运动相结合的一个里程碑,也是新文化运动发展的“新的集合点”。

除《新青年》杂志外,国内其他报刊也出现了宣传马克思主义的文章。在南方,广东《中华新报》兼职记者杨匏安在该报发表长篇译述性文章《马克斯主义》,自 1919 年 11 月 11 日起至 12 月 4 日连载 19 次,详尽介绍了马克思主义产生的历史及其组成部分。文章说:“自马克斯氏出,从来之社会主义,于理论及实际上,皆顿失其光辉,所著《资本论》一书,劳动者奉为经典。……马氏以唯物史观为经,以革命思想为纬,加之以在英法观察经济状态之所得,遂构成一种以经济的内容为主之世界观,此其所以称科学的社会主义者也。”这些南北同时发表的言论,标志着我国先进分子开始用马克思主义世界观来观察世界形势和国家的命运,标志着他们运用报刊阵地传播马克思主义的开端。

新文化运动向纵深发展,特别是马克思主义新思潮的传播,当然要引起中国封建顽固势力的极度恐慌和仇恨。在1918年下半年至1919年上半年间,一场新旧思潮的大激战在报刊上展开。

代表封建顽固势力的重要人物有林纾(琴南)、辜鸿铭、刘师培等。代表封建顽固势力的报刊有《国故》月刊、《新申报》、《东方杂志》、《公言报》等。其中《国故》月刊是刘师培等封建顽固派文人专为抵制新文化运动而创办的,1919年初在北京创刊。该刊以“昌明中国固有之学术”为号召,反对白话文,提倡文言文,反对新思想,提倡旧思想。《公言报》是接受段祺瑞拨款10余万元经费开办的反动报纸,1916年9月1日在北京创刊,创办后对段执政阿谀颂扬无所不至,被舆论讥讽为“段氏之影片,段党之留声器”。这些封建顽固派文人在报刊上发表了一批文章,对新文化运动大肆进行诬蔑、攻击。对此,《每周评论》等报刊立刻予以反击。《每周评论》出版特别附录专页《对于北京学生运动的舆论》,转载选录了《晨报》、《国民公报》、《益世报》等报纸的9篇评论,集中批驳法律制裁的谬论,赞扬学生出于爱国心而发动学潮,深得民心,警告反动当局如果违反公意滥用法律制裁,必将酿成更为激烈的风潮。

1919年2月17日,林琴南在上海的《新申报》上发表文言小说《荆生》,胡诌了一个名叫荆生的“伟丈夫”在北京陶然亭痛打大骂孔子、主张白话文的田必美(隐指陈独秀)、金心异(隐指钱玄同)和狄莫(隐指胡适)的故事,反映了这批封建顽固派痛恨新文化运动的险恶心理,暗示北洋军阀政府像荆生一样来为他们出气。林琴南这篇小说一发表,立刻遭到新文化运动战士的反击。3月9日,李大钊在北京《晨报》上发表《新旧思潮之激战》,正告那些封建顽固派“应该本着你们所信的道理,光明磊落地出来同这新派思想家辩驳、讨论”,“若是不知道这个道理,总是隐在人家的背后,拿强暴的势力压倒你们所反对的人,替你们出出气,或是作篇鬼话妄想的小说快快口,造段谣言宽宽心,那真是极无聊的举动”。3月16日,《每周评论》第12号全文刊出了林琴南的《荆生》,并发表了一篇以中学语文教师口吻写的“读者来信”,对林琴南的小说逐段加以批评,最后作了一篇采用“以子之矛,攻子之盾”战术的评语:“此篇小说,其文之恶劣,可谓极矣。批不胜批,改不胜改。设吾校诸生作文尽属如此,则吾虽日食补脑汁一瓶,亦不足济吾脑力,以供改文之用。然吾昔读林先生所译之《茶花女遗事》及他种小说,尚不如是。岂年衰才尽,抑为他人赝作耶?惜我不识林先生,无从质之。”同时,《每周评论》还转载了李大钊在《晨报》发表的《新旧思潮之激战》一文,对林琴南进行再批判。3 月间,林琴南还在北京《公言报》上发表公开信《致蔡鹤卿太史书》、《再答蔡鹤卿书》,指名道姓地攻击蔡元培等新文化运动战士。此后,林琴南又在《新申报》上发表文言小说《妖梦》,其手法之低劣,比《荆生》更等而下之,同样遭到了新文化运动战士的痛斥。

1919 年,陈独秀在《新青年》第 6 卷第 1 号上发表《本志罪案之答辩书》,面对封建顽固派的攻击,理直气壮地宣称:“本志同仁本来无罪,只因为拥护那德谟克拉西(Democracy)和赛因斯(Science)两位先生,才犯了这几条滔天的大罪。要拥护那德先生,便不得不反对孔教、礼法、贞节、旧伦理、旧政治。要拥护那赛先生,便不得不反对旧艺术、旧宗教。要拥护德先生又要拥护赛先生,便不得不反对国粹和旧文学。”但是,“只有这两位先生可以救治中国政治上、道德上、学术上、思想上一切的黑暗”。因此,为了宣扬倡导民主与科学,“一切政府的压迫,社会的攻击笑骂,就是断头流血,都不推辞”。这篇文章,也是《新青年》前期思想宣传的一个基本总结。

三、新文化运动中报刊业务的重大改进

1. 自由讨论风气的出现与政论传统的复苏

在新文化运动中,《新青年》等报刊本着西方进化论思想和民主自由原则,反对封建主义的思想禁锢和文化专制,倡导学理讨论自由,让真理在同谬误的辩论中发扬光大,使报刊成为各种思想交锋的自由市场,成为百家争鸣的园地。

《新青年》设置了《通信》、《读者论坛》、《讨论》、《书报介绍》等栏目,联系作者、读者,开展自由讨论,进行不同观点的交流与辨析,从中引发了打倒孔家店、掀起文学革命、破除鬼神迷信等重大问题的讨论,促成了思想大解放。《新青年》编者崇尚“讨论学理之自由”,坚信“真理愈辩愈明”。他们对待讨论中的不同意见,一般均采取民主平等的

态度。在《新青年》的倡导带动下，五四时期的报刊呈现出思想活跃、自由讨论的民主风气。如“新旧思潮大激战”，为传播马克思主义而开展的反对资产阶级实用主义、伪社会主义和无政府主义3次思想大论战等，通过先进思想和错误思想的交锋辩驳，使真理战胜了谬误。《每周评论》、《新青年》等在开展思想学理讨论中，把不同观点的文章全文或摘要同时编发，让读者便于比较、讨论。这种做法，使报刊充分发挥了引导社会舆论的作用，有助于读者明辨是非。

报刊重视政论，是中国民族报业的传统，但在袁世凯当政后一度中断。《新青年》发起新文化运动后，广泛采用社论、专论、代论、来论、外论等多种形式，打破民国以来报刊万马齐喑的沉闷局面，充分发挥了报刊政论的战斗作用，政论重新受到重视并有新的发展。《新青年》等宣传新文化的报刊，正是通过政论提倡民主、科学，批判旧思想、旧文化。《新青年》发表大量批判尊孔复辟的文章，有力动摇了封建统治。《每周评论》、《湘江评论》等常用的述评形式，政论和新闻报道相结合，夹叙夹议，及时评论国内外大事，是一大发明。《新青年》的《随感录》专栏发表的短小锋利的时评，又称杂文，是一种“匕首”、“投枪”式的评论文体，后来逐渐发展成为报刊常用文体之一。

2. 以白话文为核心的新文风的形成

新文化运动的一项重要内容，就是提倡白话文，反对文言文。因此，在《新青年》等报刊的倡导下，报刊文风焕然一新，形成了以白话文为核心的新文风。

新文化运动前，我国报刊文字绝大多数是文言文。维新变法运动兴起后，中国报坛曾出现过少量的白话报刊。但是，当时报刊使用白话文，只是出于通俗宣传维新变法思潮的需要。在中上层社会中，一般还是把白话文看作是俯就愚民、不登大雅之堂的粗俗文体。至《新青年》出版前后，报刊、教科书、应用文仍然几乎全部是用文言文写作。因此，《新青年》创刊后，第1卷也还是全部使用文言文。自第2卷起，《新青年》开始发表白话文作品，如胡适翻译的白话文小说和撰写的白话诗歌，但只占很少篇幅。至《新青年》第3卷第6号，钱玄同在《通信栏》中提出：“我们既然绝对主张用白话体做文章，则自己在《新青年》里做的，便应该渐渐的改用白话，”他带头并建议该刊同仁，从此以后，不论是写论文，还是通信，“一概用白话”。自第4卷起，《新青年》上的白话文作品迅速增多，至第6卷时几乎完全采用白话。

在《新青年》的影响下，五四运动中涌现的数百种报刊纷纷采用白话文，如《每周评论》、《湘江评论》等。一些全用文言的大报，如《国民公报》、《晨报》、《东方杂志》等也开始部分采用白话，有的办了白话文副刊，有的出现了白话文的短评、通讯，还有的在一部分消息和社论中也采用白话文。在推广白话文的同时，《新青年》还提倡使用新式标点符号。过去报刊上的文字，既不分段落，也不加标点，只在句读处加圈，或者用空一格的办法表示句读。《新青年》突破陈规，从第4卷起带头采用标点符号，第7卷第1号公布了《本志所用标点符号和行款的说明》，统一所用标点符号共计13种。后来，许多报刊也相继采用。《新青年》进行这些改革时，还经历过一番同封建旧势力的斗争。鲁迅把这比作打了一场"大仗"，他说，那时"单是提倡新式标点，就会有一大群人'如丧考妣'，恨不得'食肉寝皮'的时候，所以，的确是'大仗'"①。他在《新青年》的《随感录》栏撰文，怒斥那些反对白话文的旧文人是"现在的屠杀者"。

3. 副刊的改革与报纸版面编排的改进

五四新文化运动出现之前，中国报纸副刊一般多是消闲性的读物，多数格调不高，不少副刊还充斥低级趣味的、黄色的内容，实际上起着麻痹甚至毒害读者思想的精神鸦片的作用。在五四新文化运动的冲击下，报纸副刊发生了突破性的革新。不少报纸运用副刊宣扬民主与科学思想，甚至传播社会主义新思潮，并紧密联系社会生活和政治文化实际；同时强调文化娱乐性、知识性，宗教、科学、哲学、文学、美术各类稿件兼收并蓄，特别注重介绍新文学，发表大量新诗、散文、短篇小说、知识小品等文艺作品。

上海的《时事新报》最先对副刊进行改革。1918年3月4日，该报创办起《学灯》副刊，初为周刊，因大受读者欢迎而不断扩版，由周二刊、三日刊最后于1919年12月改出日刊，由不足一版扩为两版，1922年改出4开4版。《学灯》主要介绍资产阶级的学术文化，也曾刊登过讨论社会主义的征文，李大钊、陈望道的文章和郭沫若早期的诗作，在读者中有一定影响。初由张东荪主编，后继主编有俞颂华、宗白华等。后来该刊向右转，脱离了进步文化的潮流。北京《晨报》

---

① 引自《忆刘半农君》，载《鲁迅全集》第6卷，人民文学出版社1973年版，第74—75页。

具有副刊性质的第7版，自1919年2月7日起，在李大钊的指导和帮助下进行改革，主要是增加了介绍“新修养、新知识、新思想”的《自由论坛》和《马克思研究》等栏目，刷新了原有的《译丛》等栏，使《晨报》第7版变成积极参加新文化运动、传播社会主义思潮的新园地。李大钊为它撰写了《现代青年活动的方向》等数十篇文章，并指导它出版1919年《劳动节纪念》专号。1921年10月12日起，《晨报》第7版改成4开4版的单张出版，刊名《晨报副镌》，每日一张，每月合订一册，由孙伏园主编。鲁迅积极撰稿支持，将《阿Q正传》（署名巴人）付该刊连载。这一副刊在思想文艺界有着广泛影响，为发展新文学作出了贡献。1919年6月16日起，上海的《民国日报》取消了刊载黄色材料的《国民闲话》和《民国小说》两个副刊，另办《觉悟》副刊，由邵力子主编，大力宣扬反封建的民主主义思想，并开始介绍社会主义思潮。1920年5月20日起改出8开4页单张随报附送，后每月汇成一册，单独发行。1920年中共上海发起组成立后，它的成员邵力子、陈望道等继续主持《觉悟》的编撰，使这个副刊变成宣传马克思主义、社会主义的一个阵地。1925年12月，《民国日报》被国民党右派掌握后，《觉悟》也失去了进步作用。

一些研究学术和社会政治问题的杂志，也在新文化运动的影响下，作了一些重大革新。商务印书馆出版的《东方杂志》，接受了读者的意见，自1920年1月第17卷第1号起由月刊改为半月刊，1921年起调整编辑方向和内容，分类编排，在保留原有“以记述国内外大事为主要职志”的资料性的基础上，增加评论和学术文艺内容，以适应新潮流。刷新后的固定栏目有《评论》（后改为《时事述评》）、《世界新潮》、《科学杂俎》、《读者论坛》、《文苑》（后改为《新思想与新文艺》）、《时论介绍》等。

五四新文化运动中报纸副刊的改革，意义深长，影响久远。1924年12月5日，《京报副刊》创刊。该刊由孙伏园主编，鲁迅是它的经常撰稿人，继承五四新文化运动中的《晨报》副刊、《学灯》、《觉悟》等的优良传统与风格，宣传反帝反封建思想，支持群众爱国运动，提倡新文化，曾与“甲寅派”、“现代评论派”展开论争，影响广泛。1926年4月下旬，《京报副刊》因邵飘萍被杀、《京报》被封而停刊，前后共出版了477期。

此外，报纸版面编排也得到了进一步改进。在报纸版面编排方面，头版头条已是最新发生的国内外重大新闻，原先作为头版头条的“大总统命令”已被排在不重要的位置，甚至当作补白性材料来充填版面。

报纸版面分为4栏、5栏、6栏、7栏、8栏等多种形式,专栏增多,且注意创新,如各种时事述评专栏、《要闻》、《社论》、《随感录》、《新文艺》、《通信》、《译丛》、《国内劳动状况》、《新刊批评》等比较新鲜的栏目。

第三节 无产阶级新闻事业的兴起

一、《新青年》改组与无产阶级新闻事业的诞生

五四运动后,中国无产阶级登上了政治舞台,马克思列宁主义在中国广泛传播。一批激进的新文化运动战士,由民主主义迅速转向社会主义。他们在共产国际的帮助下,发起组织共产主义小组,在中国掀起了共产主义运动。1920年8月,陈独秀等首先在上海建立中国共产党发起组。接着,北京、武汉、济南、长沙、广州等地的共产主义小组也相继成立。在建党过程中,为了传播马克思主义的基本理论和共产党的基本知识,发动和组织工人运动,各地共产主义小组创办了一批报刊、通讯社,中国无产阶级新闻事业由此诞生。

《新青年》的改组,标志着中国无产阶级新闻事业的诞生。1920年9月,《新青年》从第8卷第1号起,由民主主义性质的刊物改组为中国共产党上海发起组领导的社会主义刊物。在组织领导方面,中共发起组的负责人及主要成员陈独秀、李汉俊、陈望道实际主持编辑部的工作,在印刷发行上也解除了原来与上海群益书店的关系,成立新青年社独立印刷发行。在宣传内容方面,《新青年》以马克思列宁主义为指导思想,陈独秀在《谈政治》一文中,明确宣称该刊已抛弃了先前崇仰的西方资产阶级的民主共和政治思想,拥护马克思主义的无产阶级革命和无产阶级专政学说。自第8卷第1号起,《新青年》增辟了《俄罗斯研究》专栏,出至第9卷第3号止,共发表36篇文章,绝大部分译自美、英、法、日等报刊所载有关苏俄的情况以及各方面的政策,关于列宁生平及其著作的介绍和资料,其中注明译自纽约进步刊物《苏俄》周报的最多。这一专栏的设置,为中国读者了解马克思主义和俄国革命提供了丰富材料。在编排形式上,该刊封面正中绘制了一幅地球图案,从东西两半球上伸出两只强劲有力的手紧紧相握。据沈雁冰回忆,这一设

计“暗示中国人民与十月革命后的苏维埃俄罗斯必须紧紧团结,也暗示全世界无产阶级团结起来的意思”①。改组后的《新青年》,坚持传播马克思主义,继进行反对实用主义的“问题与主义”论战之后,又开展反对伪社会主义和反对无政府主义的两次思想论战。《新青年》第8卷第4号汇辑的《关于社会主义的讨论》和第9卷第4号《讨论无政府主义》两个专辑,为马克思主义在中国的传播消除了思想障碍。总之,改组后的《新青年》,向广大读者进行了彻底的民主主义和马克思主义思想的启蒙教育,激励、团结一代新人走向马克思主义的道路,为中国革命作出了重大贡献。

为了争取其他民主主义者转变为社会主义者,同时也为了避免打出纯粹的马克思主义的旗号而招来反动当局的注目,改组后的《新青年》仍保持原来新文化运动统一战线的面貌,与在北京的编者、作者保持密切联系,照旧采用他们的来稿。但是,《新青年》的新面目,遭到了胡适等新文化运动的右翼人士的坚决反对。1920年底至1921年初,胡适写信给陈独秀,指责改组后的《新青年》“色彩过于鲜明”,提出要《新青年》迁回北京编辑出版,发表一个“不谈政治”的声明。他还在北京同仁中散布说,“今《新青年》差不多成了《苏俄》的汉译本”,“北京同仁抹淡的工夫决赶不上上海同仁染浓的手段之神速”②。他还寄明信片给陈望道,反对“把《新青年》作宣传共产主义之用”。最后,胡适等人声称不再为《新青年》撰稿,原来团结在《新青年》编辑部周围的新文化运动阵营彻底分裂。1921年中国共产党成立后,《新青年》成为中共中央理论刊物,出版至1922年7月停刊,从1915年9月创刊时算起共出版了9卷54号。

继《新青年》改组后,中国共产党上海发起组又在上海创办起《共产党》月刊,1920年11月7日在上海创刊,16开本,为中共上海发起组创办的半公开的机关刊物,出至1921年7月停刊,共出刊6期,每期发行5 000份。该刊编辑部设在主编李达仅有6平方米的住所中,在刊物上不标明编辑、印刷、发行地址,在《新青年》上刊出的广告启事和要目也假称在广州发售,作者全用化名写作。《共产党》月刊是早期共产主义者学习党的基本知识的必读教材,酝酿建党的重要纽带。它的宣传内容主要有3个方面:一是宣传有关共产党建设的知识,介绍第三

① 引自《茅盾回忆录》(四),载《新文学史料》第4辑,1979年。
② 引自《中国现代出版史料》甲编,中华书局1957年版,第7页。

国际和国际共产主义运动的实际情况、文献资料,特别是俄国共产党的经验和列宁的著作。二是论述中国革命的道路和党的纲领策略,论证只有社会主义、共产主义能够救中国,主张无产阶级联合起来,建立俄国布尔什维克式的中国共产党,用革命手段夺取政权为改造社会的根本手段,批驳资产阶级改良主义和无政府主义等反马克思主义思潮。该刊创刊号上刊有陈独秀执笔撰写的《短言》,宣示了上海发起组拟定的《中国共产党宣言》的中心思想。三是向工农兵群众宣传马克思主义,报道国内工人运动的发展。该刊刊登了《俄国共产党的历史》、《列宁的历史》、《社会革命商榷》等资料和文章,发表了《告中国的农民》、《告劳兵农》等富有鼓动性的呼吁书。

自1920年下半年起,各地共产主义小组相继创办起一批以马克思主义为指导思想、以工人群众为读者对象的通俗报刊,如《劳动界》、《劳动音》、《劳动者》等。《劳动界》等刊物,其出版的背景、基础、宣传宗旨、读者对象、编排版式等都基本相同,被称为兄弟刊物。当时的工人群众把它们看作是自己的"喉舌"、工人解放的"明星"。

《劳动界》,1920年8月15日在上海创刊,32开周刊,由新青年社发行,中共上海发起组创办,陈独秀、李汉俊负责编辑。该刊以"改良劳动阶级的境遇"为宗旨,用浅显的语言和生动的事例,向工人介绍劳动创造价值和资本家剥削剩余价值等马克思主义的基本理论,还大力报道国内外工人运动的情况,尤其是国内各地工人成立工会、开展罢工斗争的消息,鼓动工人组织起来为改变受压迫的地位而斗争。1921年1月23日,《劳动界》被军阀政府以"煽惑劳工、主张过激"的罪名查禁,共出24期。

《劳动者》,1920年10月3日在广州创刊,周刊,广东共产主义小组创办,曾以《劳动歌》为题最早译载了《国际歌》歌词。由于无政府主义者对刊物编辑的影响,该刊也存在无政府主义和工团主义的倾向。1921年1月2日停刊,共出8期。

《劳动音》,1920年11月在北京创刊,周刊,北京共产主义小组创办,主要编辑人有邓中夏(笔名"心美")、罗章龙等,每期销数达2 000份。该刊着重反映工人受压迫的悲惨生活,并发表评论以指导工人正确斗争的方法和途径。该刊于1920年12月5日出至第5期后被查禁,后又改名《仁声》继续出版了几个月。

《劳动界》等工人刊物的出版,表明马克思主义的传播已经开始和工人运动结合起来,是具有共产主义思想的先进知识分子从事工人运动的良好开端。

此外,1920年7月,中俄通信社在上海创建,后简称"华俄社",由共产国际工作组和中共上海发起组领导创办,杨明斋主持社务。该社向《新青年》、上海《民国日报》等供给介绍十月革命后苏俄情况的稿件,同时选择北京、上海报纸有关中国的消息译成俄文用电讯形式发往莫斯科。

二、中国共产党党报系统的建立

1921年中国共产党成立后,中国共产党十分重视发展自己的新闻事业。首先,中共中央以及各级党委的机关报刊纷纷创刊;接着,青年团以及其他中国共产党领导的群众团体的报刊也相继问世。国共合作后,《向导》、《中国青年》等党团中央报刊继续坚持独立出版,同时又新办一批地方党团组织的报刊,初步形成了一个从中央到地方的中共党报系统。在大革命时期,一个以中国共产党机关报为中心的无产阶级新闻事业系统在中国初步建成。

1. 中共中央及各级党委机关报

1922年7月中共"二大"后,党中央一级的机关报刊《向导》、《新青年》、《前锋》相继出版,在中国革命斗争中发挥了舆论向导的作用。

《向导》周报是中共中央第一个政治机关报(图8.2),1922年9月13日在上海创刊,1927年7月18日终刊,共出201期,党中央总书记陈独秀亲自为它题写刊名、撰写发刊词《本报宣言》,还撰写过各种政论、专论200余篇,同时担任小时评《寸铁》栏的专栏作者。共产国际代表马林指导该报的筹建,并用"孙铎"笔名参与前期的编撰。《向导》的第一任主编是蔡和森,五四运动后赴法国勤工俭学,1921年底回国后加入中国共产党并在党中央从事理论

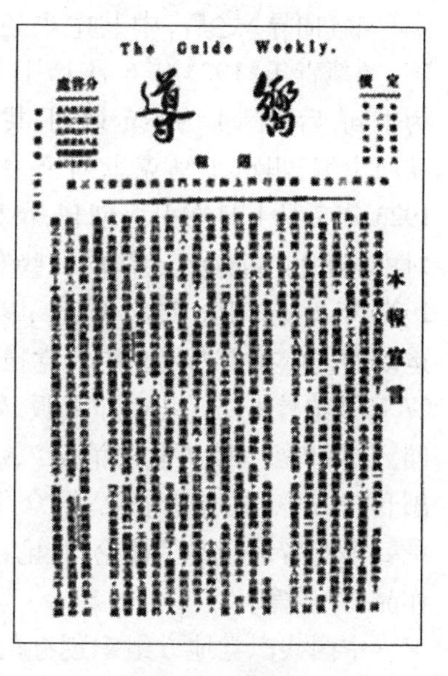
The Guide Weekly.

嚮導

本報宣言

图8.2　《向导》

宣传工作，1922年在中共“二大”上当选为中央委员，负责筹办出版《向导》。他担任《向导》主编2年零8个月，不顾体弱和多病，认真组稿、撰稿，仅署名“和森”的政论就有130多篇，另外与妻子向警予合用“振宇”的笔名发表的有30多篇。瞿秋白、彭述之也一度担任过主编。《向导》以报道评论国内外政治时事为主要内容，固定栏目有《时事评论》、《读者之声》、《各地通信》、《寸铁》等，致力于阐释贯彻中国共产党制定的反帝反封建的民主革命纲领，大力进行打倒封建军阀的宣传。《向导》还发表过揭露帝国主义列强在华新闻侵略活动的文章30余篇，批驳敌对宣传和各种错误思想。国共合作后，《向导》大力宣传中国共产党关于建立各个革命阶级统一战线的政治主张，并对孙中山领导的中国国民党进行热情的帮助和善意的批评。例如，《向导》曾发表文章规劝中国国民党改变单纯军事行动和放弃对某派军阀、某一帝国主义的幻想，到群众中去，对群众进行系统宣传与组织工作等。在《向导》的出版过程中，上海租界巡捕武力搜查上海大学《向导》通讯处，北洋军阀政府通过邮局先是暗中没收、后又公开下令查禁。但是，在广大民众的支持和爱护下，该刊发行数从开始时的两三千份很快增至2万份，最高时达10万份，还远销越南、日本、德国、法国等海外各地。

继《向导》之后，中共中央还创办了《新青年》、《前锋》等机关刊物。《新青年》1923年6月15日在广州创刊，1926年7月停刊，创刊初为季刊，后实际上为不定期刊，共出9期，为中共中央理论机关刊物，瞿秋白主编，侧重于马克思列宁主义思想理论的宣传。《前锋》，月刊，1923年7月1日在上海创刊，瞿秋白主编，封面假称在广州出版，着重对中国和世界政治、经济的一些专门问题进行系统的调查分析和论述。1924年2月停刊，共出3期。1925年6月4日，中共中央为加强五卅运动的宣传在上海发刊中共党报史上的第一份日报《热血日报》，同月27日被迫停刊，日出4开4版，每期约1万字，设有《社论》、《本埠要闻》、《国内要闻》、《紧要消息》、《国际要闻》、《舆论之裁判》等栏目和副刊《呼声》，具有通俗化、群众化的特色。瞿秋白任主编，并用维摩、维一等笔名每日撰写社论、政论，共21篇，另撰写了小言及大众化文艺作品20多篇。

中国共产党地方组织创办的报刊主要有北京地委的《政治生活》周刊、广东区委的《人民周刊》、豫陕区委的《中州评论》和《战士》周报、湖北区委的《群众》周报等。

2. 青年团报刊及其他群众性报刊

在中国共产党的领导下，青年团等各种群众团体的报刊也纷纷创办，发展和壮大了中国共产党领导的无产阶级新闻事业。

中国社会主义青年团系统的报刊，最先出现的是地方团组织的机关报刊，如北京团组织创办的《先驱》半月刊、天津团组织创办的《劳报》（后改名《来报》、《津报》）、成都团组织创办的《人声》周刊、广东团组织创办的《青年》周刊等。其中北京团组织创办的《先驱》半月刊，1922年1月15日在北京创刊，因遭北洋政府查禁，自第4期起迁到上海出版，1922年5月中国社会主义青年团中央建立后被改组为团中央机关报，1923年8月15日出至第25期后停刊。1923年10月20日，新的团中央机关报《中国青年》周刊在上海创刊，32开本，1927年10月出至第8卷第3号停刊。恽代英担任第一任主编，不仅精心编辑该刊，还把重视读者工作放在办好刊物的首位，亲自撰写了100多篇文章，并以"记者"的名义答复读者来信。主要编撰人有萧楚女等。《中国青年》的宣传宗旨，正如其发刊词所宣称，是"为中国一般青年服务的"，是供给青年"一种忠实的友谊的刊物"，以引导青年走上活动的、强健的、切实的道路。它的主要宣传内容，一是热情关心青年的成长，引导青年正确对待学习、工作和生活；二是评述国内外政治时事；三是宣传马克思列宁主义，批判各种侵蚀青年的反动、错误思想。《中国青年》从内容到形式都十分注意适合青年的特点，稿件内容要求"有益而有味"，编排生动活泼，设有《社评》、《时事述评》、《寸铁》、《新刊批评》、《青年界消息》、《文艺》、《通讯》、《我们的时代》等多种栏目。后期又增加漫画、插图，做到图文并茂。它重视同读者的联系，经常发表读者的来信来稿，并征求读者的意见，改进编辑工作。团的地方组织出版的刊物主要有：上海的《平民之友》、《青年工人》、《劳动青年》，广东的《少年先锋》，北京的《烈火》、《北方青年》，长沙的《湖南青年》等，以及旅欧团组织创办的《少年》月刊、《赤光》半月刊等。

为开展工人运动，党领导下的中国劳动组合书记部及其地方分支部创办了一大批工人报刊。中国劳动组合书记部在各地的支部出版的刊物有：上海的《劳动周刊》、北京的《工人周刊》、济南的《劳动周刊》、武汉的《劳动周报》、长沙的《劳动周刊》、香港的《劳动周刊》等。在各地工人运动中出版的则有：汉口《真报》、《陇海路总罢工》、《京汉铁路日刊》、《唐山潮声》、《安源旬刊》等。其中《劳动周刊》于1921年8月20日在上海创刊,1922年6月3日停刊,为中国劳动组合书记部机关报,实际主编先后是李启汉、李震瀛,是党领导下的第一张全国性工人报纸。每期发行数最多时达5 000份,前后累计印行16.5万张,出至第41号被上海公共租界工部局勒令停刊,主编李启汉被捕关押,罪名是"登载过激言论"、"鼓吹劳动革命"。国共合作后,工人运动蓬勃发展,工人报刊也较前增多,至五卅运动前后比较有影响的就有《中国工人》等10多种。《中国工人》,1924年10月在上海创刊,月刊,1925年5月中华全国总工会成立后改组为总工会的机关刊物,邓中夏、罗章龙先后任主编。该刊引导工人参加当前的政治斗争,把工人争取目前利益的斗争和国民革命结合起来,把斗争的矛头指向帝国主义和军阀,有力地揭发工贼的破坏活动。

国共合作后,农民运动、学生运动、妇女运动、军人运动等各类群众运动蓬勃发展。与之相应,农民报刊、学生报刊、妇女报刊、军人报刊等也纷纷创刊,进一步壮大了中国共产党的报刊宣传系统。1926年下半年到1927年初,各省农民协会出版了一批农民报刊,如《湖北农民》、《湖北农民画报》、《江西农民》、《锄头》、《血潮画报》、《山东农民》、《山东农民画报》、湖南的《农友》、陕西的《耕牛》、广东的《犁头》等。1923年后,各地学生联合会和全国学生联合总会普遍恢复,学生报刊随之出现新的发展,至北伐前夕据不完全统计就有50多种,如中华全国学生总会的机关报《中国学生》(销数达8 000份)、上海学联的《上海学生》以及《北京学生联合会日刊》、《北京学生》、广东《新学生》半月刊、《湖南学生》、《香港学生》、《武汉学生》等。党领导下创办的第一份妇女刊物是《妇女声》半月刊,1921年12月在上海创刊,4开4版,以上海中华女界联合会名义主办。国共合作后,党领导下创办的妇女报刊蓬勃发展,其中有广泛影响的有《妇女日报》、《妇女周报》等。

国共合作后,孙中山于1924年6月在黄埔创办国民党陆军军官学校,次年7月广州国民政府成立后又统一军事编制,将其领导的革命军队组建为6个军,统称国民革命军,并效法苏联红军,建立党代表制度和政治工作机构,出版报刊以加强军队的政治思想工作。一批共产党人被派往黄埔军校和各军担任政治工作,并成为军队报刊的主要创办人和编撰人。从国民革命军成立到北伐前的一年中,军队报刊约有30种,分别由国民党中央军事机关、各军政治部、黄埔军校和军人主办的团体主持出版,其中影响较大的有:《黄埔日刊》、《中国军人》、《军人日报》、《黄埔潮》半月刊、《革命军日报》、《革命生活》日刊等。

三、国共合作报刊等党在宣传战线上的同盟军的形成

1924年1月国共合作后,国民党的报刊宣传工作得到重视与加强。时任国民党中央宣传部代理部长的共产党人毛泽东,主持了全面整顿国民党报刊宣传系统工作,大批共产党人帮助国民党创办了一大批国共合作的、统一战线性质的报刊。据《政治周报》统计,1926年6月北伐前夕,国民党系统出版的报刊有近百种,其中大部分是由共产党人主持、以国民党机关报刊名义出版的统一战线性质的报刊。

在这些国共合作报刊中,影响较大的有《政治周报》、《中国农民》、《农民运动》、《楚光日报》和汉口《民国日报》等。《政治周报》于1925年12月5日在广州创刊,16开期刊,为国民党中央宣传部主持出版的中央级机关报,毛泽东创办并任第一任主编,自第5期起由共产党人沈雁冰、张秋人接任主编,主要刊载国民党中央和广东革命政府的重要会议、文件、报告,知名人士的专稿,还刊有部分新闻报道材料、辟有《反攻》专栏以刊发短小犀利的时评。《中国农民》月刊和《农民运动》周刊,都是由国民党中央农民部主办的重要报刊,主要编撰人员大多是共产党人和国民党左派。国民党湖北地方党组织出版的《楚光日报》和汉口《民国日报》,实际编务均由共产党人主持。此外,共产党人主持编务的国民党机关报刊还有上海的《新建设》月刊、湖南的《新民》周报、北京的《国民新报》和《民报》、汕头的《岭东民国日报》,以及广州、南昌两地出版的《民国日报》。此外,国民党中央和各省的工人部在共产党人主持下出版了《革命工人》周报、《湖南工人》周刊等一批工人报刊。

在北洋军阀统治地区,受南方国民革命的影响,部分资产阶级、小资产阶级主办的报刊也开始转向进步。其中最典型的代表是邵飘萍和鲁迅。邵飘萍是北京出版的大型日报《京报》的社长。1919年8月,《京报》因揭露段祺瑞政府的卖国政策被封,邵飘萍再次流亡日本。1920年皖系军阀倒台后,邵飘萍回到国内,在北京恢复出版《京报》,并锐意改革,使该报成为北方一份有影响的大报。在政治上,邵飘萍紧随时代的步伐,不断进步,1925年在北京秘密加入了中国共产党。1926

年“三一八”惨案中,邵飘萍主办的《京报》全力揭露惨案的真相,抨击反动军阀当局的罪恶。1926年4月24日,奉系军阀张作霖进占北京的第3天,邵飘萍被诱捕,旋被扣上“宣传赤化”的罪名,未经审讯即于26日凌晨被枪杀于天桥刑场。鲁迅则以在北京出版的《语丝》、《莽原》、《猛进》和《国民新报》副刊、《京报副刊》等为阵地,团结、培养更多的青年作者起来战斗,“撕去旧社会的假面”,还利用《语丝》、《莽原》等文艺周刊和报纸副刊,在政治思想战线上展开了对“甲寅派”和“现代评论派”的斗争。

第三编

两极新闻事业的发展及其影响(1927—1949)

1927年,中国国民党在国外帝国主义和国内大地主大资产阶级的支持下,残酷镇压中国共产党人,从而窃取了国民大革命的胜利成果,在南京建立了中华民国国民政府。以蒋介石集团为核心的南京国民政府成立后,借孙中山及其三民主义之名,行国民党一党专政之实。对此,中国共产党领导中国各族人民坚决反对国民党的反动统治,并经过22年艰难曲折的武装斗争和其他形式的斗争最终推翻了国民党政府,赢得了人民革命的胜利。

这一切,反映到新闻事业上来,出现了一个十分显明的特点,即两极(中国国民党和中国共产党)新闻事业的消长,是1927年至1949年这一时期中国新闻事业发展的主流。国民党统治中国后,立即实行新闻统制政策,建立新闻统制制度,大力发展国民党党营新闻事业,并迅速建成一个遍布全国的国民党新闻事业网,垄断了中国的新闻舆论阵地,直至1949年国民党统治失败。对此,中国共产党进行了针锋相对的反新闻统制的斗争,在国民党统治区开展地下新闻宣传活动,特别是在中国共产党领导的农村根据地、解放区内大办党和人民的新闻事业,并由弱转强,最后走向城市,取得全国胜利。在两极新闻事业的夹缝中求生的民营新闻事业,饱受新闻统制政策对其生存与发展的限制与摧残,再也不可能按照其自身的经济发展规律继续向前发展,最后不得不向国共两极分化。

第九章

新闻统制的建立与国民党
新闻事业的发展

第一节　国民党新闻统制制度的建立与发展

一、新闻统制制度的建立

1927年国民党反动统治建立后，立即实行以统制为本的新闻政策，并利用政权的力量、通过法律手段，很快就建设起一个以统制为本的新闻法律制度，简称新闻统制制度。

国民党政府在政治上的一个重要特点，就是举起孙中山的三民主义的旗帜，在表面上不得不承认人民享有言论出版的自由权利，在1928年国民党政府建立不久即发布开放"言禁"的通电。但与此同时，国民党又提出了"以党治报"的方针，要求国统区所有的新闻事业，包括非国民党的新闻事业，都必须接受国民党的思想指导和行政管理。

据此，国民党及其所谓国民政府制定与颁行了一大批实行新闻统制的法律、法令，建立新闻统制制度。

1928年6月间，国民党中央制定与公布了具有法律效力的《指导党报条例》、《指导普通刊物条例》、《审查刊物条例》。根据上述3个条例的规定，所有报刊均须绝对遵循国民党的主义与政策，服从国民党中央及地方党部的审查。这3个条例的颁行，是国民党政府开始实行新闻统制法律制度的标志。1929年1月10日，国民党中央执委会常务会议通过了《宣传品审查条例》。该《条例》规定，包括"党内外之报纸及通讯稿"在内的7类宣传品均须接受国民党中央及各级党部宣传部的审查。"各省、各特别市党部宣传部应负审查其所属区域内一切宣传品之责,并将审查意见检附原件呈报中央宣传部核办。""各级党部及党员印行之宣传品及与宣传有关之刊物,均须一律呈送中央宣传部审查。"报纸、通讯稿等宣传品须呈送国民党中央宣传部审查,凡宣传共产主义、反对国民党政纲、政策的宣传品须予以查禁、查封或究办。

1929年8月,国民党中央政治会议修正通过了国民党中央第31次常会备案的《出版条例原则》。这一具有法律效力的文件,旨在"防止不正当出版品之流行",即杜绝一切不利于国民党统治的报刊、图书等出版物。根据《出版条例原则》的规定,报纸、书籍等一切出版品,在首次出版前,均须向国民党政府有关机构履行登记审核手续,凡宣传反对国民党的思想、违反国民党政府的法令、"妨害治安"和"败坏风俗"的出版物不得登记。

9月5日,国民党中央执委会第33次常务会议又通过了《日报登记办法》,同月23日召开的国民党中央第37次常务会议再作修正。该《办法》规定,"在出版法未颁布以前,各种日报均须遵照本办法办理登记",登记机关为各省、特别市党部宣传部,"登记之最后审核,由中央宣传部办理之"。"凡登记手续办理完毕之日报,由各省党部宣传部、各特别市党部宣传部给予收据,经中央宣传部审核决定后,发给日报登记证。""凡登记不合格或不履行登记之日报,得由当地高级党部呈准中央宣传部,禁止出版。""日报经登记合格后,如发见有反动之言论,经当地党部之检举,上级党部之审查确实,中央宣传部之核准者,得撤销其登记资格,禁止出版。"

1930年12月16日,国民政府公布《出版法》,将其施行的种种新闻出版统制手段用法典的形式确定下来。1931年10月7日,国民政府内政部公布《出版法施行细则》,将《出版法》中的条款进一步具体化①。这部综合性的新闻出版法典共6章44条,对报刊等各类出版物及其发行人、著作人、编辑人作了明确的法律界定,对报刊的创办、报纸的出版以及报刊的禁载事项以及违反《出版法》行为的行政处分和法律惩罚,均作了详细的规定。

① 1937年7月8日,国民党政府颁布施行《修正出版法》;7月28日,国民政府内务部又配套公布了修正后的《出版法施行细则》。

根据《出版法》的规定,报刊的创办实行登记审核制度。值得注意的是,仅就《出版法》有关规定的字面含义而言,报刊的创办似乎改成了登记制度。《出版法》第7条规定:"为新闻纸或杂志之发行者,应于首次发行期十五日前,以书面陈明下列各款事项,呈由发行所所在地所属省政府或隶属于行政院之市政府,转内政部声请登记:一、新闻纸或杂志之名称;二、有无关于党义党务或政治事项之登载;三、刊期;四、首次发行之年月日;五、发行所及印刷所之名称及所在地;六、发行人及编辑人之姓名、年龄及住所,其各版之编辑人互异者,并各该版编辑人之姓名、年龄及住所。""新闻纸或杂志在本法施行前已开始发行者,应于本法施行后二个月内,声请为前项之登记。"但是,根据1931年10月颁布的《出版法施行细则》的规定,报刊发行人在提出申请登记后,仍与以前一样要经过一番审核手续:"各省政府或隶属于行政院之市政府,对于依照出版法第7条规定之声请事项,应于接到声请登记文件后5日内,拟具初审意见,转向内政部声请登记。""内政部对于依照出版法第7条规定之声请事项,于核准后填发登记证。"1937年7月修正公布的《出版法》与《出版法施行细则》,进一步规定地方主管官署在审核报刊的登记申请时,"应送当地同级党部审查","内政部接到前条登记文件,应送中央宣传部审查同意后发给登记证"。

《出版法》还规定了新闻出版物的禁载事项,一是"意图破坏中国国民党或违反三民主义者",二是"意图颠覆国民政府或损害中华民国利益者",三是"意图破坏公共秩序者",四是"妨害善良风俗者",五是"登载禁止公开诉讼事件之辩论",六是"战时,或遇有变乱及其他特殊必要时""关于政治、军事、外交或地方治安事项之登载"。

从表面上看,这部《出版法》较晚清、袁世凯时期颁布的同类法律稍为宽松,如对违法行为的处罚最重的为有期徒刑1年,但由于文字写得十分空泛,解释权力又操于执法机关手中,因而执法者在实际操作时可作任意解释,给报刊强加罪名。更为险恶的是,《出版法》还规定凡违反《第四章·出版品登载事项之限制》者,如果"其他法律规定有较重之处罚者",将依据其他法律规定予以处罚。而所谓的其他法律指的是什么呢?即国民党政府在这一时期颁布施行的《暂行反革命治罪法》(后修正为《危害民国紧急治罪法》)、《中华民国刑法》、《戒严法》等法律。这些法律文本无不载有严惩一切不利于国民党统治的宣传出版活动的条款。《中华民国刑法》及其实施细则《中华民国刑法施行条例》规定了意图破坏国体、变更国宪、颠覆政府者的内乱罪,以及妨害国交罪、妨害秩序罪、思想罪、意图罪等,使新闻报道与宣传活动处于临深履薄之境地。如侮辱或意图侮辱外国元首或代表者将被认定为犯有妨害国交罪,只要外国政府请求,国民政府就要依法论罪。以文字、图画等形式"煽惑他人犯罪者"、"煽惑他人违背法令或抗拒合法之命令者",以及"煽惑军人不执行职务,或不守纪律,或逃叛者",也将受到法律制裁。《危害民国紧急治罪法》及《危害民国紧急治罪法施行条例》规定,"以危害民国为目的","煽惑军人、不守纪律、废弃职务或与叛徒勾结者",或者"煽惑他人扰乱治安或与叛徒勾结者"、"以文字、图画或演说为叛国之宣传者",均可处以极刑,最轻也是无期徒刑。"以危害民国为目的,而组织团体或集会或宣传与三民主义不相容之主义者",也将被处以5年以上15年以下的有期徒刑。《戒严法》规定,在戒严地区最高司令官有权取缔认为妨害其军事行动的报刊等出版物。

此外还值得一提的是,1931年6月1日国民政府公布施行的《中华民国训政时期约法》第15条规定:"人民有发表言论及刊行著作之自由,非依法律不得停止或限制之。"①根据这一国家根本大法,所谓人民拥有的言论出版自由权利,必须限制在上述严苛的法律范围之内。

1931年"九一八"事变后,国民党统治面临严重的危机。为了对付日益发展的进步新闻宣传活动,国民党统治集团大量汲取了德国、意大利等国家的法西斯主义的新闻思想与经验,以进一步严密控制新闻界。一是效法法西斯主义的"国家至上"的原则,利用民族危机,大肆鼓吹和提倡"国民"、"国家"、"民族"等抽象观念,进行所谓的"民族主义的新闻建设",凡是反对国民党的新闻宣传,一律以危害"国家"、"民族"利益为由予以取缔与镇压。二是加强新闻界自身的控制力量,利用新闻的力量来实行所谓的"科学的新闻统制"②,即按照法西斯主义的原则改造新闻事业,将国民党的新闻事业和非国民党的新闻事业统筹规划、统一管制。

1934年1月,国民党第四届中央执行委员会全体会议通过一项决

① 殷啸虎著:《近代中国宪政史》,上海人民出版社1997年版,第307—308页。

② 引自国民党中央宣传委员会新闻科报告《本党新闻政策之确立与发展》,载《新闻宣传会议记录》,1934年3月。

议,明确规定中央宣传委员会在新闻界的任务是“集中经费于少数报纸,培养有力量之言论中心”,“对全国新闻界作有效之统制”①。同年3月,国民党中央宣传委员会主任邵元冲在国民党新闻宣传会议上所作的开会词中进一步阐释道:所谓新闻统制,就是“一方面要希望自己的新闻宣传发生有力的表现,一方面要应付反党反宣传的新闻”,二者之间要通盘考虑,党内外间密切联络,以求脉络贯通,统一宣传②。根据上述精神,国民党将强化其自身的新闻事业以获取“新闻最高领导权”作为新闻统制的核心,明确提出,“尽力增厚党的新闻业(党报及党的通讯社)之权威,充分培养其本能,使之自动发挥伟大的力量,取得新闻纸新文艺运动之最高领导权”,“彻底完成新闻一元主义(即纯粹党化新闻界——作者注)之任务”③。

与此同时,国民党还实行积极影响非国民党的新闻事业的政策,将政治统制渗透于新闻业务活动之中,渗透于新闻从业人员的人事管理、新闻事业的行政管理以及新闻报道内容的审查等各个方面,从而“消灭反动报纸及通讯社,取缔灰色新闻及毒素新闻,淘汰肤浅落伍、桀骜不驯之新闻记者,其有冷酷无情、始终自外革命集团、绝无合作诚意者,尤不容留。限制非党系的新闻业侵略式的发展,干涉非党系新闻企业托辣司或迭而加形式”④。1937年2月,国民党五届三中全会通过了《中国国民党新闻政策》,明确表示要“对于全国报业,实施有效之统治,分别予以切实之扶助或严厉之取缔”⑤。

据此,国民党政府自1932年起颁布了一系列有关新闻检查的法令,将出版后审查制度改为出版前检查制度,史称新闻检查制度。

1932年11月24日,国民党中央执委会常务会议修正通过了《宣传品审查标准》。1933年1月19日,国民党中央执委会常务会议又通过了《新闻检查标准》、《重要都市新闻检查办法》两个文件,同年9月、10月又分别进行修正。之后又颁布了《检查新闻办法大纲》、《各省市

---

① 引自国民党中央宣传委员会新闻科报告《本党新闻政策之确立与发展》,载《新闻宣传会议记录》,1934年3月。

② 同上。

③ 引自国民党上海市党部《新闻统制之实施方案》,载《新闻宣传会议记录》,1934年3月。

④ 同上。

⑤ 引自张宗厚:《国民党政府统治时期的新闻法制》,载《新闻学论集》第11辑,中国人民大学出版社1987年版,第251页。

新闻检查所新闻检查规程》、《各省市新闻检查所新闻检查违检惩罚暂行办法》等一系列有关文件。上述文件明确规定:“各重要都市遇有检查新闻必要时,经中央执行委员会常务会议核准,得设立新闻检查所,受中央宣传委员会之指导,主持各该地新闻检查事宜。”“凡在各省、市印行之日报、晚报、小报、通讯社稿及其增刊、特刊、号外等,于发行前均须将全部新闻一次或分次送各该新闻检查所检查。”新闻检查的范围,虽有“限于军事、外交、交通、地方治安及有关之各项消息”的规定,但在实际执行时则将一切新闻报道均列入检查范围之内。对于违检的报社、通讯社,则予以忠告、警告、有期停刊、无期停刊的惩罚。

自 1933 年起,国民党当局先后在上海、北平、天津、汉口等大都市设立新闻检查所,由当地党、政、军等三方机关派员组成。1934 年 2 月 21 日,国民党中央政治会议又作出特别决议,对不服检查的报纸,军政机关有权予以一日至一星期停刊的处分或其他必要的处分,并由国民政府训令行政院、军事委员会施行。1935 年,国民党当局还专门成立了中央新闻检查处,由贺衷寒担任处长,专事负责全国新闻检查工作。

对于图书杂志,国民党中央执委会常务会议于 1934 年 4 月 5 日通过《中央宣传委员会图书杂志审查委员会组织规程》,国民党中央宣传委员会于 6 月 1 日发布《图书杂志审查办法》,对文艺及社会科学等图书杂志实行出版前检查制度。根据《审查办法》的规定,国民党政府专门成立了图书杂志审查委员会,实行图书杂志原稿送审制度,并决定先在上海试行。1935 年 8 月图书杂志审查委员会因《新生》周刊风波而暂时停止工作后,国民党政府在决定由内政部接收改组的同时,于同年 12 月决定成立由陈果夫担任主任的中央文化事业计划委员会,统一管制新闻、出版、教育、广播等所有文化事业。

国民党统治建立之时,正是中国广播事业进入蓬勃发展之日。广播法规的制定与颁行,也是国民党当局在这一时期新闻法制建设的一个重要组成部分。

在国民党统治时期,国民政府主管广播事业的行政管理机构,初为建设委员会。1928 年 7 月,国民政府建设委员会公布《无线电台管理条例》,并设立无线电管理处,管辖中国境内和国际间包括广播电台在内的全部无线电事业。1929 年后改为交通部。8 月 1 日,国民政府交通部接管无线电事业,并在上海新建无线电管理局(后改名国际电信局),统管全国无线电事务。1936 年,国民党当局为了进一步加强对广播事业的管理和控制，于2月20日成立中央广播事业指导委员会，由国民党中宣部、中央广播无线电台管理处、国民政府交通部、教育部、内政部等有关部门联合组成，陈果夫为主任委员。

国民政府及其上述职能部门颁布的法律、法令主要有：《无线电台管理条例》，1928年7月由国民政府建设委员会公布；《无线电台呼号条例》，1928年11月由建设委员会根据1927年华盛顿国际无线电报会议的规定公布；《广播无线电台条例》，1928年12月由建设委员会公布；《电信条例》，1929年8月5日由国民政府公布；《装设广播无线电收音机登记暂行办法》，1930年7月1日由国民政府交通部依据《电信条例》的有关规定而制定与颁布；《限制民营电台暂行办法》修正案，1932年1月22日由交通部公布；《民营广播无线电台暂行取缔规则》，1932年11月24日由交通部颁布；《装设无线电收音机登记暂行办法》，1934年1月15日由交通部公布施行；《通饬各广播电台用国语报告令》，1935年4月25日由交通部发布；《指导全国广播电台播送节目办法》，1936年10月28日由交通部公布，12月16日经国民党中央广播事业指导委员会通过修正后又重行颁布；《民营广播电台违背〈指导节目播送办法〉之处分简则》和《播音节目内容审查标准》，1937年4月12日由交通部公布施行。

根据上述广播法规的规定，凡政府机关、公私团体和个人均可经营广播电台，但须事先经有关行政管理部门特许并领得许可证，许可证不得转移、顶替或租让。各广播电台必须按交通部的规定转播中央广播电台的播音，无转播设备者届时一律停播；中央广播事业指导委员会认为有必要转播的中央台特别重要节目，各广播电台须随时按通知执行。自1936年4月20日起，根据交通部的规定，各官办广播电台除星期日外每天必须转播中央广播电台晚上20点至21点零5分的简明新闻、时事述评等6种节目。对于外国人在华创建的广播电台，国民党当局曾考虑予以取缔，但终因情况复杂而未果。至于收音机的装设，在中国境内设置收音机者须随时向无线电管理处指定的地点、按照《暂行规则》登记并领取执照；执照一概不准顶替或租借，用户停止使用收音机时应交还有关管理部门。在广播内容上，根据有关法律规定，各广播电台应事先将播音节目及其时间表送中央广播事业指导委员会审查。公营电台播送内容应以新闻、教育性节目为主，民营电台也不得少于20%，其娱乐、广告节目不得超过30%；各电台不得播送有干禁例或偏激的言论,诲盗、诲淫、迷信、荒诞的故事等。

二、抗战爆发后新闻统制制度的日趋强化

抗日战争爆发后,国民党的新闻统制政策虽然在抗战初期一度较前缓和,但在1938年10月武汉等地沦陷前后,其新闻统制思想与政策又开始继续发展。

1938年7月2日,国民政府公布施行《抗战建国纲领》,强调言论出版自由须限于法律范围之内。1939年3月,国民党制定与公布了《国民精神总动员纲领》、《国民精神总动员实施办法》,提出"意志集中,力量集中"、"民族至上,国家至上"、"军事第一,胜利第一"等口号,大力开展一个党、一个主义、一个领袖的宣传,"要求国民全体的思想,绝对统一集中于国家至上民族至上与军事第一胜利第一两义之下,不容其分歧及怀疑,不容作其他之空想空论"。要求一切思想言论和行动,不能"违反国民革命最高原则之三民主义",不能"鼓吹超越民族之理想与损害国家绝对性之言论",即一律以国民党的意志为准绳,"纷歧错杂之思想必须纠正",如果"有违此义,则一体纠绳"①。

战时新闻检查法令的大量颁布和战时新闻检查制度的日趋完备,是抗战时期国民党政府新闻统制立法活动的主要内容和最重要的特点之一。

抗战爆发后,鉴于中国进入战时状态,国民党政府"名正言顺"地颁发了一系列战时新闻检查法令,建立和健全战时新闻检查制度。

1937年8月12日,国民党中央常委会议修正通过了《新闻检查标准》,有关新闻出版的禁载事项进一步扩大。该《标准》对军事、外交、地方治安和社会风化4类新闻规定了13项禁载内容,其中有些确与战事有关,但也有些与战事无关,如禁载"对于中央负责领袖加以无事实根据之恶意新闻及侮辱,以损害政府信用者"。这次会议还通过了《检查书店发售违禁出版品办法》,规定:"凡经中央通过查禁之出版品,由各省、市政府印制禁售出版品一览表,每周分发各书店一次,通知不得发行或出售。"

---

① 引自林茂生、王维礼、王桧林主编:《中国现代政治思想史》,黑龙江人民出版社1984年版,第462页。

1938年7月21日，国民党中央执委会常务会议通过了《修正抗战期间图书杂志审查标准》，把反对国民党的主义、政纲和政策等8项内容认定为反动言论，把曲解国民党的主义、政纲和政策等7项内容认定为谬误言论。这次会议还通过了《战时图书杂志原稿审查办法》，同年12月22日对该办法又作了若干修正。根据这一《审查办法》，国民党中央特组织中央图书杂志审查委员会，各大都市或省会成立地方图书杂志审查委员会，对图书杂志采取原稿审查办法。1939年后，国民党政府进一步强化其战时新闻检查制度。4月，蒋介石亲下手令给国民党中央宣传部和军事委员会，布置加强新闻检查。此后，国民党政府对所有未经原稿审查的书刊一律予以取缔。5月4日，国民党中央常委会议修正通过了《图书杂志查禁解禁暂行办法》。5月26日，军事委员会拟定了《战时新闻检查办法》，自6月1日起由行政院训令通行。根据这一办法，由原军事委员会新闻检查机构改组而成立的战时新闻检查局于6月4日成立，"集中管理战时全国新闻检查事宜"。与此相应，各省、市成立战时新闻检查所，重要县、市成立战时新闻检查室。

6月14日，内政部颁布《印刷所承印未送审图书杂志原稿取缔办法》。9月15日，国防最高委员会颁布《对于新闻发布统制办法》。10月24日，国民政府训令行政院、军事委员会施行《调整出版品查禁手续令》。12月9日，军事委员会指令核准施行《战时新闻违检惩罚办法》。此外还颁发过有关战时新闻检查局的组织大纲、服务规则、办事细则、审查室规则和各省市、各重要县市的战时新闻检查机构等一系列法律性文件，先后建立起各省、市的战时新闻检查所、重要县、市的战时新闻检查室，形成了一个严密的战时新闻检查网。

40年代后，国民党当局开始以政府的名义管制新闻出版事业，因而有关新闻出版检查的法律、法令的发布机构也不再是国民党系统的机构，而是国民政府及其组成部门。1940年9月6日，以国民政府名义颁发的《战时图书杂志原稿审查办法》出台。这一办法与1938年由国民党中央发布的同名文件的不同处是：中央图书杂志审查委员会改而隶属于国民政府行政院，地方图书杂志审查委员会也改而隶属于各地方政府。

为了加强对新闻记者的控制，国民政府还于1943年2月15日颁布了中国历史上第一个专门管制新闻记者的法律《新闻记者法》，后又颁布《新闻记者法施行细则》。《新闻记者法》不仅规定了新闻记者的资格、权利和义务,还明确规定所有新闻记者都必须加入当地的新闻记者公会,而新闻记者公会则由各级社会行政机关主管。这一试图将新闻记者间接地置于政府管制之下的规定,自然要遭到新闻界内外的一致反对,从而使这一法律未能付诸施行。

国民党政府还以抗战时期为国家非常时期为由,颁布非常法律、法令,对新闻传播活动严加限制。1942 年 3 月,国民政府颁布了《国家总动员法》。这一法律自 5 月起施行,明文规定:"本法实施后,政府于必要时,得对人民之言论、出版、著作、通讯、集会、结社,加以限制。"(第 23 条)"本法实施后,政府于必要时,得对报馆及通讯社之设立,报纸通讯稿即其他出版物之记载,加以限制、停止,或命令其为一定之记载。"(第 22 条)。1943 年后,国民党当局还规定了各类地区设立报社、通讯社的限定数额:"在人口 50 万以上之省政府或市政府所在地,及其近郊地区,以报社 5 家、通讯社 3 家为原则。""在人口未满 50 万之省政府或市政府所在地,及其近郊地区,以报社 3 家、通讯社 2 家为原则。""在前二款以外之重要城市,以报社 2 家、通讯社 1 家为原则。""在县政府或设治局所在地,以有报社 1 家为原则。""逾额得限制增设。"①此外,国民党中央还曾于 1939 年向各地党部发布的《关于防制异党活动办法》规定,没有国民党党员参加的报纸要限制创刊,各地党部及警察局、新闻邮电检查部门对"内容反动"的宣传品应随时查禁乃至封闭,各地印刷、派报、运输等与报纸出版有关的行业要抵制"异党"报刊的出版发行。

抗战胜利后,国民党的新闻统制思想和政策在新的历史条件下又得到进一步的发展。1946 年 1 月 1 日,蒋介石发表元旦广播演说《告全国军民同胞书》,打着"和平建国"的旗帜,继续鼓吹"国家统一"的论调,强调要"巩固国家的统一,实现全民的政治,以竟建国的全功"②。1947 年公布的"宪政时期"的《宪法》,也同样规定"人民有言论、讲学、著作及出版之自由","为防止妨碍他人自由,避免紧急危难,维持社会秩序,或增进公共利益"等情况下须用法律加以限制。因此,抗战胜利后,国民党政府虽然在表面上多次作出给予人民言论出版自由的许诺,

---

① 引自《非常时期报社通讯社杂志社登记管制暂行办法》(1943 年 4 月 15 日公布施行),载刘哲民编:《近现代出版新闻法规汇编》,学林出版社 1992 年版,第 500 页。

② 引自林茂生、王维礼、王桧林主编:《中国现代政治思想史》,黑龙江人民出版社 1984 年版,第 517 页。

但并不准备将这些许诺付诸实践，而是继续其对新闻界实施全面统制的反动政策，制定与颁发新闻统制法规，强化新闻统制制度。

抗战胜利之初，国民党政府在广大的收复区则以"除奸"为名，堂而皇之地实行新闻统制政策，重建新闻统制制度。1945 年 9 月 27 日，国民政府行政院颁布《管理收复区报纸、通讯社、杂志、电影、广播事业暂行办法》，规定：敌伪新闻事业一律查封，其财产由中宣部会同当地政府接收管理；收复区报纸、通讯社自政府正式接收日起，应一律重新登记，非经政府核准不得先行出版；杂志之登记由政府斟酌各地情形办理；收复区出版之报纸及通讯社稿，在地方尚未完全平定以前，应由当地政府施行检查。根据这些规定，国民党当局在广大收复区重新恢复了同战前大体一致的新闻统制局面，国民党新闻事业网在接收敌伪新闻业财产的基础上迅速重建，而进步的新闻事业则因无法通过国民党政府的核准登记而失去了生存与发展之地。更令正义之士所不齿的是，新闻出版检查在收复区照样施行。

在西南、西北等战时国民党统治地区，由于新闻出版检查制度已为新闻界内外所深恶痛绝，新闻界内外进步人士早在 1944 年抗日战争转入反攻阶段后就开始发出废止战时新闻出版检查制度的呼声，并迫使国民党政府作出一定程度的让步。4 月 19 日，国民党中宣部举行外籍记者招待会，公开承认过去的检查办法有失当之处；同月，国民党当局向中外新闻界宣布要放宽审查尺度，保障言论自由；6 月 20 日，国民政府颁布《战时出版品审查办法及禁载标准》，放宽禁载标准，并将审查方式改为事前审查（原稿审查）和事后审查（印刷品审查）两种，"凡图书及不以论述军事、政治、外交为目的的杂志，由著作人或发行人自行审查"。8 月 7 日，国民党政府宣布废止 1940 年颁行的《战时图书杂志原稿审查办法》。1945 年 8、9 月间，重庆、成都、昆明、桂林等地的新闻出版界掀起"拒检运动"后，国民党当局不得不作出让步，于 9 月 17 日在国民党中央常委会议上通过《废除出版检查制度办法》，规定自 10 月 1 日起，除收复区外，废除《战时出版检查办法及禁载标准》。但是，这一法令既然有收复区例外的规定，其实施的范围就十分有限了，因为收复区不仅幅员辽阔，而且还是新闻出版事业荟萃之地。还需要进一步说明的是，即使在西南、西北地区，新闻出版检查制度也并未被扔进历史的垃圾箱，不久后又运用"借尸还魂"的手法重新恢复。

1946 年内战爆发后，特别是 1947 年内战发展到最后激战阶段后，国民党当局借口非常时期,颁布了一大批非常法规,将人民的言论出版自由权利剥夺殆尽,将新闻统制制度强化到令人恐怖的程度。

1946年5月,国民政府制定《维持社会秩序临时办法》,并以此为借口,对坚持进步立场的报刊及出版机构大肆摧残。至8月,全国有263家言论机关被无理查封。1947年7月4日,国民政府颁布《国家总动员案》,下达"戡乱动员令"。7月19日,国民政府又颁布了《动员戡乱完成宪政实施纲要》18条,对人民的一切基本权利均严加管制,使一切镇压措施均得以借"戡乱"之名而合法化。7月间,国民党当局还制定与颁布《剿匪总动员宣传计划纲要》,转饬所有的新闻机构遵照执行。

9月5日,行政院临时会议通过《新闻纸杂志及书籍用纸节约办法》,以节约纸张为名,限制报刊的出版与登记。《新闻纸杂志及书籍用纸节约办法》规定,各地报纸均须缩减版面,最高不超过两张;杂志的篇幅也同样缩减,周刊不得超过16页,半月刊不得超过32页,月刊不得超过64页;对于无充分资金、固定地址的报纸、杂志,严格限制其登记。10月,国民政府国防部下令恢复"戒严地区"的邮电检查,凡认为与审查标准相抵触的书报刊,一律在邮局秘密查扣没收,不准发行。

1948年下半年后,国民党统治的垮台指日可待,国民政府及有关部门又颁发了一批更为严密的新闻统制法规。6月,内政部、国防部共同制定了《军事新闻采访发布实施暂行办法》,后经行政院核准,改名为《动员戡乱期间军事新闻采访发布办法》通令施行。该办法规定:各报社、通讯社及杂志社刊登军事新闻以采用国民政府国防部政工局军事新闻发布组的稿件为原则,凡各报社、通讯社及杂志社自行采访的军事新闻未得证实者,非经事先询明当地军事新闻发布机构后不得发布。一纸法令垄断了国统区内军事新闻的报道权利。1949年6月,国民政府颁布《惩治叛乱条例》,规定:散布谣言或传播不实的消息(实际上是指一切对国民党统治不利的消息),可判处7年以上的有期徒刑直至无期徒刑。

令人发噱的是,正是在大打内战的1947年,国民党政府还玩弄了一场"行宪"骗局,宣称中国已进入"宪政"时期。与"行宪"活动相顺应,国民党中央在实行新闻统制活动中退居幕后牵线人的角色,不再以国民党中央的名义颁布具有法律效力的规定或命令。国民政府行政院于1947年6月1日成立新闻局,接替国民党中央宣传部主管全国新闻事业，规定各地报社、通讯社、杂志社原应寄送中宣部的出版品一律改寄行政院新闻局。有关新闻统制的法律或法令也开始全部由国民政府或其职能部门出面颁布。《出版法》也随之第二次进行修正。1947年10月31日，国民政府公布《出版法修正草案》。《出版法修正草案》不仅集以往新闻统制经验之大成，还增加了“出版品不得妨害本国或友邦之元首名誉之记载”等新规定，禁绝人民对蒋介石的揭露与批评。为了与其实施宪政的骗局相适应，该《草案》将原规定的“出版品不得为意图破坏中国国民党或违反三民主义的言论或宣传之记载”改为“不得为意图颠覆政府或危害中华民国者”的“言论或宣传之记载”。此外，《草案》还删去了原有的罚则，规定出版物违法一律按刑事法规的规定予以处罚。《草案》公布后，包括国民党派系报刊在内的大部分报刊都对此持不同意见，许多报界人士撰文予以批评。王芸生撰写的上海《大公报》社评《由新民报停刊谈出版法》，对国民党政府的出版法的反动性质与作用作了大胆的揭批与清算，明确主张将《出版法》废弃。文章说：“出版法，是个枝节性质的法律，我们敢冒昧地说，其有不如其无。这个法，是袁政府时代的产物，国民政府立法院虽略有修正，而大体仍因其旧，实是一件憾事。因为言论与发表的自由，是人民的基本权利之一，宪法例有保障的规定。出版法的立意，乃在限制言论与发表的自由，这与保障民权的精神是不合的。”①

抗战胜利后，国民党政府对新兴的广播事业的统制也因有关法规的日趋完备而进一步加强。1946年2月14日，国民政府交通部依照《电信条例》的规定，制定与颁布了《广播无线电台设置规则》，后5次进行修正；9月7日，国防部会同其他有关部门商讨取缔外人在华设立的广播电台的实施办法，并拟订了《取缔外国在华设立广播电台决议案》；11月21日，交通部电信总局颁发《取缔外国在华设立广播电台决议案》。1948年1月15日，国民政府国防部颁布《军用广播无线电台设置与管理暂行办法》；3月22日，上海电信局公布交通部颁发的《广播无线电收音机取缔规则》；4月5日，交通部公布《广播无线电收音机登记规则》。

根据上述法规的规定，广播电台分为3类：交通部所办的广播电台为国营台，其他政府机关所办者为公营台，中国公民及完全华人组织、公司、厂矿、学校和团体设立者为民营台。凡欲设置广播电台者均

---

① 引自上海《大公报》，1948年7月10日。

须提出申请、由交通部核准并发给许可证,“凡外籍机关人民、非完全华人组织设置之公司、厂商、学校、团体,依律不准在中国境内设立广播电台”。“广播电台之分布,每省不得超过十座,并以散布各市县为原则;特别市除上海市不得超过十座外,其余每市不得超过六座。民营广播电台在上列各项数目中不得超过半数。”当然,上述内容均为原则性的规定,在实施中有所变化。如外人设立的广播电台,根据1946年9月国防部等部门制定的《取缔外国在华设立广播电台决议案》,允许美军广播电台继续活动。广播电台播音节目仍以新闻与教育内容为主,上述内容不得少于日播音时间的4/10,商业报告不得超过日播音时间的2/10。广播节目的内容必须经有关部门事先审查。

第二节 国民党新闻事业网的迅速建成

一、国民党新闻事业网基本格局的形成

国民党的新闻事业肇端于大革命时期。但是,在当时国共合作的情势下,国民党的新闻事业大部分实际上掌握在中国共产党人的手中。因此,1927年蒋介石、汪精卫相继叛变革命,并在南京建立了中华民国国民政府后,由国民党控制的新闻力量十分薄弱,尤其是由国民党中央直接控制的新闻力量几乎微乎其微。为了宣传新政权、控制社会舆论的需要,国民党立即开始着手建设以报刊、广播电台、通讯社三大新闻媒体为主体的党营新闻事业网。

1. 以《中央日报》为中心的党报网的建设

国民党党报网的建设,最先起步也着力最多的是国民党中央机关报及中央直辖党报的建设。

在北伐战争胜利在望之际,国民党中央于1927年3月22日在汉口发刊《中央日报》(图9.1),日出中文版和英文版各一大张,逢星期日增出《我们和世界》一张,综合评述一星期来的军事、政治、党务以及国内外新闻。该报作为国民党中央的机关报,由国民党中央党部宣传部主持社务,国民党中央宣传部部长顾孟余兼任社长,杨绵仲任经理、陈启修(莘农、豹隐)任总编辑,共产党员沈雁冰、杨贤江等担任编辑工

作。当时国共合作尚未破裂，汉口《中央日报》以“领导全国民众实现国民革命”为宗旨，曾发表过大量反对蒋介石背叛革命行径的报道与文章。7月15日武汉“分共”后转持反共立场，成为拥汪拥蒋的工具，9月15日停刊，共出版了176期。

图9.1　《中央日报》报头及部分版面

汉口《中央日报》停刊后，南京国民党中央方面开始筹划将该报在上海复刊，以成为南京方面的御用工具。1928年2月1日，《中央日报》在上海复刊，日出3大张12版，社址设在当时上海报业集聚地的望平街，由当时国民革命军东路军前敌总指挥部政治部主任潘宜之兼任社长，陈君朴任总经理，彭学沛任总编辑。之后，根据同年6月国民党中央颁布的《指导党报条例》的精神，国民党中央决定将该报迁往国民党中央所在地南京出版，并由国民党中宣部派员前往上海接收。10月31日，上海《中央日报》在出版了最后一期后停刊。

1929年2月1日，南京《中央日报》正式出版，序号接上海《中央日报》，版面安排等概依上海旧例。南京《中央日报》作为国民党中央机关报，隶属于中央宣传部，由中宣部部长叶楚伧兼任社长。下设经理、编辑两部，曾集煦等先后任总经理，严慎予任总编辑，王平陵任副刊编辑。报馆设备简陋，人员变化不居，内容也单调、空洞。

与此同时，国民党中央还在北平、武汉等地筹建中央直辖党报，将中央宣传部的触角伸入这些要害地区。1928年9月，国民党中央常委会第16次会议专门讨论在各地设置中央直辖党报的问题，决定在北平、汉口、广州各设置一党报，由中央直接管辖。北平是原民国首都，但南京方面势力在此地十分薄弱，因而“党报之设，刻不容缓”①，早在这次会议之前国民党中央宣传部就已派遣中宣部总务科主任沈君匋等前

① 《中国周报》，第15期，1928年9月17日。

往北平筹办出报事宜。1929 年 1 月 1 日,国民党中央直辖党报《华北日报》在北平创刊,以作为国民党中宣部在华北地区的宣传中枢。该报由国民党中央委员李石曾等组成报务委员会,沈君匋任经理。该报日出 3 大张,以刊登政治、经济和党务新闻为主。由于积极宣传南京方面的意旨,该报曾被阎锡山系军警迫害,在中原大战爆发后于 1930 年 3 月 18 日被阎锡山下令封闭,至 10 月 10 日才得以复刊。1930 年 1 月 10 日,国民党中宣部又在北平发刊英文《北平导报》(The Peking Leader),由刁作谦、张明炜等主持社务。该报是国民党中央直属的唯一一份外文报纸。在汉口,国民党中央直辖党报《武汉日报》于 1929 年 6 月 10 日创刊,日出 3 大张,由胡伯玄任总编辑。

此外,国民党省、市以及经济状况较好的县的各级党部,国民党控制的政、军、宪、警部门,也办起了一大批党报或准党报。一些在社会上有一定文化影响力的国民党员还以个人名义办报,壮大国民党的新闻宣传力量。

2. 以"中央通讯社"为中心的通讯社网的建设

国民党着力发展的通讯社是中央通讯社。早在 1924 年 4 月 1 日,国民党的中央通讯社就已在广州创建并正式发稿,由国民党中宣部主管。1926 年 10 月,中央通讯社随国民党中央党部迁往武汉;1927 年 5 月 6 日,蒋介石集团攻占南京,另一个中央通讯社开始在南京发稿;之后,直到汪精卫发动"七一五"政变后武汉的中央通讯社宣布取消,出现了两个中央通讯社并存的怪事。但是,中央通讯社虽说是国民党中央直接主管的新闻通讯机构,但当时的规模很小,全社只有 20 来个工作人员,没有电台设备,只利用两台收音机收听一些外国通讯社的广播,采访一些本埠(南京)的新闻,抄发一些党政方面的通报,其新闻稿用油印机油印出来,免费送给南京、上海各报。1928 年后,中央通讯社开始向外扩展,于 8 月在北平创建中央通讯社北平分社,随后又创建了武汉分社,将其触角伸入华北、华中等具有重要战略意义的地区。

此外,以国民党党政军警各级机关以及国民党员个人名义创办的通讯社也为数不少,但影响有限,一般都在当时发挥它的作用。

3. 以"中央广播电台"为中心的广播电台网的建设

中国的无线电广播电台的出现与发展,始于 20 世纪 20 年代初。国民党集团在其政权建立甫始,就认识到广播电台所具有的巨大的宣传效用,并开始筹建国民党的广播电台网。

1928年2月，陈果夫、戴季陶、叶楚伧等提议筹设国民党的中央广播电台，并由中宣部委托徐恩曾为电台主任，负责筹办事宜。3月，向上海美商开洛公司订购500瓦的中波广播发射机全套设备，5月初开始安装，台址设在南京丁家桥国民党中央党部后院。7月，国民党中央常务会议通过中宣部提出的《设立中央广播无线电台计划书》。1928年8月1日，即国民党二届五中全会开幕之日，中国国民党中央执行委员会广播无线电台在南京开播。下午5时，蒋介石亲往电台并首先致词，陈果夫等作了演讲。该台简称为"中央广播电台"或"中央台"，其英文呼号为"XKM"①，同年11月改为"XGZ"，初每天上、下午各播音一次，每次1小时，内容主要是"传达政令和阐扬党义"，另外辅之以报道新闻和播送音乐等节目。

在国民党中央筹建中央广播电台的同时，国民党省、市党部及政、军、警等部门也开始筹建当地的广播电台。浙江省广播电台是最早建立的国民党地方广播电台，1928年10月开始播音，呼号为"XGY"（后改为XGOD），发射功率250瓦，后增至2 000瓦。

至20世纪30年代初，国民党大力建设的党营新闻事业网的基本格局初步形成：一是党报网，以党中央机关报《中央日报》为中心，以中宣部创建并在一些重要城市出版的中央直辖党报为主干，还包括国民党省、市乃至县的党政军警部门创办的各级党报，以及国民党员以个人名义出版的准党报；二是通讯社网，以中央通讯社为中心，包括中央通讯社各地分社和国民党在地方的党政军警部门以及国民党员个人创办的一批通讯社；三是广播电台网，以中央广播电台为中心，包括国民党省、市乃至县的党政军警部门以及个人创办的各级广播电台。

二、国民党新闻事业网的进一步强化

1931年"九一八"事变后，国民党政权因其实行卖国投降政策而在政治上陷入严重危机之中。国民党的新闻事业网虽初步建成，但其社会影响力极其微弱。在组织制度上，国民党的报刊、电台、通讯社无不被圈养在中央及各级地方党部之内。因此，它们在宣传上必然以党务为主，从而造成稿件稀少、内容贫乏，再加上在新闻业务上报道迟缓、宣

---

① "X"系国际无线电公会当时指定为中国的专用字母，"KM"代表中国国民党。

传过火,连国民党中央宣传要员们自己也知道,一般人对国民党新闻媒体上的新闻报道的真实性“要打一个折扣”,“在社会上差不多完全不能发生力量”(邵元冲语)。为此,国民党第三届中央执行委员会特地在国民党第四次全国代表大会举行前夕召开临时会议,通过了《改进宣传方略案》等文件,对改进国民党新闻事业提出了若干指导性意见。据此,自1932年起,国民党开始整顿与扩充党营新闻事业,进入第二轮的党营新闻事业网的建设,以冀强化其新闻事业网的功能及效用。其基本内容,一是改进国民党对党营新闻事业的管制工作,给予党营新闻事业以一定的自主权利,以提高其在新闻竞争中的应变能力;二是扩建党营新闻事业,使党营新闻事业在经济实力上超过甚至压倒民营新闻事业,以巩固其在新闻市场上的优势地位。

国民党中央对其党报系统的改进与整顿,从中央日报社开始。1932年3月,国民党中央决定中央日报社实行社长负责制,由程沧波任社长,改变了过去中宣部长兼而不管、报社内部矛盾百出的局面。程沧波主持社务后,提出了“经理部要充分营业化、编辑部要充分学术化、整个事业要制度化、效率化”的改组方针,在体制上采用独立法人的形式,在言论方针上既强调“党派性”又标榜“人民性”,在编辑方针上加强采访力量、充实新闻内容。在事业的扩展方面,中央日报社在南京市中心新街口兴建四层高的新报业大楼,添置与使用轮转机印报,因而能日出3大张,销数也从8 000份增到3万份。1932年9月25日,中央日报社开始发行晚刊《中央夜报》。11月5日,中央日报社出版的《中央时事周报》创刊。1937年6月,《中央日报》庐山版创刊,由程沧波、朱虚白主持,是中央日报社、也是国民党党营报纸创设地方分版之始。

1932年9月,国民党中央又通过决议,各中央直辖党报的社长也都改为专任,并开始对在地方出版的中央直辖党报和省市地方党报进行改组与整顿,使国民党党报走出党部大门。之后,国民党中央又进一步提出“党报企业化”的方针,并制定了“直辖党报经济独立计划”。对于“党报企业化”的方针,杭州民国日报社率先响应。1934年6月,杭州民国日报社改组为股份有限公司,其报名也改为《东南日报》,宣称自己是“公共文化机关”,“为民众及政府之耳目喉舌,开始作进一步之文化建设”。

国民党中央对中央通讯社的改进与整顿,始于1932年5月。国民党中央任命中央宣传部总干事萧同兹担任社长,负责改组事宜(图9.2)。萧同兹上任后,向国民党中央提出“工作专业化”、“业务社会化”、“经营企业化”3条办社方针并得到准许。接着,萧同兹将中央通讯社办公地点从国民党中央党部迁出,对外宣称其是一个“独立经营”的新闻通讯机构,使中央通讯社与报界及社会有了广泛的接触;其工作业务也开始以新闻为本位,发稿不受中央宣传部等党务机构的干预。与此同时,中央通讯社还自建通讯电台,添置与装设了最新式的发报机和收报机,以便迅速收发全国新闻稿。同时,竭力罗致各方面人才,增加工作人员,扩大新闻来源网。中央社还重视与外国通讯社的联系,自1932年7月开始,先后与英国路透社、美国美联社、法国哈瓦斯社、苏联塔斯社订立交换新闻条约,收回了外国通讯社的在华发稿权。1933年夏,“中央社”创建英文部,供给英文报纸新闻稿。到1937年抗战全面爆发前夕,中央社直接对全国250家报社发稿,每天发出中文电讯稿8 000至12 000字,基本上垄断了国内的新闻通讯事业。中央通讯社地方分社的建设也在1932年后加快步子,至1936年时在全国范围内建立了11个分社,另有通讯员办事处20多处,基本上形成了一个覆盖全国的新闻通讯网。另外,中央通讯社于1933年派戈公振先生到瑞士、苏俄、德国、法国、意大利各国采访新闻,1936年派陈博生驻东京采访,在国外开始建立正式的特派员及其办事机构。

图9.2　中央通讯社社长萧同兹

与此同时,国民党中央还对广播电台进行改进与整顿工作。国民党的中央广播电台建成后不久,由于发射功率较小,且仅用中波广播,电波只能及于东南少数省份,因而陈果夫等早在1928年冬就提出了扩大发射功率的计划,向德国西门子公司订购了功率为75千瓦的全套广播设备,并扩建新台。1932年5月,中央广播电台新台正式建成,发射功率增至75千瓦,成为当时亚洲发射功率最大的广播电台。11月12日起,该台正式以“中央广播电台”的名义(呼号改为XGOA)向国内外广播。在体制上,中央广播电台也从中宣部独立出来,于1932年夏正式成立中央广播无线电台管理处,直属国民党中央执行委员会。1936年1月,国民党为了进一步加强对全国广播事业的管理和控制,经国民党中央常委会批准,又将中央广播无线电台管理处改组为中央广播事业管理处,简称“中广处”,除直接负责中央广播电台外,还管辖一部分地方广播电台。至抗战爆发前,“中广处”除直接管辖“中央台”外,还直接管辖福州电台、河北电台、西安电台、南京电台、长沙电台及上海正音电台等6座地方广播电台。其中,1936年2月3日开播的南京短波广播电台是当时国内唯一的短波电台。1936年2月,国民党中央设置中央广播事业指导委员会,由陈果夫任主任委员,规定自4月20日起,全国各地广播电台均须转播“中央台”晚间一小时的新闻节目。这是中国广播史上新闻联播节目的开端。

国民党对其新闻事业的这一番改进与整顿,完全是在新的形势下扩大其宣传效力的需要。国民党新闻事业虽然在表面上脱离了党部的直接管制,获得了某些自主权,并进而实行“企业化”计划,但并未弱化国民党对其新闻事业的控制。事实上,上述改进措施,只是更加有利于国民党新闻事业的内部管理与外部形象,有利于国民党新闻宣传的社会效力,从而进一步强化了国民党对其新闻事业的控制。但是,国民党新闻事业的作用,主要是配合国民党各项政策的实施,而这些政策的反动性又注定了国民党新闻宣传的虚假性与反动性。《中央日报》、中央通讯社、中央广播电台等所有国民党的新闻媒体,其报道的新闻必然要服从国民党在政治上的需要,并根据这些需要而扭曲事实乃至编造“事实”,因而理所当然地会失去广大人民群众的信任,被人们称为“谣言公司”。例如,国民党新闻宣传机关在十年内战时期曾每天报道红军死亡人数,但如果将这些数字加起来的话,就会发现整个中国的人口也就这么多。

第三节 国民党新闻事业的由盛转衰

一、国民党新闻事业在战时的变化

抗战爆发后,国民党党营新闻事业随着政治中心的内迁而深入到重庆、桂林等内地城市，数量也有所增加，并出现了集团化的倾向。由于战争的需要，国民党还大力发展军队报刊，使军队报刊成为国民党党营新闻事业的一个重要组成部分。

国民党党报系统的中心、南京《中央日报》在“七七”抗战爆发后立即采取应变措施，派出一部分人员分水陆两路向南、向西迁移。南京《中央日报》出至12月13日停刊后不久，该报的长沙版于1938年1月10日出版，编号与南京版相衔接。同年9月1日，《中央日报》又创设了重庆版，编号衔接长沙版，由程沧波任社长兼总主笔。长沙版则改组为该报的地方分版，在建制上改为中央日报社长沙分社，受重庆总社的节制。此后，《中央日报》又先后在昆明、成都等地创设分版，至抗战胜利时已建立起一个庞大的中央日报报团，为当时中国规模最大的报业集团。其他国民党中央直辖党报也根据战时的需要，除了在大都市中坚持出版外，还派出人员到中小城市乃至县城创设分版。《武汉日报》是国民党在华中地区最大的一家党报，于1929年6月10日在汉口创刊。1934年后，业务逐渐发展，发行及于南京、上海、北平、天津等大城市，最高发行数达2万份。武汉沦陷后，该报一部分设备和人员西迁宜昌，于1938年12月1日出刊《武汉日报》宜昌版，1940年11月1日再迁至恩施出版。另派出一部分人员西迁入黔，于1938年12月1日创刊《中央日报》贵阳版。与此同时，《武汉日报》还在已沦于敌手的湖北黄冈发行敌后版。《中山日报》是国民党在华南地区最大的一家党报，也于1938年5月5日创设梅县分版。国民党浙江省党部机关报《东南日报》在杭州沦陷后于1937年12月迁至金华出版。此外，国民党还积极发展地方党报，许多报纸随着战局的发展转移到中小城镇出版，使国民党党营新闻事业的触角遍布内地偏僻的城镇。据1944年的统计，国民党省、特别市一级的党报已发展到41种，县级党报397种，其数量超过战前，但规模则因战时物资奇缺而较战前缩小。

国民党在战时着力发展的军队报刊，后形成了《扫荡报》、《阵中日报》和《扫荡简报》三大军报系统。《扫荡报》是国民党军事委员会的机关报，于1932年6月23日在江西南昌创刊，1935年5月1日迁至汉口出版。抗战爆发后，该报除了坚守武汉这一宣传阵地外，还派出人员深入内地开拓新阵地，于1938年10月1日出版重庆版，1938年12月15日出版桂林版，后又出版昆明等地的分版，发展成为一个仅次于中央日报社的大报团。《扫荡报》桂林版还出版过外围小报《小春秋》，于

1941年12月1日创刊,3天出一期,4开一张,以刊登社会新闻及小文章为主。《阵中日报》系统则是在抗战爆发后开始发展起来的,初由国民党中央军委会主办,分为北战线版和南战线版两个版,在全国分为10个战区后增至10个分版,由各战区司令部主办,以所辖战区军民为读者对象,除了军中发行外,兼向社会发行。报纸名称也不强求统一,第三战区的军报称为《前线日报》,于1938年10月1日在安徽屯溪创刊。《扫荡简报》系统是一种流动性的小型战地军报,由各集团军或军主办,先后约出版了50种。这类报纸均为油印,编辑部也往往只有几个工作人员,带上一部油印机和一架收报收音机,随军进退。

国民党地方实力派主办的报刊也有所发展。其中比较著名的有《新蜀报》、《华西日报》、《华西晚报》、《秦风工商日报联合版》以及《云南日报》、《广西日报》等。由于这些内地的实力派同内迁而来的以蒋介石为首的中央派存在难解的矛盾,因而在政治上持中间立场,并在共产党人以及其他进步人士的直接或间接的影响和帮助下,表现出一定程度的进步倾向。

抗战爆发之初,国民党的广播事业遭到严重损失。中央广播电台被迫内迁,于1938年3月10日在重庆恢复播音。地方广播电台则大部分被日本侵略者攫夺,也有少数迁地改名坚持播音。据1938年底统计,国民党官办广播电台仅剩六七处,总发射电力不到11千瓦,而抗战爆发前夕(1937年6月)的统计数字是广播电台23座,总发射电力110多千瓦。抗战进入相持阶段后,国民党的广播事业逐步恢复并有所发展。在重庆,国民党中央广播电台于1940年底新建广播大楼,并建有地下防空设施,使该台在日本侵略者对重庆的狂轰滥炸中仍能坚持播音,使日本人大为吃惊。1939年2月6日,国民党还正式开办对国外广播。为了适应战时广播宣传的需要,国民党当局还注重发展西南、西北地区的广播事业,在昆明、贵阳、西昌、兰州等地开办新台。其中昆明广播电台发射功率最大,有50千瓦,于1940年8月开播。自1940年起,国民党当局还开始创办战地流动广播电台,1943年建立军中播音总队,并在各战区设立分队,直接对前线部队播音,还兼办对日军广播。

二、战后党营新闻事业从一统天下到全面溃败

1945年8月抗日战争胜利后,国统区新闻事业的中心向上海、南

京一带转移。以蒋介石为首的国民党统治集团，凭借其手中掌握的政权与法统，抢先在收复区扩展它们自己的新闻事业，至1946年5月国民党政府宣布还都南京时，已重建起一个较战前更为庞大的国民党新闻事业网，在国统区所有地区执当地新闻业之牛耳。以报纸为例，国民党中央直接主办的报纸即中央直辖党报发展到23家，总发行数约45万份，省级党部主办的报纸27家，总发行数约14万份。此外，国民党人士主办的准党报、县市级党部主办的地方党报以及国民党军方主办的报纸，也为数甚多。

这一国民党的新闻事业网，是在接收敌伪新闻机构的基础上建成的。1945年9月，国民党政府行政院颁布了《管理收复区报纸通讯社杂志电影广播事业暂行办法》，规定："敌伪机关或私人经营之报纸、通讯社、杂志及电影制片、广播事业一律查封，其财产由宣传部会同当地政府接收管理。"根据这一法令，原沦陷区的敌伪报馆、电台、通讯社等各类新闻机构全部成了国民党的囊中之物。9月5日，国民党中央机关报《中央日报》总编辑陈训悆以出席南京受降仪式为名，率该报编辑主任卜少夫等人由重庆飞回南京，接收了汪伪《中央日报》、《中报》和兴中印刷所的设备与资财，在战前旧址重建起中央日报馆。在广播事业方面，国民党"中央广播事业管理处"，也早在1945年8月下旬就开始派员分赴各地接收日伪电台，并将其改建为国民党的官办电台。至1946年5月，国民党当局接收并改建的广播电台共21座，大小广播发射机41部，总发射电力为274千瓦。

上海历来是中国新闻事业的中心。在战前，《申报》、《新闻报》等民营商业性大报地位巩固，影响广泛，国民党报纸根本无力与之竞争，成了国民党当局的一块心病。抗战胜利后，国民党不仅恢复出版自己的报纸，还抓住上海民营大报战时附逆的把柄，将它们改造成国民党的准党报，使上海成了国民党党报的天下。

1945年8月23日，即日本宣布投降后第9天，国民党上海市党部主任吴绍澍接收、利用伪《平报》的设备资财，恢复出版了国民党上海市党部的机关报《正言报》；紧接着，8月30日，安徽屯溪《中央日报》社长冯有真派人回沪接收伪《新中国报》，出版上海《中央日报》；10月6日，《民国日报》在胡朴安主持下复刊；1946年元旦，《和平日报》上海版创刊；6月，国民党人主办的《东南日报》也跻身上海滩，出版该报的上海版。对于《申报》、《新闻报》这两家在战前堪与国民党报纸抗衡的资产阶级商业性大报,国民党当局以“战时附逆”为理由,对其实行“党化”政策。蒋介石亲自审批国民党中宣部拟定《上海敌伪报纸及附逆报纸处置办法》,并对如何处置《申报》、《新闻报》多次作出指示。据此,国民党中宣部拟定了《管理申报新闻报办法》和《申报新闻报报务管理委员会组织规程》等文件,在名义上保留了《申报》、《新闻报》的名称,同意两报于11月间恢复出版,但两报必须组建由国民党要人任主任的报务管理委员会。《申报》的报务管理委员会主任由潘公展担任,《新闻报》的同一职务由萧同兹担任。通过这一措施,国民党实际上接管了申、新两报及其附属事业。1946年3月9日,国民党又拟订了申、新两报的改组方案,用加入官股的办法改变两报的纯民营性质,并据此改选董事会,调整报社负责人员。《申报》由杜月笙任董事长,陈景韩任发行人,潘公展任社长兼总主笔,陈训悆任总编辑兼总经理。《新闻报》由钱新之任董事长兼总主笔,詹文浒任总经理,赵敏恒任总编辑。

国民党报团组织的进一步发展与党报企业化计划的全面实施,是抗战胜利后国民党党营新闻事业发展的一个重要现象。自1946年7月开始,国民党党报企业化计划开始施行,按照《公司法》改组为企业组织,并逐步发展为报团组织。最先起步的是成都中央日报社,自7月1日起改为公司组织,并改名为《中兴日报》。1947年5月30日,南京中央日报社股份有限公司宣告成立,标志着国民党党报企业化计划的完成。在报团建设方面,中央日报社在战后发展成一个拥有12个分社的报团组织,在南京、上海、重庆、贵阳、昆明、桂林、长沙、福州、厦门、海口、沈阳、长春12个城市同时出版报纸,影响遍及全国;和平日报社也拥有9个分社,在南京、上海、汉口、重庆、兰州、广州、沈阳、台北、海口等9个城市同时出版报纸。此外,武汉日报社、中山日报社、东南日报社等也发展成小型的报团组织,在其他城市也出有分版。

全面内战爆发后,国民党当局进一步加强党营新闻事业,以作为强化其反动新闻统制的另一项重要措施。在1947、1948年间,国统区的新闻事业几为国民党一党独占。据1947年国民党中央宣传部的统计,国民党中央直辖党报已发展到23家,总销数为45万份。其中以《中央日报》命名的有12家,分布在南京、上海、重庆、贵阳、昆明、桂林、长沙、福州、厦门、广州(后迁海口)、沈阳、长春12大城市。除中央直辖党报外,尚有国民党各省党部主办的地方党报27家,总销数约14万份。在省级党报之下,各地县级党部主办的报纸则为数更多,几占全国报纸总数的一半。湖南省所有的县、江苏省 2/3 的县都办有县党部机关报。国民党军事系统主办的报纸也为数众多，在 1947 年已发展到 229 家，如《党军日报》、《黄埔日报》、《阵中日报》等。老牌国民党军报《扫荡报》此时已发展到 9 家，分别在南京、重庆、上海、汉口、兰州、广州、沈阳、台北、海口 9 个城市出版。该报虽在抗战胜利前一年宣布改制，名义上不再隶属于国民党军委会，抗战胜利后改名《和平日报》，但在宣传上仍一如既往继续与人民为敌。1949 年 7 月 1 日，该报恢复了《扫荡报》原名。国民党还通过投资、改组等方式，使一批有影响的民营报纸沦为国民党的准党报，由国民党宣传大员出任要职。如胡健中主持的上海、杭州两地的《东南日报》、潘公展主持的上海《申报》、程沧波主持的上海《新闻报》等。据统计，这类报纸的总销数也大约有 40 万份。抗战时期已经出现的国民党特务主办的“内幕新闻性”刊物，这时也十分流行，除抗战中出版的《新闻天地》外，尚有新办的《新闻内幕》等多种。此外，国民党当局还在物资上通过配给白报纸等措施增加党营报纸的实力，在宣传上注意各报宣传方针的统一。1946 年 10 月 25 日，即伪“国大”召开前夕，国民党中宣部召集全国党报会议，研究宣传办法。内战期间，国民党经常以中宣部名义，向报刊发出有关宣传工作的指示，对于重大事件的新闻言论的处理方法与尺度，均作出具体规定。凡是有关国际、国内重大问题的社论，也由国民党中宣部组织撰写，交中央通讯社用密码统一播发。有时还由中宣部单独发稿给某一特定地区或报社。国民党各地党部也经常召集当地国民党报刊负责人开会，传达有关宣传指示，统一各报言论。上海、重庆等地还专门建立新闻党团聚餐会制度，由国民党宣传要员主持，解决宣传上的种种问题。

国民党的新闻通讯事业也在这一时期进入鼎盛时期。以国民党的中央通讯社为例，国内分社从战时的 18 家发展到 43 家，其中战后新创建的有 25 家，另有分社下设的办事处 9 家；国外分社和特派员办事处，从战时的 12 家发展到 25 家，其中战后新建的有 13 家；全社工作人员人数为 2 653 人，较战前增加一倍。国民党系统的广播电台在战后发展到 100 多家，其中国民党中央广播事业管理处直辖的电台有 41 家。

但是，随着国民党统治在大陆的末日来临，刚刚发展到顶点的国民党新闻事业即开始走向崩溃。中央日报社在 1948 年开始筹办台北版，1949 年总社社长马星野带着一大批工作人员和大部分器材、设备到台北，于 3 月 12 日出版台湾《中央日报》。中央通讯社在 1948 年下半年先后关闭了开封、济南、长春、沈阳等分社,12 月初,南京总社也开始将重要电讯器材运往台北,大部分工作人员也陆续去台北。1949 年 7 月,“中央通讯社”在台北成立总社办事处,12 月换上“中央通讯社总社”招牌。但这时的“中央社”已非昔比,设在大陆的分支机构已全部关闭,国外分社及办事处也减为 10 家。中央广播电台也在南京解放前夕运走一批设备,迁往台湾。

第十章

中国共产党新闻事业的发展、成熟与全面胜利

第一节　反新闻统制斗争与中国共产党新闻事业深入农村

一、中共在国统区的反新闻统制斗争与地下办报宣传活动

1927年大革命失败后，中共中央机关在"八七会议"后由武汉迁到上海，转入地下活动，继续领导革命斗争。为了向国统区人民宣传中国共产党的政治主张，揭露国民党集团的反动面目，中共中央要求各级党组织针锋相对地开展反新闻统制的斗争，在白色恐怖的条件下积极从事办报等新闻宣传活动。1927年8月21日，中共中央发出通告，要求各级党组织贯彻党的"八七会议"的精神，整理和加强党的宣传工作，积极筹备出版对党内、对党外的报刊。

据此精神，中共中央在其所在地上海先后创刊及复刊了《布尔塞维克》、《红旗》周刊、《上海报》、《红旗日报》、《无产青年》、《中国工人》等报刊，其中影响最大的是《布尔塞维克》和《红旗日报》。

《布尔塞维克》，1927年10月24日秘密创刊，为中共中央理论性机关刊物，瞿秋白、蔡和森、李立三先后担任主编。该刊前16期为16开周刊，后改为32开半月刊、月刊和不定期刊，1932年7月出版第5卷第1期后停刊，共出52期。《布尔塞维克》一创刊，就以全力揭露国民党叛变革命的罪行和国民党改组派的反动本质，同时以大量篇幅热情歌颂中国共产党领导人民群众武装反抗国民党统治的英

勇斗争,及时报道“八一”南昌起义、海陆丰农民运动及广州起义等武装起义情况,批驳托陈取消派的反动谬论。《布尔塞维克》在白色恐怖下出版,为迷惑敌人常采用伪装封面并不断改换刊名,曾用过的假名有《少女怀春》、《中央半月刊》、《新时代国语教科书》、《中国文化史》、《中国古史考》、《经济月刊》等。受党内几次“左”倾错误路线的影响,《布尔塞维克》也宣传过一些错误的政策、主张和口号,如“革命形势不断高涨”、“由解决民权主义任务急转直下到社会主义革命”等。

《红旗日报》创刊于1930年8月15日,其前身是《红旗》三日刊和《上海报》。《红旗》创刊于1928年11月20日,由中共中央宣传部主办,初为16开周刊,后改为32开周刊、8开单张三日刊报纸,自第40期起确定为中共中央政治机关报。《上海报》的前身是《白话日报》,创刊于1929年4月17日,由中共江苏省委主办,李求实任主编,5月中旬后改名为《上海报》继续秘密出版,为4开小型报纸,还曾化名《天声》、《沪江日报》、《海上日报》等出版。《上海报》与《红旗》三日刊合并改组为《红旗日报》后,仍由李求实主编,初为中共中央机关报,自第162期后改为中共中央和中共江苏省委机关报。该报设有《苏维埃区域来信》、《莫斯科通信》、《欧洲通讯》、《红旗俱乐部》、《短斧头》等栏目,每周还发表一篇综合时事述评,发刊词《我们的任务》提出“报纸是一种阶级斗争的工具”的观点。《红旗日报》受当时李立三“左”倾盲动主义影响甚大,在白色恐怖条件下出版日报本身就充满“左”倾盲动主义的色彩。因此,该报虽为工人阶级及劳苦大众所欢迎,出版不满一个月,发行量即高达12 000多份,甚至还有国外订户,但出版环境极端险恶,发行人员先后被捕四五十人,承印的印刷厂多次被封,因而报纸篇幅不得不由对开1大张缩小为4开1张、16开1张,至1931年3月8日停刊,共出182期。

除了中共中央外,各地各级党组织也秘密出版了一批党的机关报刊,如湖北省委的《长江》(后改名《大江》,向警予担任主笔),广东省委的《红旗》半周刊(广州起义爆发后改名《红旗日报》)、河北省委的《北方红旗》、四川省委的《工人之路》等。

由于国民党反动派的残酷镇压及党内一次又一次“左”倾错误路线的影响,1932年后党在国统区的工作机关几乎全部被破坏,至1933年初党的临时中央不得不从上海转移到中央革命根据地,党在国统区主办的地下报刊绝大多数都被国民党当局所摧残。

与此同时,在党的领导或影响下,左翼革命文化运动自20世纪20年代末在国统区开始兴起,其活动内容主要是组织进步文化团体,出版进步文化刊物。

1928年1月,创造社、太阳社等进步文化团体在上海出版的《文化批判》月刊和《太阳月刊》几乎同时创刊。创造社主办的《文化批判》月刊是一个综合性的理论杂志,由朱镜我、冯乃超等编辑,用很大篇幅介绍马克思主义的基本知识,对当时马克思主义理论的普及起了一定的作用,还发表了不少倡导和讨论无产阶级革命文学的文章,对革命文学的产生、革命文学服务的对象等问题作了阐述。出至第5期时,该刊由于国民党当局的迫害而改名为《文化》,不久停刊。太阳社创办的《太阳月刊》是一份宣传革命文学的刊物,由蒋光慈等编辑,发表了不少阐述革命文学重要理论的文章。受当时"左"倾路线的影响,《文化批判》与《太阳月刊》也发表过一些有错误观点的文章,并引起了革命文艺队伍内部一场关于革命文学的激烈论争。1929年11月15日,创造社成员又在上海创办了一份着重宣传马克思主义基础知识的综合性理论刊物《新思潮》,刘梦云(即张闻天)、王学文等主编,主要介绍马克思主义理论。受"左"倾思想的影响,该刊曾刊登"苏维埃政权万岁"、"拥护中国革命"等在国统区不准刊登的口号,于1930年7月1日仅出版7期即被国民党当局查禁。1930年中国左翼作家联盟(简称"左联")成立前后,鲁迅等进步人士又在上海创办起《萌芽》和《拓荒者》、《巴尔底山》、《前哨》、《北斗》、《十字街头》以及《文学月报》等机关刊物。此外,与"左联"有密切关系的《文艺新闻》于1931年3月16日创刊,由刚从日本留学归来的进步文人袁殊主办。

利用报纸副刊进行宣传,是国统区左翼文化运动的另一重要战术。鲁迅在上海的9年里以《申报·自由谈》等报纸副刊为阵地,发表了大量"匕首"、"投枪"式的杂文。他说:"我的常常写些短评,确是从投稿于《申报》的《自由谈》上开头的;集一九三三年之所作,就有了《伪自由书》和《准风月谈》两本。后来编辑者黎烈文先生真被挤轧得太苦,到第二年,终于被挤出了,我本也可以就此搁笔,但为了赌气,却还是改些作法,换些笔名,托人抄写了去投稿,新任者不能细辨,依然常常登了出来。一面又扩大了范围,给《中华日报》的副刊《动向》、小品文半月刊《太白》之类,也间或写几篇同样的文字。聚起1934年所写的这些东西来,就是一本《花边文学》。"[①]据统计,为了同黑暗势力及国民党的书刊检查官们作斗争,鲁迅一生用过130多个笔名,仅在《申报·自由谈》上就先后使用过40多个笔名。

1931年10月21日,由集结在《文艺新闻》周围的进步新闻工作者发起的中国新闻学研究会宣告成立,并发表《中国新闻学研究会宣言》,内云"将以全力致力于以社会主义为根据的科学的新闻学之理论的阐扬"。1932年3月20日,中国左翼新闻记者联盟(简称"记联")成立,并通过了《中国左翼新闻记者联盟斗争纲领》。"记联"成立后,团结新闻界进步人士开展革命宣传活动,反对国民党的新闻统制政策及其御用新闻机构。"记联"曾建立国际新闻社,对国内外报刊发稿,内容以报道抗日救亡活动为主,仅办了4个多月即被封闭。1934年1月7日,"记联"出版《集纳批判》周刊,仅出4期即被迫停刊。"集纳"为英文 Journalism 一词的音译,"批判"是该刊的目的,即强调新闻事业的阶级性,批判资产阶级新闻学及其为帝国主义、封建主义反动统治服务并欺骗人民大众的新闻事业,探讨无产阶级新闻学和建设代表人民大众利益的新闻事业。1935年秋,"记联"创建中华新闻社,对外发稿,一直坚持到1936年5月"记联"宣告自行解散为止。

二、中国共产党新闻事业深入农村

1927年7月国共合作彻底破裂、大革命失败后,一部分中国共产党人深入农村开展武装斗争和土地革命,在反革命势力薄弱的地区创建革命根据地,并在根据地内建立人民自己当家作主的苏维埃政权。1927年10月,毛泽东率领秋收起义部队到达井冈山,建立了第一个革命根据地。1931年9月,中央主力红军取得了第三次反"围剿"战争的胜利,赣南和闽西两大根据地联成一片,形成了以江西瑞金为中心的中央革命根据地。在此前后,中国共产党人还创建了广西右江革命根据地、川陕革命根据地、湘鄂西根据地、鄂豫皖根据地、湘鄂赣根据地等革命根据地。

为了促进土地革命的深入、巩固新创建的革命根据地和人民政权,中国共产党及其领导的中国工农红军还克服物质上的困难,积极开展办报宣传活动。1929年12月下旬,红军第四军党的第九次代表大会

---

① 鲁迅:《花边文学·序言》,载《鲁迅全集》第5卷,人民文学出版社1973年版。

（即“古田会议”）通过决议，强调革命宣传的重要性，并提出了创办“党报”与“政治简报”、“对不识字的党员读书报”等具体措施。1931年11月，中央苏区党的第一次代表大会通过《党的建设问题决议案》，强调党报是党领导全党、组织群众的一项重要武器，应把建立完善的党报看作是党的建设工作的重要组成部分。

最先在中央革命根据地出现的是后来被统一命名为《时事简报》的壁报，由各军和各纵队主办，每周编写张贴一张，内容为国内外政治消息、游击地区群众斗争及红军工作情况。1931年3月，中央军委总政治部主任毛泽东签发《普遍地举办〈时事简报〉》的通令，并附有《怎样办〈时事简报〉》的小册子，推广《时事简报》这一宣传形式，认为它“是苏维埃区域中提高群众斗争情绪、打破群众保守观念的重要武器”①。之后，党和红军还在条件许可的情况下出版了一批以工农与红军官兵为读者对象的油印或铅印报刊，其中最著名的是红军报刊中第一张、也是唯一的一张铅印对开大型日报《红军日报》。1930年7月27日彭德怀率领红三军团攻占长沙后，立即接收了国民党的长沙民国日报社的房屋、印刷厂及设备物资，于1930年7月29日发刊《红军日报》，至8月4日停刊，仅出版了6期。

第三次反“围剿”战争获得胜利后，特别是中华苏维埃共和国临时中央政府成立后，中央革命根据地的新闻事业出现了空前繁荣的景象。据不完全统计，从1931年底至1934年10月中央红军撤离中央苏区开始长征，中央革命根据地出版的大小报纸约有34种、各类刊物约有160余种，其中影响最大的是红色中华通讯社、《红色中华》报、《红星》报、《青年实话》以及《战斗》、《实话》、《斗争》等。

红色中华通讯社，简称“红中社”，1931年11月7日在江西瑞金诞生，以CSR（英文 Chinese Soviet Radio 的缩写）的呼号对外发布新闻。是日，中华苏维埃第一次全国代表大会在瑞金宣布开幕，因而该社第一次发布是中华苏维埃共和国临时政府成立的新闻以及有关文告、宣言等。“红中社”成立后，其主要业务是抄收国民党中央社电讯及塔斯社英文广播，编译刻印供有关领导参考的《无线电材料》（后改为《每日电讯》），同时还利用中央机要电台和军委的电台每天对外播发新闻电讯数条。1931年12月11日，由“红中社”编辑出版的《红色中华》报在江

① 《毛泽东新闻工作文选》，新华出版社1983年版，第26页。

西瑞金创刊，铅印，初为周刊，后改为三日刊、双日刊，为中华苏维埃共和国临时中央政府的机关报，1933年2月4日第50期后改为中央苏区党、政、工、青中央机关的联合机关报，周以栗为第一任主笔。《红色中华》的宣传报道内容，一是紧密配合党和政府的中心工作，积极宣传建设和巩固工农民主政权，曾刊布中央关于展开一个以建设基层政权为中心的"建政"运动的训令，特辟《苏维埃建设》专栏以交流"建政"运动中的经验与有关教训；二是协助党和苏维埃政权进行多方面的战争动员工作，如扩大红军、优待红军家属、组织赤卫队、发展游击战争、筹措战争经费（认购公债）等；三是揭露日本帝国主义的侵略阴谋和罪行，抨击国民党政府的妥协退让政策，宣传中共的抗日救亡主张，报道国统区人民的抗日救亡运动和东北人民武装抗日的消息。该报因通俗易懂、生动活泼而深受读者的欢迎，发行数从数千份上升到四五万份，在根据地产生了巨大的影响，但也受王明"左"倾路线的影响而宣传过一些错误主张。1934年红军开始长征后，"红中社"随军转移，停止新闻广播及对外发稿，仅抄收国内外新闻电讯以供中央领导同志参考，《红色中华》报则在瞿秋白领导下继续出版发行了4个月，由铅印改为油印，出至1935年1月21日的第264期后停刊。

《红星》报于1931年12月11日在瑞金创刊，是中国工农红军军委机关报，军委总政治部主办，用毛边土纸铅印4开小报，不定期出版，1933年8月后由邓小平主编。该报宣称其使命是"加强红军里的一切政治工作（党的、战斗员群众的、地方工农的），提高红军的政治水平线、文化水平线，实现中国共产党苏区代表大会的决议，完成使红军成为铁军的任务"①。《红星》报先后设有十多个固定专栏，其中有侧重政治思想工作及理论建设的《党的生活》、《列宁室》，有介绍军事知识的《军事知识》、《军事测验》，有宣传防病治病和战伤护理的《卫生常识》，还有活跃红军文娱生活、属副刊性质的《俱乐部》等，发挥其提供新闻信息、进行政治思想教育、指导工作、批评监督及文化娱乐等多种职能。《红星》报至1934年时每期发行量约17 300份，长征期间由铅印改为油印继续出版，每期印七八百份发到连队，1935年8月3日后终刊，共出版124期。

《青年实话》是少共苏区中央局（即中国共产主义青年团苏区中央局）机关报，1931年7月1日在福建龙岩创刊，后迁至瑞金出版，初为单

---

① 《见面话》，载《红星》，1931年12月11日。

张印刷的报纸形式，后改为32开本的杂志形式，刊期为半月刊、旬刊、周刊不定，1934年9月30日出版的第113期是现存的最后一期。《青年实话》在宣传上具有鲜明的青年报刊特色，文字生动、内容广泛、形式多样，经常刊载团中央的文件，交流青年团工作的经验，介绍马克思主义的基础知识，还发动青年踊跃参加红军、努力生产支前，组织青年积极参加拥军优属活动等。《青年实话》深受青年读者特别是红军中青年战士的欢迎，开始时发行8 000份，至1934年时增加到28 000千份。

《战斗》、《实话》、《斗争》都是中共苏区中央局创办的机关刊物。《战斗》是党中央在苏区创办的最早的机关报，1931年7月1日在江西宁都创刊，王稼祥等先后担任主编，10月25日出版了第4期后因印刷困难而停刊。《实话》于1932年2月14日创刊于瑞金，1933年春根据中央指示与《党的建设》合并为《斗争》，于1933年2月4日在瑞金创刊，1934年9月30日停刊，前后出版73期，先后发表了党的文献及各种署名文章350多篇。

革命根据地新闻事业的出现，标志着中国共产党作为执政党办报由此开端。而且，中国共产党作为执政党办报从文化落后的农村地区开始，是国际共运史和国际共运报刊史的一个伟大创举，发展了马克思主义的有关理论，特别是马克思主义的新闻理论。马克思、列宁没有设想、探讨过工人阶级政党首先在农村作为执政党创办新闻事业这一情况，因而中国共产党只能靠自己将马克思列宁主义的新闻思想与中国革命的具体实践相结合，进一步发展马克思主义新闻思想。这一时期，党主要采取以苏维埃政权的名义办报，以顺应当时土地革命的形势。此外，中国共产党在农村革命根据地的新闻工作实践，进一步锻炼和培养了党的新闻工作者的实践才干，特别是在艰难困苦的条件下坚持新闻宣传工作的意志和能力，对党的新闻工作者来说是一笔宝贵的精神财富。

第二节　中国共产党新闻事业在抗战中趋于成熟

一、中国共产党党报系统的重建

1935年10月，红一方面军到达陕北吴起镇，和陕北红军胜利会师。同年11月25日,作为中华苏维埃共和国中央政府机关报的《红色中华》报在瓦窑堡复刊,“红中社”的新闻电讯广播业务也重新恢复,7个月后随党中央一起迁至保安县城。1936年12月“西安事变”和平解决后,中共中央领导机关于1937年1月由保安县城迁至延安。之后,延安成为陕甘宁边区的首府、抗战时期中共中央所在地,同时也是党的新闻事业的中心。1937年1月29日,中共中央为团结抗日计,决定将中华苏维埃中央政府机关报《红色中华》报改名为《新中华报》,1937年9月6日陕甘宁边区政府成立后改组为陕甘宁边区政府机关报。当时,以中共中央名义出版的机关报只有一份《解放》周刊,1937年4月24日在延安创刊,由中共中央党报委员会主办。

1937年7月抗日战争爆发后,中国共产党的新闻事业也不断壮大并趋于成熟。中国共产党党报系统的重建,是中国共产党新闻事业在抗战中趋于成熟的一个重要标志。

早在中国共产党成立初期,党就致力于建立一个以党的机关报为中心的革命报刊系统。大革命失败后,党的工作重点转向农村开展土地革命,在反动势力的薄弱地区建立革命根据地和人民自己的苏维埃工农政权。在革命根据地里,党致力于以人民政权的名义办报。抗战爆发、抗日民族统一战线建立后,中国共产党在其直接领导的抗日民主根据地和国民党统治区创办起一大批以团结、抗战、民主为宗旨的报刊,大部分以统一战线的名义面世。1939年后,中国共产党中央发出指示,要求各抗日民主根据地重点办好党的机关报,建立一个以党的机关报为中心的抗日报刊系统。

在延安,中共中央决定,自1939年2月7日起,《新中华报》改组为中共中央机关报,同时兼为陕甘宁边区党委机关报、边区政府机关报,并改五日刊为三日刊,由李初梨担任主编。在此前后,中共中央又先后创办起《八路军军政杂志》、《中国青年》、《中国妇女》、《共产党人》、《中国工人》、《中国文化》、《边区群众报》等一批重要报刊,建设起一个以中共中央机关报为中心的中央级的抗日报刊系统。《八路军军政杂志》创刊于1939年1月15日,月刊,由八路军总政治部出版。《中国青年》创刊于1939年4月16日,半月刊,由全国青年联合会延安办事处宣传部主办。《中国妇女》创刊于1939年6月1日,月刊,由中共中央妇女运动委员会主办,延安“中国妇女社”编辑出版。《共产党人》创刊于1939年10月20日,是中共中央出版的一份以党的建设为中心的刊物，由洛甫（即张闻天）主编，李维汉负责出版工作。《中国工人》创刊于1940年2月7日，由中共中央职工运动委员会主办。《中国文化》创刊于1940年2月15日，是陕甘宁边区文化协会的机关刊物。《边区群众报》创刊于1940年3月25日，初为陕甘宁边区文化协会主办的一份以农村基层干部和农民为主要对象的4开4版周报，后逐步改组为陕甘宁边区党委机关报、中共中央西北局机关报。上述重要报刊的出版，中共中央领袖毛泽东无不予以高度重视，为之撰写发刊词、题词或重要论文，如《中国青年》上先后发表的《五四运动》和《青年运动的方向》、《中国文化》上发表的《新民主主义论》等重要论文。至此，一个以中共中央机关报《新中华报》为中心的中央级的报刊系统在延安形成。

1941年后，抗日战争在经济上进入了最为艰难困苦的时期。在日、伪、顽的夹击下，以延安为中心的陕甘宁边区物资奇缺，经济上发生了严重的困难。在此情势下，一个以中共中央机关报为中心的报刊系统在规模上不得不较前有所收缩，《中国青年》、《中国妇女》、《中国工人》等刊物先后停刊。但是，中共中央机关报的建设则进一步加强。根据中共中央的决定，延安《新中华报》和《今日新闻》[1]合并为大型日报《解放日报》，于1941年5月16日在延安创刊，最初日出对开半张，自9月16日出版的第124号起扩为日出对开一大张。《解放日报》的创办，中共中央和毛泽东对此极为重视。5月15日，毛泽东为中共中央书记处起草了创办《解放日报》的通知，对《解放日报》的工作作了部署和安排，还为《解放日报》题写报头和撰写发刊词。创刊后，毛泽东经常指导该报的工作，并为它撰写和修改重要的社论、评论、新闻和文章。创刊后不久，苏、德战争爆发，该报以大量篇幅报道苏、德战争的情况，同时发表了不少评论，对国际形势作出了科学的分析，但也造成了过多刊载国际新闻、脱离根据地群众和工作实际的不良倾向。《解放日报》的第一任社长是博古（秦邦宪），1946年4月8日因飞机失事遇难后由廖承志继任；第一任总编辑为杨松（吴绍镒），1942年因病去世后由陆定一、余光生继任。为了集中人力、物力办好中共中央机关报《解放日报》，《解放》周刊及《共产党人》杂志也先后停刊。

在其他敌后抗日民主根据地，中国共产党以及其他爱国力量在抗

① 《今日新闻》于1941年3月31日停刊，1942年12月1日改名为《参考消息》恢复出版，由新华社、解放日报社合编，直至1947年3月党中央撤出延安时才休刊。

战初期出版了一批抗日报刊,其中有中国共产党的机关报,也有抗日民主政权主办的以及八路军、新四军系统的报纸。1939 年前后,根据中共中央的指示,各敌后抗日民主根据地也开始建设一个以当地党委机关报为中心的抗日报刊系统,在条件困难的地区则着力建设一份当地党委的机关报。

在晋察冀根据地,《抗敌报》于 1937 年 12 月 11 日在河北阜平县创刊,由晋察冀军区政治部宣传部主办,是敌后抗日根据地出版最早的一份报纸,1938 年 8 月 16 日后被改组为晋察冀边区党委机关报,期号续前,并改为铅印隔日刊。1940 年 11 月 7 日,《抗敌报》改版为日刊《晋察冀日报》,并成为中共中央晋察冀分局机关报,由邓拓任社长兼总编辑。在太行根据地,中共中央北方局机关报《新华日报》华北版于 1939 年 1 月 1 日在山西省沁县创刊,1943 年 10 月 1 日改版为中共中央太行分局机关报《新华日报》太行版,何云等担任过社长兼总编辑。在晋绥根据地,中共晋西区党委机关报《抗战日报》于 1940 年 9 月 18 日在山西省兴县创刊,1942 年 8 月后改为中共中央晋绥分局机关报。在山东根据地,《大众日报》于 1939 年 1 月 1 日山东沂水县创刊,初为中共中央山东分局机关报,1945 年冬改组为中共中央华东局机关报。在华中根据地,《抗敌报》于 1938 年 5 月 1 日创刊于皖南,为新四军军部机关报,1941 年 1 月"皖南事变"后被迫停刊。《拂晓报》于 1938 年 9 月 30 日创刊于河南确山县竹沟镇,是新四军第四师的机关报,1943 年元旦起与《人民报》合并,报名仍旧,成为中共淮北区党委机关报,另出《拂晓报》部队版在军中发行。《江淮日报》于 1940 年 12 月 2 日在苏北盐城创刊,初创时为中共中央中原局机关报,次年 5 月改组为中共中央华中局机关报,刘少奇兼任社长,王阑西任总编辑,出至 1941 年 7 月 22 日停刊。

二、新华通讯社的独立发展与延安新华广播电台的诞生

新华社走上独立发展的道路和人民广播事业的诞生,是党的新闻事业趋于成熟的另一个重要标志。

1939 年后,根据中共中央的指示,新华通讯社也开始日益成熟,走上了独立发展的道路。新华通讯社的前身是 1931 年创建的红色中华通讯社,与当时的《红色中华》报实际上是同一个机构,1937 年 1 月与

《红色中华》报改名为《新中华报》一起改名为新华通讯社,博古兼任社长,向仲华、廖承志具体负责实际工作。抗战开始后,新华社发稿范围逐渐扩大,如中共中央的文件、《解放》周刊和《新中华报》的评论,都经新华社向外传播。当时各抗日根据地被敌人封锁,党中央的方针、政策及有关指示的及时传播、各根据地情况和信息的交流,在极大程度上都要依靠新华社。每天的发稿量由原来的一两千字,增加到四五千字。在抄收电讯方面,编辑部把收到的国外电讯译成中文,编成《每日电讯》参考资料,油印出来,供中央领导及各机关参阅,每期发行约400份,1938年底改名为《今日新闻》。

1939年初,中共中央决定将新华社与《新中华报》分开,各自成为独立的机构,结束了"报"、"社"一家的历史。新华社改建为独立的新闻通讯机构后,由向仲华担任社长。由于业务发展和人员不足,中共中央组织部还抽调了一批人员到新华社搞外电翻译工作①。6月,新华社总社进一步调整、扩充组织机构,分设编辑科、通讯科、译电科、油印科。1941年底向仲华调离后,解放日报社社长博古兼任新华社社长。新华社独立后,还在华北、晋绥、晋察冀、山东、华中各抗日民主根据地相继建立分社,并由该地方党报的社长或总编辑兼任各地新华分社的社长。至1942年底,新华社已有5个分社组织,较大的分社已发展成总分社,基本形成了以延安总社为中心的新闻通讯网络。至抗战胜利时,新华社已建立了9个总分社和40多个分社,人员由几十人发展到124人。

20世纪40年代初,中共中央决定创建人民广播事业。早在1937年全面抗战爆发前夕,毛泽东就提出要在延安创办无线电广播电台,以打破国民党与日寇对根据地的新闻封锁,让各地人民群众听到中国共产党的声音。1940年3月,周恩来从莫斯科回延安时带回了一部广播发射机。之后,中共中央决定成立广播委员会,由周恩来任主任,负责筹建广播电台,周恩来去重庆后改由朱德主持。中央军委三局(即通讯局)局长王诤、新华社社长向仲华等担任广播委员会成员,具体筹划电台建设事宜。当时,筹建电台的客观物质条件几乎等于零。要发电,没有动力,筹建工作者就将一部破旧的汽车头改装成发动机,用它带动发电机发电;有了发动机,但没有汽油,他们就自己动手烧木炭,用木炭生产煤气,用煤气代替汽油作燃料;发射没有铁塔,就将几根大木杆子

① 向仲华:《回忆新华社的创建》,载《新闻业务》,1957年第5期。

连接起来,竖立在山顶上,用来代替铁塔,架上天线,保证无线电波传送出去。为防止日寇的轰炸及敌人特务的破坏,电台的发射机房设在距延安清凉山编辑部20公里外的半山腰的两孔石窑洞内,播音室设在该处一孔土窑洞内。

1940年12月30日,延安新华广播电台建成并首次开播,电台发射电力大约300瓦。该电台的呼号为"XNCR",X为中国无线电台呼号的第一个英文字母,NCR是New Chinese Radio(新中国广播)的缩写。延安新华广播电台当时是新华社的一个组成部分,广播稿件由设在清凉山的新华社广播科提供,广播时间为每天上、下午各一次,每次一小时左右,主要内容有中共中央文件、《新中华报》社论、《解放》周刊重要论文、国内外新闻等,此外还播放抗日歌曲等文艺节目。由于设备简陋、经常出现故障,延安新华广播电台时播时停,至1943年春因大型电子管烧坏而不得不中止播音,直至1945年9月5日抗战胜利后才得以恢复播音。

1940年底延安新华广播电台的建成并开播,是我国无产阶级广播事业的开端。从此,中国共产党的新闻事业中,不但有了报纸、通讯社,而且还有了无线电口语广播这一新型的新闻宣传工具。1940年12月30日这一天,后来被定为中国人民广播创建纪念日。

三、中国共产党在国统区的办报活动与《新华日报》

抗战时期,中国共产党还在国统区开展抗日民主办报宣传活动,并积累了在复杂的环境中坚持无产阶级党性原则的丰富经验。

中国共产党在国统区创办的报刊,最重要的是中共代表团直接领导下出版的《群众》周刊和《新华日报》。1937年8月间第二次国共合作建立后,中共中央派以周恩来为首的中共代表团常驻南京,同时设立八路军南京办事处。10月,在周恩来、秦邦宪、叶剑英等人的直接领导下,潘汉年、章汉夫、吴敏(杨放之)、徐迈进等人开始在南京筹备出版《群众》周刊和《新华日报》,后因战局日趋紧张而未果。中共代表团迁至武汉后,《群众》周刊于1937年12月11日在汉口创刊,由潘梓年为编辑兼发行人,许涤新实际主持社务;1938年1月11日,《新华日报》在汉口创刊,由潘梓年任社长兼总经理,1938年5月后由熊瑾玎任总经理、华岗任总编辑、章汉夫任编辑部主任。作为中共中央长江局的机关报刊,《群众》周刊和《新华日报》在国统区创刊后,大力宣传中共中央抗日民族统一战线及"团结抗战、持久抗战"的战略方针,介绍毛泽东等的游击战争理论,揭露日寇侵华阴谋和罪行,及时报道中国军队的抗日战绩,特别是八路军、新四军驰骋敌后的英勇斗争,发行量达一万二三千份。当然,《群众》周刊和《新华日报》也必然要受到当时中共中央长江局书记王明的右倾机会主义思想影响,发表过一些具有错误倾向的文章。例如,《新华日报》在1月12日发表的社论《团结救国》提出了"一切为着抗日民族统一战线,一切经过抗日民族统一战线"的错误口号;1月26日发表的社论《关于游击战争》贬低游击战的意义;1月29日发表的社论《建立新的军队》轻视和低估了我党领导的人民抗日武装力量及游击战争的战略地位,放弃了党在统一战线中的领导权,等等。

1938年10月,武汉军事形势紧急,中共中央长江局决定将《新华日报》的人员及设备分批迁移,一部分人留武汉,一部分人往重庆西撤,一部分人往西安转移。由于作了充分的准备,1938年10月25日凌晨日军侵入武汉市郊,《新华日报》在当天出至第287号后停刊,但迁至重庆的《新华日报》工作人员立即接过出版任务,于10月26日在重庆出版第288号。《群众》周刊也在10月停刊,同年12月在重庆复刊,1943年1月改为半月刊。

在重庆,《新华日报》在以周恩来为首的中共中央南方局的领导下,在国统区宣传中国共产党的政治主张,始终坚持抗日民族统一战线的政策,在政治上发展进步势力、争取中间势力、孤立反共顽固势力,发挥了极为重要的舆论导向作用,被人们誉为"灯塔"、"北斗报"。毛泽东说该报如同八路军、新四军一样,是党的又一个方面军。当时,国民党当局开始消极抗战、积极反共,对《新华日报》从物资条件、出版发行到言论、新闻各方面都予以刁难与限制。对此,新华日报社工作人员按照"有理、有利、有节"的原则,针锋相对,敢于斗争、善于斗争。

在发行上,国民党当局对《新华日报》采用"只准你印报,不准你发行"的手段,通过控制报贩和邮局,阻止《新华日报》发行,迫使《新华日报》只得自办发行,雇请了100多名报差,其中大多数是穷苦人家的孩子,建立起一支自己的发行队伍。

在物质供应上,当时重庆最缺的是纸张,而国民党当局则采用推、拖、扣等方式断绝《新华日报》的纸张供应。鉴此,《新华日报》工作人员一方面强烈要求国民党当局公平分配纸张,并在重庆报业联合会上揭露国民党当局企图扼杀《新华日报》的阴谋,争取报界同业的支持,迫使国民党当局不得不分配一定数量的纸张给《新华日报》;另一方面则到市场上去零星购买纸张、到产纸地区收购纸张,后又在重庆附近的梁山和岳池、华蓥山下的丁家坪等地办起了小型纸厂,以扩大纸源。正是采取这些措施,《新华日报》的用纸得到了保证,有时还能济他报“纸荒”之急。

在宣传上,《新华日报》工作人员把合法斗争和非法斗争结合起来,把原则的坚定性和策略的灵活性结合起来,同国民党的新闻检查制度作坚决斗争,并取得了一个又一个的胜利。

对于重大新闻及重要言论,《新华日报》不惜冒停刊的危险,全力突破国民党的新闻检查,向国统区人民群众进行报道与宣传。例如,1939年9月16日,毛泽东在延安对中央社、《扫荡报》、《新民报》的记者发表了重要讲话,揭露国民党顽固派加紧反共投降活动的阴谋,严正声明中国共产党的基本对策是“人不犯我,我不犯人;你若犯我,我必犯人”,并重申“坚持抗战、反对投降,坚持团结、反对分裂,坚持进步、反对倒退”的原则立场。为了及时向国统区人民宣传党的主张,揭露顽固派的阴谋,《新华日报》采取“拒检”的办法,于9月19日在该报显著位置上刊载这一重要文章,并提前出版,一大清早就把报纸送到了读者手中,使国民党新闻检查机关措手不及。

又如,1941年“皖南事变”发生时,《新华日报》在1月11日晚上得到这一消息,第二天就把这一国民党军队袭击新四军的严重事件在报纸上首次透露。1月17日,国民党军事委员会发布通令与谈话,颠倒黑白,污蔑新四军“叛变”,宣布取消新四军番号,继续向新四军进攻。当晚,《新华日报》工作人员机智地避开坐镇报社的新闻检查人员的监视,在18日出版的报纸上发表了周恩来为皖南事变手写的两个题词:“为江南死国难者致哀!”“千古奇冤,江南一叶;同室操戈,相煎何急?!”这两个题词,间接地向国统区人民透露了“皖南事变”的真相,揭穿了国民党顽固派妄图一手掩尽天下人耳目的阴谋。

除“拒检”外,《新华日报》还常常采用“暴检”的办法,来揭露国民党新闻检查制度的罪恶。最常用的方法是开“天窗”,即在被检查人员删去内容的报纸版面上故意留下空白,或在空白版面上排上“此段遵检”、“被删”、“被略”等字样,以示抗议。

四、延安整风期间《解放日报》的改版与党报工作的重要改革

自1942年春天起，中国共产党在全党范围内展开了一次整风运动，即反对主观主义以整顿学风、反对宗派主义以整顿党风、反对党八股以整顿文风，核心是反对主观主义，旨在从思想上清算中国共产党成立20多年来党内发生的历次“左”、“右”倾错误路线及其流毒，在全党范围内进行一次马克思列宁主义的教育运动。在整风期间，党报工作也乘整风之东风，进行了重大改革，中国共产党新闻工作的基本理论与模式由此基本确立。

1942年2月初，毛泽东在延安先后作了《整顿党的作风》、《反对党八股》的重要报告，揭开了整风运动的序幕。据此精神，1942年3月16日，中共中央宣传部发出《为改造党报的通知》，要求各地根据整风精神来检查和改造报纸。作为党报改革的一个纲领性文件，《通知》阐明了“全党办报”、党报的战斗性等一系列极其重要的党报理论。《解放日报》走在新闻界整风改革的前头。1942年3月31日，毛泽东和解放日报社社长博古在杨家岭中共中央办公厅召集各方面人士70多人开会座谈，就《解放日报》改版征求各方面的意见。毛泽东在座谈会上明确指出：“利用《解放日报》，应当是各机关经常的业务之一。经过报纸把一个部门的经验传播出去，就可推动其他部门工作的改造。我们今天来整顿三风，必须好好利用报纸。”

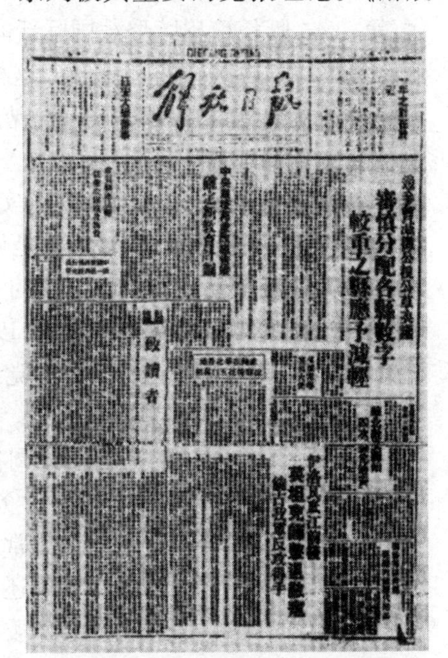
解放日報

致讀者

图10.1　延安《解放日报》改版（1942年4月1日）

1942年4月1日，《解放日报》实行改版（图10.1）。是日，《解放日报》刊登了中共中央宣传部《为改造党报的通知》和改版社论《致读者》。改版社论检

查了该报创刊10个月来存在的问题:“我们以最大的篇幅供给了国际新闻,而对于全国人民和各抗日根据地的生活、奋斗,缺乏系统的记载;我们孤立登载着中央的决议指示,领导同志的论文,而没有加以发挥和阐明,对于政策和决议的执行情形、经验检讨则毫无反映;我们以巨大的篇幅登载枯燥乏味的论文和译文,而不能以生动活泼通俗易解的文字解释迫切的问题,对于敌对思想缺乏应有的批评”;“对于边区中所进行的各种巨大的群众运动,我们至多只记载了一些论断,而没有能够全面地反映,更谈不上推动与倡导。”因此,改版社论提出要实行“彻底的改革。改革的目的,就是要使《解放日报》能够成为真正战斗的党的机关报”。为了加强报社的领导,中共中央在4月间决定派陆定一参加改版工作,8月8日被正式任命为总编辑。

《解放日报》改版后,以抗日民主根据地的新闻报道为主,密切联系群众和工作实际,积极配合党的中心工作进行宣传报道。在版面上,《解放日报》改版后也焕然一新:第一版是反映各解放区情况的要闻版,第二版是陕甘宁边区版,第三版才是国际新闻版,第四版仍是副刊和各种专论。而在此之前,《解放日报》版面内容以刊载国际新闻为主,第一、二版长篇累牍登载国际新闻,第三版主要登载国内新闻,第四版才是陕甘宁边区新闻和副刊。这样的版面编排,显然是受党八股和王明教条主义错误路线影响的表现,严重脱离解放区斗争实际和党的中心工作实际。

之后,延安《解放日报》又努力实践毛泽东提出的“全党办报”的方针,强调党报必须由全党来办,不是依靠几个报馆同仁来办,党报工作者必须认识到自己是整个党组织的一分子,自觉地把自己融于党的集体之中,不允许与党唱对台戏。自1942年8月起,为了加强中共中央机关报《解放日报》与陕甘宁边区党组织的联系,中共中央决定《解放日报》兼为中共中央西北局机关报。据此,中共中央西北局发布《关于〈解放日报〉工作问题的决定》,强调各级党委要把帮助与利用《解放日报》的工作当作自己经常的重要业务之一,责成各级党委在党内进行关于党报的教育,要求全体党员经常看党报,帮助党报发行和组织担负该报的通讯工作。此外,各级党委还要定期检查自己对《解放日报》所做的工作并向西北局报告,各级党委的宣传部长要担任《解放日报》的通讯员并负责组织所属地区的通讯工作。

随着整风改革的深入,延安《解放日报》还发表了一系列关于新闻工作的重要文件、社论和理论文章。除了上述《毛泽东在〈解放日报〉改版座谈会上的讲话》、《中共中央宣传部为改造党报的通知》、《中共西北中央局关于〈解放日报〉工作问题的决定》、《解放日报》社论《致读者》等外,还有《党与党报》、《本报创刊一千期》、《提高一步》、胡乔木的《报纸是人民的教科书》、陆定一的《我们对于新闻学的基本观点》、总政宣传部的《苏联的军事宣传与我们的军事宣传》、陶铸的《关于部队的报纸工作》等。自1942年10月28日起,《解放日报》还特辟《新闻通讯》专栏,为最早出现在抗日民主根据地报纸上的新闻学研究专刊。

这些文件、社论和理论文章,用马克思主义的立场、观点和方法,探讨了新闻学的基本问题和无产阶级党报的基本理论,对党报的性质和作用、全党办报的思想、新闻工作的党性原则、无产阶级唯物主义新闻观和资产阶级唯心主义新闻观的区别以及文风等基本问题都作了比较系统的论述,为建设中国共产党新闻工作理论和模式奠定了基础。具体而言,一是阐释了新闻的本源是事实,新闻是新近发生的事实的报道,新闻的真实性是新闻工作的基本原则;二是重申了党报的性质、特征和任务,确立了"全党办报"的思想与方针;三是加强新闻工作者的党性修养,确立"人民公仆"的思想;四是坚持"政治第一,技术第二"的原则,反对"技术第一、政治第二"的观点;五是反对党八股,树立生动活泼的马列主义文风;六是发扬理论和实践相结合、密切联系人民群众以及批评与自我批评的三大作风。

在当时发表的理论文章中,数1943年9月1日在《解放日报》上刊登的陆定一的《我们对于新闻学的基本观点》最为全面、系统。该文用辩证唯物主义的观点、方法,阐述了无产阶级新闻学的有关基本问题,也批判了资产阶级唯心主义的新闻学观点。陆定一在文中论述了"新闻的本源"问题,对"新闻"的定义作了界定:"唯物论者认为,新闻的本源乃是物质的东西,乃是事实,就是人类在与自然斗争中和在社会斗争中所发生的事实。因此,新闻的定义,就是新近发生的事实的报道。"关于"新闻如何能真实"的问题,文章既基本肯定了资产阶级新闻学中新闻必须具备"五要素",即时间、地点、人名、事实的过程与结果的观点,又指出仅仅有"五要素"是不够的,还必须把尊重事实与革命立场结合起来,密切联系群众、联系实际,才能写出真实的新闻。

延安《解放日报》的改版,不仅标志着党报工作改革的兴起,而且还为当时在各抗日民主根据地出版的报刊以及《新华日报》等在国统区出版的报刊进行改革提供了一个可资借鉴的楷模。《新华日报》华北版、《抗战日报》等也在整风检查工作的基础上,纷纷进行了类似《解放日报》的改版与改革,加强了报纸与革命根据地的斗争实际和人民群众的联系,加强了党委对报纸的领导。重庆《新华日报》于1942年5月23日发表社论《敬告本报读者——请予本报以全面批评》,宣布要在读者的帮助下,"使本报得以肃清主观主义、教条主义与党八股的残余"。9月18日进行改版并发表社论《为本报革新敬告读者》,增设以加强向国统区人民及时报道边区的改革和建设的《边鉴》专栏以及《新华副刊》等。9月19日起,创办副刊《团结》,作为共产党员和先进分子学习和修养的园地。

第三节 人民解放战争与中国共产党新闻事业的全面胜利

一、抗战胜利后中国共产党新闻事业的发展、收缩与全面胜利

抗战胜利后,中国共产党领导的人民新闻事业经历了一个发展、收缩、再发展直至取得全面胜利的历程。

抗战一胜利,中国共产党领导的人民军队冲破国民党当局的束缚与钳制,对日本侵略者开展全面大反攻,迅速收复了大片国土,解放区迅速扩大。至1946年初,中国共产党领导下的解放区面积发展到近300万平方公里,占全国总面积的1/4,人口约1.4亿,占全国总人口的1/3。在广大的解放区内,人民新闻事业迅猛发展,报刊的出版条件大为改善,绝大多数由油印改为铅印,不少扩版或改版为大型日报。随着一些城市和工矿区被解放,城市报刊和工矿报刊也应运而生。例如,原在阜平出版的中共中央晋察冀分局机关报《晋察冀日报》,于1945年9月12日迁至张家口市出版,并改为对开4版,成为解放区第一份在城市出版的大型日报;中共晋冀鲁豫边区中央局机关报《人民日报》,于1946年5月15日在邯郸市创刊,日出对开4版等等。人民广播事业也

出现了前所未有的发展，人民广播电台网初具规模。1945 年 9 月 11 日，延安新华广播电台恢复播音，呼号仍为 XNCR。至 1946 年 6 月，哈尔滨、张家口、大连、长春、安东（今丹东）、鞍山、吉林、齐齐哈尔、承德等城市的人民广播电台也纷纷开播。

在国统区，中国共产党迅速在上海等地创办党领导的新闻机构，将党和人民的新闻事业扩展到收复区。在上海，抗战一胜利，党就办起了《新生活报》，1945 年 8 月 16 日创刊，名义上是苏联塔斯社主办的俄文《新生活报》的中文版，9 月 1 日后改名《时代日报》。9 月 14 日，正在重庆同国民党谈判的中国共产党领导人毛泽东、周恩来致电中共中央并转华中解放区负责人，指示办报事宜："上海《新华日报》及南京、武汉、香港等地以群众面目出版的日报，必须尽速出版。根据国民党法令，可以先出版后登记。早出一天好一天，愈晚愈吃亏。"根据毛、周电报的精神，党又办起了《联合日报》、《建国日报》、《联合晚报》、《文萃》周刊等一大批报刊。《联合日报》创刊于 1945 年 9 月 21 日，以美国新闻处的名义发行，11 月 30 日被国民党当局指令停刊，后又于 1946 年 4 月 15 日改名《联合晚报》恢复出版。《建国日报》问世于 1945 年 10 月 10 日，报头栏标有"上海文化界救亡协会主办，社长郭沫若，总编辑夏衍"一行字样，以示其与《救亡日报》一脉相承，至 10 月 24 日仅出版了 15 天后即被国民党当局查封。《文萃》周刊创刊于 1945 年 10 月 9 日，初为集纳性、文摘性刊物，1946 年 6 月后逐步改版为时事政治性刊物。在此期间，中共上海地下组织还乘民营电台纷纷申请复业之际，以上海市文化运动促进会的名义创办起中联广播电台，系党在国统区创办的唯一一家广播电台，1946 年 3 月初开播，7 月间被国民党当局借口整顿而查封。此外，新华日报社早在 1945 年底即派人至上海、南京两地筹办该报的上海版和南京版，但因国民党当局的阻挠与刁难而未能面世，唯有《群众》杂志获准由重庆迁至上海，于 6 月 3 日在上海出版第 11 卷第 5 期，并由半月刊改为周刊。在华南，根据 1945 年 9 月初中共中央电告中共广东区党委迅速派人去广州、香港开辟宣传阵地的指示，中共广东区党委决定由东江纵队《前进报》派出骨干赴香港办报。11 月 13 日，《正报》在香港创刊，后改为杂志，出至 1948 年 11 月 13 日因华南党的工作重点的转移而自动停刊。1946 年 1 月 4 日，《华商报》在香港复刊，并由晚报改为早报。在北平，党利用 1946 年 1 月国共两党在北平签订停战协定并成立军事调处执行部之机，于 2 月 22 日创办北平《解放报》和新华社北平分社,分别由徐特立和钱俊瑞担任社长,至5月29日被国民党当局查封。

1946年6月,国民党当局发动全面内战后,由于人民解放军以消灭敌军有生力量为主要目标,不争一城一地的得失,主动放弃了一些地方,解放区人民新闻事业由发展转为收缩。许多报刊被迫从城市迁回农村出版,由大报改为小报,由铅印改为油印,由日刊改为双日刊、三日刊、周刊以至不定期刊,发行范围与数量也由大变小,还有一些报刊被迫停刊。例如,《晋察冀日报》于10月11日解放军撤出张家口市后迁回阜平出版;《新华日报》华中版于12月26日被迫停刊。1947年3月国民党当局对陕甘宁解放区发动重点进攻后,延安《解放日报》于3月9日起由原来的一张四版改为半张二版,3月13日在延安出版了最后一期后撤离,3月15日起在子长县史家畔村出版,日出一小张二版,3月27日出至第2130号后停刊。延安新华广播电台为了保证在战争期间永不中断,自1946年11月下旬起就开始研究与准备转移事项,其中一部分工作人员转移至陕北子长县史家畔村,为建立战备台而积极准备。因此,国民党军队进犯延安期间,在延安工作的电台人员坚持工作至14日中午,已转移到子长县好坪沟村的战备台工作人员则自14日晚上起接替播音,并于21日起改名为陕北新华广播电台继续播音。此时,中共中央指示晋冀鲁豫解放区与邯郸新华广播电台迅速筹建一座新的广播电台。自3月29日晚起,这座设在太行山麓涉县境内的新建电台接替陕北台播音,但仍使用"陕北新华广播电台"的呼号。

中国共产党在国统区的新闻事业在全面内战爆发后更是遭到了毁灭性的摧残。《新华日报》和《群众》杂志是国民党当局首先要摧残的对象。国共合作破裂前,国民党当局就散布谣言说新华日报社藏有武器,并多次派军警宪特进行搜查。新华日报社所在地重庆化龙桥,是一片洼地,国民党军队在四周山上构筑了工事,将报社人员的行动置于严密监视之下。国共合作破裂后,国民党当局于1947年2月28日凌晨派军警宪特包围了新华日报馆,宣布"限令"中共人员从当天上午3时起停止一切活动,新华日报重庆馆和成都营业分处的工作人员于3月9日乘飞机离渝返回延安,昆明营业分处的工作人员则转道上海前往晋鲁豫解放区。南京、上海等地的中共机构也在2月28日接到"限令"停止活动的通知。《群众》杂志于3月2日在上海出至第14卷第9期后停刊,其工作人员随后撤回解放区。

1947年下半年人民解放战争转入战略进攻后，一批又一批城市、矿山和交通中心相继解放，使解放区新闻事业由收缩转入再发展并走向全面胜利，解放区新闻事业的中心也开始由农村向城市转移。1947年11月12日，《新石门日报》在华北重镇石家庄创刊，后改名《石家庄日报》。1948年1月1日，《内蒙古日报》在乌兰浩特市出版。3月15日，《吉林日报》迁回吉林市出版。6月15日，《晋察冀日报》和晋冀鲁豫《人民日报》合并改组为中共中央华北局机关报《人民日报》，在河北平山出版，实际上已成为中共中央的机关报。1949年1月31日北平和平解放后，《人民日报》于2月1日试刊、2月2日出版北平版，3月15日迁北平出版。同月，陕北新华广播电台也随中共中央迁入北平，并改名为北平新华广播电台向全国播音。6月5日，中共中央决定将原新华通讯社的口语广播部扩充为中央广播事业管理处，作为领导与管理全国广播事业的机构，由廖承志任处长，广播事业从此脱离新华通讯社，进入独立发展时期。7月13日，中华全国新闻工作者协会筹备会在北平成立，胡乔木任筹备会主任，胡愈之、廖承志任副主任，萨空了、徐迈进分别任正、副秘书长，解放区和国统区两支进步新闻工作队伍胜利会师。筹备会还推出12名正式代表、2名候补代表，代表国统区和解放区的新闻界参加新政协，共筹建国大计。8月1日，中共中央决定将华北局机关报《人民日报》正式改组为中共中央机关报，胡乔木、范长江先后任社长，邓拓任总编辑。9月27日，北平新华广播电台再次改名为北京新华广播电台。

二、解放战争期间新华通讯社的大发展及其发挥的独特作用

解放战争期间，新华通讯社的发展最为迅猛，并成为当时党的新闻事业的主干力量，在全面内战爆发后还兼负起党中央机关报的作用。

抗战胜利后，新华通讯社总社的工作机构较前扩大充实，分为国内新闻、国际新闻、英文广播、口语广播4个编辑部门。各解放区的总分社、新的解放区和重庆、北平、南京3个大城市的分社也先后建立。至1946年4月，新华社在国内已建成总分社9个、分社40多个。同月，中共中央提出了“全党办通讯社”的口号，制定了《新华社、解放日报社暂行管理规则》，对新华社和解放日报社实行报社合一、以通讯社为主的

体制,由新华通讯社社长与总编辑分别兼任解放日报社社长与总编辑。

1947年3月国民党军队对陕甘宁解放区发动全面进攻后,新华社兼解放日报社社长廖承志率领两社大部分工作人员于3月14日撤出延安实行战略大转移,3月20日东渡黄河赴太行山地区。由新华社副总编辑范长江率领少数工作人员则留下坚持工作至18日凌晨与党中央最后一批撤出延安,后留在陕北在毛泽东、周恩来率领的中央纵队身边充当党中央的"耳目"与"喉舌"。3月27日《解放日报》停刊后,中共中央进一步加强了新华社的工作,使新华社同时担负起党中央机关报、通讯社和广播电台的三重任务,不仅报道新闻,还代表党中央发表时事政治评论。在新华总社大部分工作人员向太行山区转移之时,中共中央还紧急指示中共晋冀鲁豫中央局迅速抽调晋冀鲁豫《人民日报》、新华社晋冀鲁豫总分社、太行分社等单位的部分干部,组建新华社临时总社,临时接替在转移中的新华总社的工作。新华社临时总社建立后,每天24小时同陕北党中央保持联系,在范长江的直接指导下,播发中共领导人的讲话和为新华社写的评论或社论、中共中央发言人的谈话,以及人民解放战争的胜利消息。1947年7月上旬,廖承志率领的新华总社大部人员历时3个月,行程2 000多公里,胜利抵达河北涉县,在太行山区重建新华社总社,新华临时总社完成了党交给它的特殊任务。

新华社总社迁至太行山区后,为了适应人民解放军转入反攻时期的宣传报道需要,其编辑部门的建制再次扩大,原来的科、组、室被调整扩充为部,如解放区部、国民党区部、国际部、语言广播部、英文广播部、英译部等。在工作业务方面,新华社总社自7月下旬起抄收外电工作恢复到延安时期的规模,8月1日起恢复了半月一次国内外的述评性新闻,文字广播还增加"新闻情报"项以供中央领导机关及前方部队指挥员参考,口语广播增加了简明新闻以供行动中的野战部队收听。9月11日,新华社总社还新增国内英语口播新闻。

1948年3月,党中央决定东渡黄河向河北平山转移,新华总社也分批向平山转移。5月22日,新华社总社在太行的工作全部结束;23日,已抵达平山的新华社人员接任各项工作;6月初,新华社最后一批人员抵达平山。此后,中共中央重新恢复了对新华社的直接领导,并对新华社的组织机构作了调整与充实,原总社社务委员会扩组为管理委员会,由廖承志、胡乔木、范长江等组成,廖为社长,胡为总编辑,下设编辑部和广播管理部，分别由范长江和廖承志任部长。10月，总社又成立了编委会，由胡乔木负责，处理宣传方针、编辑业务及对各总分社工作的领导。至1948年11月，全社工作人员共754人，其中编辑人员129人，电务人员215人。各地总分社和分社发展到20个。在新华总社迁至党中央所在地河北平山的同时，陕北新华广播电台也迁至平山，自1948年5月23日起在平山播音。1949年3月，新华通讯社随中共中央迁入北平。6月24日，新华通讯社成立新的社委会，胡乔木兼任社长，范长江任副社长，陈克寒任副社长兼总编辑。

在解放战争期间，军事宣传报道是人民新闻工作的一项基本内容，而新华通讯社在做好军事宣传报道方面作出了极为重要的贡献。早在战争初期，新华通讯社就开始组建军事宣传报道网络。新华社晋察冀、晋冀鲁豫、山东、华中等总分社派出记者组或记者团随军进行采访活动，后又在这些记者组或记者团的基础上扩建为前线分社。1946年6月1日，山东野战军前线分社率先成立。1947年1月，山东野战军前线分社与华中野战军前线分社合并成立华东野战军前线分社。6月24日，根据中共中央军委和中宣部的指示，各野战兵团都成立了新华分社，形成了一个强大的军事宣传报道网。1949年3月5日，根据中央军委、总政治部与新华总社发布的《关于野战军各级新华社名称、任务的规定》，各野战军新华分社扩充为总分社、各兵团设立分社、各军设立支社。

新华通讯社还十分注意加强军事评论工作，通过各种评论、社论和述评性报道，分析战局，展望光明前景。新华社发表的各类评论文章，还有一个特点，就是注重运用具体的战例，鼓起军民必胜的信心。1947年下半年人民解放军转入反攻后，新华总社编辑部还抽出专人负责撰写军事综合报道与军事评论。7月1日，新华社发表社论《努力奋斗迎接胜利》；9月12日，新华社发表《人民解放军大举反攻》的社论，指出："人民解放军的大举反攻，标志着战争形势的根本转变。蒋介石的全面攻势已被打得粉碎，已经一去不复返了。"接着，新华社又播发了《四路大军挥戈南下》等一系列有关大反攻的新闻，及时报道战局的新发展，向全国人民报道人民解放战争胜利的消息。在辽沈、淮海、平津三大战役和渡江战役期间，新华社作了有声势、有规模的报道，多侧面地充分反映了战役的主要进程、胜利成果和伟大意义，出现了一批优秀的新闻报道与通讯。在此期间，毛泽东也为新华

新华社长江前线二十二日二时电 英勇的人民解放军二十一日已有大约三十万人渡过长江。渡江战斗于二十日午夜开始，地点在芜湖安庆之间。国民党反动派经营了三个半月的长江防线，遇着人民解放军好似摧枯拉朽，军无斗志，纷纷溃退。长江风平浪静，我军万船齐发，直取对岸，不到二十四小时，三十万人民解放军即已突破敌阵，占领南岸广大地区，现正向繁昌、铜陵、青阳、荻港、鲁港诸城进击中。人民解放军

图 10.2 毛泽东为新华社撰写新闻稿

社撰写了一系列新闻报道与评论，如《中原我军占领南阳》、《我三十万大军胜利南渡长江》等消息和《中国军事形势的重大变化》、《将革命进行到底》、《评战犯求和》、《丢掉幻想，准备斗争》、《别了，司徒雷登》等评论，至今仍有撼人之力度(图 10.2)。

此外，新华通讯社还与新华广播电台一起成功组织过多次瓦解敌军和争取蒋军家属的宣传报道。1946 年 7 月，原国民党上尉刘善本第一个驾机起义飞抵延安后，延安新华广播电台播发了刘善本对国民党空军官兵的广播演讲《赶快退出内战漩涡》。自 1947 年 1 月 20 日起，延安台又每天播发放下武器、脱离内战的国民党军官的名单。同年 9 月 5 日起，陕北台正式开办《对蒋军广播节目》(后改称《对国民党军广播节目》)，每天半小时。这类节目以蒋军官兵为主要对象，采用多种宣传形式，向他们宣传中国共产党对时局的主张和宽大处理放下武器人员的政策，在分化瓦解敌军的作战意志方面发挥了很大的作用。

三、从反“客里空”运动到党的城市新闻工作方针的提出

在解放战争期间，中共中央在解放区发动土地改革运动，消灭封建以及半封建剥削的土地制度。土地改革运动兴起后，新华社和解放区的其他报刊、电台以满腔的热情宣传中国共产党的土改路线、方针与政策，传播与推广土改工作经验，但在土改运动初期也一度出现了右的倾向，在土改宣传报道上犯了右倾错误。例如，忽视土改运动这场阶级斗争的激烈性和严重性，片面报道与宣传地主拥护土改、自动献地、受到政府赞扬、群众感激等“和平”土改的虚幻景象，其中不少是由于新闻工作者个人主义、主观主义思想作怪而产生的失实新闻。这一切，不仅妨害了土改运动的展开，还损害了人民群众对党的新闻事业的信任。

对此，在中共中央晋绥分局领导下，《晋绥日报》自1947年6月起率先检查其新闻报道工作中存在的右倾错误和新闻失实问题，并采用在报纸上公开进行批评与自我批评的方式发动群众揭露假报道，维护新闻真实性的基本原则。6月15日，《晋绥日报》用第四版整版篇幅刊登苏联剧本《前线》中有关"客里空"的情节。客里空是一个惯于弄虚作假、吹牛拍马的战地特派记者，但从不深入战场，而是呆在总指挥部，根据从总指挥部听到的一星半点材料胡编乱造。《晋绥日报》在编者按中说："我们的编者作者应该更加警惕，并勇敢地严格地检讨与揭露自己不正确的采访编写的思想作风，更希望我们每一个读者都起来认真、负责、大胆地揭发客里空和比客里空更坏的新闻通讯及其作者，在我们的新闻阵营中，肃清客里空。"因此，《晋绥日报》发起的这场运动被称为反"客里空"运动。之后，《晋绥日报》又在6月25日至27日以《不真实新闻与客里空之揭露》为题，连续曝光报社自我检查出的或群众揭发检举出的失实报道。接着，一些记者、作者、通讯员也响应报社的号召，对自己采写的报道失实之处作自我检查与自我批评。许多读者也热情地向报社提供口头的或书面的材料，一些县区的基层政权组织还帮助报社开展运动，发动群众检举"客里空"。9月18日，《晋绥日报》在其创刊7周年纪念之际，同新华社晋绥总分社联名发表《关于"客里空"的检查》，连载4天，将检查的重点指向报社的领导人员，提出把肃清"客里空"与检查端正领导作风结合起来。

《晋绥日报》的反"客里空"运动得到党中央的肯定，并通过新华社的宣传报道，将《晋绥日报》发起的反"客里空"运动推广到各解放区的新闻界。1947年8月28日，新华社发表署名总社编辑部的专论《锻炼我们的立场与作风——学〈晋绥日报〉检查工作》，要求"各解放区的新闻工作单位部门及个人，均应普遍在公开的群众性的方式下，彻底检查自己的立场与作风，要由此开展一个普遍的学习运动"。9月1日，新华社又发表社论《学习〈晋绥日报〉的自我批评》，强调"《晋绥日报》的自我批评是土地改革中的一个收获，它必将使新闻工作更加向前推进一步"。在新华社的号召下，各解放区新闻界自9月起普遍展开反对"客里空"的运动，晋冀鲁豫《人民日报》和新华社晋冀鲁豫总分社、太岳《新华日报》和新华社太岳分社、《东北日报》和新华社东北总分社等新闻单位都先后作出学习《晋绥日报》自我批评精神的决定，认真检查新闻报道工作和新闻工作者立场作风等问题，至1948年春季基本结束。

这场反“客里空”运动,发扬了批评与自我批评的优良传统,克服了土改宣传中的右的倾向,检查、纠正了新闻报道失实现象,维护了新闻真实性原则,提高了新闻工作者的政治与业务素质。但是,这场运动也存在“左”的偏向,误伤了一些好人,使1947年下半年、特别是第四季度的土改宣传报道出现了片面强调“走贫雇农路线”的“左”倾错误。所幸的是,这一情况迅即为党中央所察觉。1948年2月11日,毛泽东为中共中央起草了党内指示《纠正土地改革宣传中的“左”倾错误》,要求各地党的领导机关、新华总社和各地总分社以及各地报纸工作人员,根据马克思列宁主义原则和中央路线,检查过去几个月的宣传工作,发扬成绩,纠正错误。根据这一指示的精神,解放区新闻机构于1948年春普遍开展了一次对于土改政策宣传中“左”倾错误的检查活动。

1948年3月下旬,毛泽东途经晋绥地区。4月2日,毛泽东接见了《晋绥日报》编辑部人员,在听取报社工作汇报后作了重要谈话,即著名的《对晋绥日报编辑人员的谈话》。毛泽东的讲话,全面总结了包括《晋绥日报》在内的解放区新闻工作经历的“左”、“右”两条战线斗争的经验与教训,精辟地阐述了无产阶级党报理论的几个基本问题。毛泽东认为:“报纸的作用和力量,就在于它能使党的纲领路线,方针政策,工作任务和工作方法,最迅速最广泛地同群众见面。”“我们的报纸也要靠大家来办,靠全体人民群众来办,靠全党来办,而不能只靠少数人关起门来办。”“我们党所办的报纸,我们党所进行的一切宣传工作,都应当是生动的,鲜明的,尖锐的,毫不吞吞吐吐,这是我们革命无产阶级应有的战斗风格。”“报纸工作人员为了教育群众,首先要向群众学习。”

1948年秋后,人民解放战争向全国胜利推进,大批城市被解放,人民新闻事业由农村转移到城市。鉴此,中共中央、中央宣传部、新华总社自1948年下半年起多次颁布有关城市新闻工作方针的指示与决定。8月15日,中共中央宣传部发布《关于城市党报方针的指示》,提出了关于城市党报工作的三大注意事项:(1)报纸主要为工农兵服务,但同时也要为干部、工商业者和知识分子服务;(2)报纸以报道农村与工厂的消息为主,同时兼顾市场、学校以及其他地方;(3)报纸副刊,必须宣传马克思主义,深入浅出地对读者作教育工作。1949年3月5日至13日,毛泽东在党的七届二中全会上代表党中央作了报告,明确指出："从现在起开始了由城市到乡村并由城市领导乡村的时期"，"从我们接管城市的第一天起，我们的眼睛就要向着这个城市的生产事业的恢复和发展"，城市中的各项工作，包括报纸、通讯社、广播电台的工作，"都是围绕着生产建设这一个中心工作并为这个中心工作服务的"。这一报告，为党的城市办报方针提供了理论依据，从而使党的城市办报方针趋于成熟。

为了迎接全国解放后新闻事业大发展的新形势，1948 年 9、10 月间，中共中央在其所在地河北平山西柏坡举办由人民日报社、新华社华北总分社的部分记者参加的学习班。10 月 2 日，刘少奇在学习班上作了著名的《对华北记者团的谈话》。刘少奇在讲话中深刻阐明了新闻工作的作用与任务，指出："我们党要通过千百条线索和群众联系起来，而你们的工作、你们的事业，就是千百条线索中很重要的一条。""党依靠你们的工作，指导群众，向群众学习。""人民也是依靠你们的"，"依靠你们把他们的呼声、要求、困难、经验以至我们工作中的错误反映上来，变成新闻、通讯，反映给各级党委，反映给中央"。刘少奇在讲话中还提出了党和人民的新闻工作者必须具备以下四个条件：一是"要有正确的态度"，作为党和人民联系的桥梁，要如实报道与反映实际情况；二是"必须独立地做相当艰苦的工作"，要到处去看、去问，独立地进行思考、分析和判断；三是"要有马列主义理论修养，"要学习唯物史观、认识论，学习阶级分析的方法；四是"要熟悉党的路线和政策"，要经常学习、研究，时刻注意党的各项方针政策的执行情况。

据此，新华社等主要新闻机构将新闻业务学习与研究列为一项经常性的工作，提出了改进与加强新闻报道的四个问题，一是新闻报道要有全局观点，立足于某一地区的新闻要考虑其对全国的意义和影响；二是努力扩大报道范围，要大大加强城市报道，特别是城市工人运动和经济建设的报道；三是新闻报道要有连续性和系统性；四是新闻报道必须准确、迅速、简练。

随着大中城市、特别是新闻事业发达的大城市的陆续解放，清理、接管旧有新闻事业的工作也被提上了议事日程。1948 年 11 月 8 日，中共中央颁布了《关于新解放城市中中外报刊通讯社处理办法的决定》，指出：清理、接管工作的基本出发点是"报纸刊物与通讯社是一定的阶级、党派与社会团体进行阶级斗争的一种工具，不是生产事业，故对于私营报纸、刊物与通讯社，一般地不能采取对私营工商业同样的政策”。清理、接管工作的基本原则是“保护人民的言论、出版自由,和剥夺反人民的言论出版自由”。之后,中共中央又颁布了《对新解放城市的原广播电台及其人员的政策的决定》等一系列有关文件。

据此,各地党和政府的有关部门以既严肃又慎重的态度开始着手清理、接管旧有新闻事业。对于国民党党政军系统和反动党派所主办的报刊、通讯社和广播电台,一律由人民政府接管,没收其一切设备与资财,不准以原名复刊或发稿。对于各民主党派、人民团体主办的报刊与通讯社,不仅允许其向人民政府登记后继续刊行与发稿,并予以保护与支持。对于私人经营的报刊、通讯社与广播电台,既不采取无限制放任的政策,也不采取简单地一律取消的政策,而是根据不同情况区别对待: 对长期坚持进步态度的报刊、通讯社予以保护,准其向人民政府登记后继续营业;对中间的不禁止其依靠自己的力量继续营业,但须依法登记;对反动的则予以没收,停止其继续营业。对于民营广播电台,因其直接联系群众,且可能为敌人作通讯联络之用,故在军管期间一律归军管会统一管理,在军管会管理之下准其继续营业;私营的短波广播电台,则一律停止其播音。对于外国人在华的新闻事业,人民政府根据不同的情况采取不同的处理方法: 对帝国主义国家在华设立的新闻机构,一律予以封闭;对外国私商主办的报刊,如上海的《字林西报》、《大美晚报》、《密勒氏评论报》等,则准其继续出版。对于旧有新闻事业的工作人员,除少数查有实据的特务分子、反革命分子依法处理外,其余均由人民政府安排,明显的进步分子与确有学识的中间分子留用,一般的编辑与记者经过短期教育后分别留用,其中思想顽固、生活腐化不易改造者则听其或助其转业;出版、经理、广播、电务等方面的技术人员则按对待一般技术人员的方针办理。

第十一章

新闻统制下民营新闻事业的艰难发展

第一节 民营新闻事业的发展与报业托拉斯计划的流产

一、民营新闻事业的发展

1927 年国民党新政权建立后,不少地区结束了旧军阀混战不休的局面,中国民族工业、商业、金融等各行各业获得了较大的发展,为中国民营新闻事业的发展在资金、广告等方面提供了良好的经济条件。在政治上,国民党当局虽已确立"以党治国"的方针,但三民主义的旗帜还是高举在手上,因而国民还享有一定的自由民主权利,其中包括言论出版自由的权利。因此,国民党当局在加紧建设其新闻统制制度的同时,曾多次发表开放"言禁"的通电。1929 年底,蒋介石在北平召开记者招待会,希望新闻界自 1930 年元旦起能"以真确之见闻,作翔实之贡献";并表示欢迎新闻界对政府作"善意的批评":"其弊病所在,能确见事实症结,非攻讦私人者,亦请尽情批评"①。在此背景下,这一时期的民营新闻事业,在国民党当局设计的轨道上得到较大的发展。

1. 民营报业的发展

民营报业数量剧增。在地区分布上,以上海及江苏、浙江两省的民营报刊为数最多。特别是江浙两省,据不完全统计,江苏的民营报刊在 1927 年前 30 多种,但 1936 年已发展到 220 多种;浙江出版的民营报刊

---

① 引自《大公报》,1929 年 12 月 29 日。

也从15种左右发展到90种左右。此外,民营报业还开始向内地乃至偏远地区发展,其中安徽、江西、山东、广东、湖南、湖北、河南、四川、河北等省民营报刊的发展比较迅速。至抗战前夕,尚未出现民营报刊的只有宁夏、新疆和西藏3个少数民族聚居地区。

在各类民办报刊中,民办商业性报纸继续沿着企业化的道路高速发展,成就最大的数天津《大公报》、北平《世界日报》等在南京国民政府成立前不久刚刚发展起来的民办商业性报纸。

天津《大公报》自民国成立后开始走下坡路,1916年9月后转入与皖系军阀关系密切的商人王郅隆之手,成为皖系军阀的喉舌,并表现出浓厚的亲日卖国色彩,销数惨跌不止,最后每天仅印几十份用来赠阅或张贴,至1925年11月27日宣告停刊。这时,曾任《大公报》经理兼总编辑的胡政之意欲东山再起,适逢其早年在日本留学期间结识的朋友吴鼎昌(天津盐业银行总经理)和张季鸾(曾任《中华新报》总编辑)也有意办报,于是三人一拍即合,各自发挥所长,吴鼎昌筹资5万元从王郅隆亲属手里买下大公报社并自任社长,胡政之任经理兼副总编辑,张季鸾任总编辑兼副经理,建立起《大公报》的新记公司。1926年9月1日,《大公报》在天津复刊,张季鸾撰写复刊宣言《本社同仁之志趣》,提出了"不党、不私、不卖、不盲"的办报方针(后被简称为"四不"方针)。根据张季鸾的解释:"曰不党:纯以公民之地位,发表意见,此外无成见,无背景。凡其行为利于国者,拥护之;其害国者,纠弹之。曰不卖:声明不以言论作交易,不受一切带有政治性质之金钱补助,且不接受政治方面入股投资,是以吾人之言论,或不免囿于智识及感情,而断不以金钱所左右。曰不私:本社同仁,除愿忠于报纸固有之职务外,并无它图。易言之,对于报纸并无私用,愿向全国开放,使为公众喉舌。曰不盲:夫随声附和,是为盲动,评诋激烈,昧于事实,是谓盲争,吾人诚不明,而不愿限于盲。""四不"方针的提出,使《大公报》得到社会各界之欢迎,发行量迅即上升,不久后即由复刊初期的近2 000份上升为6 000多份。1927年国民党政府建立后,《大公报》在政治上拥护国民党政府,并采取"小骂大帮忙"的宣传手法,既能讨好蒋介石,又能迷惑一般读者。在新闻业务和经营管理方面,《大公报》也锐意改进,推出了不少促进发展的举措,从而使其事业蒸蒸日上、社会影响日增。1936年,该报上海版创刊,其触角伸入到当时中国的报业中心,成为当时闻名全国的大报。

成舍我主办的"世界"报系始创于20年代中期。成舍我(1898—

1991),原名成勋,后改名成平,以笔名“舍我”行于世。1918 年暑期考取北京大学旁听生,同时为生活计而兼任北京《益世报》编辑。1924 年 4 月,成舍我开始在北京独立办报,于 1924 年 4 月 26 日创办《世界晚报》、1925 年 2 月 10 日创办《世界日报》、同年 10 月 1 日创办《世界画报》。1928 年北洋军阀统治垮台后,研究系的《晨报》、日本的《顺天时报》等曾雄踞当地报坛的报纸在政治上失势而相继停刊,使成舍我主办的“世界”报系获得了更大的发展空间。为此,成舍我不失时机地推出了一系列创新举措,使《世界日报》发行量剧增,至抗战前夕已高达 3 万份,成为北平第一大报。1933 年,成舍我还在北平创建世界新闻专科学校。

新型小报的出现,也是这一时期民办报刊发展的一个崭新现象。小报,大多为文艺小报,在第一次国人办报高潮中诞生,后一直作为报纸的一个品种而在中国报坛生存与发展,基本上囿于文艺或娱乐领域之内,以供市民怡情消遣之用。民国建立后,特别是在北洋军阀统治时期,民办小报如鱼得水,发展得更为活跃,至 20 年代时已达 700 多种,大部分集中在上海、北京(北平)。南京国民政府成立后,民办小报开始出现走出文艺或娱乐领域的革新之举,出现了一批“小报大办”的新型小报。最先问世的是成舍我在南京创办的《民生报》,1928 年 3 月创刊,采取“小报大办”、“精选精编”的办报方针,“重视言论,竞争消息,广用图片”,发行量在一年后即达到 15 000 份,最多时为 3 万份。1934 年 7 月,《民生报》因其在 5 月间曾揭露汪精卫部下彭学沛贪污舞弊情事而被当局查封,成舍我本人被捕系狱 40 天。紧接着《民生报》出现的新型小报是管翼贤在北京创办的《实报》,创刊于 1928 年 10 月 4 日,管翼贤自任社长。该报虽在形式上为 4 开小报,但以“小报大办”为办报方针,“广采精编”,“新闻消息则力求充实敏捷,文艺杂品则力求趣味艺术化”①。1929 年 9 月 9 日,《新民报》在南京创刊,陈铭德创办担任社长。该报初创时采取小报的形式,每期出 4 开 1 张,但在内容上已不同于当时的其他小报,以广大青年为读者对象,1931 年后该报改为对开大报。

当然,这次小报革新的中心则在上海。1929 年 11 月 1 日,《社会日报》在上海创刊,由胡雄飞等 10 人合资创办,仅出两个多月即难以为

---

① 《与国人共信共守》,载《实报》,1932 年 10 月 4 日。

继,一年后由胡雄飞于1930年10月27日独资恢复出版。该报采取小报形式,内容以新闻为主,并一改小报不刊登新文艺作品的旧规,发表了大量新文艺作家的作品,读者面大为拓展,发行量剧增,最高时达25 000份左右,创小报发行之新高。但是,这次小报革新的集大成者,则是成舍我等集资创办的《立报》,1935年9月20日在上海创刊,初创时日出4开一张,后增至4开一张半,成舍我自任社长,严谔声任总经理,张友鸾、褚保衡、萨空了等先后担任总编辑。《立报》创刊时正值抗日救亡运动进入高潮之际,因而该报以"立场坚定、态度公正"为宗旨,宣称其言论方针是:"对外争取国家独立,驱除敌寇;对内督促政治民主,严惩贪污。"由于《立报》宣传抗日救国、提倡政治民主、反映群众呼声,发行不到半年即日销10万份以上,至1937年"八·一三"时日销超过20万。

2. 民营广播电台及通讯社的发展

民营广播电台在20世纪20年代末30年代初大批问世,其中半数以上集中在上海一地。按其创建目的与实际功能,大致可分为三大类型:一是商业性广播电台,数量多,分布地区广,但半数以上集中在上海,社会影响较大;二是教育性广播电台,由大中学校或各地方民众教育馆开办,播音内容限于文化教育,社会影响不大;三是宗教性广播电台,数量更少,在社会上有一定的影响。

民营通讯社在这一时期也得到较大的发展,在数量上进入了历史最高点。据不完全统计,至1937年4月止在政府有关部门登记注册的通讯社有520家①,其中大多数是民营通讯社。在地区分布上,大多数通讯社都集中在东南沿海地区。由于国民党当局大办中央通讯社等党营通讯社,采集综合性新闻信息的实力远远超过民营通讯社,因而不少民营通讯社开始走专业化道路,以自身所拥有的资源在新闻通讯市场上生存与发展。例如,1930年8月严谔声在上海创办的新声通讯社,就是一个因经济新闻颇有特色而名闻全国的专业化通讯社。

二、报业托拉斯计划的出现与流产

自民国成立后一直沿着企业化方向发展的民办商业性报纸,按

---

① 邵力子:《十年来的中国新闻事业》,载《十年来的中国》,商务印书馆1937年版。

照其自身发展规律，必然要像西方报业那样走上托拉斯之路。事实上，一报多馆、报业联合或兼并等报业托拉斯现象也确实已经出现。《申报》等有影响的民办商业性大报，经过20年代的经营已奠定了大发展的经济基础，完全有实力采用国外报业托拉斯的做法，或是兼并其他报纸的产权，或是在别的城市创建子报，或是几家报纸联营，在中国建立报业集团。但是，由于国民党当局实行党化全国新闻界的统制政策等种种原因，这些报业托拉斯计划均因国民党当局的压迫与摧残而中途流产。

图11.1　史量才

上海《申报》兼并《新闻报》，是当时新闻界最令人瞩目的事件。《申报》和《新闻报》是上海、也是全国最大的两家报纸。国民党政府建立之初，《申报》在事业上进一步发展，由此还激发出具有强烈事业心的馆主史量才（图11.1）在中国建立报业托拉斯的理想。1929年1月初，史量才遇到了实现其理想的机会。一直作为《申报》竞争对手、在实力上也不相上下的《新闻报》的美国籍老板福开森，意欲在《新闻报》的"黄金"时期抛出股票以换取巨额资金，史量才立即抓住这个机会，通过关系同福开森达成协议并办理了交割手续。

但是，史量才与福开森的秘密交易，首先引起了《新闻报》内部以汪伯奇、汪仲韦兄弟为代表的所有工作人员的强烈反对，并引发了一场轩然大波。史量才派人前去接办《新闻报》的当晚，新闻报馆举行全馆职工大会，并决定发起收回股权运动。为了争取社会舆论的支持，《新闻报》于1月13日打破常规，在第一版广告中刊出《本馆同仁紧要宣言》。1月15日，《新闻报》发表《本报股东临时干事会宣言》，宣布干事长临时行使董事会职权。1月16日，《新闻报》又发表《本报全体同仁第二次宣言》，公开点名指责史量才"隐身幕内，以重价收买新闻报"，"抱有报阀野心"。由于《新闻报》在上海乃至全国商界具有相当大的影响，以及对史量才收买《新闻报》传闻的误解，全国几十家报纸站在《新闻报》的立场上报道这场风波，揭露与批评史量才“三个月改组新闻报,六个月统一望平街①”的野心。各商业团体和机构也在10多天内发出130件声援《新闻报》的通电。当时,国民党政府对刚刚出现兆头的报业集中与垄断的现象也十分关注。国民党当局考虑到报业托拉斯于其新闻统制之实施极为不利,因而也毫不迟疑地支持《新闻报》内部的抵制运动,并采取了一系列手段对付史量才的报业兼并活动。早在《新闻报》发动收回股权运动前夕,国民党上海特别市党务指导委员会就开会作出决议,并于1月13日在上海《民国日报》上公开发表,警告“不得将福开森股份售与反动分子”。《民国日报》等国民党系统的报刊还刊登了不少有关的报道和评论,发起宣传攻势。国民党上海特别市党务指导委员会委员、上海市社会局局长陈德征于1月14日在《民国日报》的《星期评论》专栏上发表文章,声称收买《新闻报》的股权是“不合潮流的举动”,必须“给他一个严厉的制裁”。1月17日,国民党中央宣传部就此风波专门召开记者招待会,中宣部发言人表示,中央对此极为注意,认为反动分子确有计划,希望各方对《新闻报》予以援助。在强大的政治压力下,史量才在中国建立报业托拉斯的计划彻底破产,不得不作出让步,退出了部分股票,承诺对《新闻报》的编务不加干预,仍由汪伯奇、汪仲韦兄弟全权主持。

这一时期,上海还有一位名叫张竹平的报人也同样雄心勃勃地想创建报业托拉斯。张竹平原任职于《申报》,后离开《申报》自立门户,1924年开始经营申时电讯社,1926年与人合股购进上海《时事新报》,并自任总经理兼总主笔,1928年后将申时电讯社扩建为申时通讯社。1931年,张竹平担任英文《大陆报》的经理;1932年10月,张竹平又与人合股创办《大晚报》。《大晚报》创办后不久,张竹平就开始将其主持或参股的上述三报一社合并,成立四社联合办事处,俨然成为一个报业托拉斯组织。对此,国民党当局采用釜底抽薪的手段,由国民党内的大财阀孔祥熙派人向张竹平施加压力,强行收买四社。张竹平拟只出卖《时事新报》,保留其余三社,未允,最后被迫以法币20万元的价格在1935年间出卖了四社全部产业,其托拉斯理想顿时化为泡影。

---

① 上海的望平街,为现在的山东路之一段,当时有大小数十家报馆分列两侧,被称为报馆街。

第二节　抗日战争爆发后民营新闻事业的发展与变化

一、“九·一八”后民营新闻事业的抗日民主取向

1931年“九·一八”事变发生，日本帝国主义侵占了我国东北地区。之后，中国人民掀起了抗日救亡运动，并随着日本侵华步伐的加快而高潮迭起。在此期间，国统区的民营新闻事业发生了巨大的变化，无不以抗日民主作为它们的基本取向，出现了一大批抗日民主报刊，即国统区资产阶级和小资产阶级主办，以宣传抗日、救亡、民主为基调的报刊。至1935年抗日救亡运动高潮掀起后，在中国共产党的直接领导或政治影响下，抗日、民主成为国统区新闻界宣传报道的主旋律，并出现了建立新闻界抗日民族统一战线的趋势。

上海是抗日民主报刊创办得最多的地区，自1931年“九·一八”事变至1937年7月抗战爆发，先后有100多种问世。其中影响最大的是邹韬奋主办的一系列以“生活”命名的报刊。邹韬奋（1895—1944），中国现代著名新闻记者、报刊活动家、政论家及出版家，自1926年接办《生活》周刊起毕生从事新闻出版事业（图11.2）。《生活》周刊，1925年10月11日在上海创刊，系职业指导与职工修养类刊物，自1926年10月24日出版的第2卷第1期起由邹韬奋主持，改版为以时事政治为主的综合性刊物。在业务上，邹韬奋锐意革新，开办《小言论》专栏与读者促膝谈心，创建《读者信箱》并视之为办刊的“维他命”。不满一年，《生活》周刊的发行量就由接办时的2 000份上升至2万份左右。“九·一八”事变发生后，邹韬奋对国民党当局的卖国立场极为不满，其主编的《生活》周刊开始转变原先拥护政府的立场，以抗日、

图11.2　邹韬奋

民主为其宣传的主旋律,虽屡遭迫害而不屈不挠。1933 年 7 月,邹韬奋被迫出国流亡;12 月 16 日,《生活》周刊出至第 8 卷第 50 期被迫停刊。在海外流亡期间,邹韬奋考察各国政治、经济以观世界发展之大势,还考察了各国新闻事业以资借鉴,并及时撰写成文寄回国内发表,后结集为《萍踪寄语》。另有一批未刊文稿在回国后结集为《萍踪忆语》出版。1935 年 8 月,已基本接受并掌握了马克思主义世界观的邹韬奋回到国内。11 月 16 日,邹韬奋在上海创办《大众生活》,每期销数达 20 万份,1936 年 2 月 29 日出至第 16 期后被迫停刊。之后,邹韬奋流亡香港,并在 1936 年 6 月 7 日创办《生活日报》,同时出版《生活日报星期增刊》。7 月 31 日,邹韬奋决定将《生活日报》迁回上海出版,后因国民党政府当局不予登记而未果。后经努力争取,《生活日报星期增刊》于 1936 年 8 月 23 日改名《生活星期刊》在上海出版。11 月 22 日,"七君子事件"发生,邹韬奋被捕,《生活星期刊》于 12 月 13 日改由金仲华担任主编及发行人,向国民党上海市政府社会局更换登记未准,出至第 1 卷第 28 期后停刊。

除邹韬奋主办的报刊外,在上海出版的著名抗日救亡报刊还有《新生》周刊(1934 年 2 月 10 日创刊)、《永生》周刊(1936 年 3 月 7 日创刊)、《世界知识》(1934 年 2 月创刊)、《救亡情报》(1936 年 5 月 6 日创刊)、《学生报道》(1937 年 1 月 1 日创刊)等。《新生》周刊的创办人是邹韬奋的好友杜重远(1898—1944),吉林怀德县人,原是东北地区的实业家,在"九·一八"事变前就是《生活》周刊的热心读者,东北沦陷以后流亡关内,由平、津南下上海,与邹韬奋结为密友,不久参加生活书店工作,被选为该店理事会理事。《生活》周刊被封后,杜重远以中华国货全国产销合作协会总干事的身份创办《新生》周刊,以继承《生活》周刊的未竟事业。邹韬奋曾说:"这好像我手上撑着的火炬被迫放下,同时有一位好友不畏环境的艰苦而抢前一步,重新把这火炬撑着,继续在黑暗中燃着向前迈进。"①《新生》周刊无论在内容上还是形式上都以《生活》周刊为楷模,每期首页是《老实话》专栏,其中必登一篇杜重远撰写的小言论。同时,被迫流亡在国外的邹韬奋在《新生》周刊上继续写海外通讯《萍踪寄语》。由于《新生》周刊保持了《生活》周刊的战斗精神和传统,因而一创刊就受到读者的热烈欢迎,销数最多时达

① 引自《患难余生记》,载《韬奋全集》第 10 卷,上海人民出版社 1995 年版,第 833 页。

10万份,但也为日本帝国主义者和国民党当局所忌恨。

1935年5月4日,《新生》周刊第2卷第15期发表笔名“易水”的小品文《闲话皇帝》,泛论中外君主制度,并涉及日本天皇:“日本的天皇,是一个生物学家,对于做皇帝,因为世袭的关系,他不得不做,一切的事,虽也奉天皇的名义而行,其实早作不得主。接见外宾的时候,用得着天皇;阅兵的时候,用得着天皇;举行什么大典礼的时候,用得着天皇,此外,天皇便被人民所忘记了。日本的军部资产阶级是日本的真正统治者。”日本方面立即抓住这一把柄,于第二天(即5月5日)在上海日文报纸头条位置上刊载消息,声言《新生》周刊“侮辱天皇”,接着又组织日本浪人在日本侨民聚居的上海虹口一带举行示威游行,并将中国人所开商店的橱窗玻璃打碎多处。6月7日,日本驻沪领事以“侮辱天皇,妨碍邦交”为由,向国民党上海市政府与南京国民党政府提出抗议,要求处罚《新生》周刊及文章的作者与编者。一贯对日本帝国主义卑躬屈膝的南京国民党政府,立即训令上海市政府向日本帝国主义赔礼道歉,撤换上海市公安局长,取消图书杂志审查委员会。6月10日,国民党政府又发布《敦睦邦交令》,规定“凡以文字图画或演说为反日宣传者,处以妨害邦交罪”。据此,上海市公安局奉上海市政府命令,于6月24日晚派人封闭新生周刊社,致使《新生》周刊于1935年6月30日出版了第2卷第23期后被迫停刊。接着,由南京政府命令上海公共租界中国法院检查官对杜重远提起公诉。7月9日,江苏高等法院判处杜重远有期徒刑1年零2个月,史称“《新生》事件”。

除上海外,北平、西安、天津、南京、广州、香港等地在这一时期也涌现出不少抗日民主报刊。在北平,“一二·九”运动前后,中共地下组织领导创办了《华北烽火》、《长城》、《国防》、《人民之友》、《中国人》等报刊,党领导的中华民族解放先锋队创办了《我们的生活》、《民族解放》、《活路》、《一周间》等报刊,其他群众救亡团体创办了《华北呼声》、《北平妇女》等报刊。各大学学生会及学联组织也出版了一批学生报刊,如北平学联的《学联日报》、清华大学的《党民报》、北京大学的《北大周刊》、燕京大学的《燕大周刊》等,其中《燕大周刊》在“一二·九”运动中还增出了11期《一二·九特刊》(三日刊)。在西安,由东北军和西北军组成的中国西北抗日联军在“西安事变”期间曾出版《解放日报》,事变的第二天(即12月13日)创刊,系西北抗日联军接管国民党陕西省政府机关报《西京日报》后改组而成。该报是最早的一份抗日民族统一战线性质的报纸，1937年元月底事变和平解决后于2月8日被国民党陕西省政府接收，2月10日停刊，共出版55期。

在抗日救亡运动中，国统区出版的资产阶级商业性报纸也先后转向进步，转向爱国民主立场，积极报道与宣传抗日救亡运动。其中最值得称道的是在上海出版的《申报》。

1927年国民革命军进入上海时，史量才幻想中国从此能实现统一的局面，因而持拥蒋立场。但后因目睹蒋介石叛变革命后剥夺人民言论出版自由、摧残民间新闻事业而开始对蒋介石政府心存不满。"九·一八"事变后，史量才主持的《申报》一改保守的政治立场，主张抗日、民主，反对蒋介石的不抵抗政策，积极参与抗日救亡运动。此外，史量才还与宋庆龄、黄炎培、陶行知等进步人士密切接触，并开始对《申报》进行全面革新。1932年初，《申报》成立总管理处，为总揽全局的最高权力机构，聘请黄炎培为总管理处设计部主任，主持《申报》改革的设计和策划，并聘请陶行知为总管理处顾问，由马荫良担任《申报》经理兼总管理处总务部副主任。在报纸内容及版面上，史量才毅然采纳陶行知的建议，抓一"头"一"尾"。陶行知说："当前《申报》的革新要抓住评论这个'头'和副刊这个'尾'或'屁股'，继续推进其他方面。"①在评论的改革方面，《申报》抓住"时评"为"龙头"，对当时发生的重大事件都发表过"时评"等各类评论文章，其中约有半数的"时评"由陶行知策划、命题、撰写提纲或改写。1932年"一·二八"淞沪抗战爆发后，陶行知亲撰时评，影响甚巨。这些时评，一反过去《申报》的"时评"既不应"时"、又不敢"评"的报章八股体。最难能可贵的是，《申报》还敢于反对国民党当局的反动政策，同情中国共产党及其领导的工农红军。1932年6月，国民党政府在"攘外必先安内"的方针下，发动对红军的第四次"围剿"。在此紧要关头，《申报》于6月30日及7月2日、4日连续发表了《剿匪与造匪》、《再论剿匪与造匪》、《三论剿匪与造匪》3篇时评，表示了鲜明的反内战主张。

为了充实内容，《申报》还增添了《专论》栏目，约请胡愈之、金仲华

① 引自马荫良：《报纸革新要抓"头"和"尾"——回忆1931年〈申报〉的改革》，载《新闻记者》，1987年第1期。

等撰写国际、经济专论，同时还针对社会上各类读者对象开设了《业余周刊》、《妇女园地》、《经济专刊》、《医药周刊》、《建筑专刊》、《汽车专刊》、《图画周刊》等专刊。

副刊《自由谈》是《申报》的名牌栏目，自 1911 年创刊到 1931 年的 20 年中基本上是“鸳鸯蝴蝶派”旧式文人把持的阵地。1931 年后，史量才决定对《自由谈》进行改革。先由陶行知以笔名“不除庭草斋夫”写《斋夫自由谈》在头条地位刊登，前后共登 104 篇；其后又发表《古庙敲钟录》78 篇，使《自由谈》增加了抨击时弊的言论。1932 年 11 月，史量才特聘从法国留学归来的青年作家黎烈文为《自由谈》的助理编辑，12 月 1 日接任《自由谈》主编。黎烈文对《自由谈》实行大刀阔斧的改革，停止连载“三角恋爱”小说家张资平的长篇小说《时代与爱的歧路》，引起了轰动文坛的“腰斩张资平案”，大量刊登鲁迅、瞿秋白、茅盾、郁达夫、叶圣陶等革命作家和进步作家撰写的杂文，使《自由谈》成了左翼作家反对国民党文化“围剿”的重要阵地。1934 年 5 月 9 日，黎烈文终被保守势力“挤”出了《自由谈》，张梓生接任主编。张继承黎烈文的编辑方针，至 1935 年 10 月 31 日也被迫离开。

1932 年 4 月是《申报》创刊 60 周年纪念，《申报》又开始兴办各种社会文化事业，为读者服务、为社会服务，其中包括发行《申报月刊》(1932 年 7 月 15 日创刊)、出版《申报年鉴》(1933 年开始出版)、设立《申报》流通图书馆(1932 年 12 月 1 日起开放)、设立《申报》新闻函授学校(1933 年 1 月成立)及业余补习学校(1933 年 3 月 13 日开学)、设立《申报》服务部(1933 年 6 月 11 日成立)、编制中国分省地图(1933 年出版)、出版“《申报》丛书”(1933 年 6 月开始)等，在读者及人民群众中产生了广泛的影响。

由于《申报》积极主张抗战，反对内战和国民党的独裁专制，史量才成了国民党当局欲除之而后快的一个“眼中钉”。1934 年 11 月 13 日，史量才乘自备小汽车由杭州返回上海，途中在海宁与杭县交界处之翁家埠大闸口时，被埋伏在公路旁的国民党特务暗杀。

此外，上海的《新闻报》、《时事新报》也在这一时期发表了不少宣传抗日救亡的报道和言论。《大公报》的上海版、天津版虽曾宣传过“缓抗”，但随着抗日救亡运动的蓬勃发展，也开始正视民众的爱国热情，在报道与评论中出现反映民众抗日的呼声。北平《世界日报》等大报，也在这一时期发表过不少宣传抗日救亡的报道和言论。

二、战时民营新闻事业在内地的发展

1937年抗战爆发后,民营新闻事业发生了前所未有的变化。东南等沿海地区的新闻事业,在抗战之初一度成为全国抗日宣传的中心,但不久后即随着国民党军队的撤退而被迫向内地转移,从而使民营新闻事业在内地得到从未有过的大发展。

抗战一开始,上海作为国统区新闻事业的中心,立刻成为抗日新闻宣传的中心。除原有的报刊外,出现了《抗战》三日刊、《救亡日报》、《文化战线》、《战时妇女》、《救亡周刊》、《战时联合旬刊》等一大批以抗日宣传为主旨的新报刊。《抗战》三日刊创刊于1937年8月19日,邹韬奋创办并主编,同时出版6天一期的《抗战画报》。迫于租界当局的压力,《抗战》自9月9日出版的第7号至第28号改名为《抵抗》。11月23日出版的第29号恢复《抗战》原名,并宣布自第30号起迁武汉出版。《救亡日报》(图11.3)创刊于1937年8月24日,日出4开4版一张,是国、共两党合作创办的抗日报纸,以上海市文化界救亡协会机关报的名义出版,由刚从日本回国不久的郭沫若担任社长,共产党人夏衍和国民党人樊仲云同时担任总编辑,但实际主持编务的都是共产党人。该报销数为1 000份以上,最高时达3 500多份,1937年11月21日上海沦陷后不久停刊。此外,1937年11月8日,中国青年记者协会在上海宣告成立,范长江、夏衍等为发起人。该协会是中国共产党领导下的新闻界统一战线组织,尚未开展活动就因上海沦陷而被迫撤离。

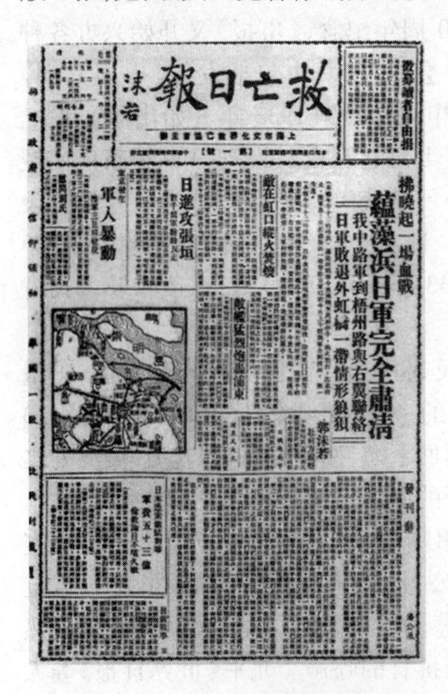
救亡日報
沫若
拂曉起一場血戰
蘊藻浜日軍完全肅清
我中路軍到梧州路與右翼聯絡
日軍敗退外虹橋一帶情形狼狽
郭沫若
敵在虹口縱火焚燒
日進攻張垣
軍人暴動
發刊辭

图11.3 《救亡日报》创刊号

1937年11月后,上海、南京相继沦陷,武汉作为中国抗日的军事、政治中心,也成为继上海后的第二个抗日宣传中心。大批民营新闻事业纷纷迁至武汉。邹韬奋主办的《抗战》三日刊自12月16日起迁至汉口继续出版，至1938年7月7日与《全民》月刊合并为《全民抗战》三日刊，由邹韬奋为总发行人，最高发行量曾达30万份，1938年10月武汉战情紧张后迁往重庆。上海《申报》一度也迁至武汉出汉口版，但不久后即停刊。《大公报》在天津沦陷后也迁至武汉，自1937年9月18日起发刊汉口版，至1938年10月中旬迁往重庆。在上海成立的中国青年记者协会迁武汉后于1938年3月15日在汉口开会，决定改名为中国青年新闻记者学会。3月30日，中国青年新闻记者学会第一次全国代表大会在汉口召开，邵力子、王芸生、于右任、叶楚伧、邹韬奋、郭沫若、张季鸾、潘梓年等被推举为名誉理事，范长江、钟期森、徐迈进为常务理事。除总会外，还在广州、香港、桂林、成都、重庆、延安、兰州等地设有分会，会员曾发展到1 000多人。中国青年新闻记者学会是中国共产党领导下的新闻界统一战线组织，中国共产党通过参加这个组织的中共党员广泛地开展了统一战线的工作，在团结广大进步新闻工作者争取民主、争取新闻自由和进行抗战宣传方面做了大量工作。1938年9月，在周恩来的指导下，范长江以"青记"骨干为基础，在汉口筹办合作社性质的通讯社——国际新闻社（简称"国新社"），同年10月20日在长沙正式建社并对外发稿，11月在桂林成立总社。1941年4月，"青记"总会及其国统区各分会和"国新社"均被国民党当局查封。

1938年10月武汉失守后，国民党中央党部及军政机关纷纷西迁"陪都"重庆。上海、天津、北平、南京、武汉等地的民营新闻事业，主要是报刊，也大批地向重庆迁移，使重庆成为国统区的抗日新闻宣传中心。南京的《新民报》、上海的《时事新报》是最早迁渝的报纸。其后，武汉的《全民抗战》迁到重庆，自10月15日出版的第30号起改为五日刊在重庆继续出版，自1939年5月13日出版的第70号起再次改为周刊，至1941年2月22日出至第157期被封闭。另外，天津的《大公报》、《益世报》，北平的《世界日报》等也都相继在渝复刊。这些从各地迁去的报纸，加上原在重庆出版的《新蜀报》、《西南日报》、《商务日报》、《国民公报》等，使重庆这一山城内拥有22家报馆。除上述各家外，迁至重庆的报纸还有《济川公报》、《大江日报》、《武汉时报》、《群报》、《崇实报》、《南京晚报》、《大陆晚报》、《四川晚报》、《大汉晚报》、《新蜀夜报》、《壮报》、《武汉晚报》等。

除重庆外,广西桂林也是内迁报刊的集结地,因而被誉为抗战时期的“文化城”。桂林是抗战时期的广西省省会,也是国民党桂系军阀统治的中心。由于桂系与蒋介石之间有很深的矛盾,因而抗战期间周恩来曾多次对桂系领导人李宗仁、白崇禧作统战工作,使桂系愿意容纳一部分进步的文化人士到广西开展抗日救亡工作。因此,在1938年底、1939年初,当上海、武汉、广州等城市沦陷后,一大批进步文化人士撤退到桂林创办报纸,开设书店、出版社和印刷厂。其中比较著名的有《救亡日报》、《国民公论》等。

《救亡日报》撤离上海后于1938年1月1日在广州复刊,至10月21日再次停刊。1939年1月10日,《救亡日报》由广州迁至桂林再次复刊。桂林时期的《救亡日报》,在夏衍的主持下,广泛听取各方面的意见,并实行“每日评报”制度,从版面编排到新闻内容以及文风等各方面广泛征求意见,因而在业务上比在上海、广州时期有很大的改进,发行量从开始的2 000份增加到1万多份。1941年“皖南事变”发生后,《救亡日报》于2月28日出版终刊号后被迫停刊。

《国民公论》是救国会的言论机关,1938年9月11日在武汉创刊,1939年1月1日迁桂林出版,由胡愈之主持,至1941年2月停刊。该刊是当时影响较大的综合性时事政治刊物,发表过毛泽东的《第二次帝国主义战争讲演提纲》、周恩来的《中日战争之政略与战略问题——一个报告大纲》、叶剑英的《从抗战经验谈到当前战局》等宣传中共抗日民族统一战线政策、坚持持久战的战略思想的文章。

与此同时,一些私营报刊也在这一时期迁至桂林出版,如《力报》、《大公报》等。《力报》是一家政治立场“中间偏左”的民营报纸,1940年3月10日从长沙迁至在桂林出版,日出对开一张。该报是曾任张治中秘书的总经理张稚琴在张治中的支持下办起来的,实际主持编务的是先后担任总编辑的欧阳敏讷、冯英子,中共党员邵荃麟、聂绀弩等参加该报工作,或撰写社论、专论,或主编副刊。《大公报》在胡政之的筹划下,于1941年3月15日创办桂林版,日出对开一大张,初期由重庆《大公报》总管理处领导。1942年4月1日,该报馆还出版《大公晚报》,4开一张,由杨历樵等负责。1941年12月太平洋战争爆发后,香港《大公报》人员撤至桂林,桂林版编辑力量大大加强,由原香港版《大公报》总编辑徐铸成任桂林版总编辑。1944年6月,桂林实行大疏散,《大公晚报》于6月27日停刊,《大公报》则继续出版到9月12日停刊。

上述报刊，再加上桂林原有的《广西日报》、《扫荡报》等报刊，使桂林的报纸、杂志及图书出版出现空前的繁荣，成为西南一带进步文化的中心。

桂林的通讯社，则有国际新闻社（"国新社"）、中央通讯社桂林分社、西南新闻社、战时新闻社和中国工商新闻社等数家。"国新社"于1938年11月12日长沙大火后从长沙迁至桂林，11月21日桂林、香港两社合并，以桂林为总社，香港为分社，开始正式对国内外发稿，发稿对象主要是当时大后方的报纸、刊物和海外华侨报纸，范长江担任社长。1939年初到1940年夏是"国新社"的全盛时期，桂林总社与香港分社成犄角之势，分工合作：桂林总社及重庆办事处负责国统区的新闻报道工作，香港分社则面向海外、负责国际宣传任务。1941年"皖南事变"后，一部分社员撤往香港和敌后抗日根据地，仅留孟秋江等少数人在桂林坚持工作。5月，桂林、重庆两社均在国民党迫害下关闭。1944年9月初，日军直逼桂林，桂林实行大撤退，各种报纸、杂志相继停刊。

昆明也是抗战时期民营新闻事业比较集中的地区。昆明在当时是与国外联系的重要陆、空门户，迁到这里出版的民营报刊主要有南京的《朝报》、天津的《益世报》等。原有的云南省政府的机关报《云南日报》继续出版。新创的国民党系统的报纸则有昆明《中央日报》等。

三、战后民营新闻事业：繁荣、受挫与分化

抗战胜利之初，国民党当局不得不口头上给予人民以言论、出版的自由权利，加之东北、华北、华中、华南以及台湾等大片国土的光复，使民营新闻事业在内地获得了前所未有的发展空间。首先，资产阶级、小资产阶级进步人士和民主党派的报刊纷纷创刊或迁回原地复刊。在重庆，中国民主同盟先后创办了《民主星期刊》、《民主报》，人民救国会创办了《民主生活》周刊，民主建国会创办了《平民》周刊。《民主星期刊》创刊于1945年10月5日，是中国民主同盟的机关刊物，邓初民任主编，陶行知任发行人。《民主报》创刊于1946年2月1日，初为4开小报，后扩版为对开大报，为中国民主同盟总部的机关报，由张澜任发行人，罗隆基任社长，马哲民任总编辑。在上海，民主进步力量出版的报刊有《文汇报》、《周报》、《民主》周刊等。《文汇报》是上海"孤岛"时

期创刊的著名抗日报纸,于1945年8月18日恢复出版,以号外形式出版,至9月6日正式复刊。该报复刊之初,政治上倾向国民党,后因中共党员以及进步人士参加编辑工作而转向进步。《周报》创刊于1945年9月8日,唐弢、柯灵任主编。《民主》周刊创刊于1945年10月13日,由生活书店出版,郑振铎任主编。在其他地区,民主党派和进步人士出版的报刊还有先后在香港、广州出版的《人民报》、在成都出版的《民众时报》、在桂林出版的《民主星期刊》等。

资产阶级商业性报刊在抗战胜利之初也有较大的发展。战前设在上海、北平、天津、南京等大城市的一批著名商业性大报,在抗战胜利后不仅迁回原地出版,还在内地继续出版分版,力谋事业上的发展。《大公报》在战前出有天津版和上海版,抗战期间先后迁汉口、重庆出版,并一度出版香港、桂林两地分版。战后,该报继续在重庆、香港出版,并恢复了战前的上海版和天津版,使该报发展成为一个拥有4个分版的报业集团。陈铭德、邓季惺夫妇主办的《新民报》战前仅在南京一地出版,抗战期间在重庆、成都两地同时出版,战后也发展成为一个拥有南京、上海、北平、重庆、成都5个分社和8种日、晚刊的报业集团,报纸总销数约12万份。成舍我的"世界"报系、天津天主教报纸《益世报》等,也都有一定的发展。资产阶级民营广播电台也一度重趋繁荣。以中国广播事业的中心上海为例,抗战期间,上海民营广播电台遭到日伪的大肆摧残,1945年8月日本投降后陆续恢复,至1946年初发展到43座。

在此期间,国统区新闻界抓住一切有利时机,掀起了一次又一次争取新闻自由的浪潮。其中数1945年8、9月间发生的"拒检运动"的影响最大。8月7日,重庆国讯书店自行出版《延安归来》一书,揭开了"拒检运动"的序幕。《延安归来》是黄炎培应国讯书店之请将其7月访问延安的见闻整理而成的访问记,翔实地记载了中国共产党各项政策的实施情况和解放区政治、军事、经济等各方面的成就。为免遭国民党书刊检查官的删改,国讯书店决定不送国民党当局检查而自行出版发行。《延安归来》出版后,进步人士张志让、杨卫玉、傅彬然3人起草了重庆杂志界宣布"拒检"的联合声明,在征得《宪政》月刊、《国讯》杂志、《中华论坛》、《民主世界》、《再生》、《民宪》半月刊、《民主与科学》、《中学生》、《新中华》、《东方杂志》、《文汇周报》、《中苏文化》、《现代妇女》、《战时教育》、《国论》、《学生杂志》16家杂志社的签名后于8月17日正式发表,庄严宣布自9月1日起一致不再送检,并将这一决定正式函告国民党中宣部、宪政实施协进会和国民参政会。同时,《宪政》月刊、《国讯》杂志、《中华论坛》、《民主世界》、《民宪》、《再生》、《东方杂志》、《新中华》、《中学生》、《文汇周报》等10家杂志社还决定出版一份不向国民党政府办理登记手续、稿件全部不送检的《联合增刊》。8月27日,重庆杂志界联谊会集会,在拒检声明上签名的杂志社增至33家。9月15日,《宪政》月刊、《国讯》杂志等10家杂志社联合出版、国讯书店发行的4开报纸《联合增刊》第1期出版。9月18日,中国共产党领导的机关刊物《群众》杂志也正式宣布自即期起不再送检。

重庆16家杂志社拒检声明一发表,立即轰动了整个文化界。由生活书店、新知书店、读书出版社、国讯书店等19家出版社组成的新出版业联合总处宣布坚决支持重庆杂志界的拒检声明,叶圣陶等进步人士发表了《我们永远不要图书杂志审查制度》等文章予以响应。9月1日记者节这一天,重庆《新华日报》发表社评《为笔的解放而斗争》,反映国统区新闻文化界的意愿与呼声,抨击国民党当局实施的原稿审查制度,号召新闻文化界为争取新闻出版与言论自由而斗争。9月8日,成都《新中国日报》、《成都快报》、《华西晚报》、川康通讯社、自强通讯社、国论社、《大学月刊》、《天风》、《开明少年》、《现代周刊》、《大义周刊》等16家新闻出版机构集会,一致决定以行动响应重庆出版界的拒检斗争,宣布报纸通讯社自即日起、杂志自即期起,自负言论报道之责,不再送交任何机关检查,并发表《致重庆杂志界联谊会公开信》予以声援。至此,由重庆出版界发起的拒检运动扩展到成都,并由出版界扩展到新闻界。10月,成都参加拒检斗争的新闻出版机构增至22家。9月17日,成都27家新闻出版机构集会,决定成立成都文化新闻界联谊会,发表宣言提出了争取"发表的自由"的具体主张。此外,成都文化新闻界联谊会还出版一份联合刊物《言论自由》,9月25日创刊,双周出版。与此同时,昆明《民主周刊》、《大路》杂志、北门出版社、进修出版社等11个新闻出版单位也于9月15日集会,宣布一致响应重庆、成都两地的拒检斗争,并决定成立昆明杂志界、出版界联谊会。22日,昆明《大路》周报等11个新闻出版单位联合致函云南图书杂志审查处,宣布自即日起所有文稿不再送审,同时致函昆明市印刷业同业公会,请该公会转告各会员印刷厂,此后一切付排稿件概由各单位自行负责,无须再受任何方面的限制。此外,桂林、西安等地的新闻出版界也纷纷成立联谊会,集体投入拒检运动。四川大学、燕京大学、复旦大学等高校学生编辑的刊物、壁报也通电响应拒检,不再送交校训导处检查。

拒检运动的兴起与发展,使正在玩弄"和谈"阴谋的国民党当局陷入被动局面。在国内,国共两党正在重庆举行政治谈判,国统区和平民主运动日趋高涨,而蒋介石集团发动内战的时机尚未成熟。在国际上,各国政府纷纷取消战时新闻检查制度,无形中对国民党当局形成了一种国际压力。为了缓和国内外的矛盾,国民党当局被迫于9月12日由国民党中宣部长吴国桢出面向外国记者宣布自10月1日起废止战时新闻检查制度,但收复区在军事行动尚未完成以前除外。接着,国民党当局又指使中宣部新闻事业管理处处长马星野撰写《舆论政治之历史基础》一文,于9月15日发表在重庆《中央日报》上,以个人名义表态。9月22日,国民党中央第十次常会通过了废止新闻出版检查制度的决定与办法。至此,国统区新闻文化界为之奋斗多年的取消新闻出版检查制度的斗争,经过为期两个月的拒检运动的洗礼,终于获得了巨大的胜利。

1946年后,国民党当局发动内战的决心已定,因而对国统区民营新闻事业的新闻统制进一步强化。1946年下半年,国民党集团一方面玩弄"行宪"花招,于11月至12月间在南京召开伪"国民大会"、通过伪《宪法》,另一方面却发布控制新闻舆论、迫害进步新闻事业的"密令",取缔一切对反动统治不利的新闻传播活动,进步新闻事业遭到了大肆摧残。据1947年4月22日重庆《世界日报》报道:各地国民党当局以"登记未准"或"尚未办竣登记手续"为理由而查禁的报刊至少有100种以上。1947年5月19日,国民党政府为了镇压南京、上海等地学生掀起的"反饥饿、反内战、反迫害"运动,公布了修正后的《戒严法》,规定在戒严地区停止集会结社,"取缔言论、讲学、新闻杂志、图画、告白、标语暨其他出版物之认为与军事有妨害者"。为了遏止民营电台的发展势头,国民党政府交通部于1946年2月公布了《广播无线电台设置规则》。据此,国民党交通部上海电信局自3月起对上海民营电台进行整顿,中央广播事业指导委员会在6月间召开专门会议讨论上海广播电台整顿问题,决定"由交通部限制上海民营广播电台数目,绝对不得超过20座","由交通部指令10个周率(在700千周以上)分配以上20台轮流使用"。经过整顿,上海54家民营电台被封闭,仅剩22家民营电台继续播音,其中绝大多数电台必须同其他电台合用一个频率。

1947年6月，人民解放军转入反攻后，国民党政府于7月19日公布《动员戡乱完成宪政实施纲要》，12月25日公布《戡乱时期危害国家紧急治罪条例》，规定"以文字、图画、或演说为匪徒宣传者，处3年以上7年以下有期徒刑"，情节严重的可"处死刑或无期徒刑或10年以上有期徒刑"。据此，国民党当局动用大批宪兵、特务，捣毁报馆，捕杀报人，不仅中国共产党在国统区主办的新闻事业一律被封闭，民主党派、进步团体与个人主办的报刊也同样遭到国民党当局的迫害与摧残。中国民主同盟机关报《民主报》，多次遭国民党特务的袭击和威胁，至1947年3月1日被勒令停刊。重庆《民主星期刊》、桂林《民主星期刊》、成都《民众时报》等中国民主同盟主办的报刊也先后被查封。在上海，遭国民党当局迫害与摧残的报刊为数更多。马叙伦主编的综合性学术杂志《昌言》，1946年5月4日创刊后1个月即被国民党当局勒令停刊。唐弢、柯灵主编的《周报》，郑振铎主编的《民主》，也分别于1946年8月24日和10月31日被勒令停刊。上海杂志界联谊会为之先后发表《为抗议〈周报〉停刊宣言》和《致政协第三方代表备忘录》，谴责国民党当局的反民主行径。1947年5月24日，上海《文汇报》、《新民报》和《联合日报晚刊》3家报纸在同一天被国民党查封。此后，《新民报》于7月30日复刊，但其总编辑一职被国民党派来的人员占据。在重庆，国民党当局于1947年6月1日出动大批军警宪特，对新闻界进行大逮捕，一天之内被捕人员达30多人。

随着国民党统治集团在战场上的屡战屡败，国民党在国统区的新闻统制也日益变本加厉。对鼓吹"第三条道路"的报刊的镇压，使国统区民营新闻事业失去了最后的立足之地。鼓吹"第三条道路"的报刊的出现，是国共两党激战之际国统区新闻界出现的一个重要现象。所谓"第三条道路"，就是既反对国民党的独裁统治，又反对共产党的人民政权，试图在中国实现英美式的资产阶级专政。

在宣传"第三条道路"的报刊中，最有代表性的是《大公报》和《观察周刊》。《大公报》在国共内战之初还站在国民党政府的立场上，其重庆版在1945年11月20日发表题为《质中共》的社评，公开点名批评中国共产党，鼓吹"要政争不要兵争"，"只有国家有兵，人民不得有兵"，攻击共产党"争降争地"，"欲凭武力"造成"南北朝局面"，甚至耸人听闻地呼吁"与其争城争地驱民死，何如兵器销为日月光"。对此，

《新华日报》在《质中共》发表的次日发表社论《与大公报论国是》,用大量事实来证明发动内战的正是秘密布置"剿匪"的蒋介石,并一针见血地揭穿《大公报》的一贯立场是:"借大公之名,掩大私之实,借人民之名,掩权贵之实";"在若干次要的问题上批评当局,因而建筑了自己的地位的大公报,在一切首要的问题上却不能不拥护当局。"1946 年,人民解放军发起自卫还击并解放长春,《大公报》重庆版和上海版 4 月 16 日、17 日分别刊登社评《可耻的长春之战》,诬蔑人民的自卫还击是"可耻",为国民党破坏停战协定发动内战进行辩护。对此,《新华日报》于 4 月 18 日发表针锋相对的社论《可耻的大公报社论》,严正指出:国民党反动派公开破坏和平协议、攻占东北许多城市时,《大公报》不说"可耻";而当人民还手时,《大公报》就说"可耻"。可见,《大公报》的某些别有用心的人已堕落到搬用国民党特务制造的谣言来攻击共产党和人民军队,真是"可耻到极点"。这篇社论的内容是根据周恩来的指示精神撰写的,题目也是周恩来拟定的。接着,《新华日报》又选编了一部分群众来信来稿,以《人民皆曰可耻》为题予以发表,继续批驳《大公报》的反共言论。人民解放军转入反攻之后,《大公报》的立场开始转变,积极宣传"第三条道路"。1948 年 1 月 1 日,《大公报》发表社论,认为"武力不能解决问题",希望 1948 年能成为"人类觉醒之年"。接着,该报陆续发表《自由主义者的信念》、《国际第三方面势力的抬头》等社论,宣传"自由主义"的"中间路线",强调"自由主义者的信念",号召"自由分子站起来",倡议实行多党竞争制,有时还自称民主社会主义者。《观察》周刊于 1946 年 9 月在上海创刊,其前身是 1945 年 11 月至 1946 年 4 月在重庆出版的《客观》周刊,储安平创办并任主编。该刊从西方自由主义理念出发,对国民党法西斯统治表示失望与不满,发表过不少揭露国民党腐败统治的文章,同时对中国革命运动也缺乏认识,反对共产主义和中国共产党,认为共产党胜利,只能是"以暴易暴"。

对于鼓吹"第三条道路"的宣传活动,行将失败的国民党当局采取法西斯高压政策,大肆迫害与摧残。早在 1947 年下半年,人民解放军转入反攻后,国民党当局于 10 月下令解散民主同盟,在政治上堵塞了"第三条道路"。1947 年 12 月 30 日,《中央日报》发表陶希圣秉承蒋介石意旨撰写的社论,对同情学生运动的《大公报》总编辑王芸生进行指名道姓的人身攻击。1948 年 7 月 8 日,国民党政府下令《新民报》南京版日、晚两刊“永久停刊”。7 月 10 日，王芸生在《大公报》上发表题为《由新民报停刊谈出版法》的社评，表示同情《新民报》，讥讽国民党政府的出版法是袁世凯时代的产物。对此，《中央日报》又连续发表了几篇由陶希圣执笔的社评，对《大公报》与王芸生进行攻击与威胁。10 月，《中央日报》发表社论《在野党的特权》，攻击王芸生“是新华社广播的应声虫”，19 日，又发表社论《王芸生之第三查》，追查王芸生的政治表现。在此情势下，王芸生被迫于 1948 年 11 月离开上海去香港，1949 年 3 月初进入解放区，加入了人民新闻工作者的行列。1948 年 12 月，国民党当局还下令查封《观察》周刊，主编储安平愤而离沪前往解放区，投身于人民新闻工作队伍。

第三节　外国人在华新闻活动的新动向

一、外国记者对中国社会的客观报道及其积极作用

20 世纪 20 年代后期，不少同情中国人民及其革命斗争的外国新闻工作者陆续来到中国。他们克服重重困难，甚至冒着生命危险，本着真实、客观、公正的立场，报道中国人民的觉醒与斗争，揭露中国社会的黑暗与腐败。这些客观报道，不仅有助于增进世界各国人民对中国社会、中国人民的理解与友谊，还对中国社会的发展发挥了积极的促进作用。

在这批外国进步记者中，美国记者埃德加·斯诺（Edgar Snow，1905—1972）的表现最为杰出，对中国人民及其革命斗争的贡献也最大。埃德加·斯诺出生于美国密苏里州堪萨斯城，曾就读于密苏里大学新闻学院。1928 年夏，埃德加·斯诺来到上海，至 1941 年才被迫离开中国返美，在中国生活、工作了 13 年，写下了大量有关中国问题的客观报道。埃德加·斯诺一生中最出色的新闻报道活动，是 1936 年 7 月至 10 月的陕北行报道。1936 年春，为了打破国民党的新闻封锁，真实报道中国工农红军及陕北革命根据地的情况，宣传中国共产党关于抗日民族统一战线的主张，中共中央从陕北密电上海地下党组织，嘱咐邀请一位诚挚的西方记者和一位医生到苏区访问。经宋庆龄的介绍，急

于探寻中国苏区奥秘的斯诺,成了最佳人选。当年6月中旬,在中共地下党组织的秘密安排下,斯诺由美国医生马海德陪同,经西安转赴红区,于7月15日抵达当时中共中央和中国工农红军总部所在地——陕北保安县城,成为第一个采访陕甘宁根据地的外国新闻记者。中国共产党领袖毛泽东非常重视埃德加·斯诺的到来,当天就接见了斯诺并同他进行了第一次谈话。之后,毛泽东连续数天接受斯诺的采访,常常是通宵达旦的长谈。自8月初到9月20日前后,斯诺又深入到甘肃、宁夏的红军前线部队,采访了彭德怀、徐海东、左权、聂荣臻、程子华等红军领导人。9月下旬斯诺回到保安后,毛泽东又同他谈了十几个晚上,主要谈毛泽东自己的革命经历和红军长征的经过。1936年10月12日,斯诺怀着惜别的心情离开保安。

10月25日,斯诺回到北平。11月14日、21日,上海英文《密勒氏评论报》首先发表斯诺采写的题为《与共产党领袖毛泽东的会见》的长篇报道和毛泽东头戴缀有五角星的八角军帽的照片。1937年初,上海的英文《大美晚报》、北京的英文刊物《民主》,以及英国、美国的一些报纸,又陆续发表斯诺采写的关于红色陕北的报道。美国的《生活》杂志发表了斯诺在陕北红区拍摄的70余幅照片,美国《亚洲》杂志发表了斯诺采写的《来自红色中国的报告》等。在这些报道的基础上,斯诺又撰写了《红星照耀中国》(Red Star Over China)一书。1937年10月,该书首先由英国伦敦戈兰茨公司出版,两个月内再版4次,发行10多万册。1938年1月,美国纽约的兰登书屋也出版了斯诺撰写的这本名著。1938年2月,在已沦为"孤岛"的上海租界上,中共秘密党员胡愈之等上海进步文人、报人,自筹经费,以"复社"名义翻译出版了斯诺的《红星照耀中国》。为便于发行与流传,胡愈之等人将书名译为《西行漫记》。该书多次再版,在国统区、革命根据地及港、澳、东南亚一带广泛流传,影响巨大。斯诺对陕北红区的报道,特别是《红星照耀中国》一书,突破了国民党政府对红区整整10年的严密新闻封锁,最早向全世界详细报道了中国共产党和红军的真实情况,在世界上引起了广泛的注意。

二、外国记者对中国抗日宣传的杰出贡献

抗战爆发前后,更多的外国记者来到中国,采访与报道中国人民的

抗日救国斗争,为中国人民的抗日救国宣传作出了杰出的贡献。不少人还不畏艰险,来到抗战的前线、敌后抗日根据地进行采访,写下了许多杰出的通讯报道和著作,及时、详细地向世界介绍了中国共产党的政治路线和主张,报道了中国共产党领导的人民军队和根据地的生活与战斗情况。其中比较著名的有海伦·斯诺的《续西行漫记》、贝特兰的《华北前线》、卡尔逊的《中国的双星》、福尔曼的《来自红色中国的报道》、斯坦因的《红色中国的挑战》、爱泼斯坦的《中国未完成的革命》、斯特朗的《中国人征服中国》、贝尔登的《中国震撼世界》等。这些外文著作还大多被译成中文出版,在中国人民抗日救国的斗争中发挥鼓舞、激励与鞭策作用。

艾格妮丝·史沫特莱(Agnes Smedley,1892—1950)是当时来华采访与报道的外国记者中最有传奇色彩的一位。艾格妮丝·史沫特莱是美国进步女作家、新闻记者,出生于美国密苏里州北部贫困的农业区,父亲是矿工,母亲则靠为人洗衣以维持生计。史沫特莱长大后当过女佣、烟厂工人和书报推销员,并在忍饥挨饿的环境下经过勤奋不懈的努力而自学成才。1921 年,史沫特莱离开美国,来到德国柏林攻读印度史博士学位,同时还教授英语和美国研究等课程。1927 年,史沫特莱写成自传体小说《大地的女儿》。

1928 年底,史沫特莱以德国《法兰克福日报》特派记者和英国《曼彻斯特卫报》特派记者的身份,途经苏联来到中国,先至东北、华北,后来到上海,开始了她在中国 12 年的新闻记者生涯。1929 年 12 月 27 日,史沫特莱与鲁迅见面,从此结下了深厚的友谊。1936 年 12 月,她来到西安,报道了西安事变。1937 年 3 月 1 日,她采访延安,会见仰慕已久的中共领导人毛泽东、朱德、周恩来、任弼时等,访问工农红军将领彭德怀、贺龙和妇女领袖人物邓颖超、康克清等,将延安的真实情况报告给世界各地的读者。史沫特莱还前往山西抗日前线采访,1938 年 1 月后离开山西抗日前线前往武汉采访,10 月武汉沦陷后又来到新四军部队进行采访。1940 年初,史沫特莱来到重庆,9 月因病取道香港回美国就医。此后,她一面写作朱德传记《伟大的道路》,一面利用一切机会为中国革命作宣传,并因此而受到麦卡锡主义者的迫害。

除了艾格妮丝·史沫特莱外,安娜·路易斯·斯特朗(Anna Louise Strong,1885—1970)和汉斯·希伯(Hans Shippe,1897—1941)也是值得一书的外国进步记者。安娜·路易斯·斯特朗出生于美国内布拉斯加州一个边陲小镇,家庭环境优裕,父亲是牧师,母亲受过高等教育。斯特朗毕业于奥柏林大学,1908 年在芝加哥大学获博士学位。1919 年,西雅图爆发了大罢工,斯特朗积极投身于这场斗争,并成为一家工会报纸的编辑。1921 年后,她旅居苏联近 30 年,一直把莫斯科作为常住之地,创办和主编苏联第一家英文报《莫斯科新闻》。1925 年,斯特朗第一次来到中国。在广州,她报道了孙中山领导的民主革命运动和中国人民的反帝运动——省港大罢工。1927 年,她第二次来到中国,深入湖南农村,报道了毛泽东领导的农民革命运动。1937 年,她第三次来到中国。这时,抗日烽火燃遍了中国大地,她经香港到武汉,于年末到山西南部的八路军总部采访,报道了敌后抗日游击战争。1940 年末,她第四次来到中国,在重庆采访了蒋介石,也采访了周恩来。1946 年,她第五次来到中国,采访解放区,最后到达延安并在那里度过冬天。在她采访毛泽东的时候,毛泽东提出了"帝国主义和一切反动派都是纸老虎"的著名论断。

汉斯·希伯是德国籍反法西斯著名作家、记者,曾任德国共产党中央委员。他出生于原属奥地利、第一次世界大战后属于波兰的克拉科夫,青年时期在德国上过大学,在莱比锡及斯图加特等地参加过德国工人运动。1925 至 1927 年间的大革命时期,汉斯·希伯第一次来到中国,曾在北伐军总政治部编译处工作,并为上海的《中国周刊》等报刊撰稿。1932 年,汉斯·希伯再次来到中国,在上海同《大美晚报》编辑巴林博士(英国人)一起建立上海第一个国际"马列主义学习小组",其成员有美国作家及记者史沫特莱、美国医生马海德、新西兰作家路易·艾黎等。同时,他还常用"亚细亚人"为笔名,在美国《太平洋杂志》、英国的《曼彻斯特卫报》等报刊上发表关于远东和中国问题的报道及评论。中国全面抗战爆发后,他积极支持中国人民的抗日战争,除在《太平洋杂志》上发表《中国正越战越强》等长篇政论文章外,还筹募医药用品,冒险送到新四军中。1938 年春,他从武汉转往延安,采访了毛泽东等中共领导人。1939 年初,希伯采访皖南泾县云岭新四军军部,见到周恩来和叶挺军长。1941 年"皖南事变"发生后,希伯于当年 5 月与夫人秋迪一起到苏北新四军中采访,并在苏北解放区完成了 8 万字的书稿《中国团结抗战中的八路军和新四军》。同年 9 月,他从苏北进入山东沂蒙山区抗日根据地。1941 年 10 月 30 日,汉斯·希伯所在的部队与日本侵略军遭遇于沂南县大青山,他在激战中壮烈牺牲。

此外,1944年中外记者西北参观团对延安的采访活动,也值得在此写上一笔。1938年10月武汉失守以后,国民党当局开始采取消极抗日、保存实力、积极反共的政策,自1939年至1943年的5年中发动了3次大规模的反共高潮,动员大批的军队进攻陕甘宁边区及解放区,同时对陕甘宁边区实行严密的经济封锁和新闻封锁。在重庆及国统区,国民党政府对有关延安真实情况的报道和作品,一律严厉查禁;对在华外国记者有关解放区的报道和评论,或责令重写,或不准发稿,严重的甚至吊销执照。这些做法,当然引起了驻重庆的外国记者们的强烈不满。至1944年,国际反法西斯战争取得了重大进展,盟军反攻日军的时机已迫近,国际人士十分关心中国战场的情况,特别是敌后游击战和抗日根据地的情况。在各方的努力争取下,国民党当局不得不答应一批中外记者赴延安采访的要求。对中外记者采访延安一事,国民党当局作了一系列严密的策划,一方面由军令部、中宣部、外交部、军委办公厅拟定了《外籍记者请发采访证审定办法》,并经蒋介石批准,严格规定了审核手续和确定外籍记者的名单;另一方面又由中宣部国际宣传处拟定《招待外籍记者赴延安参观计划》,由外事局选派"引导人员","在中统局或军统局人员中选用";由中宣部部长邀集外国记者训话,嘱其进入共产党区域中应注意各点,"不使外记者受其诱惑";在采访日程安排上,增加参观西安青年劳动营以及绥远、宁夏等国民党统治区,务使外国记者的注意力不集中于"中共党区域"。

最后,中外记者西北参观团由21人组成。其中外籍记者有6位:斯坦因(美联社、英国《曼彻斯特卫报》、美国《基督教科学箴言报》记者)、爱泼斯坦(美国《时代》杂志、《纽约时报》、《同盟劳工新闻》记者)、福尔曼(美国合众社、伦敦《泰晤士报》记者)、武道(路透社、《多伦多明星周刊》、《巴尔的摩太阳报》记者)、夏南汉神甫(美国《天主教信号杂志》、《中国通讯》记者)、普金科(塔斯社记者);中国记者有9位:孔昭恺(《大公报》记者)、张文伯(《中央日报》记者)、谢爽秋(《扫荡报》记者)、周本渊(《国民公报》记者)、赵炳琅(《时事新报》记者)、赵超构(《新民报》主笔)、金东平(《商务日报》记者)、徐兆镛(中央社记者)、杨嘉勇(中央社记者)。另外还有国民党官方指派的2位领队和4位"随员"。

5月18日,中外记者西北参观团由重庆出发;5月30日,记者团进入陕甘宁边区,参观八路军三五九旅的军事训练和生产建设。6月9日,记者团抵达延安,至7月12日清晨告别延安,采访延安的时间整整一个月。中外记者们回到重庆后,纷纷把采访的材料撰写成专文发表,或写成专著出版。自7月底起,重庆各报开始陆续发表有关访问延安的见闻。除《中央日报》、《商务日报》个别记者作了歪曲、攻击性报道外,大多数记者撰写的报道都比较客观。《新民报》主笔赵超构撰写的长篇通讯《延安一月》,在该报上整版连载达一个多月,后汇集成书出版。在外国记者中,美国记者福尔曼撰写了《中国边区的报告》一书出版,斯坦因在英国《时事新闻报》上发表《毛泽东朱德会见记》。爱泼斯坦在印度《政治家日报》上发表《我所看到的陕甘宁边区》,还撰写了20多篇出色的通讯,分别发表在《纽约时报》等美、英著名大报刊上。中外记者对延安客观、真实而又生动的报道,打破了国民党的新闻封锁,全世界对中国、特别是对中国共产党的看法由此改观。

第十二章

日占区、上海租界和香港及海外地区新闻事业的发展变化

第一节　台湾及抗战期间日占区新闻事业的畸变

一、台湾地区新闻事业殖民化的加深

早在1895年,根据《马关条约》中将台湾及澎湖列岛永远割让给日本的条款,台湾就沦于日本帝国主义的殖民统治之下,从而使台湾的新闻事业走上了殖民化道路。

在很长一段时期内,全台湾岛只容许日本人创办日文报纸,以作为殖民统治者的传声筒与驯化工具。首先出现的是日本派驻的台湾总督扶植的御用报纸。1896年6月17日,日文《台湾新报》在台北创刊,山下秀实创办,创刊数星期后就被改组为日本驻台湾总督府的公报。初为不定期刊,同年10月1日起改为日报。接着,《台湾日报》于1897年5月8日创刊于台北,创办人为川村隆实。《台湾新报》与《台湾日报》分别掌握在不同政治派系的手中,互相攻讦不休,新任台湾总督支持守屋善兵卫收买两报,合并为《台湾日日新报》,于1898年5月1日在台北试刊,6日正式创刊。该报为日刊,早出两大张,晚出一大张。有鉴于当时台湾民众大多不懂日文,该报开始创设中文栏,1903年后在中文栏内加印中文刊头"台湾日日新报",1905年扩大为中文版,1911年11月中文版停刊。在台中、台南,历任台湾总督还积极扶植在台中市出版的《台湾新闻》和在台南市出版的《台南新报》,实行南北中各一家

报纸的政策。《台湾新闻》的前身是《台湾日日新报》的台中分社,1901年5月1日改组为《台中每日新闻》,日、中文并用,1903年3月改名为《中部台湾日报》,1907年10月定名为《台湾新闻》,直至1944年被合并。《台南新报》的前身是《台澎日报》,1899年6月15日创刊,1903年改组为《台南新报》。除上述官方御用报纸外,迁居台湾的各界人士还出版了一批民办报纸,对台湾殖民统治当局常有批评之辞,有的还因此而遭到迫害。

直至1920年,由台湾同胞创办的第一份报刊《台湾青年》于是年7月16日在日本东京创刊,标志着台湾同胞办报活动的兴起。《台湾青年》为中、日双语月刊,蔡培火任发行人兼编辑人。自1922年4月起,《台湾青年》改名为《台湾》,分别出版中文、日文两种版本。1923年4月扩充改组为《台湾民报》,于4月15日在日本东京创刊,编辑人为林呈禄。原《台湾》则改为纯日文的杂志继续出版至1924年6月。《台湾民报》以提倡汉文、推广祖国文化为宗旨,每期4开4小张,全部用中文,初为半月刊,同年10月改为旬刊,翌年7月起改为周刊。1926年7月16日,该报获准在台湾销售,同年8月1日迁至台湾本岛出版。1932年4月15日,由《台湾民报》改组而成的《台湾新民报》创刊,日出对开两大张,林献堂任社长。

第一次世界大战期间,新闻通讯事业在台湾出现。1915年,台湾的第一家新闻通讯社台湾通讯社在台北创建。由于台湾报纸少,该通讯社主要以日本报纸为发稿对象,报道台湾地区新闻,不久后因经济上入不敷出而停业。1920年10月29日,日本电报通讯社(简称"电通社")在台湾设立分社,正式在台北向台湾各报发稿。此后,日本联合社也在台湾设立分社。台湾的广播事业,则始于20世纪20年代末,由"台湾放送协会"统一管辖。1928年12月22日,台北广播电台开播,为台湾最早创办的广播电台。

1931年"九·一八"事变日本开始推进对华战争,特别是1937年发动全面侵华战争后,台湾新闻事业的发展日益萎缩,殖民化程度日益加深。1937年4月11日,台湾殖民当局明令所有报纸的中文版、中文栏一律停刊。6月1日,《台湾新民报》中文版被迫停刊,只有日文版尚能继续出版,1941年2月11日改名《兴南新闻》。1940年前后,整个台湾的报纸经过一番改组合并,只剩下在台北出版的《台湾日日新报》和《兴南新闻》、在台中出版的《台湾新闻》、在台南出版的《台湾日报》、在高雄出版的《高雄新报》与在花莲出版的《东台湾新闻》6家合法报纸。1944年4月1日，由于日本败局已定，为加强控制，日本统治当局下令将全岛6家报纸强制合并改组为一份8开小报，定名为《台湾新报》，在台北出版。

在新闻通讯事业方面，日本政府在1936年间将电通社与联合社合并改组为官办的同盟通讯社。是年6月，同盟社在台湾设立分社，向台湾报纸发行日文新闻稿，原电通社和联合社分社均为同盟社台湾分社所吞并。1941年底太平洋战争爆发后，台湾的新闻通讯事业为日本的同盟社所独家垄断。

在广播事业方面，1931年后，“台湾放送协会”及其所辖各放送局又先后创办了6座广播电台，其中台北放送局的板桥电台第一分部创办于1931年1月25日，第二分部创办于1931年5月1日（旋停播），台南放送局的台南电台创办于1932年4月1日，台中放送局的北屯电台创办于1935年9月28日，台北放送局的板桥电台第三分部创办于1942年9月25日，嘉义放送局的广播电台创建于1943年5月5日，而最后成立的是花莲放送局的广播电台，创建于1944年5月1日。日据时期的收音机，由“台湾放送协会”及其各地分支机构实行统一登记、收费。截至1945年7月止，全台收音机达97 541台。

二、战时东北、华北、华中、华南沦陷区新闻事业的大劫难

1931年9月18日，日本帝国主义发起蓄谋已久的侵华战争，强占了中国的东北三省；1937年7月7日，日本帝国主义发动“卢沟桥事变”，大举入侵中国的华北、华中和华南地区，使中国的半壁江山沦陷。在这些地区，新闻事业遭到了空前的大劫难。日本侵略者及其扶持的汉奸傀儡政权、组织及汉奸分子残酷地迫害与镇压一切具有民族气节的报刊、通讯社和广播电台，创办为日本的侵略罪行张目、奴化沦陷区民众的报刊、通讯社和广播电台，使沦陷区的新闻事业日趋殖民化。据统计，1937年抗战爆发到1940年，日伪在我国19个省（不包括东北地区）的大、中城市中创办的新闻媒介，最多时达600—700种，其中稍具规模的大约有200多种，较大的杂志有100多种。

以长春、沈阳为中心的东北地区，在1931年“九·一八”事件后就沦为日本帝国主义的占领区。1932年3月9日，在日本关东军的一手

操纵下,伪满洲国宣布成立,设伪都于长春,大批日本人出任伪满要职,主宰东北的一切。与之相应,大批日本人担任新闻机构或新闻统制机构的主持人或实际主持人。

伪满的报纸,据统计,1940 年 7 月时仅剩 39 种报纸,绝大多数由日本人直接主办。在长春出版的有 5 种:日文《满洲新闻》,原名《大新京日报》,1935 年 2 月创刊,主办人为日本人和田日出吉。日文《新京日日新闻》,原名《长春实业新闻》,1920 年 12 月创刊,1932 年改本名,主办人为日本人城岛德寿。中文《大同报》,主办人为日本人染谷保藏。朝鲜文《满鲜日报》,主办人为李性在。英文《满洲日报》(Manchuria Daily News),主办人为日本人小野敏夫。在沈阳出版的有 4 种:日文《满洲日日新闻》,曾在大连出版,主办人为日本人松本丰三。日文《奉天每日新闻》,1918 年 7 月由日本人松宫干树创办,主办人为日本人松宫琴子。中文《盛京时报》,为日本人在华出版时间最长的中文日报,1906 年 9 月 1 日由南满铁路株式会社出资创办,日本人菊池贞二(笔名傲霜庵)长期担任总编辑。中文《醒时报》,主办人为张友兰。

1942 年后,根据 1941 年伪满颁布的《新闻社法》的规定,伪满当局实行新闻社新体制,建立起由伪满当局直接控制的中文的康德新闻、日文的满洲日日新闻和满洲新闻三大新闻社。康德新闻社合并了东北地区 18 家中文报社,连著名的《盛京时报》也未能幸免,被改组为康德新闻社奉天分社。满洲日日新闻社合并了 3 家日文报社。满洲新闻社合并了 4 家日文报社。1944 年 5 月,随着战局的变化,《满洲新闻》和《满洲日日新闻》又合并为《满洲日报》。伪满的通讯社,1932 年 12 月,日满当局利用日本的通讯机构在东北设立的通讯网,建立伪“满洲国通讯社”,简称伪“国通社”,总社设在伪满首都“新京”(即长春),伪满所属各省均设立一个支局(即分社)。至 1937 年 4 月与日本同盟社签订了日满通讯一体化的协定后,实际上已成了日本同盟社的一个分支机构。1942 年后,根据 1941 年伪满颁布的《通讯社法》的规定,伪满当局组建新的伪“满洲国通信社”,并作为伪满国家机关,垄断东北地区新闻的收集与发布。伪满的广播事业,日本人更是牢牢地抓在自己手中。1933 年,日本政府与伪满政府达成协定,成立名为“日满合办”、实由日本控制的伪满洲电信电话股份有限公司(简称“电电”),接管了东北的所有广播电台。

在华北地区，北平、天津是日伪新闻事业比较集中的两个城市。在北平，日伪报纸主要有《新民报》、《实报》、《晨报》、《华北日报》、《华北新报》等。《新民报》创刊于1938年1月1日，是日伪组织“新民会”劫夺成舍我的《世界日报》资产创办的大型报纸，日出对开两张。抗战爆发后，《世界日报》被日寇没收，初由汉奸魏诚斋主办，不及一年改组为“新民会”的机关报《新民报》，日本人武田南阳亲任社长兼总主笔。该报鼓吹所谓的“新民主义”，宣传“和平反共”、“建立东南亚新秩序”等论调，进行奴化中国人民的宣传。1944年4月30日停刊。《实报》原是我国北方著名小型报，创刊于1928年10月4日，社长管翼贤，发行量最高时曾达10多万份。北平沦陷后，管翼贤沦为汉奸，《实报》随之成为日伪宣传工具。《晨报》在“五四”时期就是一份著名的报纸，1937年“七七”事变后一度停刊，1939年6月改组复刊后成为一份附逆报纸。《华北日报》创刊于1929年元旦，原是国民党中宣部直接创办的党报，后被日寇“劫收”，成为敌伪报纸。《华北新报》创刊于1944年5月1日，是日本侵略者因面临经济等种种困难而不得不压缩其新闻事业的结果，系将原《新民报》、《实报》以及天津的《庸报》等所有报纸合并改组而成，由伪华北政务委员会情报局主办。

在天津，日伪报纸主要有《庸报》、《东亚晨报》、《救国日报》、《新天津报》等。《庸报》原是华北地区有影响的大型日报，1926年6月由董显光创办，是当时天津仅次于《大公报》、《益世报》的第三大报。天津沦陷后，日本军部派同盟社大矢信彦接管该报，使其成为“北支派遣军”机关报。1944年5月改名天津《华北新报》继续出版，成为汉奸报纸《华北新报》的地方版，并改由伪华北政务委员会情报局领导，直至1945年日本投降后停刊。

在华中地区，上海、南京是日伪新闻事业的中心。在上海，日伪报纸主要有《新申报》、《中华日报》、《平报》、《国民新闻》、《新中国报》等。《新申报》创刊于1937年10月1日，日出对开一张半，内容以刊登日本军部言论、消息为主，是日军指挥部直接创办的大型日报，社长为日本人坂尾与市。后成为日文报纸《大陆新报》的中文版，1945年日本投降后停刊。《中华日报》原于1934年4月11日创刊，反映国民党中汪精卫集团的政治倾向，1937年11月29日停刊。1939年7月10日汪精卫集团投敌后复刊，沦为汉奸报纸，1940年3月汪伪政府正式成立后改组为汪伪南京国民政府的机关报，由汪伪政府宣传部主持。社长初为林柏生,后为许力求。日出一张半,详载汪精卫及伪中央大员的言论和伪国民党中央、国民政府的施政方针,社论多由汪精卫亲自撰写或由其秘书代拟。1945 年 8 月 21 日终刊。《平报》创刊于 1940 年 9 月 1 日,由大汉奸周佛海主办,罗君强、金雄白先后任社长,1945 年 7 月 1 日自动停刊。《国民新闻》创刊于 1940 年 3 月 22 日,由汉奸大特务李士群主办,黄敬斋任社长,日出一张,多刊电讯及译著。《新中国报》于 1940 年 11 月 7 日创刊,日出一张,社长为严军光(袁殊)①,1945 年 8 月 16 日停刊。此外,著名大报《申报》、《新闻报》在太平洋战争爆发后也沦为附逆报纸。1942 年 2 月 14 日,日本侵略者勒令《申报》复刊,并指派汉奸陈彬龢任社长兼总编辑。1942 年日本侵略者也对《新闻报》实行"改组",使之成为日伪的宣传工具,由吴蕴斋任社长兼董事长。

在南京,日伪报纸主要有《民国日报》、《新南京报》、《南京晚报》、《中报》等。《民国日报》的前身是《南京新报》,1938 年 8 月改现名,成为汪伪政府宣传部直属报纸之一,社长秦墨哂,多载伪政府的消息。《南京晚报》于 1939 年 1 月创刊,社长曹见微。《中报》创刊于 1940 年 3 月 30 日汪伪"国民政府"成立之日,周佛海为董事长,罗君强为社长。

在华南地区,日伪报纸主要集中在广州、香港等地。在广州,日伪报纸主要有《中山日报》、《迅报》、《民声报》等。《中山日报》创刊于 1940 年 1 月,社长陈伯起,后为林汝衡。日出一张半,积极宣传汪伪的"和平运动"。《迅报》是日本"南支派遣军"司令部机关报,由唐泽信夫任社长。该报最初除办中文版外,还办有日文版,其日文版后来独立出来,改出日文的《南支新闻》,太平洋战争前夕还一度出版晚刊。《迅报》一直办到日本投降为止,前后历时 7 年之久。在香港,日伪报纸有《南华日报》(社长邝启东)、《天演日报》、《香岛日报》、《大光报》、《东南晚报》、《华侨日报》等。

在沦陷区,日伪为了控制新闻来源,还创办了不少的通讯社。抗战时期,日本同盟社的华文部几乎成为沦陷区敌伪报纸唯一的新闻来源。汪精卫投敌之后,该部又改成汪伪组织的"中华通讯社"。1940 年 3 月 30 日,汪伪"国民政府"在南京成立。伪宣传部为谋"宣传国策,统一全国新闻通讯事业",于是年 5 月 1 日将汪伪组织在上海设立的"中华通

① 袁殊系坚持在沦陷区工作的中共秘密党员。

讯社”和原“维新政府”所属的“中华联合通讯社”合并为“中华电讯社”，作为全国新闻通讯事业的最高统制机关，隶属于伪宣传部之下。“中华电讯社”除在南京设立总社外，还先后在东京、香港、上海、广州、武汉、杭州等地设立分社。该社理事长由汪伪政府宣传部长林柏生兼任。

日伪在沦陷区建立的广播电台大约有50—60座。在东北地区，早在1925年7月，日本帝国主义就在中国东北地区建立了大连广播电台——“大连放送局”。该台由“关东州递信局”管辖，呼号为JQOK，发射电力500瓦。这是日本帝国主义在中国设立的第一座广播电台，也是我国东北境内第一座广播电台。“九·一八”事变后，日寇先后攫夺中国东北的沈阳、哈尔滨两座广播电台，组成沈阳广播电台，于1931年10月26日开始播音。1932年3月伪“满洲国”在长春成立后，日伪把长春改称“新京”，日本主管通信、广播事务的关东军特殊通信部也迁到长春。该部在其管辖的新京电话局内设立演播室，以奉天放送局新京演奏所的名义开始播音。在此基础上，日伪又于1933年4月成立由关东军司令部直接控制的新京放送局，9月起移交隶属于伪满交通部的电信电话股份有限公司接管，1937年“七七”事变后改名为“新京中央放送局”，1941年太平洋战争爆发后又改称“新京放送总局”，作为伪满广播事业的中心。1944年，日伪在东北的广播电台已增加到25座。

在华北地区，北平、天津、太原、青岛等地的广播电台于1937年“七七”事变后相继沦入日军之手，并在日本广播协会的直接掌握下先后恢复播音。1938年1月1日，以汉奸王克敏为首的“中华民国临时政府”在北平宣告成立的同一天，伪北平中央广播电台开播，作为华北地区日伪广播事业的中心。1940年7月，由伪“中华民国临时政府”改组而成的“华北政务委员会”控制下的华北广播协会成立，下辖广播电台8座，分布于北平、天津、济南、青岛、石家庄、唐山、太原、徐州等地，总发射电力为100千瓦。1939年9月1日成立的伪“蒙疆联合自治政府”也设有蒙疆广播协会，控制绥远、察南、晋北等地广播事业，先后在张家口、大同、呼和浩特、包头等城市办起了广播电台。

在华中地区，上海、南京是日伪创办广播电台的主要城市。1937年11月上海沦陷后，日本侵略军霸占了国民党在上海的两座广播电台，并利用其设备建立起大上海广播电台，作为日本侵略军当局的喉舌。1938年3月，日伪“上海市广播无线电台监督处”成立，并宣称“取代原国民党中央广播事业指导委员会的全部职权”,强令上海各电台向该处申请登记。太平洋战争爆发后,日本侵略者一踏上上海租界就把所有的民营广播电台一律查封,并强行接收美国人主办的广播电台,使日伪的广播电台一统天下。

在南京,日本侵略者在1937年12月13日占领后建立“南京广播电台”,1941年2月汪伪中国广播事业建设协会成立后被改组为“中央广播电台”。与此同时,汪伪中国广播事业建设协会还拟定广播电台的《组织章程》和《广播无线电台计划》,以统一沦陷区的广播事业,不仅控制南京的伪中央台,还控制上海、汉口、杭州、苏州、蚌埠等地的广播电台。

在沦陷区内,日本侵略者还大力扶植汉奸败类,建立傀儡政权,如1932年3月9日建立的伪“满洲国”、1937年12月14日在北平建立的伪“中华民国临时政府”、1938年3月28日在南京建立的伪“中华民国维新政府”、1940年3月30日汪精卫叛徒集团以所谓“还都”的形式在南京建立的伪“中华民国国民政府”等,实行其“以华治华”的殖民统治政策。这些在日本侵略者卵翼下的汉奸傀儡政府,为了掩饰其沐猴而冠的非法性质,无不喜欢玩弄法律的武器,为自己的卖国行为披上法制的外衣,在其统治的地区“合法”奴役人民。对于沦陷区内的新闻事业,这些傀儡政府也同样运用法律的手段,制定与颁行殖民新闻统制的法律与法规,建立殖民新闻统制的行政执法机构,实行殖民新闻统制。

在东北,1932年3月伪“满洲国”成立后,伪满当局立即着手制定与颁布实行殖民新闻统制的法律与行政法规,10月24日公布《出版法》,同年11月1日起施行。1941年8月,伪“满洲国”又颁布了《通讯社法》、《新闻社法》与《记者法》(时称“弘报三法”),用法律手段强化新闻事业的所谓“国家”垄断政策,使新闻社(即报社)、新闻通讯社以及新闻记者的一切活动,都处于伪满当局的严格管制之下。同时,伪满当局还设立实行殖民新闻统制的行政执法机构,1932年在中央政府中设立资政局弘法处,1933年另在国务院总务厅内设立情报处,1935年10月建立满洲弘报协会,将报纸的报道、言论、经营三方面统一起来实行垄断性的“官制统治”。1937年,日伪当局为了进一步控制东北地区的新闻舆论与文化宣传,将国务院总务厅情报处扩大为弘报处,1940年12月确立了文化行政一元化的体制,弘报处的机构及职能扩大,原执掌这一权力的伪满弘报协会因特殊任务完成而奉命解散。

在华北，新闻事业的统制，初由伪北平特别市警察局情报处主持，后由伪华北政务委员会政务厅情报处接管。伪“中华民国临时政府”成立后，于1938年7月15日公布伪《出版法》，并于同日施行，翌年2月9日又制定《出版法施行细则》。伪“临时政府”还通过在其直接控制下的华北宣传联盟、华北新闻协会、华北广播协会等专营统制组织，实行新闻事业的垄断政策。日本驻华北派遣军报道部则是凌驾于伪“临时政府”宣传局之上的太上皇，甚至直接出面控制新闻事业。华北的广播电台，初由日本广播协会直接管制，1940年伪华北广播协会成立后转交该协会专营统制，实际上仍由日本人掌控。

在华中，伪“中华民国维新政府”成立后，在行政院内设置宣传局主管文化及新闻宣传事宜，1939年8月后又在各省、市、县组建掌管新闻宣传的权力机关“宣传委员会”。1938年9月3日，伪“维新政府”通过《出版法》和《著作权法》，并当日施行。华中各地的报纸，其发行出版均须得到当地日军特务机关的批准，并须在报头位置标上“本报经××军事特务班特许发行”的字样。甚至各地伪政府的宣传委员会也须征得当地日本驻军及其他机关的同意方可成立。广播电台则直接由日本驻军管理。

1940年以汪精卫为核心的伪“中华民国国民政府”成立后，立即着手制定与颁行新闻法律法规，以确立言论出版统制的基本法律依据。1941年1月24日，汪伪政府颁布《出版法》，并自公布之日施行，后又公布并施行《修正战时出版法》。1943年6月10日，汪伪政府最高国防会议通过并公布实施《战时文化宣传政策基本纲要》，规定了“集中文化人才，团结文化力量，调整文化事业，确立文化宣传总力体制”等7项政策要点，开始建立战时新闻体制，实行日伪新闻事业的一体化。1940年10月1日，汪伪政府行政院会议通过《全国重要都市新闻检查暂行办法》，后经伪“行政院”核准施行，沿袭国民党政府的新闻检查制度，对沦陷区内的报刊、通讯社稿进行严格的新闻检查。1942年6月29日，汪伪政府宣传部宣布修正《全国重要都市新闻检查暂行办法》，增加禁限条款。1945年5月30日，汪伪政府最高国防会议第71次会议被迫宣布撤销新闻检查所。为了防止沦陷区外的抗日报刊的传入，汪伪政府还于1940年6月制定了《全国邮电检查暂行办法》，实行邮电检查，规定各种报纸、刊物，不论何种文字，不分发送人国籍，皆在检查范围之内。新闻检查在沦陷初期由日本人直接控制,运用法律手段建立新闻检查制度始于汪伪政府成立之后。此外,汪伪政府还建立伪中国广播事业建设协会(1941 年 2 月成立)、伪宣传部广播无线电台管理处(1941 年 3 月成立)等有关广播事业的管理机构,颁布了《改组广播无线电台计划草案》、《广播无线电台条例草案》、《广播无线电台登记注册规则草案》、《广播无线电台播音节目审查办法草案》等一系列有关广播事业的法规,实行统合经营的广播制度。

但是,在沦陷地区,中国共产党和一些爱国志士也曾创办过一些抗日报刊,同日伪展开艰苦卓绝的斗争。在天津,1937 年 7 月 30 日沦陷后不久,曾出现过《高仲明纪事》报、《炼铁工》、《抗战》、《匡时》、《中心月刊》、《前哨》月刊、《火线上》、《突击》、《后方》等 20 多种小型抗日报刊。这些报刊大部分由爱国知识分子主办,物质条件极差,既无正规编辑记者,又无厂房设备和印刷条件,大多为油印,也有个别为铅印(如《匡时》等)。由于日寇的残酷迫害,这些报刊存在的时间一般都不太长,但其顽强不屈的抗日精神是十分难能可贵的。《高仲明纪事》报创刊于 1937 年,系秘密出版发行的油印小报,由爱国的职业报人编辑,至 1939 年停刊,共出 700 余期,每期发行数达 6 000 余份,在天津地区普遍流传,曾先后 3 次遭到敌伪查抄。《炼铁工》则由粗通文墨的工人编辑,流传于天津的大小工厂。在苏南,一份名为《青白报》的抗日小型报刊在 1938 年间曾在苏州附近一小镇上问世。

第二节　上海“孤岛”时期的抗日宣传活动

1937 年 11 月 12 日,国民党军队撤离淞沪,日军占领上海华界地区,英、美、法等西方国家控制的上海公共租界、法租界,因其四围均为日军侵占而形同“孤岛”。这一情形,一直持续到 1941 年 12 月 8 日太平洋战争爆发、日军进占上海租界才结束。因此,上海租界地区自 1937 年 11 月 12 日至 1941 年 12 月 8 日这段时期,史称上海“孤岛”时期。这一时期,中国共产党以及其他爱国政治力量与爱国人士,无不利用“孤岛”的特殊环境,在“孤岛”上创办报刊等各类新闻媒体,开展抗日宣传活动(图 12.1)。

图 12.1　上海"孤岛"民众在阅读《文汇报》等抗日报纸

一、以"洋旗报"为主干的抗日宣传阵营的建成

1937 年 11 月 12 日上海租界沦为"孤岛"后,《救亡日报》、《立报》和《抗战》三日刊等报刊纷纷停刊或内迁。11 月 28 日,日本军事当局宣布接管国民党设在上海租界内的新闻检查所,12 月 14 日起迫令各报接受由日军报道部控制的上海新闻检查所的新闻检查。之后,《大公报》、《申报》等又一批抗日报刊被迫停刊或内迁,自"八·一三"抗战爆发后日趋浩大的抗日爱国宣传声势顿时坠入低谷。据 1937 年版《上海公共租界工部局年报》统计,30 种原在租界出版的报刊停刊,4 家通讯社停业。在上海继续出版的中文报纸,仅《大美晚报》(中文版)和《华美晚报》两种,因由外商担任发行人而得以免遭日伪的新闻检查。

但是,中国共产党及其他抗日爱国党派、爱国政治势力并未全部撤离,而是留下了一部分宣传力量,采用灵活的斗争方式,开辟新的抗日宣传阵地。当时,中国共产党鉴于上海租界内外文报刊为数甚多,其中不乏有关中国抗战的消息、评论与各类背景资料,决定创办一份纯翻译的小报,利用外报材料报道抗日信息、宣传抗日主张。1937 年 12 月 9 日,这份纯翻译的抗日小报在上海租界诞生,取名《译报》,日出 4 开一张,由夏衍主持报务。该报刊登的新闻及言论,全部译自英、美、法等国通讯社稿和上海租界出版的外文报纸,但都经过编者的精心选择与改写,客观地报道了抗战的基本形势,无情地揭露了日军的侵略暴行,并准确地宣传了中国共产党关于实行抗日统一战线政策、坚持持久抗战的政治主张,日销数曾高达2万份。12月20日,《译报》仅出版了12期,即被日军通过租界当局下令取缔。

由外商担任发行人的《大美晚报》(中文版)和《华美晚报》,也因中国主持人的努力而开始发挥抗日爱国宣传的主干作用。《大美晚报》是美国商人主办的报纸,但其中文版在中国编辑人员的努力下,不仅为中国人民的抗战大业及时提供大量真实的抗日信息的报道,还发表过不少宣传正确的抗日主张的文章。1937年12月1日,经中国编辑人员的策划,《大美晚报晨刊》创刊,1938年5月1日后改名《大美报》,虽然名义上还是由美国人史带(C. V. Starr)和高尔德(R. Gould)分别担任发行人和编辑人,但实际上是由张似旭、张志韩、吴中一等中国报人主持编务,刚停刊的著名抗日报纸《立报》的编辑人员几乎原班人马地转移到这一新的抗日宣传阵地上来。《华美晚报》虽然名义上是在美国特拉华州(Delaware State)注册登记的美商报纸,由美国人密尔士(H. Mills)担任董事长兼发行人,但实际上由中国报人朱作同创办并主持,时称"洋旗报"。抗战爆发后,《华美晚报》完全站在中国人的立场上,积极宣传抗战。上海沦为"孤岛"后,朱作同在留居上海租界的其他抗日爱国人士的帮助下,也新办了一份报纸,即1937年11月25日创刊的《华美晚报晨刊》(1938年4月19日后改名为《华美晨报》),与《华美晚报》一样由美国人密尔士担任发行人。这些以外商名义出版的中文报纸,时称"洋旗报",可以利用沦陷区大城市中租界的特殊条件,利用英、美、法等帝国主义国家和日寇之间的矛盾,可以逃避日伪的新闻检查。

进入1938年后,中国共产党等爱国政治力量及民间爱国人士,也开始或聘请外国人担任发行人,或在外国注册,以"英商"、"美商"的名义在租界内复刊或创刊"洋旗报"。这些"洋旗报",真实地报道抗战实况,正确地宣传爱国主张,使上海"孤岛"上空重新响起洪亮的抗日爱国宣传之声。其中最早问世的是中国共产党领导的、由共产党员主持的《每日译报》。《每日译报》创刊于1938年1月21日,其前身是《译报》,聘请英商中华大学图书公司主持人孙特司·裴士(Sanders-Bates)和拿门·鲍纳(N. Bonner)担任发行人兼总编、经理,但实际负责编务的是中共上海市文化工作委员会负责人梅益及王任叔、林淡秋、扬帆等。《每日译报》初为4开小型日报，内容与《译报》基本相同，自2月20日起改革版面、充实内容，除刊登外报译文外，还刊登自己采编的新闻，5月1日起扩充为4开一张半，6月1日起又扩大为4开两张，至6月28日改出对开一大张，并附副刊4开一小张。《每日译报》常刊登中共中央的文件和负责人的文章、讲话，还采用“特讯”、“专电”等形式报道有关共产党和八路军、新四军的抗战消息，反映抗战前线的战况（图12.2）。1939年5月18日，上海租界当局以《每日译报》所刊文字与维持租界安定有所抵触为借口，迫令其停刊两周。与此同时，日伪组织用金钱将英籍发行人裴士和鲍纳收买，致使《每日译报》在停刊期满后无法复刊。

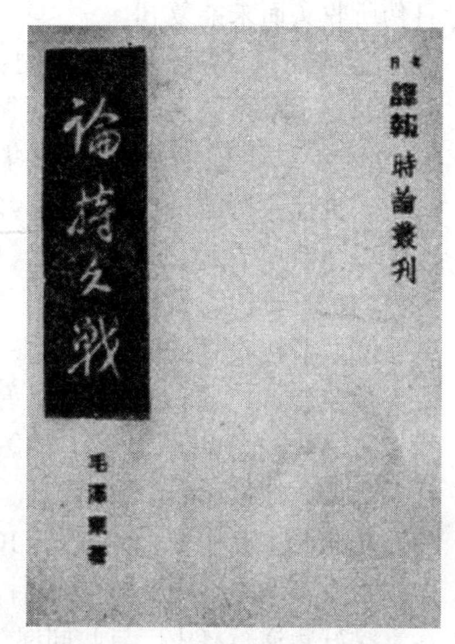

图12.2　每日译报社出版的《论持久战》单行本

继《每日译报》之后而起的是由留居上海的进步与爱国文化人士主办的《文汇报》，创刊于1938年1月25日，日出对开4版一大张，系曾任沪宁、沪杭铁路局高级职员的严宝礼等几位爱国人士集资创办。该报用高薪雇请英国人克明（H. M. Cumine）担任名义上的董事长兼发行人、总主笔，以避免日寇的新闻检查，但实际主持工作的是经理严宝礼、总编辑胡惠生等。当时，《大公报》迁内地出版，《文汇报》就租赁其原有设备代排代印。2月间，《大公报》负责人胡政之以李子宽、费彝民等人的名义，向《文汇报》投资1万元（实际在代印《文汇报》的劳务费及垫付的纸张费项目下扣除），同时还委派前《大公报》记者、当时正在为《文汇报》撰写社论的徐铸成担任《文汇报》主笔并主持编务。《文汇报》创刊后，义正词严地鞭挞汉奸丑类，揭露伪“上海大道市政府”的罪行；积极宣传抗战，及时报道中国军民奋勇抗战的事迹，十分重视报道、宣扬八路军、新四军的战绩，热情介绍八路军、新四军以及抗日根据地延安的情况；拥护中共抗日民族统一战线的主张，呼吁国共合作、一致对敌。1939年5月18日，《文汇报》与《每日译报》、《中美日报》、

《大美报》一起被租界当局勒令停刊两星期,此后也因“洋保镖”克明为日伪所收买而未能复刊。

至1938年8月,上海租界内新创办的“洋旗报”还有《国际夜报》、《导报》、《通报》、《大英夜报》、《循环日报》等。此外,《华美晚报晨刊》于1938年4月19日后改名为《华美晨报》,1938年底改组为由中国共产党人直接主持的抗日报纸。

1938年9月后,《新闻报》、《申报》先后挂上了“洋旗”,使上海租界内的抗日宣传力量更为壮大。《新闻报》在上海租界沦为“孤岛”后曾一度屈节接收日伪的新闻检查,9月1日请回原主持者美国人福开森出任监督,以美商太平洋公司承租的名义出版,重新回到抗日宣传阵营中来。《申报》因不接受日军检查而于1937年12月15日停刊,拟迁往香港或内地发展,但成效甚微。在上海租界内大办“洋旗报”的热潮中,《申报》也假托美商名义于10月10日在上海租界内恢复出版。《申报》、《新闻报》挂上“洋旗”后,积极宣传抗日,揭露日寇侵略暴行,斥责汉奸叛逆行径①。与此同时,国民党留沪人士也在上海租界内办起了一份国民党中央直辖党报,即11月1日创刊的《中美日报》,以美商罗斯福出版公司的名义发行,美国人施德高(H. M. Stuckgold)担任发行人,国民党人吴任伧、骆美中等主持社务。11月21日,《大晚报》也挂上“洋旗”,名义上由英商独立出版公司发行。

至1939年4月,上海租界内出版的“洋旗报”已达17种之多,总销量约为20万份。这些报纸政治倾向虽不一致,但在报道中国军民英勇抗战、揭露日军暴行和抨击汪精卫等汉奸的卖国言行等方面,都作出了重要贡献。其中不少报刊积极反映八路军、新四军的战绩和中国共产党的抗战主张。

1939年5月后,由于上海租界当局受日本侵略军的胁迫,推出了一系列钳制租界内抗日宣传活动的措施,再加上日伪的破坏与迫害,致使《每日译报》、《文汇报》等一批“洋旗报”先后被迫停刊,“洋旗报”的阵营较前缩小。但直至1941年12月日军进占上海租界止,坚持抗日宣传的“洋旗报”仍有10多种之多。其中影响较大的新办“洋旗报”有:《神州日报》,1939年12月以美商报名义复刊,由蒋光

① 1941年底太平洋战争爆发后,《申报》、《新闻报》一度被迫停刊,后被日伪改组为附逆报纸并恢复出版。

堂主持，接受国民党的经济资助。《正言报》，1940 年 9 月 20 日创刊，名义上由美商联出版公司发行，刚卸任的上海工部局总董樊克令(C. S. Franklin)被聘请为董事长，实际上是由吴绍澍等主持的国民党党报。

此外，各类以抗日宣传为主旨的时事政治性刊物也在 1938 年后纷纷创刊或复刊，其中不少也采用挂"洋旗"的手段，其数量不下数十种。其中影响较大的有：《华美周刊》、《译报周刊》、《公论丛书》、《文献》、《上海周报》等。不少广播电台也采取挂"洋旗"的手段，拒绝接受日本侵略者的登记与管理。如华东、东方两家电台于 1938 年 12 月相继盘给英商查尔斯·麦德尔(Charles Mader)，以英商名义经营。这些挂"洋旗"的广播电台，在抗日宣传上贡献较大的有民智电台、佛国文化电台、福音电台、大美晚报电台、华美电台等。坚持抗日宣传的通讯社则有大中通讯社、新声通讯社、平明通讯社、大光通讯社等。

二、迫害与反迫害的殊死搏斗

上海"孤岛"时期的"洋旗报"以及其他抗日媒体，其生存与发展空间极其艰难、险恶。日伪当局恨之入骨，除了通过与上海租界当局交涉设法予以取缔外，还采取威胁恫吓、投弹破坏、武装袭击、暗杀绑架等法西斯恐怖手段，疯狂迫害、摧残抗日媒体及其从业人员。而抗日媒体及其从业人员则针锋相对，不屈不挠地坚持抗日宣传，不少仁人志士献出了自己的鲜血和生命，在中国新闻事业发展史上写下了可歌可泣的一页。

首先遭到劫难的是华美晚报馆。1938 年 1 月 16 日，由于《华美晚报》和《华美晚报晨刊》拒绝刊登伪苏浙皖三省统税局通告，日伪暴徒在当天傍晚就将一枚锤形手榴弹投入报馆，致使设备受损、3 位工作人员受伤。1938 年 2 月间，《文汇报》在 3 日、5 日曾用很大篇幅揭露日伪暴行，2 月 8 日又发表社论《告若干上海人》，对上海几个意欲投敌的工商界要人提出严正警告，要他们悬崖勒马，不要当遗臭万年的汉奸。9 日，报馆就收到了日伪方面以所谓"正义团"名义写来的恐吓信，扬言"倘再有反日情绪"，将杀害报馆人员。10 日下午 6 时许，日伪方面又指使暴徒向报馆投掷手榴弹，当场炸伤工作人员 3 名，其中发行员陈桐轩因伤势过重而身亡。12 日,报馆再次收到匿名恐吓信,该报当天就针锋相对地刊出社论《写在本报遭暴徒袭击之后》,予以反击,痛斥日伪的卑劣行径。此外,华美晚报馆、文汇报馆的主持人还曾收到过血淋淋的死人手臂,并恐吓说如不更改笔调将遭此滋味。其他报馆也同样遭到过类似的恐怖破坏事件。《每日译报》曾收到过 10 多份恐吓信件,充斥着“满门抄斩”一类的恐吓之词。更令人发指的是,日伪暴徒还残杀抗日报人并将其悬首示众。1938 年 2 月 6 日,上海《社会晚报》经理蔡钓徒被歹徒骗至虹口新亚酒店,丧心病狂的歹徒不仅残酷地将蔡杀害,还割下他的头颅,于深夜挂在法租界巡捕房对面的电线杆梢头。

1939 年后,日伪方面对上海进步报界的迫害更加残酷,“孤岛”新闻界被笼罩在一片白色恐怖之中。1939 年 5 月,敌伪特务机关——伪“国民党中央执行委员会特务工作总指挥部”(简称“特工总部”)成立,因该部设在沪西极司菲而路(今为万航渡路)76 号而被简称为“76 号”。“特工总部”成立后,日伪方面的恐怖活动更加猖獗,袭击、凶杀事件层出不穷,恐吓、绑架几乎无日不有。

《导报》、《中美日报》、《大美晚报》、《大晚报》、《申报》等报馆先后遭到汪伪特务的武装袭击。1939 年 6 月 17 日,导报馆首遭袭击;7 月 22 日晚,中美日报馆和大晚报馆遭袭击。申报馆曾连续 4 次被炸,大美晚报馆的印刷所和大晚报馆的排字房曾被暴徒捣毁。为了防卫,许多报馆只好在门前堆起沙袋,拉上铁丝网,装上铁栅门。申报等报馆还自费雇请租界巡捕做门卫,编辑、记者等主要工作人员住进报馆,以防不测。

在疯狂袭击报馆的同时,日伪特务还一次又一次地残暴杀害爱国报人,先后被暗杀的有《大美晚报》中文版副刊编辑朱惺公、《大美晚报》中文版主持人张似旭、大光通讯社社长邵虚白、《大美晚报》国际版编辑程振章、《申报》记者金华亭、《大美晚报》广告部主任李骏英等。此外,《译报》主笔钱纳水、编辑唐焕栋,《新闻报》编辑倪澜深等曾被日伪特务绑架,《申报》编辑瞿绍伊、《新闻报》记者顾执中等遭枪击,所幸未遇难。1940 年 7 月 1 日,汪伪“国民政府”在《中华日报》等汉奸报纸上公布了一份“通缉”名单,被“通缉”的 83 人中有 43 人是报界人士,仅申报馆工作人员就有经理马荫良、编辑伍特公、胡仲持等 10 人。

第三节　香港、澳门及海外地区的抗日宣传活动

一、香港、澳门的抗日报刊及其宣传活动

从1937年7月抗战开始到1941年12月太平洋战争爆发，香港、澳门等地区，因其所具有的特殊的政治与地理环境，也一度成为抗日办报与宣传活动的重要阵地。

抗战爆发后，香港除了原有报纸《华侨日报》、《华侨晚报》、《工商日报》、《工商晚报》、《华字日报》等积极投入抗日宣传报道外，还新创办起一批以宣传抗战为主旨的报刊，影响较大的有《保卫中国同盟新闻通讯》和《星岛日报》、《成报》等。

1938年6月，宋庆龄领导的"保卫中国同盟"在香港成立，并出版该同盟的中英文会刊《保卫中国同盟新闻通讯》。该刊的英文版由爱泼斯坦和贝特兰负责编辑，中文版由邹韬奋、金仲华等负责编辑，以宣传团结国际进步人士和海外华侨援助中国抗战为办刊宗旨，刊登了宋庆龄写的不少文章和致国际友人的信，还大量介绍八路军、新四军、敌后抗日民主根据地和国民党统治区的抗日活动情况，成为世界人民了解中国抗战的一个重要窗口。

《星岛日报》创刊于1938年8月1日，由当时著名的华侨企业家、永安堂虎标万金油老板胡文虎独资创办，聘请进步人士金仲华任总编辑，杨潮（羊枣）为军事评论员，还约请作家夏衍、沙汀等经常为其副刊《星座》写稿。该报由于积极宣传抗日，笔锋犀利，生动活泼，赢得国内外读者赞誉，因而一度成为香港地区宣传团结抗战的进步新闻阵地。在创办《星岛日报》的同时，胡文虎还创办《星岛晚报》，1938年8月13日创刊。1941年6月1日，在国民党特务的干扰破坏下，金仲华、羊枣等进步人士被迫辞去该报职务。香港沦陷后，《星岛日报》、《星岛晚报》被日军"劫收"，《星岛日报》被迫改名为《香岛日报》出版。

《成报》创刊于1939年5月1日，由何文法、何文台、汪玉亭等合资经营，初为三日刊，不久后改为日出一大张，半年后即在香港畅销，1941

年12月香港沦陷时停刊。

随着平津、沪宁等大城市的相继失陷,部分爱国新闻文化工作者纷纷南下香港,或将内地报纸迁入,或创办新报,或参与当地新闻工作。1937年冬,上海国际宣传委员会最早迁至香港,改名为国际新闻社,由恽逸群负责。该社以香港为基地,向海外数十家华侨办的中文报纸发稿,深受欢迎。1938年,上海《申报》、《立报》和《大公报》也先后迁至香港。《申报》于3月1日在香港出版,大力报道了台儿庄大捷和敌后游击战,宣传全民团结抗战,至1939年7月停刊,在港共出版1年零3个月。《立报》于4月1日在香港复刊,得到了香港中共组织的政治关怀和经济援助,在总编辑萨空了的主持下积极反映各界民众的抗日呼声和民主进步要求,介绍陕北和各敌后抗日民主根据地的新气象,鲜明宣传中共团结抗战的真诚愿望。9月,萨空了因不堪成舍我的干扰而被迫离去,该报的政治倾向转趋保守,至1941年底停刊。《大公报》于8月13日出版香港版,11月增出《大公晚报》,及时、系统地揭露汪精卫叛国投敌的宣传,其《文艺》副刊在女作家杨刚的主编下成为鼓吹抗战、团结、进步的号角。同年8月,重要国际时事刊物《世界知识》亦迁至香港出版。

1941年初皖南事变发生后,国统区进步报刊处境维艰,更多的进步新闻文化界人士纷纷转移到香港办报。他们以香港为基地,既向海外华侨宣传抗日,又积极影响内地的政局。其中最有影响的是《华商报》晚刊、《大众生活》周刊(为有别于曾在上海出版的同名刊物而被称为《大众生活》香港版)、《光明报》等。

《华商报》晚刊创刊于1941年4月8日,日出对开一大张,每日下午5点钟出报,是一份中国共产党领导下的具有统一战线性质的报纸。该报在廖承志的主持下,由邹韬奋、茅盾、范长江、夏衍、乔冠华、金仲华、胡仲持等7人筹办,著名爱国商人、华比银行经理邓文田及其兄弟邓文钊分任督印人兼正副总经理,范长江也以副总经理的名义主持日常工作,胡仲持担任主编,廖沫沙担任编辑主任,夏衍主持社论及文艺版,后社论版由张友渔主持,茅盾、乔冠华、金仲华、胡绳等都参与编辑工作。1941年12月太平洋战争爆发后于12月12日停刊,仅出版了8个月。《华商报》在宣传上以团结抗日为宗旨,创刊开始即连载邹韬奋撰写的长篇纪实报告《抗战以来》,3个月内共发表70余篇。8月集印成单行本发行,两个月中连印3版,销数达15 000册,并远销东南亚各地。该书列举作者置身国民参政会4年中亲历的大量事实,揭露国民党顽固派"表面和骨子脱节"的黑暗政治真相,用光明磊落的公开言论,唤起国内外社会舆论,制止国民党当局破坏团结抗战的倒行逆施。同时,热烈赞颂中华民族在抗战中的觉醒和不断滋长的新生力量,鼓舞海内外民众坚持抗战到底的信心,给众多读者留下深刻的影响。随后,该报还发表了范长江撰写的《祖国十年》等佳作,起了振聋发聩的作用。

《大众生活》周刊创刊于1941年5月17日,邹韬奋创办并担任主编,编委会成员有金仲华、沈雁冰、夏衍、胡绳、沈志远、千家驹等,出至30号后因太平洋战争爆发而终刊。在宣传上,《大众生活》以宣传团结抗日、呼吁建立民主政治为宗旨,其社评几乎都出自邹韬奋之手;设有《信箱》、《大众之声》等栏目,大量刊登读者来信来稿;邹韬奋还亲自主持《简复》专栏,用最大的精力处理读者来信来稿,尽其所能为读者答疑解难。由于《大众生活》反映和加强了海外侨胞渴望抗战胜利、祖国振兴的愿望与舆论,因而在海外读者中影响巨大,平均每期销数高达10万份。

《光明报》于1941年9月18日创刊,为中国民主政团同盟的机关报,由梁漱溟任社长,萨空了任总经理,俞颂华任总编辑,羊枣任国际新闻编辑,出至12月14日停刊。

在澳门,"七七"事变后,澳门《朝阳日报》、《大众报》同仁于1937年9月联合发起成立文化、体育、音乐、戏剧界抗日救国组织"澳门四界救灾会",每周出版《救灾特刊》,进行抗日救国宣传。使用"救灾"一词,是因为"抗日"一类的词语为当时在澳门当局所禁限。同月,澳门新闻界为加强团结抗战力量,成立澳门新闻记者联合会。该会以致力救亡宣传、鼓舞团结澳门同胞投身抗日救国活动为宗旨,承担起主编《救灾特刊》和每逢"七七"、"八·一三"等抗战纪念日增出专刊的任务。同年11月,香港《华侨日报》创办澳门版《华侨报》,积极宣传抗日,销量达1万份。

二、海外中文报刊及其抗日宣传活动

在海外各地,绝大多数华人华侨主办的中文报刊,不论原有的政治立场和背景如何,在抗日战争爆发后,无不同仇敌忾,积极宣传抗日救国,并发动侨胞捐款捐物、抵制日货,支援祖国抗战。同时,还出现了不少新办的以抗日为主旨的中文报刊。

以新加坡、马来亚为中心的东南亚是海外抗日办报宣传活动最为活跃的地区。据统计,至1937年抗战爆发时,世界各地的华人华侨已达1 000万人,其中80%以上分布在东南亚地区,因而东南亚地区华人华侨主办的中文报刊也为数最多。自1937年抗战开始至1941年太平洋战争爆发这一时期,新加坡、马来亚出版的华文报刊有29种,其中以胡愈之、郁达夫等抗日爱国人士主办的报刊影响最大。1940年底,著名新闻出版工作者胡愈之奉中共中央的指派,赴新加坡开辟海外抗日宣传阵地。同年12月1日,胡愈之应聘担任新加坡爱国侨领陈嘉庚创办的《南洋商报》的编辑主任。次年1月1日,他正式接手编辑出版该报,立即推行报纸革新计划。首先加强报纸言论。胡愈之几乎每天撰写一篇1 500字左右的社论,针对华侨救亡运动中的问题和华侨最关心的事件,具体阐述抗日民族统一战线的方针政策,宣传团结抗战和民主进步,批驳分裂投降和专制倒退的论调。他的文笔深入浅出、雅俗共赏。其次,实行采编合一,改进报道工作。胡愈之倡导组织采访委员会,深入社会各阶层各行业,重点采访报道抗日救亡活动情况。同时,该报与香港国际新闻社保持联系,大量采用有关祖国和世界各地的专稿、专电。胡愈之还通过报纸组织群众性的爱国活动,曾发起"马来亚侨胞筹赈献金签名活动",数万侨胞签名响应。经过仅一年的努力,胡愈之把《南洋商报》办成了"民众喉舌、舆论前驱",日销数由原来的2万份增至5万份,成为当时东南亚地区最畅销的报纸。从抗日战争中后期到战后初期,胡愈之在东南亚从事新闻宣传工作7年多,以"华侨新闻界的马前卒"自命,是一位杰出的海外报刊活动家。

另一位华侨领袖胡文虎在新加坡创办的《星洲日报》,也为宣传抗日救国立下了大功。1938年底,著名作家郁达夫应星洲日报社的聘请赴新加坡。次年1月起,他担任该社早报副刊《晨星》和晚报副刊《繁星》的主编,后来又兼编《文艺》、《教育》周刊和《星洲》半月刊,还参与编辑纪念该报创刊10周年的大型年鉴式特刊《星洲十年》。1940年下半年曾代行该报主笔职务3个多月,撰写了不少社论。1941年,郁达夫还兼任新加坡英国当局新闻情报部出版的《华侨周刊》主编。在1938年底至1942年初的3年中,郁达夫以《星洲日报》等报刊为阵地,以惊人的勤奋撰写发表了大量宣传抗日的政论、短评、杂文和诗词,广泛传播爱国主义思想，坚定海外华侨抗战必胜的信念，为祖国的抗日新闻文化事业作出了巨大的贡献。1942 年 2 月新加坡沦陷后，郁达夫和胡愈之等撤退到苏门答腊。1945 年 9 月 17 日，郁达夫惨遭日本宪兵杀害。

此外，马来亚的《星槟日报》、菲律宾的《救国导报》、泰国的《华侨日报》、缅甸的《中国新报》、《侨商报》等中文报刊，也都积极报道中国的抗日战争。

在美洲地区，《美洲华侨日报》于 1940 年 7 月 7 日在美国纽约创刊。该报是由梅参天、徐永英等和纽约华侨衣馆联合会的一些会员创办的，首任社长冀贡泉，总编辑唐明照。《美洲华侨日报》创刊后，积极响应中共抗日民族统一战线的号召，致力于报道祖国正面战场和敌后游击战争的情况，帮助华侨了解祖国和抗战的真相，还发动华侨捐款赠物以支援祖国抗战，深受美国华侨读者的欢迎和支持，销数达5 000份。

在欧洲地区，不少华文报刊在抗战期间积极开展抗日宣传。全欧华侨抗日救国会在法国巴黎创办的《联合战线》、《祖国抗日情报》等报刊，都以宣传抗日救国为自己唯一的使命。在抗日救亡运动兴起后，中国共产党还在法国巴黎创办《救国时报》，1935 年 12 月 9 日创刊，成为海外从事抗日宣传的著名报纸。

第四编

社会主义新闻事业的建立、发展与改革(1949—)

1949年中华人民共和国成立后,中国新闻事业进入了一个全新的发展时期。建国初期,社会主义性质的新闻事业迅即建立,联系实际、联系群众等中国共产党新闻工作的传统与作风被确立为社会主义新闻工作的基本方针。1956年,新闻界还在探索的基础上进行了一次社会主义新闻工作改革的有益尝试。1957年后,由于党内"左"的思想的影响,社会主义新闻事业走上了一条在曲折、挫折中缓慢前进的发展道路,特别是在1966年至1976年的"文化大革命"中更是遭到空前劫难。1976年10月"文化大革命"结束后,新闻事业被拨乱反正,真理标准问题讨论又为新闻事业的进一步健康发展奠定了坚实的理论基础。1978年底,中国进入了改革开放的历史新时期,新闻传播观念的更新直接促成了新闻体制的改革与新闻宣传报道方式的创新。1992年后,随着社会主义市场经济的建立,新闻事业取得了前所未有的突出成就,出现了为世界所关注的变化。但是,1949年后的香港、澳门、台湾地区的新闻事业则按照其不同于大陆的轨道而发展与变化。

第十三章

社会主义新闻事业的建立

第一节　新闻事业的社会主义公有化

一、公营新闻事业网的迅速建成

中华人民共和国成立后，中共中央和中央人民政府迅即对中国共产党在革命战争中发展起来的新闻事业进行调整与充实，并充分利用被没收的反动新闻机构的机器、设备等资财，建立起一个以北京为中心、遍布全国各地的、社会主义性质的公营新闻事业网，即以《人民日报》为中心、以党报为主体的公营报刊网，以新华通讯社为主体的国家通讯社网和以中央人民广播电台为中心的人民广播电台网。

1. 公营报刊网

最先建成的是以《人民日报》为中心、以党报为主体的公营报刊网。建国后，《人民日报》作为中共中央机关报，日出对开6版(有时8版)，1951年起改出对开4版，很快发展成为中国第一大报，并向国外发行。该报发行量在1949年为9万多份，1950年增加到17万份，1955年增至71万份。自1955年1月起，《人民日报》还先后在上海、武汉、西安、广州、成都、昆明、哈尔滨、乌鲁木齐、南昌等地出版航空版。与此同时，作为公营报刊系统主体的各大行政区、省(直辖市)级、地(市)级乃至个别县级的党委机关报也相继创建。至1950年，全国各大行政区、省、直辖市基本上都建立了党委机关报。1954年后，各大行政区党委机关报随大行政区一起撤销。据1950年全国新闻工作会议调查统计，当时全国各级党的机关报共151种，约占全国报纸总数的59%，在各类报刊中占优势地位(图13.1)。

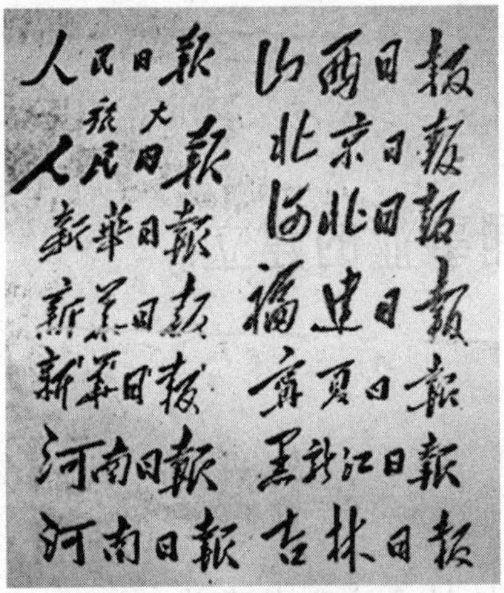

图 13.1 毛泽东为中央及地方党报题写的报头集辑

除党的机关报外,建国初期的公营报刊还包括工会、青年团以及民主党派、社会团体、人民军队、少数民族和人民政府职能部门主办的报刊,如《工人日报》、《光明日报》、《中国青年报》、《解放军报》等。《工人日报》于 1949 年 7 月 15 日在北京创刊,为中华全国总工会机关报,以全国广大职工和工会工作者为主要读者对象,初为 4 开 4 版,后改为对开 4 版。《光明日报》于 1949 年 6 月 16 日在北京创刊,对开 4 版,初为中国民主同盟中央机关报,1953 年 1 月 1 日起改组为各民主党派、中华全国工商联和政协无党派人士联合主办的报纸。《中国青年报》于 1951 年 4 月 27 日在北京创刊。《解放军报》于 1956 年 7 月 1 日在北京创刊。

据统计,1950 年全国各类铅印报纸有 382 种,1951 年增至 475 种。其中虽有少数私营报纸,但大多数是公营报纸。后经 1952 年的整顿和 1953 年的调整,至 1954 年 10 月,全国共有报纸 248 种,均为公营报纸。按报纸种类分,综合性报纸 68 种,工人报纸 55 种,农民报纸 84 种,青年报纸 16 种,少数民族文字报纸 20 种,外国文报纸 2 种,专业报纸 3 种。各类报纸的期发行总数比 1950 年增加了将近 3 倍。

2. 国家通讯社网

在新闻通讯事业建设方面,新华通讯社被迅速组建为国家通讯社。1950 年 3 月 28 日,中共中央发出《关于改新华社为统一集中的国家通讯社的指示》;1950 年 4 月 25 日,中央人民政府新闻总署通过《关于统一新华通讯社组织和工作的决定》。据此,新华社作为国家通讯社,在首都北京设立总社,并在华北、东北、华东、中南、西南、西北 6 个大行政区设立 6 个总分社,在各省会城市建立分社,原有的支社一律取消,对确需设立相当于支社机构的城市另派驻记者组或记者。各野战军总分社及其所属机构除特殊需要外一律取消,其工作人员或留部队政治部门,或转入新华社的地方分支机构。各地总分社、分社的人事编制和财务管理与地方脱钩,工作人员由总社调动和任免,财务纳入新华社的财政系统。1950年11月21日,新华社第一次全国社务会议的召开,标志着新华社改组为一个集中统一的国家通讯社的任务基本完成。接着,党和国家又提出了新华社要成为“消息总汇”的任务,即将新华社建设成为一个反映各方面的有价值的信息的、具有权威性的消息采集与发布中心。1953年3月,新华社召开编委扩大会议,明确提出了新华社要成为“消息总汇”的总任务和国内外并重的方针。据此,新华社集国内报道、对外报道、国际新闻报道等多种功能于一身,并主办了《参考消息》、《参考资料》、《时事手册》、《内部参考》、《新华社电讯稿》、《新闻业务》、《新闻图片》、《摄影业务》、《新华社新闻稿》、《前进报》等一系列报刊。此外,新华社的摄影报道工作日益加强,通讯技术手段不断改进,并开始大力发展同塔斯社及东欧社会主义国家通讯社的合作,逐步建立同路透社等资本主义国家通讯社的合作。

为了便于向海外华人、华侨介绍新中国和宣传党的华侨工作方针和政策,中国新闻社于1952年9月14日在北京成立,10月1日开始发稿,每日广播华语记录新闻5 000字,后逐渐增至8 000字,同时向海外航寄新闻稿《中国新闻》,发行有关中国风光、文物、建设等内容的照片。之后,该社又逐步增加供应文字特稿、摄制电影、制作唱片、出版画报等业务。中国新闻社以海外华侨、港澳台同胞和外籍华人为对象,在组织机构上成立了一个以爱国民主人士为主的理事会,由33人组成,金仲华任社长,其编辑机构最初附设在新华社内,名华侨广播组(后改为部)。之后,中国新闻社又在广东、福建和上海设立分社,在广西、云南设立记者站,在香港设立办事处。

3. 人民广播电台网

在广播事业建设方面,1949年12月5日,北京新华广播电台改名为中央人民广播电台,成为建国初期以解放区广播干部为骨干、在没收利用国民党广播电台设备的基础上迅速建成的人民广播电台网的中心。自1950年起,中央人民广播电台开始创办少数民族语言广播业务,最初仅有蒙、藏两种民族语言,后又增加维吾尔、壮、朝鲜3种民族语言。1954年后,中央人民广播电台开办台湾广播业务,用普通话、闽南话每天播音两个小时,后又增用客家话播音。至1956年,中央人民广播电台已发展到每天播出5套节目,播音时间累计为38个小时。在宣传报道上,中央人民广播电台的主要内容包括发布新闻、传达政令、进行社会教育和提供文化娱乐,先后开办起《全国各地人民广播电台联播》、《新闻和报纸摘要》、《社会科学讲座》、《对少年儿童广播》等节目。为了便于对外报道,北京广播电台于1950年4月10日宣告成立,以“Radio Peking”为呼号,用英语、日语、朝鲜语、越南语、缅甸语、泰语和印度尼西亚语7个外国语种播音,此外还用普通话、广州话、厦门话、潮州话和客家话对海外华人华侨播音,每天播音时间为11个小时。与此同时,各地区的人民广播电台也纷纷创建。东北、华东、西北、中南、西南5个大行政区在建国前后均建立了本大区的广播电台,后于1954年随大行政区一起撤销。各省级广播电台则随着革命形势的发展和全国行政区的划定而逐步建立,许多有条件的地(市)也创建起本地区的人民广播电台。

根据国情,在党和政府的关心与支持下,有线广播收音网也在全国各地,主要在农村地区普遍建立。1952年4月1日,吉林省九台县利用已有的电话线路发展农村有线广播网,建成全国第一座利用电话线路播出的九台县广播站,被称为“九台式”。这一模式为当时经济贫困的农村地区发展有线广播提供了一个可资效法的楷模,加快了我国农村有线广播站的发展步子。至1954年底,全国共有县广播站101座,中小城镇广播站705座,有线广播喇叭49 854个。

二、对私营新闻机构的社会主义改造

建国后不久,党和政府根据实际情况,对旧中国遗留下来的新闻机构进行社会主义改造。

据1950年3月的统计,全国共有私营报纸58家,私营广播电台34座。私营报纸最多的为华东地区,有24家,其中14家在上海出版,如《大公报》、《文汇报》、《新民报》、《大报》、《亦报》、英文《字林西报》、英文《密勒氏评论报》以及3家俄文报纸等。另有一家公私合营的报纸《新闻日报》,系由旧《新闻报》改组而成。华北与中南地区各有11家私营报纸。北京的私营报纸最少,仅《新民报》一家。私营广播电台则大部分在上海,有26座,占全国私营电台总数的76%。

建国之初,党和政府根据公私兼顾的政策,在经济上积极扶助私营新闻机构。1949年11月31日,中共中央宣传部的电报说:“私营报纸及公私合营报纸，在现阶段有其一定的必要，故应有条件予以扶助。”该电报还明确指示华东局宣传部要扶助《大公报》，“拨给适当数目纸张，作为公股投入该报”①。对于私营新闻机构的宣传报道活动，实行言论出版自由的原则，对新闻、言论不实行事前检查的办法，而是采取团结教育的方式，帮助它们改进宣传报道内容。至于私营广播电台，其播出节目则须经有关部门审查，并须按规定转播中央人民广播电台的节目。对于私营新闻机构出现错误的或失实的报道，则由有关方面函请更正，必要时予以适当的批评。对于反对或者损害人民的利益、无视人民政府的有关规定进行反动宣传报道的私营新闻机构，则坚决予以制裁。

在北平，《世界日报》因刊登国民党中央社的广播新闻被北平市军管会查封与接管。在上海，美商主办的英文《大美晚报》因造谣惑众受到上海市军管会的警告和报馆内工人的反对，于1949年6月下旬自动终刊；英商主办的英文《字林西报》因采用西方通讯社的电讯而受到上海市人民政府的警告，于1951年3月31日自行终刊。与《大美晚报》、《字林西报》相反，美商主办的英文《密勒氏评论报》对中国人民革命持同情立场，为中国人民所敬重，1953年6月因经济困难而自动停刊。该报主编约翰·威廉·鲍威尔夫妇返美后，遭到美国政府的无端陷害，中国人民还为此发起声援鲍威尔夫妇的活动，向这位坚持正义、坚持真理的美国新闻工作者予以道义上的支持。

但是，在新的历史条件下，私营新闻机构自身遇到了许多难以克服的困难。首先是在业务上难以适应新的形势，缺乏思想性和群众性，还像在旧社会时登载一些低级、庸俗的东西，甚至出现“歪曲党的政策”的报道；其次是社会信任度远远不及公营新闻机构，采访新闻、获取广告都十分困难，内部工作人员也大多数不愿继续留下工作。因此，私营新闻机构虽能在新中国生存，但生存空间极为狭窄，自行停办者越来越多。据统计，全国私营报纸在1950年3月为58家，6月减至43家，11月减至39家，12月减至34家，翌年4月减至31家，8月下旬只剩下25家。

根据这一新出现的情况，党和政府开始采取合并改组等新措施，并通过公私合营这一形式对私营新闻机构实行社会主义改造，即在经济上除保留私股外，由政府给予适当的投资或贷款作为公股，以扶持报纸

① 转引自孙旭培：《解放初期对旧新闻事业的接收与改造》，载《新闻研究资料》总第43辑，中国社会科学出版社1988年版，第58页。

发展。《大公报》是第一家走上公私合营道路的私营报纸,1950 年 7 月率先实行公私合营,并在报社内建立中国共产党党组。《大公报》公私合营后,根据当时新闻总署的指示,既不正式对外宣布,也不故意否认。接着,《文汇报》、《新民晚报》也先后实行了公私合营。至 1953 年,私营报纸除停办者外,全部实行了公私合营。此后,人民政府又逐渐退还私股,进一步将公私合营报纸改造成公营报纸。

私营广播电台的经历与私营报纸基本相同,至 1953 年全部实行公私合营,后又并入当地的国营广播电台。在上海,建国后经过登记、清理而允许继续播音的私营电台有 22 座,其中 6 座因违反军管会和人民政府法令于 1951 年被勒令停业。1952 年,尚在播音的 16 座电台因经营不善、长期亏损向政府提出公私合营的申请,同年 10 月被合并为公私合营的上海联合广播电台。1953 年 9 月,上海市人民政府收购了上海联合电台私方代表自愿转让的私方财产,并将上海联合广播电台并入上海人民广播电台。

三、新闻教育机构的调整与发展

对于培养新闻业务人才的新闻教育机构,党和政府在建国初期作出了许多调整,以满足新时代的要求。

一方面,党和政府对旧新闻教育机构进行全面改造,根据不同情况予以不同处置。凡国民党直属的新闻教育单位,如南京的国民党政治大学新闻系等,实行一律停办的政策;对其他新闻教育单位,如北京的燕京大学新闻系、上海的复旦大学新闻系、圣约翰大学新闻系、暨南大学新闻系、民治新闻专科学校、中国新闻专科学校、苏州的社会教育学院新闻系、广州的国民大学新闻研究班等,实行改造与整顿的政策。在人事管理上,改变和加强领导力量,调配党的新闻工作者担任教职,并组织原有教师进行学习和思想改造。在教学上,对新闻学专业课程逐步进行内容改革,取消原有的政治上反动的课程,开设马列主义政治理论课,并组织学生参加政治运动。

另一方面,党和政府又尝试创办新型的无产阶级新闻学校。1949 年 11 月 1 日,新华总社在北京办的新闻训练班自第 3 期起改建为北京新闻学校,附属于新闻总署,由新闻总署副署长范长江兼任校长,为建国后创办的第一家新型的新闻专业学校。1951 年 7 月,北京新闻学校在第2期学员毕业后停办,共培训了两期学员500余人。在上海,华东新闻学院于1949年7月19日创建,为中共中央华东局主办的新闻干部学校,恽逸群任院长,先后招收过1期讲习班,2期研究班,1期专修科班,学员合计828人。

1952年高等院校实行大规模的院系调整后,在旧中国素有"民主堡垒"之称的复旦大学新闻系继续办学,华东新闻学院、暨南大学新闻系、圣约翰大学新闻系、中国新闻专科学校等先后停办并转入复旦大学新闻系。燕京大学新闻系停办,其教职人员转入北京大学中文系编辑专业(后改名新闻专业)。苏州的社会教育学院新闻系随所属学院一起被并入江苏文化教育学院,不久后停办。1954年,中共中央党校设立新闻班,主要培训相当于省委机关报编委以上的新闻干部,聘有苏联专家讲课,同时开展新闻学研究工作。1955年,中国人民大学新闻系创建,为建国后新创办的第一个大学新闻系,招生对象最初仅为具有实践工作经验的青年干部,后增加高中毕业生。

第二节　社会主义新闻体制与方针的确立

一、新闻总署的设立与新闻法制的初步实践

建国初期,由于实行新民主主义政策,新闻事业既有公营的也有私营的,甚至还有外国商人经营的,因而继续沿用革命战争时期形成的中国共产党直接领导的管理体制与方式显然已不可行。因此,党和国家决定由人民政府通过法律手段领导与管理全国新闻事业,实行新闻法制,以适合当时的社会性质和实际情况。

1949年9月21日,中国人民政治协商会议第一届全体会议一致通过了具有临时宪法性质的《中国人民政治协商会议共同纲领》,新闻自由原则也被庄严地写进了国家的根本大法之中:"中华人民共和国人民有思想、言论、出版、集会、结社、通讯、人身、居住、迁徙、宗教信仰及示威游行的自由权。"(第5条)"保护报道真实新闻的自由。禁止利用新闻以进行诽谤、破坏国家人民的利益和煽动世界战争。发展人民广播事业。发展人民出版事业,并注重出版有益于人民的通俗书报。"

(第49条)

10月19日,中央人民政府政务院设立新闻总署,作为领导与管理全国各类新闻媒介及其业务活动的行政管理机构,由胡乔木任署长,范长江、萨空了任副署长。新闻总署领导和管理的新闻机构,不仅包括全国所有公私营报社,还包括新华通讯社、广播事业局、国际新闻局、新闻摄影局以及北京新闻学校等。与之相应,各大区设立新闻出版局,各省、市设立新闻出版处,管理当地的新闻机构及其业务活动。12月5日,中共中央发出《关于中央政府成立后党的文化教育工作问题的指示》,指出:在中央政府成立以前,党的中央宣传部不得不实际上暂时代替中央政府的文教机关,管理国家的文化教育工作。这在过去的情况下,是完全必要的。现在,中央政府已经成立,管理全国文化教育事务的中央人民政府政务院文化教育委员会及其所属之各部、院、署亦先后成立,因此,全国的文化教育的行政工作,此后均应由中央政府文教部门来管理。各地区有关文化教育行政的工作,此后均应经由各地政府及军管会之文教机关向中央政府文化教育委员会或适当部门转告和请示①。

新闻总署成立后,制定与颁布了有关新闻事业管理的法律规范性文件,为建设新民主主义新闻法制做了大量的工作,以保证新闻事业更好地发挥其巨大的社会功能。这些有关新闻事业管理的法律规范性文件,一部分是新闻总署为中央人民政府政务院起草制订、并由中央人民政府政务院发布的。1949年12月9日,为了保障有关中央人民政府及其所属各机关的新闻的正确性和负责性,中央人民政府政务院颁布《关于统一发布中央人民政府及其所属各机关重要新闻的暂行办法》。该办法规定,凡须经过中央人民政府委员会、政务院、人民革命军事委员会、最高人民法院和最高人民检察署通过或同意的一切公告,以及须上述机构负责首长同意后发布的一切公告性新闻,均由新华社统一发布。1950年间,中央人民政府政务院进一步颁布《关于中央人民政府所属各机关在〈人民日报〉上发表公告及公告性的文件的办法》。1951年6月13日,中央人民政府政务院秘书厅颁布《关于严格遵照统一发

① 参见《中共中央关于中央人民政府成立后党的宣传部门工作问题的指示》(1949年12月5日),载中国社会科学院新闻研究所编:《中国共产党新闻工作文件汇编》上卷,新华出版社1988年版(内部发行),第288—289页。

布新闻的通知》。也有以新闻总署的名义颁布的有关法律规范性文件,比较重要的有1950年1月12日颁布的《关于报纸采用新华社电讯的规定》、会同邮电部联合颁布的《关于邮电局发行报纸暂行办法》、4月14日颁布的《关于建立广播收音网的决定》、4月25日颁布的《关于统一新华通讯社组织和工作的决定》、4月25日颁布的《关于省市区新闻机关员额暂行编制的决定》、5月1日颁布的《关于改进报纸工作的决定》、9月6日颁布的《关于各报应保守国家秘密的指示》、5月30日会同出版总署颁布的《关于各级新闻出版机关的任务与组织暂行规定》等。

据此,新闻总署在1950年主持了全国各类报纸的社会分工事宜,对于不同报纸之间的分工合作进行了具体的规定,划定了公、私营报纸面向的不同读者对象以及报道内容的不同侧重面,使新中国的报纸各有重点,减少重复,节省财力,从而使中国报业发展出现了专业化报纸增多而综合性报纸减少、地方性报纸增多而全国性报纸减少的现象。由于长期战争造成物质匮缺、纸价上涨(纸价一般占到报纸总成本的70%),再加上社会购买力低、读者范围不广等原因,建国之初几乎所有的公、私营报纸都发生严重的亏损现象,报业经营管理十分艰难。1949年12月17日至26日,新闻总署在北京召开了全国报纸经理会议,决定"全国一切公私营报纸的经营,必须采取与贯彻企业化的方针","公营报纸必须把报社真正作为生产事业来经营,逐步实行经济核算制","条件较好的公营报纸应争取全部或大部自给,条件较差者亦应在政府定期定额的补贴下,争取最大可能的自给程度","私营报纸亦须在已有基础上进一步改善经营方法"。会议还确立了"邮发合一"的报刊发行机制:"报纸发行工作,应学习苏联及我国东北、山东的经验,逐步地全部移交邮政局办理",即实行"邮发合一"①。经邮局发行所花的发行费虽然比自办发行多,但可以扩大发行范围,增加发行量。1950年1月12日新闻总署会同邮电部联合颁布并自是日起施行《关于邮电局发行报纸暂行办法》后,"邮发合一"制在《人民日报》率先实行,1953年1月1日起全面实行。

总之,建国初期党和国家一度重视新民主主义新闻法制建设,采取了一系列颁行新闻政策法规、建立新闻行政管理机构的有力措施,使新

① 引自《全国报纸经理会议决议》,新华社北京1949年12月31日电。

闻事业的管理规范化、法制化,为实行新民主主义新闻法治、并逐步过渡到社会主义新闻法治作了一个良好的开端。但是,随着对私营新闻机构社会主义改造的成功,新闻法规建设步子日益缓慢乃至停滞,新闻行政管理机构逐渐弱化甚至被撤销。1952 年 8 月 7 日新闻总署被撤销,接着各大区的新闻出版局、各省(市)的新闻出版处也随之撤销,党中央及各级党委的宣传部门重新取代政府部门直接主管新闻事业与新闻工作。1954 年 7 月 17 日中央政治局通过的《中共中央关于改进报纸工作的决议》明确规定:"各级党委除加强对自己机关报的领导外,并应依照本决议的精神,加强对新华通讯社、广播电台及其他人民报纸的领导和监督。"①

二、新闻工作方针的探索与改进

建国初期,新闻工作怎样适应新时代的特点、满足新时代的要求,是摆在当时新闻工作者面前的一个新问题。新闻工作方针的探索与改进,是一项刻不容缓的历史任务。

1950 年 3 月 29 日至 4 月 16 日,中央人民政府新闻总署主持召开了建国后的第一次全国新闻工作会议,新闻总署署长胡乔木明确指出,改进报纸工作,主要有以下 3 个方面: 联系实际;联系群众;批评与自我批评。之后,中共中央、中宣部、新闻总署、新华总社又颁发了一系列文件,其中比较重要的有 1950 年 4 月 19 日中共中央发布的《关于在报纸刊物上展开批评和自我批评的决定》、5 月 1 日新闻总署颁布的《关于改进报纸工作的决定》、1954 年 7 月 17 日中共中央政治局通过的《中共中央关于改进报纸工作的决议》等。

根据上述文件的精神,联系实际、联系群众、开展批评与自我批评被确立为新时代新闻工作的基本方针。为了加强新闻工作与社会实际、人民群众的联系,中共中央机关报《人民日报》和各省、市委机关报实行"采编合一制",报纸编辑部不再笼统地分设编辑、采访、通讯联络 3 大部门,而是将采访工作与编辑工作合而为一,设立国内政治、工商、

① 引自《中共中央关于改进报纸工作的决议》(1954 年 7 月 17 日中央政治局通过),载中国社会科学院新闻研究所编:《中国共产党新闻工作文件汇编》中卷,新华出版社 1988 年版(内部发行),第 329 页。

农村、文教、文艺、国际新闻、理论、群众工作等部(或组),并实行编委会领导下的总编辑负责制。此外,各新闻机构还加强通讯员工作,建立广泛的通讯员网。1951 年,《人民日报》的通讯员由原来的 200 多人迅速发展到万人以上。《人民日报》还编印出版内部刊物《人民日报通讯》,作为培养通讯员的重要园地。各新闻机构还建立群众性的读报小组,加强报纸同广大人民群众的联系与交流。1950 年 5 月,《人民日报》在全国组织起读报小组 2 101 个,并在报纸版面上开辟了《读报组反映》、《读报组活动》等栏目。作为广播工作联系实际、联系群众的一项重要措施,广播收音网普遍建立。全国各县市人民政府、人民解放军各级政治机关以及其他机关、团体、工厂、学校均设有专职或兼职收音员,收听或记录中央和地方人民广播电台广播的新闻报道,向群众介绍广播节目,组织群众收听重要节目。根据 1950 年《关于改进报纸工作的决定》的精神,各报还进一步加强读者来信来访工作,确立了全编辑部人员都有责任关心处理读者来信的原则。各报不仅扩大读者来信专栏的篇幅,还把一些比较重要的来信突出地编发在一版或新闻版上,一些报纸的副刊还把读者来信作为主要内容,注意发掘来信中生动丰富的内容。《人民日报》自 1952 年起将原《读者来信》专栏扩大为专版,1953 年后逐月在报纸上公布"读者来信来访处理情况",详细列出了每月读者来信来访的件数、人次以及来信利用件数和其中内容的分类统计数等。《人民日报》编辑部还善于从中寻找线索,将带有普遍性的问题,采用评述、综述、答读者问的"信箱"等多种形式发表。

积极开展批评与自我批评,是建国初期新闻工作的一大特色,也是新闻工作联系实际、联系群众的一个重要方面。1950 年 4 月 19 日,中共中央颁发了《关于在报纸刊物上展开批评和自我批评的决定》,从党的建设和政权建设的高度阐述了报刊批评的重要意义,并决定"报纸刊物上展开对于我们工作中一切错误和缺点的批评与自我批评"。"凡在报纸刊物上公布的批评,都由报纸刊物的记者和编辑负独立的责任。"①

《决定》公布后,党中央机关报《人民日报》率先积极开展批评与自

① 引自《中共中央关于在报纸刊物上展开批评和自我批评的决定》(1950 年 4 月 19 日),载中国社会科学院新闻研究所编:《中国共产党新闻工作文件汇编》中卷,新华出版社 1988 年版(内部发行),第 5—6 页。

我批评。据统计,《人民日报》发表的批评性报道或文章,1949 年为 347 篇,1950 年为 753 篇,1951 年为1 749篇,1952 年为1 741篇,1953 年为1 027篇,其中 1951 年至 1953 年 3 年中,日均刊登批评稿超过 4 篇。在"三反"、"五反"运动期间,《人民日报》等各报开设起《人人检举贪污浪费》、《人人都来检举贪污行贿》等专栏,形成强大的社会舆论攻势。在继起的反官僚主义、反强迫命令、反违法乱纪活动的"新三反"运动中,各报将报刊批评与整党、整风活动结合起来,报道了许多典型案例,引起了强烈的社会反响。对于压制批评的行为,各党报予以大胆的揭露与抨击。华东军政委员会交通部部长兼华东交通专科学校校长黄逸峰打击报复学生、压制批评事件披露后,《人民日报》发表社论《压制批评的人是党的死敌》,使黄逸峰案得到严肃处理,黄被开除出党。《人民日报》作为中共中央机关报,还担负起指导各级党报开展批评的重任,在地方报纸开展批评受阻时勇为地方报纸撑腰。1953 年 2 月,《人民日报》报道了鞍山《工人生活》报在开展批评中遭到官僚主义严重阻碍的情况,点名批评了阻碍报纸开展批评的中共鞍山市委及市委书记,提出希望中共中央东北局纪律检查委员会负责督促鞍山市委进行检讨,在职工中开展反对官僚主义的斗争,"并望把处理结果写给本报"。

但是,报刊批评与自我批评工作也出现过一些问题,如批评言辞过于偏激、报道内容失实等,甚至违背了新闻工作的党性原则。1953 年春,广西《宜山农民报》擅自在报上批评中共宜山地委。事后,中共广西省委宣传部批评《宜山农民报》的错误做法并上报中共中央宣传部,中宣部在复信中明确提出了"报纸不得批评同级党委"的原则:"不经请示,不能擅自批评党委会,或利用报纸来进行自己同党委会的争论。"①1954 年 7 月,中共中央政治局通过《关于改进报纸工作的决议》,提出了报纸上的批评必须展开、批评必须正确、批评必须在党委的领导下进行 3 项基本原则,从而使报纸批评工作进入了有序轨道。

在探索与改进新闻工作方针的过程中,新闻界还努力学习与借鉴社会主义苏联的新闻工作经验。1950 年 1 月 4 日,《人民日报》开辟《新闻工作》专刊,每两周出一整版。其创刊号上发表的《编者的话》称:在创建我国人民新闻事业中,有一个便利的条件,这就是可以"大

① 转引自孙旭培:《新闻学新论》,当代中国出版社 1994 年版,第 277 页。

量地利用"苏联的"丰富经验","本刊愿在介绍苏联新闻工作经验方面,作有系统的努力"。至1950年12月止,《新闻工作》共出26期,刊登了译介列宁、斯大林论报刊和苏联新闻工作经验的文章近30篇,后被辑入三联书店推出的《怎样领导党报》、《报纸编辑部的群众工作》等"新闻工作丛书"。进入1954年后,新闻界出现了对口学习苏联新闻工作经验的高潮。1月,人民日报社总编辑邓拓率领中国新闻工作者代表团访问苏联《真理报》,3月初回北京后连续发表了多篇关于访苏收获的文章,后被汇编为《学习〈真理报〉的经验》一书出版。7月,中央广播事业局副局长温济泽率领的中央广播事业局代表团赴苏联考察广播事业,回国后编印了《苏联广播工作经验》一书。年底,新华社副社长朱穆之率领新华社代表团赴苏联访问塔斯社,回国后也编印了《塔斯社工作经验》上下两册。与此同时,苏联新闻工作者也多次应邀来我国访问,介绍苏联新闻工作经验。1954年10月,苏联报刊工作者代表团应邀访华一个月,多次在北京等地举行专题报告会或座谈会,这些报告和座谈记录后被汇编为《苏联报刊工作经验》一书。此外,人民出版社还在1954年至1955年间翻译出版了《联共(布)中央直属高级党校新闻班讲义汇编》第一、二集和苏联国家政治书籍出版局编辑的《布尔什维克报刊文集》等学习用书。苏联报刊上的文章也被大量转载,仅《人民日报》在1950年就刊登了30多篇从苏联报刊上选译的文章,后又开辟《苏联报刊论文摘要》。

学习苏联新闻工作经验,在当时确实具有积极的意义,但也出现了脱离中国实际、对苏联经验盲目生搬硬套的教条主义错误。由于《真理报》自称是一张"没有错误的报纸"并从不登"更正",因而《人民日报》也提出了"为没有错误的报纸而奋斗"的口号。《人民日报》还盲目模仿《真理报》,每天一篇社论放在一版头条位置,大多"无的放矢";国际新闻报道不客观反映国际形势,片面性严重;在新闻业务方面的具体表现是新闻越写越枯燥、标题越做越单调、广告越来越不受重视。

三、新闻报道业务的建设

建国初期,根据联系实际、联系群众这一新闻工作的基本方针,新闻报道业务的建设,集中在经济报道、政治报道和思想文化报道3个方面。

1. 经济报道

经济报道业务建设的成绩,主要表现在3个方面:一是紧密配合党和政府的中心工作。建国初期,《人民日报》等新闻机构紧密配合恢复国民经济这一中心任务,重点宣传报道统一全国财政工作、调整工商业、精简节约等方面的情况。1953年后农业合作化运动兴起后,《人民日报》、新华社等新闻机构抓住农业互助合作这一主线,阐明互助合作运动是土地改革后引导小农经济逐步向社会主义经济过渡的正确道路,同时注意宣传"积极领导,稳步前进"的方针,反对盲目冒进。1956年6月20日,《人民日报》发表著名社论《要反对保守主义,也要反对急躁情绪》,着重批评党内出现的急躁冒进情绪,但不久后遭到毛泽东的指责,以致未能挽回工作中的失误。二是突出报道国家重点建设的成就,展示国家经济建设日新月异的全貌,激励人们热爱祖国投身建设的热情。《人民日报》、新华社等新闻机构通过新闻、评论、通讯、报告,向国内外广大读者展示了一幅幅国家重点工程建设的壮丽景象,生动阐明了每项建设工程在整个国家经济中的重大意义和作用,显示被解放了的中国人民在生产建设上的聪明才智。三是让人民群众充当宣传报道的主角,突出宣传人民群众中的先进人物与先进事迹。新华社、《人民日报》等新闻机构把介绍先进人物和先进经验看作是经济宣传密切联系实际和群众的一个重要报道方针,推出了青年工人王崇伦等一大批先进人物的光辉形象,作为推动生产建设的强大的精神力量。

2. 政治报道

政治报道业务建设的成绩,主要表现在建国初期有关国家形象和抗美援朝两大报道中。建国后,《人民日报》、新华社等新闻机构通过对开国盛典、第一届全国人民代表大会、《中华人民共和国宪法》、日内瓦会议和万隆会议等重大的政治或外交活动的成功报道,为塑造一个人民民主专政制度的新中国的光辉形象作了重要贡献。有关开国盛典的报道,是指自第一届中国人民政治协商会议第一次会议召开到中华人民共和国宣告成立期间的报道,各报刊、通讯社、电台等新闻机构发挥各自优势,并互相协调、合作,生动及时地报道了开国的全过程。《人民日报》等报纸充分发挥版面和文字传播优势,图文并茂,为世人注目。新华社肩负国家通讯社的职能,不仅统一采写编发有关会议重要新闻的通稿,还受命以国家和人民代言人身份对外发表社论。人民广播电台采用讲话录音、实况录音、录音报道等形式,作了声情并茂的有力宣传。1949年10月1日,30万人在天安门集会庆祝新中国成立,中央人民广播电台作了现场实况广播,全国各地人民广播电台同时转播,为人民广播史上第一次全国性实况广播。此外,1954年的日内瓦会议、1955年的万隆亚非会议等,《人民日报》、新华社等新闻机构也不辱使命,通过新闻报道扩大新中国在世界上的影响。为了报道亚非会议,新闻工作者还付出过血的代价。1955年4月11日,参加亚非会议代表团工作人员和中外记者11人乘坐我国包用的印度国际航空公司星座式客机"克什米尔公主号",从香港起飞前往雅加达转赴万隆。由于飞机在香港机场暂停时,被国民党特务分子在飞机右翼轮舱处安放了定时炸弹,致使飞机在途中爆炸失事坠海,7名中外记者以身殉职。

抗美援朝报道始于1950年6月25日美国入侵朝鲜、朝鲜战争爆发,长达3年之久。《人民日报》自1950年12月4日起在第5版开辟《抗美援朝》专刊,着重介绍全国各条战线抗美援朝的工作经验,以指导、组织全国各地抗美援朝运动深入发展。新华社除发表大量消息、通讯之外,还以新华社记者述评的名义或由记者署名发表了一系列说理充分而又尖锐的评论。中央人民广播电台开办了《美国真相》、《美帝侵华史》讲座节目,自1951年初还专门举办对侵朝美军的英语广播节目,阐明我国抗美援朝的严正立场和主张,揭露美国的侵略本质和欺骗宣传。大批新闻记者还跨过鸭绿江奔赴战地采访,和志愿军指战员一起经受了战火硝烟的考验,真实地报道了反侵略自卫战争,歌颂了中朝人民的伟大胜利,有的还为之献出了宝贵生命。由于战争环境、交通障碍等条件限制,及时采写消息比较困难,因而战地新闻通讯和报告文学被广泛运用,其中不乏至今仍脍炙人口的优秀作品,如《谁是最可爱的人》、《不朽的杨根思英雄排》、《伟大的战士邱少云》、《不朽的国际主义战士》等,其中魏巍撰写的《谁是最可爱的人》刊于1951年4月11日出版的《人民日报》第1版的社论位置。但是,新华社记者采写的《马特洛索夫式的英雄黄继光》一稿,运用"合理想象"的手段,凭事后推测描写黄继光牺牲前的心理活动,多处违背了新闻真实性原则,引起了讨论和争议,廓清了新闻与文学的区别。

3. 思想文化报道

思想文化报道的建设,既取得了不少成绩,也出现过一些严重失误。思想文化报道建设的成绩,一是加强理论宣传,采取多种形式对马列主义学习作了广泛系统的报道。建国初期,为了引导广大人民摆脱国内外反动派的思想影响,用无产阶级思想改造旧的意识形态,以巩固和促进社会政治、经济制度的变革,《人民日报》、新华社、中央人民广播电台等新闻机构将介绍马列主义经典著作、普及马列主义基本知识作为自己的重要宣传任务。《人民日报》用大量篇幅发表单篇原著,刊登学习和介绍原著的文章,特别是突出宣传了《毛泽东选集》第1至3卷的出版发行和全国人民学习毛泽东著作的热潮。中央人民广播电台自1950年4月起增辟《社会科学讲座》节目,邀请著名专家学者系统讲授《共产党宣言》等经典原著以及以马克思主义为指导思想的《社会发展史》、《政治经济学》。

二是组织读者开展思想问题讨论,加强自我教育。1950年春夏之交,《人民日报》在《党的生活》栏里开展了《赵桂兰应不应该扔雷汞》的讨论。大连化工厂青年女工、共产党员赵桂兰,为了维护工厂机器财产,在工作中晕倒在地时仍不肯扔出手中的雷汞,宁肯自己被炸伤致残。经过大讨论,赵桂兰宁可牺牲自己的先进事迹,使众多读者得到了应该怎样正确处理个人利益与国家利益关系的启示。1951年7月,《新湖南报》刊登了一封长沙县的读者来信,说他们乡里有个干部叫李四喜(化名),土地改革完成后不愿继续努力工作。为此,该报编辑部组织了题为《分了田不干革命对不对?》的大讨论,持续了5个多月,使广大干部认识到松劲退坡思想对革命事业的危害性。9月,中共中央通报推广《新湖南报》的经验,认为在党报上开展思想讨论,“是加强思想领导、提高党员和群众的政治水平的有效方法之一”。

但是,建国初期毛泽东亲自发动的3次有关思想文化问题的讨论,由于采取学术批判和政治斗争的方式,造成了严重的失误。在这3次批判运动中,党中央机关报首先发难,各地报纸、电台、通讯社群起响应,大张旗鼓地在报纸上、电台里点名声讨和批判,严重伤害了一批思想文化工作者,阻碍了学术文化研究的正常开展。

一是关于电影《武训传》的批判。这部描述清末历史人物武训行乞兴学的传记故事片,详尽地描写了武训不惜任人踢、打、鞭、骑以乞资办学的苦操奇行,并把武训这种代表半封建半殖民地中国受压迫农民的落后、软弱性格,歌颂为“典型地表现了我们中华民族的勤劳、勇敢、智慧的崇高品德”,甚至把武训所走的道路与当时不断发生的农民武装反抗斗争并列,用农民革命斗争的失败来反衬武训“行乞兴学”的成功。1951年初这部电影在京、津、沪等城市公映后,各地报刊发表的歌颂性文章多达一二百篇。对此，毛泽东亲自撰写了《应当重视电影〈武训传〉的讨论》一文，于1951年5月20日作为《人民日报》的社论发表，同日该报还发表专论《共产党员应当参加关于〈武训传〉的批判》。接着，《人民日报》一连7天在显著位置报道上海等地文化界开展批判电影《武训传》活动的动态新闻。7月下旬，《人民日报》在第3版连续6天刊载了署名“武训历史调查团”的长达4.5万字的《武训历史调查记》。这个调查团在化名李进的江青操纵指挥下，按照主观意图寻找材料，最后得出“武训是一个以‘兴义学’为手段，被当时反动政府赋予特权而为整个地主阶级服务的大流氓、大债主和大地主”的调查结论。以这篇片面、极端和粗暴的《调查记》的发表来结束关于《武训传》的讨论，造成了很大的负面效应和不良效果。

二是关于《红楼梦》研究和胡适派资产阶级唯心论思想的批判。五四运动后，胡适撰写了《红楼梦考证》一书，不赞成“旧红学派”的脱离作品实际、认为《红楼梦》是“影射人事”的索隐方法，对《红楼梦》的作者、版本进行了辨伪存真的有益考证，提出全书为作者的“自传”说，被称为“新红学派”的代表。俞平伯也是“新红学派”代表之一，1923年出版专著《红楼梦辨》，1952年将该书修订后改名《红楼梦研究》再版，1954年又在《新建设》第3号上发表《红楼梦简论》。几个月后，《文艺报》收到了青年学者李希凡、蓝翎批评俞平伯研究观点的来稿和信，但未予以重视。李、蓝两人转而在其母校山东大学学刊《文史哲》1954年第9期上发表了题为《关于〈红楼梦简论〉及其他》的文章，同年10月又在《光明日报》的《文学遗产》专刊上发表《评〈红楼梦研究〉》。毛泽东看到这两篇文章后，于10月16日给中共中央政治局写了《关于红楼梦研究问题的信》，并附上李、蓝的两篇文章，称赞“这是三十多年以来向所谓红楼梦研究权威作家的错误观点的第一次认真的开火”，要求由此开展一场“反对在古典文学领域毒害青年三十余年的胡适派资产阶级唯心论的斗争”①。10月下旬，《人民日报》发表署名文章《应该重视对〈红楼梦〉研究中的错误观点的批判》和《质问〈文艺报〉编者》，掀起了自上而下的、以新闻工具为主要阵地的学术思想批判运动。这场持续半年之久的大规模的思想批判，虽然也有不少正面成绩，但把政治与学术思想完全等同起来，不恰当地一概抹杀胡适自五四新

① 引自《毛泽东选集》第5卷，人民出版社1977年版，第134页。

文化运动以来作为我国资产阶级著名学者在学术领域的成就,使批判缺乏科学性和说服力,特别是无情批判俞平伯等一大批爱国老知识分子,且不给答辩机会,对学术和艺术的发展极为不利。

三是对“胡风反革命集团”的揭露与批判。胡风,原名张光人,是我国现代著名文艺理论家,长期在国统区从事进步文化活动,政治上拥护中国共产党,但在文艺理论上一贯片面宣传作家的“主观战斗精神”,忽视作家深入工农群众的生活和斗争实际。1953 年初,《文艺报》发表批评胡风文艺思想的文章,《人民日报》予以转载。1954 年 7 月,胡风撰写了《关于解放以来的文艺实践情况的报告》(即“三十万言书”),呈政务院转交党中央,坚持自己的文艺思想并提出反批评。1955 年 2 月,中国作家协会主席团扩大会议决定开展“对于胡风的资产阶级唯心主义文艺思想的批判”。之后,《人民日报》等新闻机构积极参与这场批判。至 5 月底,《人民日报》连续发表了批判文章 20 余篇,从文学的内容和形式、文学传统直至文艺源泉等问题,全面批判胡风的文艺思想及其世界观。在批判活动中,舒芜向中宣部交出胡风解放前写给他的一些私人信件,《人民日报》在 5 月 13 日经过分类整理加注后以《关于胡风反党集团的一些材料》为题刊出,毛泽东撰写的“编者按”断言“胡风和他所领导的反党反人民的文艺集团是怎样老早就敌对、仇恨和痛恨中国共产党的和非党的进步作家”,责令“一切和胡风混在一起而得有密信的人”,应当都把信交出来。之后,对于胡风文艺思想的批判运动升级为“胡风反党集团”(5 月底再次升级为“胡风反革命集团”)的揭露与批判运动,胡风等一批爱国文艺与学术工作者竟然被当作反革命分子拘捕入狱,造成了极为恶劣的后果。

此外,建国初期新闻报道业务的建设,还表现在新闻界为提高新闻工作者的业务水平而推出了几项建设性措施。1951 年 6 月 6 日,《人民日报》发表了毛泽东修改定稿的社论《正确地使用祖国的语言,为语言的纯洁和健康而斗争》,发起了纯洁祖国语言文字的活动。《人民日报》的新闻机构不仅带头倡导,还身体力行。接着,新闻界又为促进汉字改革、推广普通话、实现汉语规范化作出了重大努力。1955 年,《光明日报》、《中国青年报》、《文汇报》、《河北日报》等 9 家报纸将版面由竖排改为横排;1956 年,《人民日报》、《工人日报》、《大公报》、《北京日报》、《解放日报》等 21 家报纸也开始实行横排,基本完成了报刊编排形式的重大变革。为了提高新闻工作者的业务能力,新华社还在 1951

年间开展练笔运动，有计划、有组织地把新华社的业务水平提高一步。2月13日，新华社颁布了《开展练笔运动的决定》，对旨在消灭稿件中事实错误、文法错误与文字冗长现象的“练笔”运动作了具体部署。练笔运动开始后，新华社总编室把练笔运动规定为编辑部的重要任务，并指定专人负责指导和解决运动中的日常问题。新华社还应练笔运动之需创办了《新闻业务》，作为全社编辑记者探讨新闻业务、交流采写经验的阵地。

第三节　1956年社会主义新闻工作改革及其历史意义

一、新闻工作改革的历史背景与指导方针

自1949年新中国成立至1956年，社会主义的新闻事业体制基本确立，革命战争时期形成的中国共产党新闻工作的优良传统与作风继续得到发扬光大。但是，由于教条主义和党八股的影响、对苏联经验的照抄照搬，社会主义新闻工作还存在着不少严重问题，其具体表现有：习惯于直接代党政机关发言，进行自上而下的指导；脱离实际和群众生活，缺乏对新情况进行及时、深入的分析研究，因而对新情况提出的新要求显得束手无策；新闻少，内容贫乏、枯燥，可读性差；报纸批评日益减少，没有不同意见的讨论，等等。总之，新闻机构日趋单一化、新闻宣传日益公式化，是当时新闻界存在的一个严重问题。对于这一现象，广大读者十分厌恶，新闻工作者非常不安，连党和国家的领袖毛泽东也深有同感。1955年12月，毛泽东在《合作社的政治工作》的按语中批评说：“我们的许多同志，在写文章的时候，十分爱好党八股，不生动，不形象，使人看了头痛。”“哪一年能使我们少看一点令人头痛的党八股呢？”①

1956年后，对新闻工作进行大改进的时机与条件开始成熟。特别

① 引自《〈合作社的政治工作〉一文按语》（1955年12月），载《毛泽东新闻工作文选》，新华出版社1983年版，第180页。

是毛泽东的《论十大关系》等有关讲话和刘少奇对新闻界的两次谈话,为社会主义新闻工作改革提供了指导方针。4月25日,毛泽东在中共中央政治局扩大会议上作了《论十大关系》的报告,分析了学习苏联经验的过程中出现的弊端,指出:"我们的方针是,一切民族、一切国家的长处都要学,政治、经济、科学、技术、文化、艺术的一切真正好的东西都要学。但是,必须有分析有批判地学,不能盲目地学,不能一切照抄,机械搬运。他们的短处、缺点,当然不要学。""对于苏联和其他社会主义国家的经验,也应当采取这样的态度。过去我们一些人不清楚,人家的短处也去学。"①4月28日,毛泽东在中共中央政治局扩大会议上说,艺术问题上"百花齐放",学术问题上"百家争鸣",应该成为我国发展科学、繁荣文学艺术的方针。5月26日,中共中央宣传部举行报告会,中宣部部长陆定一作了题为《百花齐放,百家争鸣》的讲话,公开宣布并全面阐述了"百花齐放、百家争鸣"的方针,简称"双百"方针。

5月28日,刘少奇(时任中共中央政治局委员、书记处书记、全国人民代表大会常务委员会委员长)分别听取了新华社和中央广播事业局负责人的汇报,并作了长篇讲话。6月19日,刘少奇又召集中央分管宣传工作的胡乔木和新华社负责人谈话。在这些谈话中,刘少奇明确提出了反对教条主义和党八股问题,指出:不分好坏,不看条件,一律接收,一律学习,一律照办,就是教条主义,就是盲从,就是迷信。在我们的同志中间要破除迷信。他说:"我们的新闻报道,学习塔斯社的新闻格式,死板得很,毫无活泼。……我们不能学这种党八股。"②刘少奇的几次谈话,不仅为新华社、广播事业的改革提出了一些具体要求,而且更重要的是为即将到来的新闻工作大改进(后来被称为第一次社会主义新闻工作改革)确定了指导思想和基本方针。

二、《人民日报》改版与新闻工作改革的兴起

进入1956年后,人民日报社就开始酝酿新闻工作改革事宜,中共

---

① 引自《论十大关系》(1956年4月25日),载《毛泽东选集》第5卷,人民出版社1977年版,第285页。

② 引自刘少奇:《对新华社工作的第一次指示》(1956年5月28日),载中国社会科学院新闻研究所编:《中国共产党新闻工作文件汇编》下卷,新华出版社1988年版(内部发行),第359页。

中央也指示《人民日报》要改进内容、扩大篇幅，以适应形势发展的需要。4月，《人民日报》编辑部召开新闻工作改革动员大会，中共中央书记处书记胡乔木在会上传达了中央意图，一场以《人民日报》改版为中心的新闻工作改革运动开始兴起。

先是，人民日报社发动全体人员检查工作，并采用派专人进行个别访问、召开小型座谈会、个别写信和发公开信等方式，向各省、市委、中央有关部门、县以上的报纸编辑部和各界读者征求意见与建议。5月，人民日报社编委会在其给中共中央的报告中提出了新的办报战略："要使人民日报能够多方面地反映客观情况和群众意见，及时地深入地宣传解释党和政府的政策，更多地反映和交流地方工作的经验，对于广大人民迫切关心的工作上、生活上、思想上的问题展开讨论，使人民日报成为群众欢迎的生动活泼的报纸。"报告还提出了报纸扩版、报道范围扩大、开展自由讨论、满足读者需要等具体意见。6月20日，人民日报社制订了报纸改革方案并上报中共中央。

7月1日，《人民日报》正式宣告改版。其改版社论《致读者》公开承认《人民日报》的工作仍然存在教条主义和党八股严重等缺点，缺乏生动活泼的作风，不能适应形势发展的需要，因而必须进行一场深入的改革，并强调"《人民日报》是党的报纸，也是人民的报纸"。改版社论还把改版重点归纳为三点："第一，扩大报道范围，……生活里的重要的新的事物——无论是社会主义阵营的，或者是资本主义国家的，是通都大邑的，或者是穷乡僻壤的，是直接有关于建设的，或者是并不直接有关于建设的，是令人愉快的，或者是并不令人愉快的，人民希望在报纸上多看到一些，我们也应该多采集、多登载一些。""第二，开展自由讨论……有许多问题需要在群众性的讨论中逐渐得到答案。有部分问题甚至在一个时期的讨论以后暂时也还不能得到确定的答案。有许多问题，虽然已经有了正确的答案，应该在群众中加以广泛的宣传，但是这种宣传也并不排斥适当的有益的讨论。相反，这种讨论可以更好地帮助人们认识答案的正确性。……为了便于开展自由讨论，我们希望读者注意：在我们的报纸上发表的文章，虽然是经过编辑部选择的，但是并不一定都代表编辑部的意见。""第三，改进文风……报纸上的文字应该力求言之有物，言之成理，而且言之成章。"

自改版之日起，《人民日报》面目焕然一新。一是新闻报道的数量大增、题材更广。改版前，该报新闻数量少，内容又多半是外交、会议、公告等硬新闻。改版后,新闻数量明显增多。在改版后的第一个月里,《人民日报》平均每天登出新闻74条,共4万字,占全部版面的40%。为适应经济建设的形势,经济新闻占据主要地位。以1956年7—8月《人民日报》头版头条新闻为例,共刊登头条新闻61条,其中,经济建设31条,文教5条,人民生活5条,会议新闻和公告性新闻6条,涉外新闻14条。显而易见,经济建设新闻占了50%,居各类新闻的首位。新闻报道的题材变得广泛,开始提倡报道社会生活中的新闻,探讨解决生活中的问题,更加关心和贴近读者的生活,如刊登《沈阳的生活费用为什么高?》、《不要让孩子再在街头游荡》等。7月4日,《人民日报》在头版刊登《着手解决居民生活福利问题》的报道,体现了该报纸已把读者的需要放在首位。对于波兰波兹南事件和匈牙利事件,《人民日报》也作了如实报道,打破了对社会主义国家只报喜不报忧的陈规。

二是言论明显改进。《人民日报》的社论以及其他评论文章,题材广泛,大多短小生动,出现了一些从实际中提出问题进行批评分析的好文章。关于"百家争鸣"方针的讨论,一扫教条主义的文风,表现了独立思考的自由、发表意见的自由,振奋和鼓舞了广大知识界。

三是副刊与读者通联工作进一步加强。《人民日报》创办了文学性副刊,刊登活泼、明快、尖锐的短文和文艺作品;认真编发群众来信,按照其内容性质分别刊登在有关各版上,改变了过去设立读者来信专版、专页集中刊登读者来信来访的做法。改版后第一个月里,《人民日报》平均每天发表读者来信近10篇。

此外,报纸篇幅由对开4版改为对开8版,版面安排也相应作了调整,第一版仍为要闻版,第二、三版为国内经济版,第四版为国内政治版,第五、六版为国际版,第七版是学术文化版,第八版上、下半部分分别为副刊和广告版。版面处理也十分生动活泼,新闻、言论、图片有机组合,还时时推出组合式新闻等各种报道形式。尤其是在照片的使用上,或在报眼位置刊登图片新闻,或将大幅照片改为两幅小照片,或是图片在文章中灵活穿插,时时给人新鲜之感。

为了推广《人民日报》的改版措施与经验,促进新闻工作改革的全面展开,中共中央于1956年8月1日向各省、市、自治区党委批转了《人民日报》编辑委员会向中央呈送的关于《人民日报》改版的报告。为此下达的中共中央文件明确指示:"中央批准这个报告,认为《人民日报》改进工作的办法是可行的。中央还希望各地党委所属的报纸也能够进行同样的检查,以改进报纸的工作。"文件还就报纸开展自由讨论作了一番精辟的论述:"为了便于今后在报纸上展开各种意见的讨论,《人民日报》应该强调它是党中央的机关报又是人民的报纸。过去有种论调说:'《人民日报》的一字一词都必须代表中央','报上发表的言论都必须完全正确,连读者来信也必须完全正确'。这些论调显然是不实际的,因为这不仅在事实上办不到,而且对于我们党的政治影响也不好。今后《人民日报》发表的文章,除了少数的中央负责同志的文章和少数的社论以外,一般地可以不代表党中央的意见;而且可以允许一些作者在《人民日报》上发表同我们共产党人的见解相反的文章。这样做就会使思想界更加活泼,使马克思主义的真理愈辩愈明。各级党委今后也要强调地方党报是地方党委的机关报,又是人民的报纸。我们党的各种报纸,都是人民群众的报纸,它们应该发表党的指示,同时尽量反映人民群众的意见;如果片面强调它们是党的机关报,反而容易在宣传上处于被动地位。"

三、新闻工作改革的全面展开

在《人民日报》进行新闻工作改革的同时或稍后,中央和各地的报纸、通讯社、广播电台也都先后进行改革,掀起了一个规模巨大的新闻工作改革热潮。

新华通讯社以建设世界性通讯社为目标,在提高新闻报道质量、改进国内通讯社工作、加强国外分社工作等多方面进行大胆改革。建国后,新华社经过几年的努力,工作有了很大的进步,但还存在许多缺点:新闻报道片面性严重,"不能经常反映事物的本质,而只抓一些表面现象","没有完全做到认真地、全面地、及时地、生动地反映实际情况","只报喜,不报忧;只报成绩,不报困难和缺点;只反映与领导机关意见相吻合的情况,不反映不同的或相反的情况;只报道已有定论的问题,不报道重要但还没有定论的问题;只注意完成工作任务,不注意群众的意见和呼声"①。此外,新华社的国内工作存在严重的机关化作风,工作效率不高,组织管理与工作方法落后。国外分社工作也发展不快。

① 引自《关于新华社工作中几个重大问题向中共中央的请示报告》(1956年8月)。

1955年12月,毛泽东批评新华社在国外业务活动的发展上思想保守、行动迟缓,“驻外记者派得太少,没有自己的消息,有,也太少”。他指出,新华社“应该大发展,尽快做到在世界各地都能派有自己的记者,发出自己的消息,把地球管起来,让全世界都能听到我们的声音”①。(图13.2)

图13.2　“新华社要把地球管起来”

1956年5月28日和6月19日,刘少奇两次同新华社负责人谈话,要求新华社“成为世界性通讯社”,还大胆地提出新华社“不做国家通讯社,当老百姓”的问题。刘少奇指出,新华社的新闻必须是客观的、真实的、公正的、全面的,同时必须是有立场的。现在的新闻报道有偏向,只讲好的,有片面性。应该是好的要讲,不好的也要讲。当然,讲坏的,不是什么都讲。什么都讲是客观主义,是有闻必录,要经过思考和观察,有自己的见解。要做到对当前斗争有利,不被敌人和反动派利用。他还要求新闻报道要讲普遍兴趣,多种多样,简短及时。关于新闻记者的思想与工作作风,刘少奇认为,第一要有老实态度,第二要深入观察问题,对事物要有分析,要克服报道中的片面性,要坚持真理,要有斗争性,不要怕人家报复,不要怕人家把你赶走。应该发挥记者的积极性,除了写新闻外,还要写通讯、评论,写各种文章,并且在稿件上署名,

① 引自《让全世界都能听到我们的声音》(1955年12月),载《毛泽东新闻工作文选》,新华出版社1983年版,第182页。

加重记者的责任。刘少奇还指出,新华社要学习塔斯社,同时也要学习资产阶级通讯社。对社会主义国家通讯社的经验,不要迷信,不要盲从。要克服教条主义,发挥创造性,要创造自己办无产阶级通讯社的经验。

根据刘少奇的指示和国内外形势发展的要求,新华社在认真检查工作中存在的问题的基础上,制定了新华社工作全面改革的规划,并于1956年8月以新华社编委会的名义就若干重大问题向中共中央呈送了请示报告。在建设世界性通讯社方面,新华社提出了发展步骤:"第一步在5年到7年内,新华社应首先集中力量建设成为东方(亚非地区)最有权威的世界性通讯社,第二步在10年到12年内,新华社应建设成为在全世界范围内可以和西方资产阶级各大通讯社相匹敌的世界性通讯社。"1956年,新华社国外分社由原来的9家增加到19家。关于新华社的国内报道,报告提出了一些全新的观念和改进措施:"新华社协助党和政府贯彻执行政策,不是简单地宣扬政策的正确,而要反映政策在群众行动中受考验的情况。因此新华社不应仅只反映政策顺利执行的情况,而且要反映政策在执行中所发生的问题和偏差,以及如何解决这些问题和偏差的情况。""新华社不能仅只报道已有正确结论的事实,同时也要报道暂时还不能作出正确结论的事实。"此外,各地方分社可以对当地报纸、电台发稿。关于国际报道,报告认为要实行"全面的客观真实的报道方针","全面地报道世界各国发生的各种各样的重要事件,而不限于只报道对我有利的进步的事件;在报道时立场坚定,但应尽可能赋予我们的新闻以客观的形式,避免宣传化的毛病"。这样做,是因为"通讯社的新闻报道,应不同于政府的外交声明,应该客观地全面地反映世界各国的不同的情况,这不但可以使国内读者能够全面地了解国际生活的真实情况,而且可以使新华社的新闻能够在国际市场上同西方资产阶级通讯社进行竞争"。

关于新华社的性质问题,报告认为:"从新华社作为一个舆论机关来考虑,特别考虑到新华社要成为世界性通讯社,要跟西方资产阶级通讯社竞争,采取民办的形式好处较多。……但是对于这个问题,我们目前缺乏经验,因此暂时可以不改变目前国家通讯社的形式,今后应该尽可能少用官方的面孔出现,更多采用民间通讯社的作法,在积累一定经验后,再决定是否改变。"①

---

① 引自《关于新华社工作中几个重大问题向中共中央的请示报告》(1956年8月)。

广播工作改革的全面展开,以1956年7、8月间召开的第四次全国广播工作会议为标志。之前,刘少奇于5月28日听取了中央广播事业局负责人的汇报,并作了长篇讲话。刘少奇指出,人民广播事业要加强同人民日常生活的联系,广播要跟人民思想、人民生活、人民需要有密切的联系。他说:"跟人民密切联系,就要关心人民生活的事情。""特别是地方的广播电台,有关粮食、鱼、肉的问题都可以广播。"刘少奇还提到了广播电台的广告问题:"广播电台为什么不搞广告?人民是喜欢广告的。生活琐事和人民有切身关系,许多人很注意和自己有关的广告。"关于对外广播,刘少奇认为,"以对亚洲和对华侨为重点,这当然是重要的",但"搞规划要从全世界着眼","一定要把对美洲的广播列入计划之内"。刘少奇还要求大力发展农村有线广播,"但是不要因此加重群众的负担"。"发展有线广播主要靠群众,群众要搞才搞,群众不要搞就晚点搞。"为了培养大批广播工作者,刘少奇提出了办广播大学的建议,"应该有一个大学来训练广播干部"①。7月25日至8月16日,中央广播事业局在北京召开了长达20多天的第四次全国广播工作会议,学习毛泽东《论十大关系》和刘少奇的讲话,讨论广播事业的体制和改进广播宣传等问题,确立了广播工作改革的主要目标,即改进新闻报道,扩大节目取材范围,办好文艺广播,让听众从收音机里听到更多的节目。

第四次全国广播工作会议结束后,从中央台到地方台,广播工作改革全面展开,广播工作有了显著的改进。一是改进新闻报道,注意增加新闻节目的次数和容量,强调新闻时效。中央人民广播电台的新闻节目从1949年的每天4次增加到15次,密切配合国家的中心工作和群众最为关心的问题。各地电台着重改进本地的《新闻联播》和《新闻报摘节目》,和中央电台的《全国联播节目》、《新闻报摘节目》一起,组成早晚两次重点节目群,同时努力提高节目的质量,力求全面、真实、生动、有兴趣和有立场。各台努力扩大节目选材的范围,使广播节目贴近与体现人民的生活,反映社会主义建设的新面貌,歌颂社会主义先进人物与先进典型。在形式上,力求多样化与生动活泼,语言注意口语化与

---

① 引自刘少奇:《对广播事业局工作的指示》(1956年5月28日),载中国社会科学院新闻研究所编:《中国共产党新闻工作文件汇编》下卷,新华出版社1988年版(内部发行),第370—376页。

通俗化。中央人民广播电台于1956年11月开办了综合性的专题节目《祖国建设和人民生活》(1957年5月后改为《在祖国各地》),以通讯、特写、录音报道等为主要节目形式,后成为中央台的名牌节目。二是贯彻"双百"方针,开展自由讨论,特别是纠正广播不得开展批评的错误观念。在苏联,广播批评被视为新闻工作的禁区。在改革中,广播工作者认为当生活中充满着各种矛盾的时候,不允许广播开展批评,就只能削弱广播宣传的力量,使广播脱离生活和群众。当然,在广播中开展批评和自我批评,既要有明确目的,又要严肃对待。通过广播批评,揭露和纠正缺点错误,以教育人民和做好工作。开展批评要有立场,要考虑到是否对革命事业有利。三是努力办好文体、知识以及社会群体等各类节目,并力求丰富多彩,满足不同兴趣和爱好的听众的需要。1956年以后,实况广播体育比赛次数明显增加,成为推动群众性体育活动的重要方法。文艺节目的题材、种类、形式日益丰富,逐步形成了欣赏性、知识性、教育性、服务性4类节目。对少年儿童节目,除了原有的对少先队员的《星星火炬》,1956年又开办了对学龄前儿童的《小喇叭》节目,以向孩子们进行爱国主义、国际主义和社会主义教育为主要内容。

在新闻改革的热潮中,《新民报》等非党报也积极参与,提出了不少新观念,推出了不少新举措。《新民报》总编辑赵超构针对过去报纸工作中存在的新闻和文章太长、报道面太窄、文章太硬、有教训人的口气等缺点,提出改进报纸工作的3个口号:"短些,短些,再短些;广些,广些,再广些;软些,软些,再软些。"赵超构还对"软"字作了解释:"思想既要正确,又要把报纸弄得生动一些,通俗一些。深入浅出,对读者亲切一些。"《新民报》还加强《小言论》栏目,小型评论专栏《随笔》被移至第一版,每天一篇,由赵超构亲自撰写,并以"林放"的笔名发表。《文汇报》以知识分子为主要读者对象,以宣传党和政府的文教方针政策为主要内容,已于1956年4月迁北京并改组为教育部机关报《教师报》,但在改革的大潮中于10月1日迁回上海出版并恢复原名。

在新闻工作改革中,研究新闻理论与新闻业务的空气也十分浓厚。复旦大学新闻系等新闻教育与研究单位对报纸的性质与任务、读者观念、指导性与趣味性、中国报纸的传统等问题,开展了热烈的讨论。复旦大学新闻系主任王中教授,于1956年间精心撰写《新闻学原理大纲》,并于1957年初应上海人民广播电台等单位邀请作了多次学术讲演。王中对报纸的性质与任务等问题作了新的阐释,他认为,报纸的性能是“为人民服务”,在新形势下,报纸有指导工作、指导生活、扶植民主、培植道德等职能,但是不赞成继续照搬列宁的报纸是“集体的组织者”的说法,主张“社会的性质变化了,整个人与人之间的关系变化了,那么报纸的性质、办报的方针也应当随着变化”。他还提出,报纸既是政党宣传工具,又是老百姓花钱买的商品,具有工具性和商品性两重性。他认为,“‘办报卖’和‘买报看’两个方面必须结合”,这就要求报纸很好地为读者服务,让读者自愿地去买。

关于中国报纸的传统问题,广大新闻工作者普遍认为要予以全面的继承。仅就中国共产党领导的无产阶级新闻事业而言,既有在解放区办报的经验,也有在国统区办报的经验;既有将解放区某个村庄农民成立“变工队”的消息放在头版头条以指导具体工作的延安《解放日报》,也有按照国统区读者的新闻价值观采编新闻、但能同时表达中国共产党的立场和体现无产阶级党性原则的重庆《新华日报》,还有在国共合作中常以不偏不倚的面目出现、但本质上倾向进步力量的《救亡日报》。不少人还提出,旧中国出版的曾发挥过进步作用的或在业务上有可资借鉴之处的报纸的经验与特色,也都应该继承与借鉴,使社会主义新闻事业风格更为多样、特色更为鲜明。

四、新闻工作改革的收获与意义

1956 年的新闻工作改革,历时一年多,从中国实际出发,注重满足人民群众的需求,为办好我国社会主义新闻事业开辟了道路,具有深远的意义和影响。

首先,广大新闻工作者的新闻观得到了更新与解放。这次改革冲破了教条主义思想的束缚,破除了盲从迷信,认识到对于苏联新闻工作经验要有分析地加以借鉴,对于国内外资产阶级的办报经验可以批判地接受其中对我们有用的成分。其次,广大新闻工作者明确了必须从中国的实际出发,认真研究总结继承中国新闻事业的优良传统与经验,并在此基础上进一步创新,使新闻事业的社会主义内容与中国民族形式相结合。再次,这次改革受到了广大读者的欢迎与支持,从而也带来了报纸发行量、特别是自费订报数的大幅度增加。自 1956 年 10 月 1 日开始,机关、团体等单位中私人需要的报刊实行自费订阅后,报刊发行量非但没有减少,反而有所增加,有些报纸甚至超过了预计的发行数。

当然,这次改革也有偏颇之处。在反对教条主义思想时,有的人又走向另一极端,如全盘否定学习苏联新闻工作经验的历史必然性和受益方面、不加分析批判地学习与继承旧中国资产阶级报纸的传统等。正如毛泽东在1957年3月10日同新闻出版界代表谈话时所说:“目前思想偏向有两种:一种是教条主义,一种是右倾机会主义。右倾机会主义的特点是否定一切,教条主义则把凡有怀疑的都一棒子打回去,肯定一切。教条主义和右倾机会主义都是片面性,都是用形而上学的思想方法去片面地孤立地观察问题和了解问题。”①1957年下半年反右派斗争开始后,1956年兴起的我国社会主义新闻工作的改革,因反右扩大化等各种原因而中途夭折。

① 引自《同新闻出版界代表的谈话》(1957年3月10日),载《毛泽东新闻工作文选》,新华出版社1983年版,第187页。

第十四章

社会主义新闻事业的曲折发展

第一节 新闻事业的超前发展与全面调整

一、新闻事业的超前发展

1956年社会主义改造完成后，中国进入全面建设社会主义时期。随着国民经济的发展，特别是进入“大跃进”阶段，新闻事业发展的步子日益加快，并出现了超前发展的态势。

1. 报刊事业的发展

建国初期建成的以党的机关报为主体的报刊网在1957年后得到进一步的发展。报刊及其发行量大增。据统计，1957年，全国邮发报纸总数为1 325种、期发数为1 508万份、年总印数为24.4亿份；1958年，全国邮发报纸总数增至1 776种、期发数增至4 473万份、年总印数增至39亿份。期刊在1956年大约有484种、年总印数为5.5亿份，至1958年增至851种。

报刊品种开始增多与趋于合理。面向基层、补日报之不足的晚报，经过建国初期报业的整顿与改造，只剩下了一南一北两家，即上海的《新民报晚刊》和天津的《新晚报》。这一时期，又出现了两份新办的晚报。1957年10月1日，《羊城晚报》在广州创刊，是中共广东省委主办的对开大型综合性晚报，以作为省委机关报《南方日报》的辅助和补充。1958年3月15日，《北京晚报》创刊，是中共北京市委领导的小型综合性晚报。4月，《新民报晚刊》改名为《新民晚报》。这4家晚报，分别在京、津、沪、穗出版，各具其所在地方的特色，在内容上强调知识性与趣味性,在版面安排上灵活、生动、贴近读者。1959 年 5 月,全国记协在北京举行建国后第一次晚报座谈会,确定了晚报主要是作为当地日报的辅助与补充力量的办报方针。此外,县级党委机关报以及面向工人的企业报、农民报等也在“大跃进”的高潮中大批出现。企业报是由一些厂矿自己创办的、以交流内部信息和工作经验为主旨的报纸,仅 1958 年新创办的就有 15 种之多。体育报开始问世并迅速发展。1958 年 9 月 1 日,《体育报》在北京创刊,是国家体育运动委员会主办的全国性体育报纸。之后,十几个省市的体育报纷纷创刊。随着摄影事业的发展,摄影画报和摄影专业刊物也有了大的发展。1957 年到 1960 年,新创刊的画报有 16 家,其中有 10 种是“大跃进”时期的产物。1957 年 4 月,中国摄影学会编辑主办的《新闻摄影》双月刊创刊,以介绍摄影作品为主,图文并重。1958 年 7 月,《大众摄影》创刊,以摄影爱好者为读者对象,注重对大众的普及与提高。这一时期,中国国民党革命委员会中央委员会主办的时事政治周报《团结报》,1957 年 8 月 1 日正式公开向全国发行,为当时唯一的一份由民主党派创办的报纸。《北京周报》,1958 年 3 月 4 日发刊英文版,主要向国外及时报道我国政治、经济、文化和社会各方面的发展情况,后来陆续增出法文、西班牙文、日文、德文等多种版本。

时政、理论期刊的纷纷创刊,是这一时期报刊发展的一个新现象。1958 年 6 月 1 日,中国共产党中央委员会主办的理论刊物《红旗》杂志在北京创刊,初为半月刊,后改为月刊,陈伯达担任总编辑。该刊系根据中共八届五中全会决定而创办,旨在加强马列主义毛泽东思想的宣传。毛泽东对该刊的创刊十分重视,不仅为它题写刊头、审阅发刊词,还在创刊号上发表了《介绍一个合作社》一文。随后,各省、市、自治区党委也先后办起了本地区的时政理论刊物,如中共北京市委于 1958 年 11 月创办的《前线》、中共浙江省委创办的《求是》等。其中有些还采用历史上著名党刊的名称,如上海市委的《解放》、江苏省委的《群众》、湖南省委的《湘江评论》、河南省委的《中州评论》等。在一些具有出版条件的地(市)委、甚至县委也创办理论刊物,形成了一个从中央到地方、遍布全国的时政理论宣传网。

2. 广播电视事业的发展

电视事业的产生与初步发展,是这一时期新闻事业发展的一大成就。早在第一个五年计划中,中央广播事业局就向国务院提出了创办电视事业的想法并得到了周恩来、刘少奇等领导人的同意。1955 年初,我国发展文教事业的五年计划列入了创建电视台这一全新的项目,第一次将发展电视事业提上了议事日程。1956 年 5 月 28 日,刘少奇在同中央广播事业局负责人谈话时,阐述了有关建立电视台、生产电视接收机和创办彩色电视等具体意见。1957 年 8 月 17 日,中央广播事业局决定成立北京电视实验台筹备处。1958 年 5 月 1 日,中央电视台的前身——北京电视台开始试播,中国上空首次出现电视节目的信号,新华社为此发布消息,向全世界宣告了中国电视事业的诞生。经过 4 个月的实践,北京电视台于 9 月 2 日正式开播,每周播出 4 次(星期二、四、六、日),每次 2 至 3 小时(图 14.1)。自 1959 年元旦起,北京电视台每周播出 6 次,星期一休息。1958 年后,上海电视台、哈尔滨电视台①、天津电视台也先后试播并获得成功。1958 年 12 月,中央广播事业局在北京召开全国电视台基地工作座谈会,决定从点到面,在全国逐步建立电视台。从 1959 年到 1961 年,又先后有 19 座省市级电视台建成开播。至于广播事业,自 1957 年后实行中央和地方并举的方针后,地方广播事业获得大发展,一批中等城市的人民广播电台纷纷创建。1957 年,全国广播电台有 61 座,1958 年增至 91 座,至 1960 年底增至 135 座。

图 14.1 中央电视台的前身——北京电视台正式开播(1958 年 9 月 2 日)

3. 通讯社的发展

1957 年,新华通讯社明确提出了要使自己成为“消息总汇”、成为

① 1978 年 7 月 1 日改名为黑龙江电视台。

党和政府以及人民群众的耳目喉舌的发展方向,一要在全国和全世界采集和发布有关中国和外国的政治、经济、文化和其他一切重要的、引起共同兴趣的新闻(包括文字的和照片的),二要在全国和全世界采集和发布一切重要的、不宜于公开报道的情况(包括文字和照片的),提供中央和有关方面参考。1957 年 10 月,新华社和人民日报社就两单位加强合作的问题给中央写了报告,并得到了中央的批准。当时,吴冷西既担任《人民日报》的总编辑,又担任新华社的社长。根据双方合作协议,新华社各地分社与《人民日报》记者站合并,但仍然挂两个牌子,原有各项任务不变。为加强统一指导,《人民日报》和新华社编委会定时举行联席会议,制定统一的宣传报道计划,报社与新华社互相交换内部业务刊物及其他重要情况。自 1957 年 3 月 1 日起,新华社编印的一份内部刊物《参考消息》改版,日出 4 开 4 版,约 2 万字,发行数由 2 000 份扩大到 13 万份,阅读范围扩大到县委委员以上或相应级别的党内外干部。1958 年 12 月,《参考消息》的读者范围进一步扩大到机关团体、企业的干部和高等院校的学生。《参考消息》的改版和扩大发行,是为了便于党内外干部更多地了解国际时事,特别是了解我们的敌人和朋友双方面的情况,以避免在观察时事问题时的片面性与思想僵化现象。

为适应建设世界性通讯社的需要,新华社还有计划地更新和改进技术设备,建立和完善国内和国际电讯网络。1958 年到 1959 年,新华社在我国西部建立了转播台,基本上解决了新华社对欧洲和非洲地区的广播问题,同时也改善了对西亚地区的广播质量。1959 年 7 月,新华社还建成了功率强大的北郊收讯台,抄收外国通讯社的电台增多,扩大了国际新闻的来源。截至 1960 年底,新华社的国内外广播电路发展到 24 条,其中国内新闻广播电路 4 条,分别针对中央级报纸、省市自治区报纸、专区报纸和专区以下的地方小报;对外新闻广播 19 条,包括 4 条英文广播、13 条对外专线广播和 2 条对外图片传真,广播对象为亚洲、欧洲、非洲和拉美地区的部分国家;另有一条业务通报电路。

4. 新闻教育事业的发展

1958 年后,新闻教育事业发展步伐加快,出现了一批新的新闻教育机构。1958 年 6 月,北京大学中文系新闻专业正式并入中国人民大学新闻系。1958 年 9 月 2 日,中央广播事业局直属北京广播专科学校成立;翌年 9 月,该专科学校扩建为北京广播学院,是培养广播电视各类专门人才的高等学校。之后,湖南、福建、山东、上海、江西、吉林、广东、陕西等地的广播学校也纷纷创办。此外,1958 年至 1960 年间,江西大学新闻系、杭州大学新闻系、南京大学中文系新闻专修科、广州暨南大学中文系新闻专业、吉林大学中文系新闻专业、山东大学中文系新闻专业等先后建立。

二、新闻事业的全面调整

20 世纪 60 年代初,由于“大跃进”运动造成的农业生产中的浮夸风、工业生产中的瞎指挥以及人民公社化、穷过渡等错误,致使国民经济陷入了深重的困难之境地,不得不进行全面调整。与之相应,新闻事业也从超前发展转为全面调整。

由于纸张紧缺,中央指示压缩报纸用纸,报纸不得不大量停办、合并,数量一时锐减。早在 1959 年开始,邮发报纸总数为 1 390 种、期发数为 3 237 万份,较 1958 年已经有所回落。60 年代初国民经济陷入严重困难后,报刊数量和发行量年年下降。至 1963 年,报纸种数减至 289 种,总印数也下降至 25.8 亿份。报纸的版面、印数也随之大量削减。《人民日报》自 1961 年 11 月起由每天 8 版减为 6 版(星期一出 4 版),期发行数由 133 万份压缩为 100 万份。《解放军报》发行数压缩 10%,《光明日报》发行数由 13 万份压缩至 8 万份以下。全国报纸总印数至 1962 年降至 25.8 亿份,全国报纸的种数至 1963 年降至 289 种。

自 1960 年 7 月初至 10 月底,中央级机关刊物率先进行精简与整顿,104 个单位主办的 1 254 种刊物被精简至 307 种,仅占原有刊物的 24.5%①。中华全国新闻工作者协会主办的《新闻战线》和新华社内部刊物《新闻业务》于 1960 年 8 月 18 日合并为《新闻业务》半月刊,成为中华全国新闻工作者协会、《人民日报》、新华社联合主办的内部刊物,以交流全国新闻界的经验为主要任务。各地报刊也随之进行了大幅度的精简,“大跃进”时期创办的报纸、杂志大多被停刊。黑龙江省 1961 年停办了 48 种报纸,只保留 27 种;河北省将县报一律停办;陕西省除《陕西日报》、《思想战线》、《西安日报》外,其他的全省报刊一律停刊整顿。中共中央中南局合并全区各省委理论刊物,只出一个全区性的

① 引自《中国共产党执政 40 年(1949—1989)》,中共党史资料出版社 1989 年版,第 197 页。

理论刊物，各省画报也一律停刊，集中力量办好《中南画报》。由于各市报按规定一律被合并入省报或改为晚报，因而晚报在一定程度上有所发展。例如，《长沙日报》改为《长沙晚报》，《西安日报》改为《西安晚报》，《成都日报》改为《成都晚报》，《沈阳日报》改为《沈阳晚报》，《南宁日报》改为《南宁晚报》等等。这些晚报一方面承担着丰富读者精神生活的重任，另一方面还兼负着原来日报的一部分宣传报道任务。此外，《广州日报》于 1961 年 2 月停刊并被并入《羊城晚报》，增强了《羊城晚报》的综合实力。

许多广播电台、电视台被迫停办。中央人民广播电台于 1961 年停办了对少数民族广播节目，恢复和新办了一批知识性、趣味性和欣赏性的节目。据统计，中央人民广播电台在 1962 年全年平均播音为 47 小时 50 分钟，比 1961 年减少了 13 小时。对农村广播一直是广播工作的重点之一，在"面向农村为农民服务"的宗旨下，中央人民广播电台和地方台专门开办了为农民服务的科技节目与文艺节目。农业部、全国科学技术协会和中央广播事业局成立了"农业科学技术广播工作小组"，专门为对农村广播组织稿件，有 28 个地方电台开办了《农业科学技术》节目。1962 年，中央广播事业局从合理布局精简人员的考虑出发，对广播事业进行了调整，地方电台减少为 84 座，农村的有线广播站减少了一半左右。广播电视播音时间有所减少，强调精办节目，提高宣传质量。

国民经济调整时期结束后，随着经济形势的日趋好转，新闻事业也由收缩再次转入发展时期，并取得了一些显著的成绩。

至 1965 年，报纸种数回升至 343 家，期发数为 2 785 万份，总印数回升至 47.4 亿份。期刊种数在 1963 年增至 861 种，1965 年为 790 种。新华通讯社的国外分社至 1966 年发展到 51 个，对外广播使用英、法、俄、西班牙和阿拉伯 5 种外文。中央人民广播电台在 1965 年播出四套节目，两套综合节目，一套文艺节目，一套对台湾的广播节目。到 1966 年底，我国对外的广播语言增加到 33 种，并且建立了向各语言节目统一提供国内国际专稿的独立的发稿部门。1964 年后，一批中波发射台陆续创建，扩大了广播覆盖面。电视事业也有所发展。1963 年，全国的电视台和实验台新增哈尔滨、长春、西安 3 座；至 1966 年底，全国的电视台恢复到 13 座。

新闻教育事业也经过调整而大为收缩，许多新闻教育单位在 1961

年后停办或停止招生,只剩下中国人民大学新闻系、复旦大学新闻系和北京广播学院3个高校新闻教育机构。

第二节 新闻工作方针在挫折中改进

一、"双百"方针的贯彻落实与"政治家办报"的提出

1957年春季,新闻工作改革正在向纵深发展,自由讨论的气氛十分活跃。虽然国际上出现了"批判斯大林"、波兰波兹南事件、匈牙利事件等风波,国内也出现少数人罢工、罢课等事件,但毛泽东在研究了国内外形势后,认为还是要坚持"双百"方针。1957年3月,毛泽东在全国宣传工作会议上发表重要讲话,并在会议期间同新闻出版界代表进行谈话,一再说明"百花齐放,百家争鸣"是一个长期的、基本的方针,只能放,不能收,同时也提出了要批判现代修正主义。

在"双百"方针的指导下,新闻舆论界十分活跃,各种不同的意见在《人民日报》等新闻媒体上均有所反映。1957年1月7日,《人民日报》发表陈其通等人的文章《我们对目前文艺工作的几点意见》,对"双百"方针提出了一些不同的看法。3月24日,《人民日报》发表费孝通的文章《知识分子的早春天气》,描述了知识分子喜悦与疑虑并存的心情。4月9日,《文汇报》发表《就"百花齐放,百家争鸣"问题周扬同志答文汇报记者问》,新华社转发,全国许多报纸纷纷转载。4月10日,《人民日报》发表社论《继续放手,贯彻"百花齐放,百家争鸣"的方针》,批评了陈其通等人的文章的错误,明确指出:"目前的问题不是放得太宽而是放得不够。党的任务是要继续放手,坚持'百花齐放,百家争鸣'的方针。"

1957年4月27日,中共中央发出《关于整风运动的指示》。《人民日报》不仅在5月1日全文刊载《关于整风运动的指示》,5月2日还发表社论《为什么要整风》,要求广大群众和爱国人士响应中共中央的号召,围绕正确处理人民内部矛盾这一主题,向党组织和党员干部提出批评与建议(时称"大鸣大放"、"鸣放"),以帮助党整风。之后,整风与"鸣放"的内容成为《人民日报》等所有新闻媒体的宣传报道中心。5

月8日至6月3日，中共中央统战部邀集各民主党派负责人和无党派民主人士举行座谈会，征求对党的工作的意见。在座谈会上，出现了“改变社会制度”、“轮流坐庄”等错误观点。

毛泽东敏锐地发现，有些对社会主义制度深怀仇恨的资产阶级右派分子，正在利用共产党整风之机向党发起猖狂进攻，目的是要共产党下台。根据这一新动向，中共中央和毛泽东决定，暂时不加反驳，不予反击，让这些右派分子的真面目充分暴露出来。5月14日，中共中央下发《关于报道党外人士对党政各方面工作的批评的指示》，要求各地报刊继续充分报道党外人士的言论，特别是对于右倾分子、反共分子的言论，必须原样地、不加粉饰地报道出来。对于反共言论加以删节是不妥当的，应立即加以纠正。5月15日，一直在密切关注整风与“鸣放”报道的毛泽东撰写了《事情正在起变化》一文，发给党内干部阅读。这篇文章明确地提出了右派问题，认为有一批右派分子正在向共产党猖狂进攻，但现在“还没有达到顶点”，“我们还要让他们猖狂一个时期，让他们走到顶点”①。文章还分析了党内修正主义思想反映在新闻工作上的具体表现：“他们否认报纸的党性和阶级性，他们混同无产阶级新闻事业与资产阶级新闻事业的原则区别，他们混同反映社会主义国家集体经济的新闻事业与反映资本主义国家无政府状态和集团竞争的经济的新闻事业。”②这一后来被总结为“引蛇出洞”的做法，虽然在政治上不失为一项权宜之计，但不符合新闻工作规律，因而严重地损害了中共党报的威信。

在整风和“鸣放”期间，新闻界发生了一起被称为“左叶事件”的工作风波。1957年4月17日，苏联最高苏维埃主席团主席伏罗希洛夫元帅在北京参观全国农业展览馆，农业部部长助理左叶为维持秩序而与现场采访的记者发生口角。5月7日，《中国青年报》发表小品文《部长助理与摄影师》，未点名地批评了左叶。8日，《文汇报》发表北京专电《新闻记者的苦闷》，公开点了左叶的名，同时还发表社论《尊重新闻记者》。接着，《人民日报》等各新闻媒介纷纷发表文章，批评官僚主义作风。5月16日至18日，借整风运动的东风，中华全国新闻工作者协会研究部、北京大学新闻专业、中国人民大学新闻系在北京联合召开新闻工作座谈会，与会者以“鸣放”的态度各抒己见，提出了许多新闻理

① 引自《事情正在起变化》，载《毛泽东选集》第5卷，人民出版社1977年版，第425页。
② 同上，第423—429页。

论上或新闻实践中的问题,也出现了一些言辞过激、见解片面甚至观点完全错误的言论。

1957年6月后,中共中央认为反击右派的时机基本成熟。6月6日,中共中央发出《关于抓紧时间继续开展整风运动的指示》,提出要注意争取中间派、团结左派,以便时机一成熟即动员他们反击右派。6月8日,中共中央发出毛泽东亲自起草的《关于组织力量准备反击右派分子进攻的指示》,《人民日报》发表社论《这是为什么?》,发起了反右派运动。《这是为什么?》是就一封恐吓信事件而撰写的。1957年5月25日,国务院秘书长助理卢郁文在民革中央座谈会上发言,批评某些企图摆脱党的领导的意见。事后,他接到匿名信,威胁他"及早回头"。6月6日,他在座谈会上宣读了这封信。《这是为什么?》尖锐地指出:"这封恐吓信是当前政治生活中的一个重大事件,因为这封信的确是对于广大人民的一个警告,是某些人利用党的整风运动进行尖锐的阶级斗争的信号。"

反右派运动兴起后,《人民日报》等党的机关报发挥了极为重要的宣传与组织作用。《人民日报》在6月9日、10日、11日、12日、14日每天发表一篇以反右派为主题的社论或编辑部文章,其中《文汇报在一个时期内的资产阶级方向》点名批评《文汇报》和《光明日报》在一个短时期内基本政治方向变成了资产阶级报纸的方向:"这两个报纸的一部分人对于报纸的观点犯了一个大错误。他们混淆资本主义国家报纸和社会主义国家报纸的原则区别。在这一点上,其他有些报纸的一些编辑和记者也有这种情形,一些大学的一些新闻系教师也有这种情形。"①7月1日,《人民日报》发表毛泽东撰写的社论《文汇报的资产阶级方向应当批判》,分析了《文汇报》、《光明日报》、《新民报》的表现:《光明日报》的立场根本转过来了,像一张社会主义的报纸了;《新民报》认真改正错误,表现了对人民负责的态度;而《文汇报》仍在为自己的资产阶级方向辩护。社论还评述了全国反右派的形势,提出了斗争的政策与策略,把反右派运动推向了高潮。

为了解决新闻界内部的右派问题,6月24日,第二次新闻工作座谈会在北京召开,北京、上海、山东、辽宁、山西、江苏等地的新闻工作者400多人参加会议,揭发与批判新闻界的右派言行。第一次新闻工作

① 引自《文汇报在一个时期内的资产阶级方向》,载《人民日报》,1957年6月14日。

座谈会上发表的言论成为这次座谈会的批判重点，复旦大学新闻系主任王中成为重点批判对象，被认定为“有纲领、有计划篡改新闻事业的政治方向”，“完全是资产阶级右派在人民新闻事业和文教事业中的代理人”①。座谈会还追查《文汇报》、《光明日报》同“右派系统”的关系，时任文汇报社长兼总编辑的徐铸成、《光明日报》总编辑储安平被迫在会上作检查交代，但未能证实这个“右派系统”的存在。8 月中旬，第二次新闻工作座谈会结束。“左叶事件”被重新调查，但在强大的政治压力下不可能调查出事实真相。8 月 14 日，《人民日报》发表《“左叶事件”报道失实》和题为《对新闻工作者的一个教训》的社论，认定这一事件“是右派进攻全国新闻界所使用的武器之一”。在反右派运动中，一大批新闻工作者被划定为右派分子。据统计，自 6 月至 9 月底，仅在《人民日报》点名批判的新闻界右派分子就达 104 人，其中不乏总编辑、副总编辑以及著名报人。至 1958 年 2 月，上海新闻界被错划为右派分子的达 129 人之多，其中文汇报社就有 21 人，如徐铸成、浦熙修（时任该报副总编辑兼驻北京办事处主任）等。

反右派运动兴起后，为了保证新闻事业坚持社会主义方向，毛泽东提出了“政治家办报”的主张。1957 年 6 月 7 日，毛泽东在同胡乔木、吴冷西谈话时指出：写文章尤其是社论，一定要从政治上总揽全局，紧密结合政治形势。这叫做政治家办报。6 月 13 日，毛泽东又对吴冷西说：要政治家办报，不是书生办报，就得担风险②。关于书生办报问题，毛泽东曾在 1957 年 4 月 10 日召见《人民日报》总编辑邓拓等人，严厉批评《人民日报》没有积极宣传最高国务会议和宣传会议是“书生办报”、“死人办报”。毛泽东提出的“政治家办报”的主张，是中国共产党“全党办报”思想的新发展。为了贯彻落实“政治家办报”的主张，毛泽东在 7 月间又要求省市委、自治区党委“第一书记（其他书记也是一样）要特别注意报纸和刊物，不要躲懒，每人至少要看五份报纸，五份刊物，以资比较，才好改进自己的报纸和刊物”③。1958 年 1 月 12 日，毛泽东写了《给刘建勋、韦国清的信》，对全党办报提出了新的要求：“一张省报，对于全省工作，全体人民，有极大的组织、鼓舞、激励、批

① 引自新华社 1957 年 8 月 1 日北京电。

② 参见吴冷西：《忆毛主席》，新华出版社 1995 年版，第 40—45 页。

③ 引自毛泽东：《一九五七年的夏季形势》，载《毛泽东选集》第 5 卷，人民出版社 1977 年版，第 463 页。

判、推动作用。""精心写作社论是一项极重要任务,你们自己、宣传部长、秘书长、报社总编辑,要共同研究。第一书记挂帅,动手修改一些最重要的社论,是必要的。"①1月15日,毛泽东在和当时的新华社社长、人民日报社长吴冷西谈话中再次强调,评论"要组织大家写,少数人写不行","各部门,各版可以竞赛","报社的人应该经常到下边去,下去又做工作,又当记者"。

毛主席的指示传达后,各省委第一书记和省委普遍加强了对省委机关报以及其他新闻媒体的领导,许多省的第一书记挂帅,撰写文章,发表讲话,论述党的方针政策以及新闻工作的问题,给新闻工作以重要指导,抓党报的宣传方向,抓社论,抓新闻干部的培养,使党报置于党委的绝对领导之下。有的党委书记甚至亲自到报社办公,一起制订宣传计划、值夜班。在各级党委的领导下,各地广泛建立和加强了通讯组织,党委通讯组普遍建立并成为有影响的一种通讯形式。有些省委还建立了省委写作组,有些省委和报社合作编辑专页或专栏,有的地方还提出"全党给报纸出题目"的建议,组织各级党委和广大党员、干部评报,对报纸工作提批评建议。

《人民日报》等各级党报还注意新闻报道与实际工作的联系,在贯彻全党办报、群众办报方面进行了有益的尝试。《人民日报》1960年曾同《河北日报》、《解放日报》、《云南日报》等地方报纸的编辑合作,共同写作一些论述地方重要典型经验的评论,加强了同地方党报的联系,扩大了社论的稿源。《解放军报》掀起全军办报的热潮,高度重视部队来稿来信。

但是,反右派运动后有关新闻工作方针的重新探索与思考,特别是把1956年由《人民日报》发起的第一次社会主义新闻工作改革及其成果几乎全部抛弃,带有严重的"左"的色彩。

二、"大跃进"宣传与调查研究之风的兴起

1958年5月,中共八大二次会议提出"鼓足干劲、力争上游、多快好省地建设社会主义"的总路线,"大跃进"运动在全国范围内展开。报刊、电台和通讯社无不以满腔热情地宣传"大跃进"运动,甚至大唱

① 引自毛泽东:《给刘建勋、韦国清的信》,载《毛泽东新闻工作文选》,新华出版社1983年版,第202页。

高调，造成了严重的不良后果。

1957 年 11 月 13 日《人民日报》在社论《发动全民，讨论四十条纲要，掀起农业生产的新高潮》中，提出要在生产建设上"来个大跃进"。1958 年 2 月 2 日，《人民日报》社论《我们的行动口号——反对浪费，勤俭建国！》宣称："我们国家现在正面临着一个全国大跃进的新形势，工业建设和工业生产要大跃进，农业生产要大跃进，文教卫生事业也要大跃进。"之后，"大跃进"这个口号响彻中华大地。

在"大跃进"运动中，各行各业很快就出现了完全背离经济规律、严重破坏生产力的错误倾向。在农业生产上，出现了以大放高产"卫星"为主要标志的"浮夸风"，而《人民日报》等新闻媒体正是这些"卫星"的"发射地"。1958 年 6 月 7 日，新华社郑州分社播发了一条题为《惊人的高产卫星》的消息，第二天《人民日报》在头版居中位置刊登了这条消息，并把标题改得更加具有鼓动性，主题为《卫星社坐上了卫星五亩小麦亩产 2 105 斤》，副题为《在过去亩产一百多斤的低产区创造了丰产新纪录》。当时，河南信阳地委对于遂平县这个卫星农业社的小麦亩产量是持怀疑态度的，但在《人民日报》刊登这条消息后持怀疑态度者只得将错就错。之后不久，河北安固县南娄底乡卓头村农业社于 6 月 30 日被报道说小麦亩产 5 103 斤，河南西平县于 7 月 12 日被报道说小麦亩产 7 320 斤，直至小麦亩产 8 586 斤的最高纪录横空出世。麦收过后，水稻登场。7 月 18 日，《人民日报》报道福建闽侯县一块试验田亩产水稻 5 806 斤。之后，水稻亩产量的最高纪录不断地在报纸上、电台里被刷新，半个月后已高达几万斤，最高达 130 435 斤！

1958 年 8 月，毛泽东视察河北、河南、山东等地，发出"办人民公社好"的指示，人民公社化运动在全国迅速展开。《人民日报》等新闻媒体大力宣传人民公社化运动，誉之为"一个由社会主义迈向共产主义的伟大社会改革"①。随后，一股"共产风" 随着人民公社的兴起而出现，各新闻媒体也立即予以推波助澜。在工业生产中，"瞎指挥"甚嚣尘上，出现了全民炼钢运动。对此，《人民日报》等新闻媒体狂热地报道与宣传土法炼钢等过火行为，且大放钢铁"卫星"，如广东一天产铁 87 万吨、河南三天产铁 300 万吨等。《人民日报》开辟了《比一比》专栏，发表各省的计划数字与实际完成情况，给各地实际工作者造成了很

① 《人民公社好》，载《人民日报》，1958 年 8 月 18 日。

大的压力。在报纸的版面编排方面,各报的第一版以及其他版面常常翻新出奇,甚至把报头从报纸版面的上端搬到下端,把原来报头的位置让给那些所谓振奋人心的报道。

与此同时,《人民日报》等新闻媒体还错误地宣传了"唯意志论",片面强调人的主观能动作用,否认客观条件和科学求实精神。在新闻媒体中,带有浓厚的唯心主义色彩的口号随处可见,"一天等于二十年";"不怕做不到,只怕想不到,只要能想到,一定能做到";"异想就能天开";"思想解放无边无岸";"人有多大胆,地有多大产"……6月21日,《人民日报》在社论《力争高速度》中写道:"当大家都想快、要快、力争快的时候,事情的进展果然就快了。"《人民日报》等新闻媒体还配合当时实际工作中出现的反右倾斗争,用大辩论、大批判的手法,不断批判所谓的保守派、观潮派、秋后算账派以及悲观论、条件论等。

"大跃进"期间整个中国社会的狂热局面以及由此而出现的狂飙般的宣传报道,事实上已经危及人民群众对党报的信任度。因此,毛泽东在1958年11月提醒"记者的头脑要冷静,要独立思考,不要人云亦云","不要人家讲什么,就宣传什么,要经过考虑"①。1959年1月22日,中共中央在《关于目前报刊宣传工作的几项通知》中指出:对"大跃进"成就和人民公社优越性的宣传,要注意科学分析,力戒浮夸。从年初起,宣传报道出现收缩的势头,有关强调冷热结合、指标要切合实际、要尊重客观规律的言论和报道开始出现。4月29日,毛泽东在写给省、地、县、社、队(即后来的生产大队)、小队(即后来的生产队)六级干部的《党内通信》中指出:"干劲一定要有,假话一定不可讲。"6月20日,毛泽东看了新华社关于广东水灾的内部参考材料后,立即作出批示:"广东大雨,要如实报道。全国灾情,照样公开报道,唤起人民全力抗争。一点也不要隐瞒。"同月,毛泽东在同吴冷西谈话中重新提出与解释了"政治家办报"的观点。毛泽东说:"新闻工作,要看是政治家办,还是书生办。有些人是书生,最大的缺点是多谋寡断。"他认为,应该多谋善断,"要一下子看到问题所在"。"搞新闻工作,要政治家办报。"②对于毛泽东的这些观点,《人民日报》等新闻媒体及时作了传达

① 引自毛泽东:《记者头脑要冷静》,载《毛泽东新闻工作文选》,新华出版社1983年版,第212页。

② 毛泽东:《要政治家办报》,载《毛泽东新闻工作文选》,新华出版社1983年版,第215页。

与宣传，许多新闻单位还组织学习，并在《新闻战线》等报刊上发表文章交流体会，努力在实践中贯彻“政治家办报”的主张。

但是，由于种种复杂的原因，包括国内出现的彭德怀上书毛泽东、国际上出现的赫鲁晓夫对中国“大跃进”和人民公社的恶意攻击等事件，毛泽东虽然看到了“大跃进”中出现的种种问题，但还是坚持总路线、“大跃进”和人民公社运动三面红旗。1959年7月2日至8月16日，中共中央在庐山召开政治局扩大会议和八届八中全会，错误地批判了彭德怀的正确意见，会后还在全党开展一场反右倾的斗争。因此，“反右倾、鼓干劲”在庐山会议后成了当时新闻媒体宣传报道的中心内容，新闻工作中出现的“左”的错误和不顾实际情况的假新闻、空言论，非但不可能得到解决，而且在1959年的反右倾运动中发展得更为严重，片面、浮夸等问题又一次出现上升之势，“高速度、大跃进”仍然被广泛用作大字标题。《人民日报》、《红旗》杂志发表了一系列社论和评论文章，如《“得不偿失”论可以休矣》、《驳“国民经济比例关系失调”的谬论》等，编发了为“驳斥右倾机会主义者对群众运动的污蔑”的《马克思主义者应当如何对待革命的群众运动》、《马克思主义者应当如何看待新生事物》、《马克思主义论群众、政党、领袖的关系》等专题材料，批驳所谓的“右倾”观点。集中、突出宣传人民公社的优越性，“保卫三面红旗”，更是当时“反右倾”报道的一项重要内容。有些省报连续用“人民公社万岁”、“人民公社好”、“人民公社力能胜天”等口号作为大字通栏标语，一整版、一整版地刊载歌颂人民公社的文章和报道。

进入1960年后，1958年的“大跃进”和1959年的“反右倾”、“继续跃进”等运动给国民经济和人民生活带来了严重的灾难，出现了大批农民饿死、病死的悲惨景象。对此，中共中央在1960年9月30日批转了国家计委党组《关于1961年国民经济计划控制数字的报告》，提出了“调整、巩固、充实、提高”的八字方针，国民经济由“大跃进”转入全面调整时期。12月24日至1961年1月13日，中共中央在北京召开了工作会议，毛泽东在会上号召大兴调查研究之风，要求1961年成为实事求是年。在毛泽东的倡导下，新闻工作重新恢复了实事求是、调查研究、联系实际、联系群众的优良传统与作风。1月29日，《人民日报》以《大兴调查研究之风》为题发表社论，阐释开展调查研究的重要性和目的、意义。4月28日，刘少奇同《人民日报》、新华社工作人员专门谈了调查研究问题，并结合自身体会阐述了调查研究的重要意义、目的与方法。5月1日,刘少奇同《人民日报》、新华社负责人谈话时明确提出:记者和编辑是调查研究的专业工作者。之后,各新闻媒体把开展调查研究作为搞好宣传报道的关键,许多报纸还成立了专门机构,拟订计划,列出专题,深入基层、深入群众作调查研究。1960年9、10月间,中共中南局第一书记兼广东省委第一书记陶铸亲自率领南方日报社工作人员去粤西和海南岛进行调研,同行人员写成27篇通讯并以《随行纪谈》为题在《南方日报》陆续发表,后结集为《西行纪谈》出版。1961年1月21日起,《人民日报》连续6天在第二版以《粤西行》为题转载了《随行纪谈》中的6篇文章。

对前几年新闻工作中出现的"左"的错误,中共中央要求广大新闻工作者认真回顾与总结经验教训。1961年5月1日,刘少奇在同《人民日报》、新华社负责人谈话时说:《人民日报》报喜不报忧,只登好的,不登缺点、错误。宣传了很多高指标,放卫星,在这个问题上使我们党在国际上陷于被动。他要求《人民日报》好好总结一下3年来在宣传生产建设方面的浮夸风,在推广先进经验方面的瞎指挥风,在政策宣传和理论宣传方面的片面性。按照刘少奇代表中共中央提出的要求,《人民日报》、新华社等新闻媒体对1958年至1960年3年的宣传报道作了全面检查和逐一分析,找到了问题产生的原因与克服的办法,认识到在从事新闻工作时必须时刻保持清醒的头脑、认真学习理论和尊重客观规律。有些单位还写了专题报告或文章,制订了对于宣传报道具有规范性的文件。

调查研究之风的兴起,反映在新闻宣传上,来自第一线的新闻报道增多了,"第一手材料"受到普遍重视,并出现了一大批有血有肉的社会主义建设先进人物的典型报道,如有关雷锋、大庆、大寨和焦裕禄的报道。雷锋是一名解放军战士,多次立功受奖,1962年8月15日因公殉职。1963年1月8日,《辽宁日报》率先报道了雷锋的事迹。2月15日,《人民日报》发表通讯《毛主席的好战士——雷锋》、评论员文章《伟大的普通一兵》和《雷锋日记摘抄》,宣传雷锋"言行一致、公而忘私、艰苦奋斗、助人为乐"的共产主义精神,掀起全国性的学雷锋活动。1959年后的大庆油田开发,是自力更生、艰苦奋斗、革命干劲与科学精神相结合的一个典型。1964年1月,人民日报社、新华社联合抽调12名人员赴大庆油田采访。4月19日,新华社播发了通讯《大庆精神大庆人》,后《人民日报》等新闻媒体又发表了介绍大庆工人王进喜的报道,掀起了工业学大庆活动。大寨是山西昔阳县大寨公社的一个生产大队，1964 年 2 月 10 日，《人民日报》发表通讯《大寨之路》、社论《用革命精神建设山区的好榜样》，介绍大寨人同穷山恶水斗争、发展生产的事迹，掀起了农业学大寨运动。焦裕禄是一位全心全意为人民服务的好干部。1966 年 2 月 7 日，《人民日报》发表通讯《县委书记的好榜样——焦裕禄》和社论《向毛泽东同志的好学生——焦裕禄同志学习》，号召全国干部和群众学习焦裕禄。

三、从知识性、娱乐性的加强到文化批判活动的开展

早在 1957 年 3 月 10 日毛泽东在同新闻出版界代表谈话时已经要求，“报纸搞得活泼，登些琴棋书画之类”，“可以把软和硬两个东西统一起来”①。但之后不久就发生了反右派运动，毛泽东的这一指示并未在新闻实践中得到贯彻。直至 20 世纪 60 年代初，为了充实人民的精神生活，党和政府要求报刊、广播、电视办得生动活泼、丰富多彩，从而使党报等新闻媒体开始发挥其传承文化、传递知识和提供娱乐等多种功能。

1960 年底，《人民日报》决定部分改版，增强报纸的知识性、艺术性和趣味性。自 1961 年 1 月起，《人民日报》逢星期日 8 个版中用 4 个版专门刊登介绍科学、文化、艺术、历史以及其他各类知识的文章，使读者在轻松的阅读中开阔眼界、增长见识。之后，各报的副刊工作得到加强，向读者提供多方面的知识和娱乐。《中国青年报》创办了《星期天》、《美术与摄影》、《舞台与银幕》、《长知识》等多种副刊，通过传播多方面的知识，启发青年探求知识的欲望，帮助青年树立正确的人生观和世界观。1960 年，中央人民广播电台开办《阅读与欣赏》节目，介绍与讲解中外古今文学名篇。自 1961 年 5 月 28 日起，中央人民广播电台的音乐节目开始播放周末舞会和节日舞会，每次 3 小时，收听率为之大增。

集思想性、知识性、文艺性、趣味性于一身的报刊杂文，在 60 年代初十分兴旺。一些著名的老报人还带头撰写杂文，出现了一批高质量、

---

① 毛泽东：《同新闻出版界代表谈话》（1957 年 3 月 10 日），载《毛泽东新闻工作文选》，新华出版社 1983 年版，第 188、190 页。

在社会上影响巨大的杂文专栏。自1961年3月19日起,著名报人邓拓以“马南邨”为笔名在《北京晚报》上开辟了《燕山夜话》专栏,发表谈古说今的杂文,至1962年6月20日止共发表150多篇杂文。之后,邓拓又同著名历史学家吴晗(时任北京市副市长)、老报人廖沫沙(笔名繁星,时任中共北京市委统战部部长)合作,在中共北京市委主办的《前线》杂志上开辟杂文专栏《三家村札记》,以“吴南星”为笔名撰写文章,自1961年10月10日至1964年7月10日,共发表60多篇。自1962年5月4日起,《人民日报》也在副刊上开辟《长短录》专栏,由夏衍、吴晗、廖沫沙、孟超、唐弢5人分别执笔。至12月8日止,共发表杂文37篇。这些杂文专栏的开辟,在报界引起了连锁反应,如山东《大众日报》的《历下漫话》、《云南日报》的《滇云漫谭》等。

但是,1962年9月中共八届十中全会召开后,党报等新闻媒体重视知识性、娱乐性和趣味性的举措受到质疑。在中共八届十中全会上,毛泽东提出了阶级斗争和反对修正主义等问题,强调了舆论斗争的重要性。而康生顺着毛泽东的意旨,诬陷小说《刘志丹》为高岗翻案,毛泽东更将这一事件上纲为反党活动:“利用小说反党,这是一大发明。”之后,从对小说《刘志丹》的批判活动开始,文化批判活动此起彼伏,一浪高过一浪。1964年后,“文化革命”的提法开始出现。7月1日,《红旗》杂志第12期发表社论《文化战线上的一个大革命》。社论指出:“社会主义的文化革命,是一个艰巨的、长期的、伟大的任务。”同月,中共中央文化革命小组成立,系根据毛泽东的指示而建,由彭真、陆定一、康生、周扬、吴冷西5人组成,彭真任组长,陆定一任副组长。

因此,自1962年后,文化批判运动成为党在思想文化战线上开展的一项重要工作,而党报等各类新闻媒体则是文化革命的主要阵地。对昆曲《李慧娘》的批判活动最具有典型意义。1963年5月6日,《文汇报》发表《“有鬼无害”论》,严厉批判含有“鬼戏”成分的昆曲《李慧娘》。《李慧娘》是1961年剧作家孟超创作的,写作前曾得到康生的支持,当年8月在北京上演后又受到了康生的称赞。8月31日,廖沫沙以“繁星”为笔名,在《北京晚报》上发表《有鬼无害论》一文,肯定了这出戏具有一定的正面意义。12月28日,《人民日报》也发表题为《一朵鲜艳的红梅》的文章,给予很高的评价。1962年提出阶级斗争问题后,《李慧娘》被认定为“鬼戏”而遭指责,江青在上海组织撰写这篇发表在《文汇报》上的批判文章。1964年6月毛泽东批评《人民日报》提倡鬼戏和不抓理论工作后,对《李慧娘》的批判再度升温。1965 年 3 月 1 日,《人民日报》发表《重评孟超新编〈李慧娘〉》一文,在按语中认定《李慧娘》是“一株反党反社会主义的毒草”。文化批判的锋芒,除了文艺领域外,还指向哲学、文学、美学、史学、经济学、文艺理论、音乐等当时所有的学术文化领域,批判文章日渐增多,批判气氛也日趋紧张。例如,1964 年 7 月 17 日,《人民日报》发表署名文章,点名批判杨献珍提出的“合二为一”论。不久,《红旗》杂志第 16 期发表《哲学战线上的新论战》,把杨献珍的“合二为一”论上纲上线到帮助现代修正主义者宣传阶级和平和阶级合作,对“合二为一”论的批判是意识形态领域的一场严重的阶级斗争。此外,美学界周谷城提出的“时代精神汇合”论等也受到了点名批判。

1965 年 11 月 10 日,《文汇报》发表姚文元撰写的《评新编历史剧〈海瑞罢官〉》,文化批判运动的锋芒发展到了政治领域,点燃了 1966 年至 1976 年长达十年之久的无产阶级文化大革命的导火线。姚文元文章见报时,毛泽东不在北京。当时在京的中央领导人周恩来同彭真等人研究转载问题,决定采取慎重态度,北京各报从 11 月 29 日起陆续转载,《人民日报》于 11 月 30 日转载,并根据周恩来、彭真的意见加了编者按语,强调开展讨论、实事求是、以理服人。各地的报纸也都转载了姚文元的文章,有些报纸发表了批评《海瑞罢官》的文章,也有些报纸发表了不同意姚文元观点的文章。12 月 12 日,《北京日报》、《前线》杂志同时发表邓拓署名“向阳生”的文章《从〈海瑞罢官〉谈道德继承论》,认为《海瑞罢官》宣扬了封建统治阶级道德。12 月 29 日,《人民日报》发表方求的文章《〈海瑞罢官〉代表一种什么社会思潮?》,认为《海瑞罢官》代表一种不利于社会主义的思潮。这两篇文章,后来都被斥为假批判、真包庇的作品。12 月 27 日,《北京日报》刊载了吴晗《关于〈海瑞罢官〉的自我批评》,30 日《人民日报》转载。

为了正确领导这场学术讨论,中共中央文化革命小组于 1966 年 2 月 3 日举行扩大会议。会议讨论的结果被整理成《文化革命五人小组关于当前学术讨论的汇报提纲》(通称《二月提纲》),除了对于当前学术讨论的性质、方针、队伍、办事机构等有明确的提法和规定外,还提出在报刊上公开点名作重点批判要慎重的观点。经过中共中央政治局在京常委讨论,彭真、陆定一等又专程到武昌向毛泽东作了汇报。之后,《二月提纲》于 2 月 12 日作为中共中央的文件批发全党。事后,毛泽东于3月28日至30日在杭州同江青、康生等人作了3次谈话,认为《二月提纲》混淆阶级界限,不分是非,是错误的。他还严厉指责中共中央宣传部和中共北京市委包庇坏人,不支持左派,点名批评《三家村札记》和《燕山夜话》是反党反社会主义的。4月,康生在中共中央书记处会议上传达了毛泽东对彭真的批评,说"北京市委包庇坏人"。4月10日至15日,彭真连续召开北京市委常委会议,研究如何批判"三家村"以争取主动。4月16日,《北京日报》以3个版面的篇幅发表了对"三家村"和《燕山夜话》的批判材料,并加了《前线》和《北京日报》的编者按。接着,《北京日报》又发表了《"燕山夜话"究竟宣传了什么》。但是,对于《前线》、《北京日报》发表的这些批判文章,《光明日报》于5月8日发表了关锋撰写的《擦亮眼睛,辨别真假》,给《前线》和《北京日报》扣上了"假批判、真掩护,假斗争、真包庇"的帽子。同日,《解放军报》发表江青操纵、署名"高炬"的写作班子的文章《向反党反社会主义的黑线开火》,文章声称邓拓是"三家村黑店的掌柜"、"反党反社会主义分子的一个头目",断定《前线》、《北京日报》和《北京晚报》是"反党工具","射出大量毒箭","猖狂地反党反社会主义制度"。过了两天,即5月10日,经毛泽东同意,姚文元向"三家村"投来一颗重磅炸弹,这就是《解放日报》和《文汇报》同时刊登的《评"三家村"——〈燕山夜话〉〈三家村札记〉的反动本质》,把矛头直指北京市委。1966年5月16日,中共中央政治局会议通过了经毛泽东7次修改的《中国共产党中央委员会通知》(通称《五一六通知》),宣布撤销和批判《二月提纲》,要求全党"高举无产阶级文化革命的大旗,彻底揭露那批反党反社会主义的所谓'学术权威'的资产阶级反动立场,彻底批判学术界、教育界、新闻界、文艺界、出版界的资产阶级反动思想,夺取在这些文化领域中的领导权"。"文化大革命"由此开始。

第三节 "文化大革命"与新闻事业的大劫难

一、"文革"爆发与新闻事业横遭摧残

1966年"文化大革命"爆发后,社会主义新闻事业遭到了空前浩

劫。在林彪、江青两个反革命集团的操纵下，红卫兵、造反派以造反、夺权为名，肆意冲击国家法律允许出版的报纸、期刊，使绝大多数的报刊处于瘫痪状态，少数报刊成为他们篡党夺权的御用工具。

1966 年 5 月 9 日，陈伯达在人民大会堂召开的由首都几家主要报纸负责人参加的会议上，宣布成立新的中央文化革命领导小组，并严厉地批评了《人民日报》一个时期以来的各种“错误”，责令《人民日报》向中央作书面检查，同时解除了吴冷西领导新闻宣传工作的职权。5 月 31 日，以陈伯达为组长的工作组进驻人民日报社，除掌管《人民日报》版面外，还指导新华社、中央人民广播电台的对外报道工作。6 月初，改组后的中共北京市委决定撤销《北京日报》、《北京晚报》原来的编委会，成立新的编委会；撤销《前线》编委会并停刊整顿。1966 年 8 月后，《中国青年报》、《北京日报》、《工人日报》、《河北日报》、《浙江日报》等报纸被迫停刊或被查封。在上海，大专院校造反派红卫兵要求将载有批判《解放日报》文章的《红卫战报》同《解放日报》一起发行。这一要求遭到拒绝后，大批红卫兵于 1966 年 11 月 30 日冲进解放日报社，使报纸无法发行。持续了 8 天 8 夜后，中共上海市委被迫接受造反派红卫兵的条件。这一事件，不仅造成解放日报社机构瘫痪、工作混乱的局面，而且严重影响了上海乃至全国新闻界。至 1966 年底，报纸总数下降至 49 家，报纸总印数下降至 36.7 亿份，期刊下降至 191 种。

1967 年元旦，《人民日报》、《红旗》杂志联合发表经毛泽东审定的社论《把无产阶级文化大革命进行到底》后，新闻界出现了“夺权”活动。1 月 3 日，中共中央发出《关于报纸问题的通知》，指出：省市报纸可以停刊闹革命，但不应当停止代印《人民日报》、《解放军报》、《光明日报》的航空报。4 日，上海《文汇报》发表“星火燎原革命造反总部”的《告读者书》，宣布已接管该报。5 日，《文汇报》刊载“上海工人革命造反总司令部”等 11 个造反组织的《抓革命、促生产，粉碎资产阶级反动路线的新反扑——告上海全市人民书》。6 日，《解放日报》发表“革命造反联合司令部”的《告读者书》，宣布已于 5 日下午 8 时接管该报。同日，在张春桥、姚文元的直接指使下，“上海工人革命造反总司令部”等 32 个造反组织召开了“打倒上海市委大会”，实际上篡夺了上海市的党政大权。8 日，毛泽东高度赞扬上海两报的“夺权”和《告上海全市人民书》。9 日，《人民日报》转载《告上海全市人民书》时，发表了经毛泽东审定的编者按，其中称：“随着上海市革命力量的发展，崭新面貌的、革命的《文汇报》和《解放日报》出现了。这是无产阶级革命路线反对资产阶级反动路线的胜利产物。这是我国无产阶级文化大革命发展史上的一件大事。这是一个大革命。”其他报社大都经历了类似《文汇报》和《解放日报》的“夺权”过程。《解放军报》是按有关规定不得冲击的被保护单位,但该报社的“革命造反突击队”在1967年1月13日贴出大字报《解放军报向何处去?》,林彪经过毛泽东审阅同意在4天后(即1月17日)写信给解放军报社职工表示对大字报的支持,认为“乱不要紧”、“要内批外帮”,“在报社内部革命烈火烧得越旺越好”。至1968年底,全国报纸总数仅42种,全国性报纸只剩下3种(《人民日报》、《解放军报》和《光明日报》)。

对于广播电台,中共中央于1967年1月11日发出《关于广播电台问题的通知》,宣布各地广播电台一律由当地人民解放军实行军事管制,停止编辑和播送本地节目,只能转播中央人民广播电台的节目。1月18日,上海人民广播电台首先被实行军事管制。同年12月,中央广播事业局实行军管,至1973年1月结束。全国13家电视台在1967年初有11家被迫停播,使刚刚起步的中国电视事业遭到严重挫折。

高等学校的新闻学系或专业自1966年秋季起与高等学校所有系科一样停止招生,在校师生“停课闹革命”。1969年3月29日,《人民日报》头版在《社会主义大学应当如何办》的通栏大标题下,发表了3篇文章,其中驻复旦大学工人、解放军毛泽东思想宣传队的文章《我们主张彻底革命》提出:“有些系,如新闻系,根本培养不出革命的战斗的新闻工作者,可以不办。”可笑的是,这一主张彻底革命的表态,反而使复旦大学新闻系被保留了下来。1970年冬,复旦大学新闻系和北京大学中文系新闻专业开始招收学制为3年的工农兵学员。1973年,1969年被停办的北京广播学院恢复,翌年开始招收工农兵学员。

在党、政、军、文化机关出版的大批合法报刊纷纷停刊之时,随着各种“红卫兵”组织和“造反”组织的出现,一大批既没有固定的编辑机构,也没有向有关部门登记注册的非法小报纷纷出版。这些小报最初为油印,多为不定期出版,在学校、机关、工厂内部发送,后来大都发展为铅印,大多为4开小报,也有个别的改版为对开大报,期发数最高的达10多万份。这些小报,派性突出,言辞偏颇,小道消息多。重要文件、首长讲话、档案材料,都是小报热衷刊载的,一时酿成无密可保的局面。小报的泛滥与形势的混乱,两者可谓互为因果。此外,小报重名甚多,如《东方红》,仅在北京就有好几家。在这些小报中,影响较大的有:北京大学红卫兵出版的《新北大》,由原北大校刊改组而成;复旦大学红卫兵出版的《复旦战报》,由原校刊《复旦》改组而成;上海工人革命造反总司令部出版的《工人造反报》,使用原《新民晚报》的机器设备出版。

"文革"爆发后,林彪、"四人帮"肆意扭曲、践踏党的新闻工作优良传统与作风,用他们的反动新闻宣传思想和方针取代无产阶级的新闻思想和方针,建国后17年的新闻工作经验被彻底否定。1968年9月1日,《人民日报》、《红旗》杂志、《解放军报》编辑部文章《把新闻战线的大革命进行到底——批判中国赫鲁晓夫反革命修正主义的新闻路线》发表。这一文章诬陷刘少奇"一贯仇视和反对毛主席的无产阶级新闻路线"、"疯狂推行反革命的资产阶级新闻路线",在建国初"为实行资本主义鸣锣开道",在50年代"主张资产阶级自由化",在60年代"为复辟资本主义大造舆论","是反对宣传毛泽东思想的罪魁祸首"。

林彪、"四人帮"还多次就新闻宣传工作发出具体指示。林彪早在1964年3月就指示《解放军报》要用"全国性语言","如果来稿中没有这种语言,编辑部审稿时要加上去"。正是这个"加上去"的指示,开新闻报道可以无中生有、"穿靴戴帽"之风。讲空话、讲绝话是林彪的语言特点,因而新闻报道和文章也受其感染,滥用最高级形容词,同义反复,虚张声势,严重败坏了新闻文风。例如,"成绩最大最大,损失最小最小";"我们必须大破,不是小破,也不是中破";"这是政治中的政治,灵魂中的灵魂,核心中的核心",等等。

在宣传报道上,自1966年6月1日《人民日报》发表社论《横扫一切牛鬼蛇神》起,"文化大革命"成为唯一的主题,最多的是"革命无罪、造反有理"的鼓噪之声。6月1日晚上,中央人民广播电台向全国广播了北京大学聂元梓等7人的大字报,翌日《人民日报》第1版以《北京大学七同志一张大字报揭穿一个大阴谋》为大标题刊出这张大字报,并配以评论员文章《欢呼北大的一张大字报》。接着,全国新闻媒介轰然而起,大张旗鼓宣传"横扫一切","造反有理"成为响遍全国的口号。不久后,北京、上海、天津等地的红卫兵上街"破四旧",强迫一些商店、医院改名,连一些路名也被更改,在社会上造成一片混乱。但是,《人民日报》、新华社和各地新闻媒介却高度赞扬了红卫兵的行动,《人民日报》曾发表过题为《好得很!》的社论。8月21日,《红旗》杂志第11期刊载了清华大学附属中学红卫兵在6、7月份撰写的《无产阶级革命造反精神万岁》、《再论无产阶级革命造反精神》和《三论无产阶级革命造反精神》3 篇文章,并发表评论员文章《向革命的青少年致敬》,认为“造反有理”、“越乱越好”。原有的经济、文教、科技等各方面报道都必须与“文化大革命”挂上钩,许多生活服务类的专刊、专栏、专题节目被迫撤销。

1967 年后,造反、批判的矛头开始集中指向当时的中共中央副主席、国家主席刘少奇。3 月 30 日,《红旗》杂志第 5 期发表《爱国主义还是卖国主义?——评反动影片〈清宫秘史〉》一文,恶意攻击刘少奇为“假反帝、真投降”,是“假革命”、“反革命”。4 月 8 日,《人民日报》发表社论《高举无产阶级的革命的批判旗帜》,提出要“把党内头号走资本主义道路的当权派,把资产阶级反动路线批倒、批深、批臭”。5 月 8 日,《人民日报》、《红旗》杂志编辑部发表《〈修养〉的要害是背叛无产阶级专政》一文,虽未点名,但矛头所指的是刘少奇已昭然若揭。8 月 5 日,《人民日报》等在公开发表《炮打司令部我的一张大字报》的同时,发表社论《炮打资产阶级司令部》,号召“集中火力,集中目标”,“对党内最大的一小撮走资本主义道路当权派,开展革命的大批判”。1968 年 10 月 31 日,中共八届扩大的十二次全会通过关于刘少奇的审查报告,将刘少奇定性为“叛徒、内奸、工贼”。11 月 1 日,《人民日报》等全国所有的新闻媒介刊登了《中国共产党第八届扩大的第十二次中央委员会全会公报》,刘少奇开始被公开点名批判。

“大树特树”领袖权威的报道和文章,也是当时充斥于报纸的各个版面上、广播电视的每档节目中的一大宣传报道内容。1966 年 7 月 23 日,《人民日报》等报刊报道毛泽东不久前在长江的一次游泳,不仅在头版头条以大字标题予以报道,而且还配发了他横渡长江、在快艇上挥手的大幅照片以及毛泽东在游泳中所讲的语录。第二天,《人民日报》又发表专门的社论《跟着毛主席在大风大浪中前进》,把毛泽东在长江中的畅游说成是令全国人民振奋的喜讯,亿万人民为主席的健康同声欢呼。8 月至 11 月间,毛泽东在天安门广场先后 8 次接见红卫兵和外地师生,人数达 1 100 多万。每次接见,广播电视现场直播,报纸套红报道。林彪的“高举”、“天才”等言论,在新闻媒体上不断重复出现。在形式上,包括国际新闻在内的所有报道都必须引用一至数段毛泽东语录;报眼位置则一律必须刊登毛泽东语录,后来成为“最高指示”;凡是马克思、恩格斯、列宁、斯大林、毛泽东的话,在报纸、杂志上出现时必须用黑体字（当时因“黑”是贬义词而称之为粗体字），甚至林彪的话也用黑体字排印，使黑体字在报刊上越来越多。

二、新闻事业在正义同邪恶的交战中发展

1971年9月林彪集团被粉碎后，代表人民利益的正义力量日益壮大，并同邪恶势力进行反复较量，尽力纠正“文革大革命”的错误，直至1976年10月粉碎“四人帮”，人民获得了最后的胜利。

1972年，周恩来主持中央日常工作，提出批判极“左”思潮、反对无政府主义的正确主张。《人民日报》等不少新闻媒体内的正义力量战胜了邪恶势力，积极宣传批判极“左”思潮、反对无政府主义的斗争，发表了一大批自己组织的反对无政府主义的报道或文章。1972年10月14日，《人民日报》以第2版整版篇幅发表了署名“龙岩”的《无政府主义是假马克思主义骗子的反革命工具——学习笔记》等3篇文章，从理论和实践两个方面批判无政府主义，全国不少报纸予以转载。对此，张春桥、江青、姚文元等密令其控制的上海报纸召开“工人座谈”，在内部刊物上发表座谈会纪要，并在报上发表反击“龙岩”观点的文章。1972年底，王若水不畏“四人帮”的权势，冒险犯难上书毛泽东，要求批判极“左”思潮。但是，毛泽东的回应是“极左思潮少批一点”，使周恩来批判极“左”思潮的计划不得不中途流产。

1973年7月至9月间，毛泽东在多次谈话中都讲到孔子、秦始皇，指出林彪是“尊儒反法”的。王洪文、张春桥、江青、姚文元一伙，在中共中央政治局中勾结形成“四人帮”，利用“批孔”之机，使用含沙射影、指桑骂槐的手法，把批判矛头指向周恩来。在“四人帮”指使下，《人民日报》等新闻媒体发表了一批文章，突出批“宰相”，批“折中主义”，实际上是攻击周恩来总理。在影射攻击周恩来总理的同时，“四人帮”又在新闻宣传阵地上吹捧吕后和武则天，以证明当代中国需要江青这样的人物。在这场变了调的“批林批孔”运动中，“四人帮”操纵的写作班子异常活跃，成为制造舆论的得力工具，如北京大学、清华大学大批判组和上海市委写作组等。这些写作班子以多种笔名①发表文章，新闻

---

① 北京大学、清华大学大批判组的笔名有梁效、高路、柏青等；上海市委写作组的笔名有罗思鼎、康立、史锋等；中央党校写作班子的笔名有唐晓文、汤啸、汤新等。

界出现“小报抄大报,大报抄梁效”的奇特现象。

与此同时,“四人帮”还制造了一些典型事件,推出了一些典型人物,在新闻媒体上大张旗鼓地进行宣传,如辽宁下乡知识青年张铁生、北京五年级小学生黄帅以及远航归来的国产万吨级远洋货轮“风庆”轮等。

1975年2月后,邓小平主持中央日常工作,开始对各行各业的混乱局面进行整顿,强调全国要安定团结,把国民经济搞上去,提出了“以三项指示为纲”①的口号。在邓小平的主持下,全国整顿工作迅速见效,但“四人帮”不仅不让新闻媒体重点予以报道,还指使新闻媒体批判“走资派还在走”,甚至提出“反经验主义”,反对以邓小平为代表的老干部和正在进行的整顿工作。8月14日,毛泽东在同一位教师的谈话中,说了对古典小说《水浒》的一些看法。“四人帮”借此大做文章,在全国新闻媒介上大批“投降派”,大批宋江,以影射邓小平。11月,“四人帮”用挑拨离间的办法,取得毛泽东的支持,提出了“反击右倾翻案风”问题。12月1日,《红旗》杂志发表北京大学、清华大学大批判组的《教育革命的方向不容篡改》一文,批判他们所指认的“教育界的奇谈怪论”。这篇文章的发表,成了“四人帮”反击“右倾翻案风”的突破口。此后,邓小平的言行被不点名地公开批判。

1976年1月8日,周恩来总理逝世,人民群众自发地举行了各种形式的悼念活动。但是,“四人帮”却严密地控制新闻报道,强调“不要突出总理”。11日,姚文元改变原来《人民日报》以整版篇幅刊载唁电的安排,硬压缩为半个版,另半个版刊载《文化大革命端正了北大科研方向》的报道。14日,即周恩来逝世追悼会的前一天,《人民日报》头版头条以通栏题发表《大辩论带来大变化》的报道。这一天首都上百万人去天安门哀悼,而《人民日报》的1、2、3版竟然没有出现周恩来的姓名!此外,“四人帮”控制的写作组,还在北京、上海的报刊上发表多篇影射性文章,其中《光明日报》在2月13日头版刊载的《孔丘之忧》公然写道:“让旧制度的‘哭丧妇’抱着孔丘的骷髅去忧心如焚,呼天号地吧。”在压缩悼念周恩来的新闻报道的规模的同时,“四人帮”继续指使

① 1975年5月29日,邓小平在接见钢铁工业座谈会代表时说:“毛主席最近有三条重要指示,一条是关于理论问题的重要指示,要反修防修,再一条是关于安定团结的指示,还有一条把国民经济搞上去,这就是我们今后一个时期各项工作的纲。”

各新闻媒介大量发表“批邓”的文章和报道。他们以“翻案不得人心”为中心口号，从多方面批判和否定邓小平为纠正“左”倾错误所做的整顿工作，“党内那个不肯改悔的走资派”成了邓小平在新闻媒介上的代号。3月5日，上海《文汇报》发表《沈阳部队指战员坚持向雷锋同志学习》的消息时，删去了按照周恩来总理题词写的一段话。3月25日，该报发表《走资派还在走，我们就要同他斗》的消息时，出现“党内那个走资派要把被打倒的至今不肯改悔的走资派扶上台”的字句，激起了广大读者的愤怒。

4月初，以天安门为中心的群众悼念周恩来总理和抗议“四人帮”倒行逆施的活动，声势越来越大，花圈、诗文、小字报铺天盖地。4月4日清明节，到场群众达数十万人之多。4月5日，群众的悼念与抗议活动被镇压。4月8日，《人民日报》发表报道《天安门广场的反革命政治事件》，把矛头指向广大群众和邓小平，称这是“一小撮阶级敌人打着清明节悼念周总理的幌子，有预谋、有计划、有组织地制造反革命政治事件”。这篇报道，在全国人民中激起了极大的反感。人民日报社收到署名“一名现场工人民兵”的信，信中装着刊登这篇报道的《人民日报》第1、2版，在第1版上写着：“令人震惊！党报堕落了！”“从今改为：法西斯党机关报。”信封正面写“北京人民日报总编辑收”，背面写“请戈培尔编辑收”。此后，“四人帮”一伙在全国制造万炮齐轰邓小平的舆论局面。9月9日，毛泽东逝世。“四人帮”在新闻宣传中突出他们自己，特别是美化江青，还伪造了一个“按既定方针办”的所谓毛主席临终嘱咐①，在全国反复作突出的宣传。

70年代，新闻事业在正义与邪恶的反复较量之时也得到了一定程度的发展。报纸的数量在1971年增加到195种，后虽有所变化，但基本上保持这一水准，1976年“文革”结束时为182种。广播电视事业的发展较为明显。1974年10月，中央人民广播电台调频广播正式播音。中央人民广播电台对外广播的外语种数至1976年为39种，增加了12种，位居世界对外广播前列。农村有线广播事业得到较大发展，全国农村基本上建成了以县广播站为中心、以公社广播放大站为基础、联结千家万户的农村有线广播网。1970年，中央广播事业局会同有关部门召

---

① 引自《人民日报》、《红旗》杂志、《解放军报》社论《毛主席永远活在我们心中》，1976年9月16日。

开了全国电视专业会议,确定了集中主要力量研制彩色电视,同时适当发展黑白电视的发展战略。之后,国务院批准筹建北京、上海、天津、四川4地建立彩色电视试播台,并决定以PAL为中国彩色电视暂行制式。1973年5月1日,北京电视台开始试播彩色电视;8月1日,上海电视台试播彩色电视;10月1日,北京、上海、天津三大城市进行了彩色电视节目的试传。与此同时,大多数省、直辖市和自治区开始恢复和建立正规电视台,至1971年全国电视台发展到32座,其中中央级1座,省级26座,省辖市级4座。1973年,我国第一个共用电视天线系统在北京饭店建立,标志着我国第一代电缆电视的诞生。

第十五章

改革开放与社会主义新闻事业的日趋繁荣

第一节 新闻事业的拨乱反正与改革开放的舆论准备

一、新闻事业的拨乱反正

1976年10月,中共中央粉碎了“四人帮”反革命集团,无产阶级文化大革命从此结束。饱受“文革”之害的新闻工作者立即投身到揭批“四人帮”斗争的前沿阵地,揭发、批判“四人帮”对新闻宣传工作的干扰和破坏,肃清“四人帮”推行的极“左”路线在新闻战线的影响,并进行拨乱反正,恢复了党的新闻工作优良传统与作风和新闻工作的正常秩序。

1977年1月14日,《人民日报》发表中央广播事业局的文章《人民广播的政治方向不容篡改——揭发批判姚文元妄图把广播、电视变成篡党夺权舆论工具的罪行》,揭发了“四人帮”对广播电视事业的破坏。2月21日,《人民日报》发表文章《打倒帮八股》和短评《说老实话》,批判“文革”中形成的新闻宣传“假、大、空”、“高、大、全”的文风。1978年1月,《新闻战线》发表本刊评论员文章《新闻战线上的革命与反革命——批判林彪、“四人帮”篡夺舆论大权的黑纲领》,批判1968年陈伯达、姚文元等人合伙炮制的《把新闻战线的大革命进行到底》一文和该文提出的建国后17年“新闻黑线专政”的极“左”观点。

对于“文革”期间“四人帮”利用新闻媒体进行阴谋活动的新闻报

道、社论以及其他各类文章,新华社、《人民日报》等新闻媒体也逐一进行清算与批判,把多年来被“四人帮”颠倒的是非问题重新纠正过来。1977年1月6日,《人民日报》发表《磨不灭的光辉,砍不断的怀念——新华社记者对姚文元破坏悼念周总理的宣传报道的控诉》,同时还刊登了中央新闻纪录电影制片厂组织撰写的《摄制悼念周总理影片的一场斗争》。同日,《光明日报》发表中央广播事业局批判组撰写的《周总理永远活在中国人民和世界人民的心中——愤怒声讨“四人帮”破坏周总理治丧活动电视报道的罪行》。12月,《人民日报》、《光明日报》、《北京日报》等报纸报道了“四人帮”制造清华大学“右倾回潮”、河南唐河县马桥扶公社中学“迫害”学生、“白卷英雄”、北京某小学生来信等事件的真相。1978年11月,新华社、《人民日报》等新闻媒体为1976年发生的“天安门事件”的平反作了引人注目的报道。11月15日,新华社向全国、全世界报道,中共北京市委决定为1976年4月5日人民群众为悼念周总理、声讨“四人帮”而引发的所谓“天安门事件”平反,确认“天安门事件”是革命行动。同日,《人民日报》发表评论员文章《实事求是,有错必究》。11月21、22日,《人民日报》刊登《天安门事件真相——把“四人帮”颠倒的历史再颠倒过来》的长篇报道,全面揭露了“四人帮”利用人民纪念周总理而镇压革命群众的天安门事件真相。

新闻界还重新学习在“文革”中被大批特批的刘少奇新闻思想。刘少奇在建国前及新中国成立后曾多次就党的新闻工作问题发表讲话,“文革”中被林彪、“四人帮”一伙断章取义、肆意歪曲,在拨乱反正中新闻界重新整理了刘少奇有关新闻工作的讲话,恢复了刘少奇新闻思想的本来面貌。学习刘少奇的新闻思想,特别是学习关于“新闻必须是客观的、真实的、公正的、全面的,同时必须是有立场的”以及开展报刊批评的思想,对新闻界的拨乱反正具有重要的指导意义。

通过对“四人帮”的揭露批判和全面的拨乱反正,新闻事业的面貌焕然一新。“文革”中被停办的报刊、电台、电视台陆续复刊或复办,如《工人日报》、《中国青年报》等。顺应新形势的需要,还出现了一批新办的报刊、电台和电视台,如《财贸战线》、西藏电视台等。1978年5月1日,北京电视台正式改名为中央电视台,英文缩写为CCTV,以适应我国电视事业发展的需要。同日,中央人民广播电台国际新闻编辑部改建为国际广播电台,对国外广播的呼号仍为“Radio Peking”,用38种外语和5种汉语(其中4种为汉语方言)播出节目,每天累计播音136个半小时。在宣传内容上,在"文革"期间被停办的报纸栏目或电台、电视台节目相继恢复,如1977年间《人民日报》恢复《读者来信》专栏,还出现了一批新的栏目或节目,中央人民广播电台等电台、电视台设置了反映受众意见和为受众服务的专栏节目,如《听众之友》、《为您服务》等。1978年1月1日,北京电视台恢复由播音员出图像向观众报告节目,其新闻节目被正式命名为《新闻联播》,每天20分钟向全国部分省市电视台进行转播。各省的广播电台、电视台也都办起本省的新闻节目,及时报道当地的新闻。2月6日,北京电视台举办春节晚会。6月25日至7月2日,中央电视台通过卫星连续4次转播在阿根廷举行的第11届世界杯足球赛的比赛实况,为我国首次通过卫星实况转播国外体育比赛。6月27日,中央人民广播电台恢复停播12年之久的《阅读与欣赏》节目。为了改进文风,中宣部还在1978年5月向《人民日报》提出重视短新闻的建议。此后,报刊的文章短小了,新闻多了,版面设计也生动活泼了,反映人民生活的照片也增多了。9月,新华社发表《关于多发短新闻的通报》,带头提倡写短新闻。

与此同时,报纸、广播、电视等各类新闻媒介还断然停办具有"文革"色彩的栏目和节目。1978年2月,中央人民广播电台率先停办《毛主席语录》节目。3月22日,《人民日报》在刊登3月18日邓小平《在全国科学大会开幕式上的讲话》时对其中引用的毛泽东原话未排黑体字,并从此结束了"文革"期间报刊文稿中摘引马克思、恩格斯、列宁、斯大林、毛泽东的原话必须用黑体字作特殊编排的惯例。同月,《人民日报》还带头取消了每天在报眼位置的《毛主席语录》专栏。中央电视台对突出个人、神话领袖以及标语口号式的内容进行了全面清理。此外,对领袖的称呼和有关领袖人物活动的新闻编排也有所改变,不再刊登领袖的大幅照片,新闻报道以及其他各类文章中的毛泽东语录也有所减少。

二、真理标准的讨论和改革开放的舆论准备

在拨乱反正中,新闻媒介还积极发挥其宣传、组织特别是舆论先行的作用,为即将兴起的改革开放进行舆论准备。其中影响最大、意义最深的是新闻媒介从批判"两个凡是"开始的关于真理标准问题的大

讨论。

1977 年 2 月 7 日,根据当时主持中央工作的领导人的指示,《人民日报》、《解放军报》、《红旗》杂志发表“两报一刊”社论《学好文件抓住纲》,提出了“两个凡是”的口号,即“凡是毛主席作出的决策,我们都坚决维护,凡是毛主席的指示,我们都始终不渝地遵循。”当时,主持中央工作的领导人不愿批判极“左”错误,提出“两个凡是”的目的是为了继续维护毛泽东晚年的错误,继续推行“左”的错误路线,阻挠已经出现的平反冤假错案工作,阻挠揭批“四人帮”斗争向纵深发展。针对“两个凡是”的观点,重新恢复工作的邓小平提出要“完整地准确地理解毛泽东思想”,旗帜鲜明地予以反对。1977 年 7 月,邓小平在中共十届三中全会上提出: 应当准确、完整地理解毛泽东思想体系,“不能只从个别词句”,而“必须从毛泽东思想的整个体系去理解毛泽东思想”。

进入 1978 年后,《人民日报》、《光明日报》等新闻媒介发起了一场关于真理标准问题的大讨论,从理论上批判“两个凡是”的观点。3 月 26 日,《人民日报》第 3 版发表了一组关于拨乱反正的理论文章,其中一篇题为《标准只有一个》的千字短文引起人们的关注。文章指出:“真理的标准,只有一个,就是社会实践”,“有的同志不愿意承认或者不满足于马克思主义的这个科学结论,总想要在实践之外,另找一个检验真理的标准”。5 月 11 日,《光明日报》在头版显著位置发表特约评论员文章《实践是检验真理的唯一标准》(图 15.1)。这篇文章是在南京大学哲学系教师胡福明所撰文章的基础上,经中央党校等单位多位同志的反复修改,最后由当时中央党校副校长胡耀邦同志亲自审定的发起思想解放运动的宣言书。5 月 10 日先发表在中央党校内部刊物《理论动态》上,翌日在《光明日报》上全文发表。当日,新华社向全国播发了这篇文章。5 月 12 日,《人民日报》、《解放军报》和 7 家省市

光明日报

华主席给金主席的感谢电

华主席离平壤回国金主席到车站热烈欢送

金主席向华主席赠送礼品

实践是检验真理的唯一标准

图 15.1 《光明日报》发表特约评论员文章《实践是检验真理的唯一标准》

报纸转载了这篇文章。至5月底，全国共有30家报纸转载了这篇文章。《实践是检验真理的唯一标准》从理论上否定了“两个凡是”的观点，阐述了马克思主义关于真理标准问题的重要原则：社会实践是检验真理的唯一标准；检验真理的标准“不能到主观领域去寻找，思想理论本身不能成为检验自身是否符合客观实际的标准，只有千千万万人的社会实践，才能完成检验真理的任务”。针对“两个凡是”的错误，文章明确指出，任何理论包括毛泽东思想都不能作为检验真理的标准，其理论自身也必须接受实践的检验。

文章发表后，立即引起两种截然相对的强烈反响。党内外广大干部群众热烈赞扬这篇文章，而坚持“两个凡是”的人则强烈反对，新闻媒体则为此展开了广泛的争论，使之成为一次广泛深入的思想解放运动。当时思想“左”倾的中央领导人立即指责这篇文章的“矛头是指向毛泽东思想的”，批评刊登这篇文章的报社负责同志没有党性。6月2日，邓小平在全军政治工作会议上发表讲话，批评坚持“两个凡是”的人是口头讲毛泽东思想而实质上反对毛泽东思想，号召“拨乱反正，打破精神枷锁，使我们的思想来个大解放”。6月3日《人民日报》以《精辟地阐述了实事求是的光辉思想》为题报道了邓小平讲话的内容，为这场讨论定下了基调。接着，中央及地方报刊先后投入讨论热潮，理论联系实际，纷纷发表阐述实践是检验真理唯一标准的文章。这场有关真理标准问题的大讨论，冲破了个人崇拜和“两个凡是”的束缚，重新确立了解放思想、实事求是的思想路线，推动了各行各业拨乱反正的顺利开展。6月24日，《解放军报》发表特约评论员文章《马克思主义的一个基本原则》，针对有关真理标准问题讨论的种种责难作了系统的驳斥。文章发表后，《人民日报》等报刊先后予以转载，进一步扩大其影响。在这场思想斗争中，坚持“两个凡是”的报刊只得以沉默来表示反对，如中共中央理论刊物《红旗》杂志一不发表文章，二不介入讨论，直到1979年9月才被迫发表文章《认真补好真理标准讨论这一课》。

关于真理标准问题的讨论，冲破了“两个凡是”和个人崇拜的长期禁锢，打破了思想僵化、教条主义的沉重枷锁，为重新确立党的解放思想、实事求是的思想路线、实现全党工作的重心转移以及为具有划时代意义的十一届三中全会的召开，完成了思想理论与舆论上的准备。关于真理标准问题的讨论，是一场思想解放运动，它有助于全党、全国人民肃清极“左”思想，使拨乱反正的工作得以顺利进行。从真理标准问题的讨论中,我们不难发现,在中国发展的重大的历史攸关时刻,新闻工作往往肩负着澄清理论是非、引导社会舆论的重大责任。在这场讨论中广大的新闻工作者所表现出的大无畏精神、坚持真理的立场,显示了他们的理论追求和知识水准,改善了新闻界自身的形象,重塑了在广大人民心目中的地位。

在开展真理标准讨论的同时,新闻界还配合各行各业深入揭批"四人帮",以动摇"两个凡是"的根基。其中影响最大的是对教育战线"两个估计"和文艺"黑线专政"的批判。在1971年由"四人帮"操纵的全国教育工作会议上提出的"两个估计",一是指"文化大革命前17年教育战线是资产阶级专了无产阶级的政,是'黑线专政'",另一是指"知识分子的大多数世界观基本上是资产阶级的,是资产阶级知识分子"。1977年11月18日,《红旗》杂志和《人民日报》同时发表教育部大批判组的文章《教育战线的一场大辩论——批判"四人帮"炮制的"两个估计"》,对于"两个估计"的出笼经过、教育战线是"黑线专政"、知识分子是"革命对象"等,作了全面的揭露和批判。对于"四人帮"在"两个估计"下制造的迫害知识分子的事件,新闻媒介一一予以重新检阅与评价。文艺"黑线专政"这一提法,始见于1966年4月10日中共中央批发的《林彪同志委托江青同志召开的部队文艺工作座谈会纪要》,认为建国以来文艺界"被一条与毛泽东思想对立的反党反社会主义的黑线专了我们的政"。根据这一谬论,绝大多数文艺工作者遭到迫害,他们创作的文艺作品被批判与封杀。1978年11月19日,《人民日报》发表张尧年的文章《驳"文艺黑线"论》。在此前后,其他各类各级报刊发表了一大批评论与报道,重新评价建国以来的文艺界,使大批文艺作品得以重新上演或出版。

第二节 中国特色社会主义新闻观的形成

一、新闻传播客观规律的探索

1978年12月中国共产党第十一届三中全会胜利召开后,全党全国的工作重点立即转移到社会主义现代化建设上来,并进入了一个改革开放的新时代。新闻传播观的变化，是改革开放后在新闻界最先发生的重要变化。广大新闻工作者在恢复、坚持与发展无产阶级新闻事业的党性原则和中国共产党新闻工作的优良传统与作风的同时，解放思想，大胆借鉴西方新闻学和传播学的理论与方法，从而使社会主义新闻传播学的理论体系与思维方式日趋丰富，具有中国特色的社会主义新闻观逐步成型。

长期以来，新闻学理论十分苍白，仅有党在革命战争期间确立的“报纸是阶级斗争的工具”、“新闻要为政治服务”等几个核心观点，1956 年第一次社会主义新闻工作前后曾对此进行过一些有益的探索，但不久后即为反右派斗争的浪潮所淹没。改革开放后，“阶级斗争为纲”的路线被明确废止，经济建设成为建设社会主义中国的中心议程，原有的新闻学理论显然已与新的形势不相适应。因此，在新闻改革之初，新闻理论建设成了新闻改革必须迈出的第一步。

什么是新闻？新闻事业的性质是什么？新闻具有哪些属性？新闻传播有无规律可循？新闻工作者从研究探讨马克思主义经典作家的新闻思想入手，重点研究毛泽东、刘少奇等人的新闻思想，使上述问题得到正确解答。陆定一在 1943 年提出的“新闻是新近发生的事实的报道”的定义，因其正确地表达了辩证唯物主义的新闻本源观而为新闻界所认同。新闻工作者认识到，新闻的本源是事实，新闻是事实的报道；事实在先，新闻（报道）在后；真实、客观、公正是新闻报道的基本要求。对于新闻事业的性质是什么、新闻具有哪些属性这些问题，新闻工作者逐渐认识到，在阶级社会中，新闻事业一定会为某一阶级所利用，成为某一政党、政府或利益集团的喉舌，但这个特殊属性仍然从属于它的传递信息这一本质规定性即基本属性。因此，“报纸是阶级斗争工具”这一论断在以经济建设为中心的社会主义建设时期已不适用，多数人倾向于用“舆论工具”、“信息工具”来表述新闻事业的基本性质。此外，反右派期间被猛批的“报纸具有商品性”这一观点以及新闻媒体具有发布消息、引导舆论、开展批评、沟通情况、传播知识、提供娱乐、刊登广告等多种功能等观点也普遍达成共识。总之，新闻是一门科学，新闻事业具有其自身的传播规律，报纸、广播、电视等新闻媒体都是以刊登新闻为主的、面向社会大众的信息传播手段，在阶级社会里当然要为某一阶级、政党或国家用作自己的耳目与喉舌。除信息属性外，新闻媒体还具有政治、文化和商品等多元属性。

此外,新闻界还以务实的态度,开始对传播学中的媒介效果、受众等问题进行探索与研究,“信息”、“信息源”、“反馈”、“把关人”、“受众”、“传播者”、“传播渠道”、“传播效果”、“意见领袖”、“双向传播”等新概念给新闻界带来了前所未有的冲击。受众理论的研究,不仅使“受众”概念为广大新闻工作者所接受,还使开展读者调查、建立信息库等调研活动成了不少新闻媒介的日常工作。

对新闻传播客观规律的探索以及新闻传播观的变化,推动了新闻宣传报道的改进与创新。

《人民日报》等新闻媒体普遍加大了新闻信息含量,强调新闻报道以新为主,必须增强新闻时效、开拓报道领域并重视可读性。自1980年起,《人民日报》恢复日出8版,信息量大大增加。不少报纸为了扩大报道面而纷纷扩版,并根据自身特点增加短新闻。

中央电视台自1979年9月1日起在《新闻联播》中增加一组最新国际要闻简讯的口播新闻,适当配发新闻照片或背景材料。同月,中央电视台与合众独立电视新闻社签订了互购电视新闻协定,互相航寄新闻录像带,但时效性较差。自1980年起,《新闻联播》开始播送地方台传送的新闻和通过卫星收录的国际新闻,时间延长到30分钟。4月,中央电视台从国外订购的新闻可以通过卫星传送,时效从原来的两周左右变成一天。因此,世界上许多突发事件,如埃及总统萨达特遇刺、印度总理英·甘地遇刺、美国航天飞机“挑战者号”失事等,电视观众都能及时获知其生动的画面。10月,第十次全国广播工作会议召开,决定了地方电视台作为中央电视台的集体记者、中央电视台与地方电视台定期通过微波线路互传新闻等办台思路。1981年7月1日,中央电视台《新闻联播》节目改进编排,突破新闻纪录影片的窠臼,内容逐渐丰富,权威性越来越强。1984年1月1日,中央电视台增加白天播出的综合节目,同时设立《午间新闻》。4月,中国正式参加了亚洲太平洋广播联盟A区的新闻交换,同时接受B区、C区部分国家的新闻。1986年后,中央电视台又尝试接收欧洲广播联盟、美国电缆电视新闻网和东欧国际广播电视组织的新闻录像,新闻来源大大丰富。1985年3月,中央电视台开办《晚间新闻》,1986年开办《英语新闻》,1987年创办《经济新闻》(1989年后改为《经济半小时》),1989年增加体育新闻,播出节目日益丰富多彩。至1989年,中央电视台全天共播出新闻9次,累计时间达3小时5分钟。90年代初,中央电视台开始向国外派驻记者，在英国、美国等国家设有常驻记者站。

中央人民广播电台则于1982年间开始设置《快讯》节目，传播“刚刚发生”和“正在发生”的新闻。自1988年7月4日起，电视台实行每逢整点播出新闻的制度，即“整点新闻”，使受众获知新闻的机会大大增加。

为了适应以经济建设为中心的新形势的需要，自70年代末起，经济报道开始成为新闻宣传报道的主旋律，各家媒体发表的经济新闻的数量和比例大幅度增加，经济报道的范围扩大和渗透到社会生活的方方面面。经济改革首先是从农村实行生产责任制开始的，新闻界对农村尊重生产队自主权、恢复社员家庭副业、开放集市贸易等政策都作了扎实的宣传报道，其中影响最大的文章之一是《辽宁日报》记者范敬宜评述辽宁省农村改革形势的文章《分清主流与支流　莫把“开头”当“过头”》，1979年5月16日为《人民日报》所转载。1984年10月党的十二届三中全会决定加快以城市为重点的经济体制改革后，由于新旧两种体制的摩擦和冲突，一些人的利益受到损害，加上配套改革的环境尚不成熟，使不少人对经济体制改革出现了困惑和疑虑。为了推动以城市为重点的整个经济体制改革，《人民日报》、《经济日报》、《工人日报》等报纸在对社会舆论进行大量调查研究的基础上，经常发表旨在正确引导舆论的重点文章。企业缺乏自主权问题，一直是困扰经济体制改革的一大阻力。各新闻媒介深入企业内部进行调查研究，倾听来自第一线的厂长、经理的意见，发表了不少好文章。1984年3月24日，《福建日报》发表55名厂长、经理要求为企业“松绑”的消息，引起社会对这一问题的关注。1987年6月至7月，《经济日报》开展了“租赁业究竟姓‘社’还是姓‘资’”的大讨论，这个被称为“关广梅现象”的讨论由于触及了改革的难点，引起全国各界强烈反响。

在城市经济体制改革的宣传报道中，典型报道和深度报道占有重要地位，发挥了推动改革的舆论作用。深度报道这个概念源于西方新闻界，80年代初首先被报纸采用，影响较大的有《中国青年报》对大兴安岭火灾的红、黑、绿三色报道：《红色的警告》、《黑色的咏叹》、《绿色的悲哀》。1986年4月22日至5月8日，《中国青年报》发表系列报道《青年厂长经理改革探索启示录》，分析“改革者中箭落马”的原因，以启发改革者在历史变革中反思，引导人们正确认识改革者的成就与失误。《人民日报》1987年8月6日发表的《鲁布革冲击》等报道，是这一时期反映经济体制改革的深度报道的代表作。这种深度报道不再是对改革中一人一事作一般性报道,而是从改革的全局来观察问题,横向与纵向联系起来开掘、揭示改革的意义,使读者不仅看到改革的动态,而且看到改革的背景和发展趋势。广播电视也开始运用深度报道这一全新的报道手段。1980 年中央电视台设立的《观察与思考》、1987 年上海电视台设立的《新闻透视》,是当时较有影响的电视深度报道节目。

经济类的报刊、电台、电视台也应运而生。1979 年 10 月,以报道市场经济为主的《市场报》创刊;1981 年 7 月,《经济参考》创刊;1983 年 1 月 1 日,原《中国财贸报》改名为《经济日报》,成为以宣传我国经济建设为主要内容、以经济战线广大干部和职工为主要对象的全国性的报纸,在经济建设中发挥了越来越重要的作用。1986 年,我国第一家经济广播电台珠江经济广播电台开播。之后,各地陆续开办的经济电台达 30 座。

政治新闻报道也随着新闻传播观的变化而有重大的突破,新闻报道的开放程度也越来越高。党的十一届三中全会以后,开始了大规模的彻底平反冤假错案的工作,各新闻媒体及时报道了党中央为历史上重大冤假错案平反的消息和各地区、部门和单位根据党中央指示所进行的纠正冤假错案工作。其中有关张志新烈士的宣传,表现出新闻界极大的勇气。张志新是原中共辽宁省委宣传部干事,由于在“文革”期间公开表明自己对林彪、“四人帮”以及极“左”路线的愤慨而遭受惨无人道的迫害和摧残,1975 年 4 月被杀害。1979 年 4 月 5 日,《辽宁日报》刊登了中共辽宁省委召开为张志新平反昭雪大会并追认为革命烈士的消息。随后,《人民日报》、《光明日报》等报纸以及各地新闻媒体,大量报道了张志新烈士为坚持真理,同林彪、“四人帮”进行殊死斗争的事迹,使这一冤案的平反报道深化为党的十一届三中全会后的一次相当成功的正面典型宣传。对于新闻界存在的大量冤假错案,新闻媒体不仅及时报道平反的消息,还为其中某些冤案的平反作了积极的舆论准备工作。“三家村反党集团”是“文革”中新闻界的第一大冤案。1979 年初,《北京日报》、《解放军报》、《人民日报》相继发表文章,在舆论上为这一冤案平反。7 月,经中共中央批准,北京市委决定为“三家村反党集团”冤案彻底平反,恢复邓拓、吴晗、廖沫沙三人的政治名誉。

此外,新闻界还贯彻中共中央的有关指示,消除利用报刊等新闻媒体宣传个人崇拜的现象。1980 年 7 月 30 日,中共中央发布《关于坚持

"少宣传个人"的几个问题的指示》，规定"报纸上要多宣传马列主义、毛泽东思想，多宣传社会主义优越性和工、农、兵、知识分子为四个现代化奋斗的成就，多宣传党的政策方针决议，少宣传领导人个人的没有重要意义的活动和讲话"。在改进会议新闻报道、增加新闻的开放度方面，电视充分地发挥了自身的优势，进行了有益的探索。1985年3月，中央电视台对全国人大六届三次会议开幕式进行现场直播。对重大会议进行现场直播，这是建国后的第一次。

二、党的新闻工作传统的进一步发扬光大

在新闻界内外大胆探索新闻传播客观规律、引进西方新闻传播学理论精华的同时，党的新闻工作传统在新的历史时期并没有被抛弃，而是根据时代要求而得到进一步的发扬光大。毋庸讳言，新闻界也曾在坚持新闻工作的党性原则问题上出现过一些错误观点与思潮，但都为党中央所及时察觉与纠正。

1979年3月30日，邓小平受党中央的委托，在党的理论工作务虚会上及时地提出了要坚持四项基本原则的重要思想："中央认为，我们要在中国实现四个现代化，必须在思想政治上坚持四项基本原则。这是实现四个现代化的根本前提。这四项是：第一，必须坚持社会主义道路；第二，必须坚持无产阶级专政；第三，必须坚持共产党的领导；第四，必须坚持马列主义、毛泽东思想。"①同月，中共中央宣传部在北京召开全国新闻工作者座谈会，对新闻工作的重点转移进行了动员并作了具体部署，有关新闻理论方面的讨论则进一步推动了新闻界的思想解放。但也出现了一些不符合主流意识形态的观点，如提出"党报的党性和人民性"问题、片面强调新闻自由以及倡导私人办报和民间办报等。邓小平讲话的发表，有助于新闻界纠正上述不符合主流意识形态的观点。1981年1月29日，中共中央颁布《关于当前报刊新闻广播宣传方针的决定》，肯定了新闻媒介在解放思想拨乱反正方面的突出表现，希望新闻界能认真进行关于坚持四项基本原则的宣传，大张旗鼓地宣传建设社会主义的高度精神文明，正确地开展批评与自我批评。《决定》明确规定：报刊、广播、电视等新闻媒体"必须无条件地同中央

① 《邓小平文选》第二卷，人民出版社1983年版，第164、165页。

保持政治上的一致,不允许发表与中央路线、方针、政策相违背的言论。必须接受和服从党的领导,凡是涉及党的路线、方针、政策以及重大政治性的理论问题,对外必须统一于党中央的决定和口径,与党的步调一致,不得各行其是"。1982年12月4日通过并公布施行的《中华人民共和国宪法》在第22条中规定:"国家发展为人民服务、为社会主义服务的文学艺术事业、新闻广播电视事业、出版发行事业、图书馆博物馆文化馆和其他文化事业,开展群众性的文化活动。"这一条款,为我国新闻传播活动确立了"为人民服务、为社会主义服务"(简称"两个服务")的宪法原则。1987年10月,党的十三大政治报告提出了"重大的事情要让人民知道、重大的问题要经人民讨论"的新观念。

开展批评与自我批评的优良传统得到了恢复与发展。1980年7月22日,《人民日报》、《工人日报》同时发表了关于"渤海2号"钻井船翻沉事故的消息,《工人日报》还发表了该报记者采写的《渤海2号钻井船翻沉事故说明什么?》一文,在全国引起强烈反响。这起由于石油部海洋石油勘探局严重违章指挥而造成的重大责任事故发生后,该局领导掩饰错误,"丧事当喜事办",石油部领导也未认真追究。而首都几家新闻媒体则历时8个月终于将事故真相和有关领导的错误态度调查清楚并公之于众。10月,《人民日报》、《中国青年报》、中央人民广播电台报道了中纪委对在任的商业部长在饭店吃喝而不付费用的错误行为进行通报批评的消息,并就此事发表评论。1987年10月,党的十三大政治报告提出了"开展舆论监督"、"发挥舆论监督的作用"等新概念,党报批评与自我批评的优良传统得到进一步发展。

与此同时,中共中央还多次开展反对资产阶级自由化的斗争。1987年3月29日,根据反对资产阶级自由化若干问题的通知精神,中共中央又发出《关于坚决、妥善地做好报纸刊物整顿工作的通知》,指出"端正新闻、舆论阵地的思想政治方向,首先要把有关报刊及出版单位整顿好,这是反对资产阶级自由化的一个重要方面,也是保证这场斗争顺利发展的必要条件"。"对实际上已经成为宣传资产阶级自由化的阵地,而又没有继续存在必要的报刊,应予停办。对错误比较严重、在群众中造成了恶劣影响的报刊,一般应先停刊整顿,视整顿情况再决定是否继续出版。"

1989年春夏之交,中国受资产阶级自由化思想的影响而出现政治风波,部分新闻媒介在舆论导向上发生严重错误。政治风波平息后,新闻界经过认真、严肃的反思,深刻认识到新闻媒体必须重视新闻舆论导向,为改革开放和经济建设创造良好的舆论环境。11 月,江泽民、李瑞环代表党中央在中宣部举办的新闻工作研讨班上分别发表了《关于党的新闻工作的几个问题》和《坚持正面宣传为主的方针》的重要讲话。江泽民讲话强调新闻工作是党的整个事业的重要组成部分,必须坚持党性,新闻宣传必须在政治上与党中央保持一致,新闻宣传必须旗帜鲜明、坚持不懈地反对资产阶级自由化。李瑞环讲话提出了以正面宣传为主的方针,强调新闻报道必须实事求是地反映社会生活的主流,形成鼓舞人民前进的巨大精神力量,营造有利于安定团结的舆论环境。

90 年代初,"左"的思想有所抬头,改革开放步伐明显减速。在这一关键时刻,邓小平于 1991 年春在上海发表了一系列谈话,提出了许多改革开放的新思路和新观点,为改革开放大业指出了深入发展的方向。根据邓小平讲话的精神,中共上海市委机关报《解放日报》先后发表了署名"皇甫平"的 4 篇评论,阐述了"市场与计划"、"姓资姓社"等问题,明确提出了市场经济的新思路,否定了"把计划经济等同于社会主义经济,把市场经济等同于资本主义"的看法。1992 年春,邓小平在南方考察并发表重要讲话,鼓励人们大胆改革,认为中国要警惕右,但主要是防止"左"。2 月 20 日,《深圳特区报》发表"猴年新春评论"的开篇之作《扭住中心不放》,之后至 3 月 6 日又连续发表《要搞快一点》、《要敢闯》、《多干实事》、《两只手都要硬》、《共产党能消灭腐败》、《稳定是个大前提》和《我们只能走社会主义道路》。这 8 篇"猴年新春评论"文章,标题使用邓小平原话,既通俗易懂又富有新意地宣传邓小平讲话的精神。自 3 月 12 日起,《深圳商报》又开始发表《为进一步解放思想鸣炮》等八篇评论。3 月 26 日,《深圳特区报》发表了该报记者撰写的长篇通讯《东方风来满眼春》(图 15.2),生动地报道了邓小平在深圳的考察活动和谈话,新华社迅即将这篇通讯向全国转发,《人民日报》于 3 月 31 日予以转载。

1992 年 10 月 12 日至 18 日,中国共产党第十四次全国代表大会胜利召开。这次大会根据邓小平南方谈话精神,明确提出我国经济改革的目标是建立社会主义市场经济。之后,中国进入了发展社会主义市场经济的历史新时期。经过改革洗礼的《人民日报》等所有新闻媒体,为推进社会主义计划经济的转轨和市场经济的建立与发展,在舆论上发挥了极为重要的先导、护航和监督作用。同时,新闻界也明确了新闻

深圳特區報

东方风来满眼春

图 15.2 《深圳特区报》发表《东方风来满眼春》

改革总的目标和方向,即适应建立社会主义市场经济体制和两个文明建设的需要,按照新闻规律和特点,充分发挥舆论引导和信息服务的功能,更好地为人民服务、为社会主义服务。

1995 年,中共中央总书记江泽民在全国宣传部长会议上要求思想宣传工作者要“以科学的理论武装人、以正确的舆论引导人、以高尚的精神塑造人、以优秀的作品鼓舞人”。1996 年 1 月 2 日,江泽民视察解放军报社,在接见师以上领导干部时发表重要讲话,要求新闻工作者充分认识肩负的重大责任,发扬好传统、好作风,完成好党和人民赋予的光荣使命。他引用毛泽东同志的一段名言:“搞新闻工作,要政治家办报。”9 月 26 日,江泽民视察人民日报社时发表重要讲话,着重阐述了舆论导向问题:“舆论导向正确,是党和人民之福;舆论导向错误,是党和人民之祸。党的新闻事业与党休戚与共,是党的生命的一部分。”他要求“新闻舆论单位一定要把坚定正确的政治方向放在一切工作的首位,坚持正确的舆论导向,新闻舆论工作要紧紧围绕经济建设这个中心,服从、服务于全党、全国工作的大局”。

随着改革向纵深发展,党和政府以及人民群众都希望新闻媒体能利用舆论工具针对改革中出现的不良现象和腐败行为进行有力监督，新闻媒体的舆论监督作用日益得到加强。1992年2月，“中国质量万里行”大型系列报道拉开序幕。11日，《人民日报》、《经济日报》、中央电视台等10多家中央级新闻媒体同时刊播“万里行”活动的开篇报道——《抓质量促企业经营机制转换，“中国质量万里行”专栏今日开篇》。这次活动由首都19家新闻媒体和有关部门参加，从2月份开始，到7月份基本结束，途径7省20余市，对群众反映强烈的产品质量问题进行了一次大规模的采访报道。各家参与这次活动的新闻媒体，都在自己的报纸和节目中开辟了有关的专栏，对产品质量好的产品和企业进行表扬，对假冒伪劣产品和有关企业进行曝光。

为了进一步加强新闻媒介的舆论监督作用，中央及各地方新闻媒体在原有的栏目和节目基础上，纷纷扩大和增加评论性栏目和节目。1993年5月1日，中央电视台开播杂志型栏目《东方时空》，以现场采访为主，增加新闻深度，其中“焦点时刻”（后改为“时空连线”）为评论节目，以报道社会热点问题为主旨。1994年4月1日，另一个评论节目《焦点访谈》开播。《焦点访谈》以“用事实说话”为报道宗旨，追踪重大新闻事件，展示广阔的社会背景，评说社会大众话题，倡导强有力的舆论监督，一度成为老百姓心目中替天行道、伸张正义的“焦青天”的形象。《焦点访谈》在注意揭露社会腐败现象、进行舆论监督的同时，也注意保持反面揭露和正面宣传的平衡，使节目始终显示出积极向上的蓬勃朝气，给人以信心和力量。随后，中央电视台又开播了《新闻调查》栏目，披露“新闻背后的新闻”，进一步加强了新闻评论节目的舆论监督的力度和广度。

第三节　新闻体制的改革与新闻事业的蓬勃发展

一、企业化经营与新闻事业的大发展

党的十一届三中全会后，新闻体制也发生了重大改革。新闻体制的改革，主要表现在经营管理体制方面，最先推出的是“事业单位、企业化管理”的方针，报纸、电台、电视台等新闻媒介从单纯生产型向经

营型转变,开展多种经营,增强创收和自我发展能力,使中国成为世界上的传媒强国之一。

中国新闻媒体一直是由国家财政支持和补贴的社会文化事业机构,在经营上按照计划经济的模式进行新闻产品的生产,产品由国家按计划分配。1978 年,财政部批准了人民日报社等 8 家新闻单位试行企业化管理的报告。1979 年 4 月,财政部转批《关于报社试行企业基金的管理办法》,再次明确报社是党的宣传事业单位,在财务管理上实行企业管理的办法。之后,"事业单位、企业化管理"的方针在全国新闻媒体中迅速推广。1983 年,吉林日报社实行一业为主、多种经营、自负盈亏的企业化经营方针。1984 年 10 月党的十二届三中全会通过《关于经济体制改革的决定》后,新闻事业经营体制和运行机制的改革全面展开。1987 年,国家科委首次将"新闻事业"和"广播电视事业"纳入"中国信息商品化产业"序列,这标志着国家对新闻事业的产业属性的认可。1988 年,新闻出版署同国家工商行政管理局联合发布《关于报社、期刊社、出版社开展有偿服务和经营活动的暂行办法》,第一次以政府部门的规范性文件承认了新闻媒体的广告、印刷等经营活动可以独立并组建公司。

企业化经营方针的实施,新闻媒体的广告业务开始恢复并迅速发展起来,并逐渐成为新闻媒体的经济支柱。各新闻媒体在强调社会效益第一的前提下,将一定的版面或时间用于广告的发布,一方面为经济建设服务,另一方面增加报社的经济收入。1979 年 1 月 4 日,《天津日报》率先恢复商业广告;1 月 23 日,上海的《文汇报》刊登第一条外商广告;1 月 28 日,上海电视台播出了大陆电视史上的第一条广告。同年 5 月,中宣部发文给上海市委宣传部,肯定了报纸恢复广告的做法,并对刊登广告作出了一些具体规定。之后,报纸和其他新闻媒体的广告业务进入大发展的年代。

在发行上,不少报刊开始试探自办发行之路,打破报刊由邮局统一发行的局面。1985 年 1 月 1 日,河南的《洛阳日报》率先宣布脱离邮局,实行自办发行,从此发行量年年上升,在头 5 年中年发行量平均增长率超过 10%,解决了亏损问题。之后,由于纸价上扬、邮局发行费率上调,又有一大批报纸陆续加入了自办发行的行列。至 90 年代,各地城市报纸基本上确立了自办发行体制,几乎所有的中等或中等偏大的城市党报、独立核算、自负盈亏的广播电视报以及文化、生活、消费类报纸都实行自办发行，以天津日报社为首的全国报纸自办发行协会应运而生。

自1987年起，许多报社还开展多种经营活动。根据1988年3月16日由国家新闻出版署、国家工商行政管理局联合发布的《关于报社、期刊社、出版社开展有偿服务和经营活动的暂行办法》和1990年12月25日发布施行的《报纸管理暂行规定》等法规性文件的规定，报社可以利用各种信息为社会提供有偿服务，可以举办文化活动或文艺活动，可以与企业联合举办新闻或信息发布会、技术交流推广活动，可以开展摄影图片类有偿经营，可以开办读者服务部、培训班、辅导班、函授学校等，也可以举办结合自身业务和社会需要的经济实体，但不得从事与自身业务无关的纯商业经营。1992年6月，中共中央、国务院颁布《关于发展第三产业的决定》，为报社经营活动提供了更加宽松的外部环境和内部优惠条件。之后，报社从事多种经营活动的范围进一步放宽，可不再局限于与自身业务有关的内容。除报刊社外，其他各类新闻媒体也开始从事多种经营活动，以增强自身的经济实力。

新闻媒体经营活动的内容，主要有以下几类：一是报社拓宽印刷出版范围，出版本报以外的其他报纸或各类杂志，其他媒体也纷纷出版书报刊，加入印刷出版行列，人民日报社等不少报社还建立起自己的出版社，出版各类图书。二是开展信息咨询服务。许多新闻媒体利用计算机进行汉字信息处理，建立数据库，代用户收集、加工信息，提供咨询服务，进行信息判断，并在此基础上从事代理型产业信息服务，如开展调查或促销活动、举办信息发布会或交易会等。三是开办从事生产经营和服务性业务的经济实体，有的新闻媒体还利用自己富足的劳力为社会提供劳务经营。四是从事社会教育事业，其中大多与新闻业务有关，如人民日报社开办人民日报新闻智力开发中心函授部等。在人事管理上，许多新闻媒体实行岗位聘任制，将薪金等各类经济报酬与从业人员的劳务表现直接挂钩，以充分调动从业人员的积极性与创造性。

以企业化管理为中心的新闻体制改革，促进了新闻事业的大发展，报纸数量日益增多。1978年，我国报纸总数仅为186家；1980年后，我国报业出现了第一次创办报纸的高潮，至1987年全国公开发行的报纸为1 482家，1989年又增至1 618家。随着数量的增加，报纸的品种结构也发生了很大变化，报纸种类较前增多。1978年以前，中国报纸基本上是各级党报，另有少量行业报、企业报、晚报，品种单调。1991年，通过对全国报纸进行初步分类,认为我国报纸总的来说可以分成9类:全国综合性报纸、机关报、行业专业报、企业报、晚报、文摘报、社会群体对象报(即以工、青、妇、农、老、少等为对象的报纸)、生活服务报、军人报纸。新闻采访编辑播出手段和通讯技术也发生巨大变化。激光照排、终端设备处理稿件、图片自动传递系统、国际通讯卫星线路等的使用,提高了新闻编辑发稿的时效,改变了手工操作的落后面貌。1981年5月创刊的英文《中国日报》,引进美国全套照排系统印刷,使该报成为我国第一张采用“冷排”方式出版的报纸。1985年,《人民日报·海外版》创刊,成为我国第一份采用“冷排”技术出版的中文报纸。

广播事业稳步前进,电视事业突飞猛进,使广播电视事业成为我国发展速度最快的行业之一。全国的广播电台、电视台的数量逐年增加。1980年,全国拥有广播电台106座,广播人口覆盖率为53%,电视台38座,电视人口覆盖率为30%;1982年,广播电台发展到118座,电视台47座。1983年,第十一次全国广播工作会议召开。会议制定了中央、省、市、县“四级办电视、四级混合覆盖”的事业建设方针,使中国电视事业结构向多级办台转变。之后,我国新创建的电视台,90%以上为市、县两级开办。至1988年,广播电台和电视台分别达到461座和422座。这一时期,有线电视业和卫星电视业的发展也从无到有。有线电视台从无到有,逐步推广到全国,并向农村发展。据统计,我国有线电视用户在1988年已达500万以上。80年代初期,遍布于中国城乡的2亿多架收音机、8 000多万只广播喇叭,使广播电台保持着受众规模第一的地位。自1985年起,电视超过广播而成为受众规模最大的媒体。

改革开放后,新华通讯社于1983年提出“建设世界性通讯社”的奋斗目标,在履行国家职能、强化党和国家耳目喉舌作用、发挥“消息总汇”优势方面取得了重大的进展,由一个国内通讯社发展为具有中国特色的社会主义现代化的世界性通讯社,由单一的新闻发布机构发展为拥有报纸、刊物、信息网、出版社、新闻学研究、新闻教育和其他多种经营的综合性的新闻媒体集团。新华社的分支机构遍及国内外,在国内30个省、市、自治区以及香港、澳门和世界许多地方都设有分社。新华社不仅向国内新闻机构供稿,而且用英、法、俄、西班牙和阿拉伯5种文字对外发稿。在新闻传播手段和通讯技术方面,新华社拥有大量的先进设备和技术,形成了以北京为中心的快捷、通畅、可靠、能担负多种业务传输的国内外通讯网络。新华社还同很多外国通讯社签订或达成互相交换文字和图片新闻的协议。中国新闻社自 1978 年恢复建制后发展迅速,陆续开设广东、福建、上海、广西、海南 5 个分社,在香港地区和澳门地区开设香港分社和澳门记者站,还走出国门在美国、日本、法国开设分社,在纽约、曼谷、马尼拉等城市开设出稿代理机构。

新闻教育事业也开始步入大发展时期。复旦大学新闻系、中国人民大学新闻系在原有的基础上进一步发展,1978 年后不仅招收本科生,还开始招收和培养硕士研究生。同年,中国社会科学院新闻系建立,与人民日报社合作培养新闻学硕士研究生。1983 年 7 月,中宣部和国家教委在北京召开新中国建立后的第一次新闻教育座谈会,发出《关于加强新闻教育工作的意见》后,要求各地有条件的高校积极创办新闻学系或新闻学专业。据此,杭州大学、厦门大学、武汉大学等一批高等院校纷纷重建或新建新闻系或新闻专业。1984 年,复旦大学、中国人民大学的新闻系获得博士学位授予权,1985 年起开始招收新闻学专业博士研究生。1988 年,两校新闻系又分别扩建为新闻学院。1988 年,全国新闻改革与新闻教育改革研讨会和全国高等学校新闻教育改革座谈会在北京召开,中国新闻教育及其改革再次出现高潮。至 1989 年底,设有新闻学系或新闻学专业的高等院校已达 51 所,在校生达 5 000多人,几乎所有的省、市、自治区都有培养新闻人才的基地。而且,各高校新闻院、系的专业设置,除新闻学专业外,还新增设了国际新闻、广播电视、书刊编辑、广告学等专业,使新闻学作为一门独立学科日趋完善。与此同时,新闻教育自学考试和在职新闻从业人员的再教育工作也开始发展起来,形成了一个多层次、多专业、多形式的新闻教育体系。

新闻学术研究也出现了前所未有的繁荣局面。从中央到地方,各级各类新闻研究机构逐渐建立起来。中国记协和全国各地记者协会也先后恢复建制并开展包括新闻学术研究在内的各类活动。1978 年,中国社会科学院新闻研究所成立;1980 年 2 月,北京新闻学会(后改为首都新闻学会)成立。中央和各省市主要新闻媒体也都建立起自己的新闻研究机构,出版了大量新闻学术或业务研究刊物,如新华社主办的《中国记者》、人民日报社主办的《新闻战线》以及《中国新闻年鉴》、《新闻学刊》、《新闻大学》、《新闻研究资料》、《新闻与传播研究》等。这些研究机构以及从事新闻学术研究的人员,在新闻理论、新闻业务、新闻事业史等领域取得了一大批研究成果,出版与发表了大量有关新闻传播学的专著、教材与各类论文。

全国及各级好新闻评选活动和受众调查活动,是改革开放后出现的新现象,并取得了显著成就。自1980年起,一年一度的全国好新闻评选活动,对我国新闻工作的改进和提高起了积极的推动作用。1982年,北京新闻学会率先开展受众调查活动,对北京市读者、听众、观众进行了一次系统的、较大规模的调查,受众在新闻传播中的中心地位得到认同。之后,几乎每年都有各地方新闻单位进行针对性的受众调查。

二、市场经济的建立与新闻事业的产业化、集团化

1992年党的十四大召开后,随着社会主义市场经济体制的建立,我国新闻体制改革进一步深入,全国几乎所有的新闻媒体都已实行事业单位企业化管理,并在建设社会主义市场经济的大潮中进一步走上了产业化、集团化道路,资本运作等经营与管理手段也为新闻媒介所接受,并初步建立了一套适应中国特点的新闻行政管理体制,即"双渠道、集中、分级"的管理体制。新闻媒体接受党委部门和新闻行政部门的双重领导,享有独立自主的法人地位,有权自设机构、自定编制、自聘干部及工作人员,还拥有工资、奖金的自主权。在市场经济的条件下,为增强市场竞争力,各新闻媒体大胆引进竞争机制,对内部结构作了大的调整,以建立"分工合理、人员精干、反应灵敏"的新机制,实行竞争上岗、奖勤罚懒等措施,不仅提高了广大新闻从业人员的积极性,还使其自身的经济实力和社会影响力均达到了历史最高水平,并出现了一系列新的变化与发展。

报纸数量进一步增大。1994年全国公开发行的报纸总数为2 109种,是1978年的11倍;报纸总印数为253.19亿份,总印张数为310.75亿张,平均每千人每日占有报纸66份。至2003年,报纸总数为2 119种,其中全国性报纸213种、省级报纸766种、地市级报纸898种、县级报纸242种。此后,报纸的数量基本上稳定在一个合理的水平线上。1997年,全国报纸数量为2 045种,平均每千人每日占有报纸66份;1999年,全国报纸数量为2 160种,其中用17种少数民族文字出版的报纸就有近百种,年总发行量达260亿份。报业的结构也日趋合理。90年代中期,晨报、都市报等报纸的新品种大批出现。中央及地方各家报纸在90年代后还纷纷扩版、增刊,旨在通过增加信息量来增加广

告量,增强市场竞争力,一度形成了扩版大战的局面。《人民日报》等大部分中央级和地方省级报刊在扩版至8版的基础上,先后又扩版至12版、16版,《广州日报》等不少报纸都扩版至20版以上。随着市场化进程的加快,报纸实力越来越强,出现了大报兼并小报的势头。实力强大的党报开始依据新闻出版署的有关规定,走上组建报业集团之路。1994年,国家新闻出版署在杭州举行全国首次报业集团问题研讨会,形成了我国关于组建报业集团的指导性文件,并选定广州日报社作为组建报业集团的试点单位。1996年5月29日,广州日报报业集团正式成立。1998年,南方日报报业集团、羊城晚报报业集团、光明日报报业集团、经济日报报业集团和文汇新民联合报业集团先后成立。至2002年底,报业集团已达38家,另有出版集团9家、发行集团5家、期刊集团1家。报业集团的组建,一般都是以党报为龙头组建而成,表明我国报业开始从粗放经营型向规模效益型转变,从单体化发展向集团化发展转变,并逐步形成跨地区、跨媒体的趋势。

90年代后,广播电视业特别是电视业得到空前发展,进入历史上的黄金时期。1992年,广播电台为812座,广播人口覆盖率为75.6%,电视台为586座,电视人口覆盖率为81.3%。1993年,有线电视台已发展到500多座,入户终端超过1 500万户。1995年,广播电台和电视台分别发展到1 210座和976座,各省、市、自治区和所有中等以上地区级城市,以及不少的县城,都陆续办起了广播电台和电视台。至1996年底,广播人口覆盖率达83.7%,电视人口覆盖率达86.1%。电视机的社会拥有量,1992年增至2.278 8亿台,比1978年的304万台增长了75倍。1999年,全国共有2 000多家广播电视播出机构,其中省市级以上的广播电台294家、电视台343家、教育电视台75家、有线电视台217家,县级广播电视台1 287家。电视的影响力也开始超过报纸,广告额居报纸、广播、电视三大媒体之首。1998年,全国所有省、市、自治区电视台都已运用卫星传播。广播体制的改革也进一步深入。1992年底,东方广播电台率先问世;1993年1月18日,上海东方电视台开播。这两家具有独立法人资格、在上海浦东注册的新台,旨在进一步强化竞争体制,打破广播电视业由上海人民广播电台、上海电视台垄断经营的局面。广播事业还结合自身特性,加强听众参与节目的播出,还根据不同类型受众进行细分,走"窄播"之路,出现了新闻台、交通台、文艺台、音乐台、儿童台、信息台等大批专业台和系列台,其中调频音乐台的节目深受广大青年的喜爱。中央人民广播电台和地方台使用16种少数民族语言进行广播,地、州、县电台或广播站使用当地语言广播的达20多种。

1999年6月,无锡广播电视集团成立,标志着我国广播电视业也步入集团化的道路。之后,北京广播影视集团于2001年5月宣告成立,为我国第一个省级广电集团。中国规模最大的新闻传媒集团——中国广播影视集团于2001年12月6日在北京成立,主要成员单位有中央电视台、中央人民广播电台、中国国际广播电台、中国电影集团公司、中国广播电视传输网和中国广播电视互联网等。截至2002年底,15家广电集团先后建成。2004年12月,国家广电总局决定不再批准组建事业性质的广电集团,只允许组建事业性质的广播电视台或总台,此前已经成立的事业性质的广电集团,可以将集团改为总台,如果要继续保留事业性质,就一定要把经营性资产剥离,组建新的产业经营公司或集团公司。

图15.3　第一财经、第一财经日报

进入21世纪后,随着文化体制试点工作的开展,中央出台了支持积极稳妥地推进经营性文化事业单位转企改制的政策,相当多的报社尝试剥离改制,业外资本纷纷涌入新闻媒体。2004年3月,《中国青年报》与北大青鸟发起成立了中青报业发展有限公司,负责《中国青年报》的发行、广告、品牌经营和其他延伸活动,其中报社拥有60%的股份,北大青鸟出资拥有40%的股份。11月15日,由上海文广传媒集团发起、与广州日报报业集团和北京青年报社联合主办的《第一财经日报》在京、沪、穗同时发行,为中国第一张集跨地区和跨媒体于一身的财经日报。12月22日,北京青年报社占90%股份的北青传媒发展股份有限公司挂牌H股在香港上市,成为文化体制改革进程中最引人注目的一件大事,意味着报业的市场化和资本化运作向前更进一步。

在世界经济一体化的情况下,中国传媒业必然要和世界传媒接轨,接受世界经济环境下金融市场的游戏规则和世界传媒业的规则。2002年3月,国际传媒大亨默多克拥有的星空卫视获准有限度地落地中国,通过广东有线电视网进入了珠三角地区,国内观众可直接或间接收看星空传媒集团9个频道的节目。10月31日,默多克旗下的新闻集团在上海设立了办事机构。新闻集团(中国)公司现有70多名员工,从事节目制作、销售和市场推广等工作,每年制作700个小时的本土化节目,并且有8个频道的内容在中国市场播出。自2004年初开始,上海文广集团还与韩国CJ集团、环球音乐、维亚康姆等境外商业巨头合作,组建了合资公司。

新闻教育机构在90年代后生机盎然并得到了长足的发展。至2007年,高等院校设有新闻学、广播电视新闻学、编辑出版学、广告学、传播学等新闻传播学一级学科各专业的单位已达700多个。

三、新闻法制与新闻职业道德的建设

新闻法制与新闻职业道德的建设,是改革开放后新闻体制在宏观管理层面改革的重要举措。

1. 新闻法制建设

新闻法制建设问题,是在党的十一届三中全会后新闻界总结“文化大革命”沉痛教训后提出的。1982年9月,党的十二大通过的《中国共产党章程》明确规定:“党必须在宪法和法律的范围内活动。”同年12月,第五届全国人大第五次会议通过了《中华人民共和国宪法》,为我国建立社会主义新闻法制、制定社会主义新闻法规提供了法律上的依据。1984年前后,制定新闻法的条件趋于成熟。1983年6月,第六届全国人大第一次会议召开,湖北代表纪卓如和黑龙江代表王士贞、王化成提出了《在条件成熟时制定中华人民共和国新闻法》的书面建议。1984年1月,中共中央宣传部新闻局提出的《关于着手制定新闻法的请示报告》得到中央批准,新闻法起草小组在北京成立,新闻法制定工作正式起步。1987年1月新闻出版署成立后,新闻法制定工作改由该署主持。因客观条件所限,新闻法至今尚未出台。

在新闻法的酝酿制定过程中,为了及时解决新闻工作中亟待解决的问题,国家有关部门还颁布了为数甚多的新闻法规性文件。特别是1987年1月国家新闻出版署成立后,新闻法规的颁行明显增多。《出版管理条例》、《报纸出版管理规定》、《广播电视管理条例》等一系列法律规范性文件出台,一些重要问题已可在上述文件中找到具体答案。此外,这一时期新颁行的《中华人民共和国民法通则》以及其他法律、法规中,也含有为数不少的有关新闻事业的规定,成为我国新闻法律规范的一个重要渊源。

"新闻官司"的出现与迅速形成高潮,是80年代后新闻法制趋于完善的重要表现之一。"新闻官司",是中国内地对近十几年来出现的新闻侵权诉讼的俗称。所谓新闻侵权诉讼,是指新闻媒介所发表作品的内容侵害公民、法人和其他组织的合法权益而导致的诉讼。1985年底,中华人民共和国史上的第一起"新闻官司"在上海发生。这是一起刑事自诉诽谤案,原告是上海某公司业务经理杜融,诉《民主与法制》杂志社记者沈涯夫、牟春霖,涉讼作品是《民主与法制》杂志1983年第1期刊载的通讯《二十年"疯女"之谜》。1987年1月1日《中华人民共和国民法通则》实施后,"新闻官司"因有法可依而急剧上升,出现了"告记者热"的新现象。1988年,"新闻官司"进入了第一次高潮。据不完全统计,仅1988年上半年,全国法院受理的新闻纠纷诉讼案就多达200多起,原告大多是一些不知名的普通公民,而被告则上有中共中央机关报,下有各级地方党委机关报。上海处于这一高潮的中心,各法院受理的"新闻官司"至1988年底约为30余件,涉及新闻机构18家。"新闻官司"的原因,绝大多数是因为侵害名誉权,也有一些是因为侵害隐私权、肖像权、名称权或姓名权等。

2. 新闻职业道德建设

80年代初,新闻职业道德及其建设这一新问题也被提了出来。1981年,中共中央宣传部新闻局和首都各新闻单位共同研究制定了《记者守则》(试行草案),其中含有不少新闻职业道德的内容。1982年后,"新闻道德"这一新概念开始在新闻界广为流行,不少有识之士开始将新闻职业道德问题作为一个重要课题加以研究。1985年前后,新闻职业道德开始成为新闻界一个令人关注的问题,因为新闻改革已造成了许多利益的冲突,从而也导致新闻职业道德水平的滑坡。为了追求经济效益,各类冠以“经济动态”、“经济信息”等名目的“新闻广告”在1985年前后出现在各类报纸、电台、电视台上,且呈日见增多之势。新闻机构“一切向钱看”、片面追求经济效益的不良习气也传染给了不少意志薄弱的新闻从业人员,出现了新闻从业人员拉广告拿回扣、接受宴请贿赂乃至公然索贿、出卖版面或节目时间、走穴经商等不良现象。

1987年9月,中共中央宣传部、国家新闻出版署和中国记协等有关部门推出了两项全国性的新闻职业道德建设的举措:一是中共中央宣传部新闻局拟定并颁布《中国新闻工作者职业道德准则》(草案);二是中共中央宣传部、新闻出版署、中国记协于9月9日联合召开有关新闻职业道德建设的座谈会,提出《关于纠正当前新闻界不正之风的几点意见(草稿)》,明确规定:不得搞各种形式的“有偿新闻”;记者不得利用采访之便索贿、受贿;专业新闻采编人员不得从事广告经营活动并从中提成,新闻单位也不得向专业广告经营人员发放记者证。

1991年1月,中华全国新闻工作者协会第四届理事会第一次全体会议在北京召开。会议重点讨论与研究了新闻职业道德及其建设问题,一致通过了建国后第一个统一的、适用全国所有新闻工作者的职业道德行为规范——《中国新闻工作者职业道德准则》。《准则》共8条:一是全心全意为人民服务,二是以社会效益为最高准则,三是遵守法律和纪律,四是维护新闻的真实性,五是坚持客观公正的原则,六是保持廉洁奉公的作风,七是提倡团结协作精神,八是促进国际友好和合作。《中国新闻工作者职业道德准则》的出台,是社会主义中国新闻职业道德建设过程中具有标志性的事件。

1993年,新闻工作者的职业道德问题受到了有关部门和新闻界领导前所未有的重视,中共中央宣传部、新闻出版署、全国记协等机构发出通知,要求遏制不正之风,中央和地方新闻单位纷纷制定了各项措施,一场大规模的、自上而下的反对有偿新闻的运动在全国展开,新闻界第一次以整体的名义向有偿新闻宣战。1997年1月23日,中共中央宣传部、广播电影电视部、新闻出版署、中华全国新闻工作者协会又联合发出了《关于禁止有偿新闻的若干规定》,强调“新闻单位采集、编辑发表新闻,不得以任何形式收取费用”。规定发出之后,各省记协纷纷响应,发表公告,建立新闻工作者接受社会监督制度,一些新闻单位也根据各自的情况制定了相应的规章制度。许多新闻单位采取了切实有效的措施,着重落实新闻报道和经营活动分开,经过长期教育和治理,有偿新闻得到了一定程度的遏制。

随着互联网的迅速发展,网上各类侵权问题日益突出,新闻媒体网站终于联手作出了强烈反应。1999 年 4 月 16 日,国内 23 家上网新闻媒体首次聚会北京,对商业网站肆意盗用新闻媒体网站新闻的做法表示了不满,呼吁全社会重视和保护网上信息产权,坚决反对和抵制任何相关侵权行为,建立起网上新闻发布和信息传播的"游戏规则"。会上通过了《中国新闻界网络媒体公约》,各公约单位郑重约定,凡不属于此公约的其他网站,如需引用公约单位的信息,应经过授权并支付相应的费用,使用时注明出处,建立链接;各网络媒体无论规格高低,实力大小,实行信息产权面前人人平等。

第四节　传播技术的数字化与新闻传播媒体的日趋多元

一、"第四媒体"的出现与迅速发展

随着计算机与网络技术的发展,传播技术开始进入数字化时代,新闻传播媒体日趋多元,互联网开始成为新闻与传播的重要媒体,在1998 年 5 月联合国新闻委员会召开的年会上被命名为"第四媒体"。在中国,互联网作为新闻传播的重要手段,自 20 世纪 90 年代中期起开始出现并长足发展。

1994 年 4 月 20 日,我国实现与互联网的全功能接入,成为互联网大家庭中的第 77 个成员。1995 年 5 月,我国开始向社会各界用户提供互联网全功能服务,国内的报刊社、广播电台、电视台和通讯社等新闻媒体纷纷上网建站。1995 年 1 月 12 日,《神州学人》正式发刊,为国内第一份上网的中文电子刊物。10 月 20 日,《中国贸易报 · 电子报》在人民大会堂举行了开播演示,为国内第一家正式在国际互联网络上发行的电子日报。1996 年 1 月 2 日,《广州日报》电子版通过新加坡报

业控股的服务主站“亚洲一号站”正式进入互联网络。同日,《中国证券报》电子版也正式面世,不仅以计算机联网方式迅速传递信息,而且还专门开设了《公众论坛》栏目,以便读者可随时将自己的信息反馈到编辑部。此外,《中国证券报》将重要内容通过无线寻呼台进行播报,用户使用 BP 机即可收看到每天的主要新闻。至 1996 年底,在互联网络上发行电子版的报纸计有《中国贸易报》、《人民日报》、《经济日报》、《金融时报》、《解放日报》、《新民晚报》、《南方日报》、《广州日报》等 30 余种,杂志有《中国集邮》、《大众摄影》等近 20 家。

1997 年 1 月 1 日,《人民日报》网络版进入国际互联网络。6 月 18 日,国务院新闻办批准《人民日报》及其所属 6 报 4 刊进入国际互联网。《人民日报》网络版载有该报社所出版的系列报刊的所有内容,还可以通过“全文检索”功能查阅 1995 年以来《人民日报》上发表的任何一篇文章。1999 年 5 月 8 日,以美国为首的北约轰炸我驻南联盟大使馆。《人民日报》网络版审时度势,第二天便果断地开设了“强烈抗议北约暴行 BBS 论坛”,广大网友以高度的爱国之情积极参与,传递信息、发表意见。6 月 19 日晚,“抗议论坛”改版为“强国论坛”,网友共上贴 9 万余条帖子。BBS 的开通不仅在于实现网络的交互性,最重要的考虑是为广大网友提供一个对世界大事、国家大事发表看法的重要场所。2000 年 8 月 21 日,《人民日报》网络版改建为人民网,10 月 28 日后启用新域名 www. people. com. cn。

与《人民日报》创建网站的同一时期,新华通讯社、中央电视台、中国国际广播电台、中央人民广播电台等著名新闻媒体也纷纷上网建站。新华通讯社网站于同年 11 月 7 日开通,2000 年 3 月改名为新华网,同年 7 月全面改版,并启用新域名 www. xinhuanet. com。中央电视台于 1996 年 12 月建立网站,1997 年注册顶级域名 www. cctv. com,1999 年 1 月 1 日首次改版,2006 年 4 月 28 日全新改版并成立网络传播中心和央视国际网络有限公司。中央人民广播电台于 1998 年 8 月创建网站,2002 年 1 月 1 日更名为中国广播网。中国国际广播电台于 1998 年 12 月 26 日创建“国际在线”(CRI Online)网站。

2000 年后,北京千龙新闻网、上海东方网的开通,标志着区域内众多主流新闻媒体合力共建大型传播平台模式的诞生。3 月 7 日,千龙新闻网络联盟正式宣告成立,是北京电视台等 9 家北京市主要新闻媒体共同投资成立的新闻网络公司。5 月 28 日零点,上海 14 家新闻单位发起主办的、立足上海面向全国和全世界华人社区的大型综合性网站——东方网开通。雄厚的新闻媒体背景,造就了东方网的一个重大特点:新闻信息极其丰富和极富权威。同月,中宣部、中央外宣办下发《国际互联网新闻宣传事业发展纲要(2000—2002年)》,提出了互联网新闻宣传事业建设的指导原则和奋斗目标,并确定了中国互联网新闻中心、人民日报、新华社、中国国际广播电台和中国日报社为我国首批重点新闻宣传网站。

"第四媒体"的出现,一是增强了新闻发布的时效性。2001年11月15日,北京《财经时报》记者在获知中美WTO谈判将在下午签署协议时,当即与其合作伙伴和讯财经网商定,在网站上开通专栏,向读者提供实时滚动新闻。13时09分,由现场记者利用手机口述发稿的新闻在网站上刊发,成为国内外最先报道这一新闻的新闻传播媒体。二是综合运用各种传播技术手段,特别在音频、视频直播、点播方面进步显著。1999年,中央电视台网站首次直播春节联欢晚会。此外,新闻媒体网站还同商业网站在很多方面进行合作。1999年9月,新华社与新浪网合作设立庆祝中华人民共和国成立50周年的大型专题网站,由新华社提供信息,新浪网进行技术设计,一时成为最热门的专题网站。

对于某些商业网站随意转发外国新闻媒体报道的现象,中共中央办公厅于1999年10月16日转发《中央宣传部、中央对外宣传办公室关于加强国际互联网络新闻宣传工作的意见》,对网上新闻信息发布提出了规范原则。据此,国家广播电影电视总局随即发出《关于加强通过信息网络向公众传播广播电影电视类节目管理的通告》,明确规定:在境内通过包括国际互联网络在内的各种信息网络传播广播电影电视类节目,须报国家广播电影电视总局批准;在境内通过信息网络传播广播电影电视类节目,不得擅自使用"网络广播电台"、"网络中心"、"网络电视"等称谓;经批准通过信息网络传播的广播电视新闻类节目(包括新闻和新闻类专题),必须是境内广播电台、电视台制作、播放的节目。这一举措,扭转了一段时间以来商业网站随意转发外国新闻媒体报道的情况。

二、数字电视的发展与手机等新型传播媒体的出现

进入21世纪以来,数字电视在我国开始发展起来。随着彩信、

WAP 等新技术的广泛应用，手机已成为新的新闻信息传播媒体，是人们获取资讯的重要方式。手机报、手机广播、手机电视等新闻信息传播业务的展开，使手机成为继报纸、广播、电视和网络之后出现的传递新闻信息的“第五媒体”。

自 2001 年起，根据国家发改委决定，北京、上海、深圳 3 个数字电视试验区先后建立。北京市把数字电视列入全市十大系统工程之首，拨出专款予以支持，并提出到 2008 年全面实现数字电视，2008 年奥运会实现以数字高清晰度方式向全世界转播。深圳、上海也拨出专款予以支持。同年，国家广电总局专门成立了数字电视领导小组，作出了“2015 年远景目标发展规划”，提出在 2003 年实现数字电视卫星直播，至 2005 年全国有 1/4 的电视台开通数字电视节目，2010 年全面实现广播电视的数字化，2015 年停止模拟电视播出。

目前，全国数字电视推广势头非常迅猛，已建立的数字电视试验区为 19 个，广电总局还确定了 16 个省 66 个城市作为首批市场运作试点城市。2008 年元旦，中央电视塔向北京地区试播地面数字电视信号，电视观众可随时随地免费收看 9 套高清和标清数字电视节目。5 月 1 日，中央电视台高清实验频道正式播出。与此同时，2008 年奥运会主办城市北京的 BTV 高清频道也开始进入试播阶段。在上海，有线数字电视用户在 2007 年超过 30 万户，2008 年将发展到 80 万。

手机作为新的新闻信息传播媒体，其主要形式包括手机报、手机广播、手机电视等。2004 年 7 月，《中国妇女报》推出了全国第一家手机报《中国妇女报·彩信版》，揭开了手机与报纸合作传递新闻信息的第一幕。同年 12 月，重庆各大报纸联手推出《重庆晨报》、《重庆晚报》和《热报》WAP 手机上网版。2005 年 2 月 24 日，人民网推出国内首家以手机为终端的“两会”（即全国人民代表大会和全国政协会议）无线新闻网。5 月，浙江手机报正式开通。10 月 12 日，众多用户通过手机直播观看了神舟六号载人飞船发射过程。2005 年，目前唯一拥有手机电视牌照的上海文广与中国移动合作开通手机电视“梦视界”业务，向手机用户提供下载点播和直播等形式的手机电视业务；中国联通与央视新闻频道、央视 4 套、9 套以及凤凰资讯台等 12 个电视频道联手推出“视讯新干线”手机视频服务。

手机的优点有三：第一，手机是覆盖人群最广的一种媒体。目前，我国手机用户大约在 4 亿以上，与覆盖人群最大的电视用户数相差无儿,预计2008年可达6亿,成为覆盖人群最大的媒体。第二,手机的传播成本低廉,传播速度快捷,不受时空的局限。第三,由于手机一般为人们所随身携带,因而具有一定的强制性,手机可以通过短信息等形式将新闻信息强制性地传播给受众。因此,手机作为一种传播新闻信息的手段,其前景为绝大多数人所看好。

第十六章

1949年后港澳台地区新闻事业的发展与变化

第一节　香港地区新闻事业的发展与变化

一、新闻事业的日趋繁荣

1949年中华人民共和国成立后，香港地区作为一个实行自由经济政策的港口城市，其经济发展因其地位之特殊而势头迅猛。至70年代，香港经济呈起飞之势，成为在世界市场上具有重要地位的中心港口城市之一。与此相应，香港的新闻事业也日趋繁荣，逐步发展为世界著名的传媒发达地区之一。

报业日趋发达，是50至70年代香港新闻事业发展的一大亮点。据统计，1950年在香港出版的报纸有85种，其中中文报纸82种、英文报纸3种①。1951年，香港政府颁布该地区有史以来最严厉的报业管理法规《刊物管理综合条例》，对刊物的出版、发行、印刷、登记等都作了详细的规定，强化了政府对新闻出版事业的管理与监控。但是，与《条例》颁行者的意愿相反，香港报业的发展在50年代后更为迅猛，其主要原因有二：一是各种政治势力争夺舆论阵地，二是经济持续发展并出现起飞之势。据方积根等编著的《港澳新闻事业概观》的统计，1950年至1959年，香港新创办的报纸有5家；1960年至1969年，香港新创办的报纸有100家；1970年至1979年，新创办的报纸达157家。至70年代，香港已有“世界报业之都”之称。

---

① 李谷城著：《香港报业百年沧桑》，明报出版社2000年版，第180页。

香港报纸的品位和背景十分复杂,其新闻报道与言论立场各不相同,大致可分为在政治上拥护中华人民共和国的报纸、敌视中华人民共和国的报纸以及持中立态度、走中间路线的报纸三大类,其中以持中立态度、走中间路线的报纸数量为多,呈现出“两头小中间大”的报业格局或结构。在政治上拥护中华人民共和国的报纸,主要有《大公报》、《文汇报》、《新晚报》、《香港商报》等。《大公报》于1948年3月15日作为内地《大公报》的香港分版复刊,1950年10月5日发刊姊妹报《新晚报》。《文汇报》创刊于1948年9月9日,是由上海《文汇报》及《联合晚报》、《新民报》部分同仁南下香港创办起来的进步报纸。《香港商报》创刊于1952年5月20日,以“在商言商”、“沟通两地”为办报的基本宗旨。敌视中华人民共和国的报纸,主要是指50年代后台湾国民党当局出版的报纸《香港时报》等。《香港时报》创刊于1949年8月4日,11月11日正式登记为“香港时报有限公司”。持中立态度、走中间路线的报纸,如《星岛日报》、《星岛晚报》、《成报》等都在1949年前已经出版。50年代后,《星岛日报》及星系报业有限公司由胡文虎之女胡仙主持,1972年5月后改名为星岛报业有限公司。《成报》是香港战后复刊最早的报纸,以“在商言商”、严守中立为经营宗旨,其读者对象以文员、职员等白领阶层为主,自1954年起成为香港销量最大的报纸。《明报》、《新报》、《东方日报》、《信报》等创刊于1949年后。《明报》创刊于1959年5月22日,由查良镛和沈宝新创办,其读者对象以学界和知识分子为主,注重报道政治性强的新闻,重视大陆新闻(每日约有两个专版),强调“理性”、“客观”、“公正”,社评有独到见解,副刊注重知识性、趣味性,较少黄色内容。该报社长查良镛除撰写社评外,还以“金庸”为笔名撰写了大量武侠小说在报上发表。《新报》创刊于1959年10月5日,初以香港社会新闻为主,后以刊登狗、马经为主、港闻次之,副刊常刊登黄色小说及照片,读者对象以中下层市民为主。《东方日报》创刊于1969年1月22日,初由广东潮阳人马惜珍等合股创办,半年后由马惜珍独办。该报对香港社会新闻精心经营,以小市民和蓝领阶层为主要读者对象,1971年下半年日销量已逾8万份,1972年增版为两张,日销数突破11万份。《信报》创刊于1973年7月3日,为香港出版的第一份财经专业报纸,社长林山木以“林行止”笔名所撰纵论政经的社评为时所重。

无线电广播事业,在一个很长的时期内为一家官办的香港广播电台所垄断。早在1923年,香港一些业余无线电爱好者组织了“香港广播会”(或称“香港无线电学会”)试播新闻,后规模渐大。1928年,港英政府接管、改组了“香港广播会”主办的广播电台,1929年10月宣布该台为政府电台,台号为GOW,每逢星期三、六用英语播音一次,内容以转播英国BBC电台的海外节目为主。1938年起开设中文广播节目并成立香港第一个中文广播电台——ZEK中文台,1941年12月日本占领香港后停止广播。1948年8月,港英政府恢复原香港广播电台并正式定名为“香港电台”(Radio Hong Kong),用中、英文广播。1949年3月21日,丽的呼声(香港)有限公司开始有线播音,打破了香港电台的垄断地位。该公司系伦敦“丽的呼声”在香港的分支,初期设一个中文台、一个英文台,1956年7月增设第二个中文台,用粤语、普通话播音。1959年8月26日,香港商业电台开播,由民营香港商业广播有限公司主办,简称“香港商台”(CR),主要播出娱乐和广告节目,经济来源主要靠广告收入。

50年代后期,香港的电视事业开始出现。1957年5月29日,丽的呼声(香港)有限公司首次在香港播映有线黑白电视,开办起香港第一家有线黑白电视台,被称为“丽的映声”电视台,无自制节目,仅播映欧洲电视片的原声带。1966年,香港电视广播有限公司成立并投得香港第一家无线电视播映专利权。1967年11月19日,电视广播有限公司首次开播无线电视,被称为“无线电视”或“无线电视台”(TVB)。当时,该台播出的部分节目已为彩色播映,1972年后全部改用彩色制作及播放。1970年后,香港电台成立公共事务电视部,最初仅制作时事及公共事务节目供持牌商营电视播映,后日趋多元化,有电视剧、纪录片、综合节目、文教节目及教育电视等各类节目。1973年10月,播映专利权期满的“丽的映声”以“丽的电视(香港)有限公司”(RTV)之名获得开办无线电视广播的专利权,同年12月开始改用无线播放彩色电视,被称为“丽的电视”。1976年,香港电台(Radio Hong Kong)与教育司署属下的教育电视台合并,中文名不变,英文名改为Radio Television Hong Kong(RTHK)。至70年代末,香港的广播电视业初步形成了一家政府电台、一家商业电台和两家商业电视台的基本格局。

香港的通讯社事业由来已久,在50年代后得到长足发展。1951年,港英政府通过立法规定所有的通讯社必须向当时的华民政务司

(现名民政司署)登记,在香港地区实行通讯社登记制度。1952 年 5 月至 7 月间,金融通讯社、中联通讯社、华联通讯社、自联通讯社、泛亚通讯社、新亚通讯社、中国新闻社、时代新闻社、国际新闻社、大众通讯社、大陆通讯社等 11 家香港本地通讯社依法登记并正式成立。至 1975 年,香港本地通讯社发展到 32 家。之后,通讯社的数量起伏甚大,其中稍具规模的有“泛亚”、“新亚”、“中国”、“时代”、“国际”、“大众”等通讯社,其余的通讯社一般旋办旋停,寿命很短。港英政府成立新闻处后,因新闻处发布的新闻时效性强,且获取便利,本地通讯社的重要性大为降低。但是,作为亚洲的新闻信息中心,世界上几乎所有的大通讯社均在香港设立分社或办事机构。美国的合众社早在 30 年代就开始在香港活动,1953 年 7 月 30 日正式成立合众社香港分社,1958 年 4 月,合众社、国际社合并组成合众国际社后改称合众国际社香港分社。美联社香港分社正式成立于 1952 年 5 月 16 日;英国的路透社香港分社正式成立于 1951 年 11 月 14 日;法国的法新社香港分社正式成立于 1951 年 10 月 26 日;日本的时事通讯社香港分社正式成立于 1957 年 5 月 21 日。新华通讯社香港分社是香港地区规模最大的通讯社。新华社早在 1947 年 5 月就在香港设立了分社,1952 年 6 月 28 日正式登记成立分社。根据香港的特殊情况,新华社香港分社在中华人民共和国成立后还长期履行中央人民政府派出机构的职责。

香港的新闻教育事业始于 60 年代初。香港新闻事业的蓬勃发展,使当地的新闻教育也大步前进。1963 年,香港中文大学建校之初即创办新闻与传播系,学制 4 年,并设有新闻与传播研究所,招收研究生。1968 年,香港浸会学院传理系创建,设有新闻、广播电视、广告公共关系和电影 4 个专业。1968 年,珠海书院新闻系创建,初为夜校,后改为全日制,学制 4 年,受台湾“教育部”资助,毕业文凭也由台湾“教育部”颁发。1971 年,树仁学院创建新闻系,学制 4 年。

香港的新闻传播业团体,主要有香港报业公会、香港记者协会等。代表中英文报章的香港报业公会成立于 1954 年,是香港新闻传媒机构主办人的组织,由《南华早报》、《华侨日报》、《星岛日报》、《工商日报》4 家报纸主办人倡议成立,并由此 4 家主办人轮流担任主席,每年举办一次餐会,邀请有关部门负责人出席,自 70 年代起还多次举办新闻照片与新闻写作的评选活动。香港记者协会成立于 1968 年,是新闻传媒从业人员的工会组织,致力于提高新闻界的专业水准。

二、新闻事业在 80 年代后的新变化

80 年代后，香港经济继续高速发展，在政治等各方面也都出现了许多新的变化，其中意义最大的是香港回归祖国被提上了议事日程。1984 年 12 月 19 日，中、英两国政府谈判成功并正式签署了关于香港问题的联合声明，香港归属由此确定；1990 年 4 月，《中华人民共和国香港特别行政区基本法》经过 5 年时间的起草与反复修改后颁布施行，“一国两制”的方针以法律的形式被规定下来；1997 年 7 月 1 日，香港回归祖国。这一切，使香港的新闻事业发生了重要的变化。

报业在变化中继续发展。1988 年，据该年香港年报统计，香港注册出版的报纸共 68 家，其中每日印行的中文报纸 44 家、英文报纸 5 家，中、英文报纸日发行量达 200 万份，日销量在 10 万份以上的中文报纸有 5 家。以香港 586 万多人口计算，约三四人拥有一份报纸。1999 年，据世界银行《世界发展指标》等资料显示，香港注册报纸 44 种，期

A1
大公報
人大聽取兩高報告
查要案大案
重民生訴求
死刑覆核：銜接過渡平穩
智權犯罪五年升一倍
150

图 16.1　香港《大公报》

刊705种;新闻从业人员10 400多人,其中记者2 500多人;每千人拥有报纸380份以上。据2005年9月30日统计,香港共有49种日报和752种期刊(包括电子报纸)。在49种日报中,中文日报23种、英文日报13种(包括一份盲文报纸)、中英文双语日报8种和日文报纸5种。在中文报纸中,有17种以报道香港和世界新闻为主,4种集中报道财经新闻,其余报纸专门报道赛马消息。规模较大的报刊,分销范围远及海外华人社区,甚至在美国、加拿大、英国和澳大利亚等海外地区发行海外版。

以《星岛日报》、《星岛晚报》为主干的"星系"报刊,在80年代后组成星岛报业集团上市,1995年与《深圳特区报》合办《深星时报》,由《深圳特区报》每日提供两版深圳新闻,主要在香港及海外发行。《东方日报》在80年代后发行量突破30万份,成为全香港销量最多、影响最大的报纸,1987年组成东方报业集团上市,90年代后发行量继续上升,1993年高达为60万份。《明报》及其系列报刊于1991年组成明报集团上市,1993年4月1日查良镛退休并将《明报》售予于品海的智才集团,后因于品海被发现有刑事记录而再转售予马来西亚商人张晓卿,日销量10多万份。香港地区出版历史悠久、影响广泛的英文报纸《南华早报》(South China Morning Post),80年代后发行量高达近10万份,1987年其控股权归国际报业大王默多克的新闻集团所有,1990年重新上市,1993年10月其控股权转归郭鹤年的嘉里传媒有限公司购得。《天天日报》在80年代中期由何世桂接任社长,接着被星岛报业集团主席胡仙收购,以青年人和蓝领阶层为主要读者对象,1993年销量最高时达20万份。1993年2月17日,国民党背景的报纸《香港时报》因长期亏损而宣告停刊。1995年6月20日,《苹果日报》创刊,打破了香港报业市场的旧格局,并由此引发一场报业竞相减价的"割喉之战"。《苹果日报》创办人黎智英原是佐丹奴连锁店老板,1990年投资数千万港元创办《壹周刊》,打破传统杂志编排形式,标新立异,每期出两至三本,集生活娱乐、财经投资、名人逸事、时事新闻于一体,发行量逐渐上升,1993年起转亏为盈,并逐步发展成为香港发行量最大的期刊。《壹周刊》成功后,黎智英决定投资上亿港元办起这份取名"苹果"的日报,定位于大众市场,以香港市民文化为基调,在编排、色彩等方面突破香港原有报纸的模式,并通过大量派发印花代替现金的手段,变相以每份2港元的低价倾销报纸,从而迅速争得了市场,3个月后日销量达到30

万份，仅次于《东方日报》。对此，《东方日报》于1995年12月9日突然宣布报价从5港元降为2港元，迫使其他报纸也不得不随之减价，从而引发一场自杀性的减价大战。3个星期后，香港报业亏损了1亿港元，《快报》、《香港联合报》和《电视日报》相继停刊。至1996年6月底，减价大战基本结束，其结果是报业市场重新划分，虽然《东方日报》、《苹果日报》胜出，但报业在整体上元气大伤，星系报业等历史悠久、影响巨大的报业集团也由此而跌入低谷，因而有人把这场减价大战称为“割喉之战”。1999年，星岛报业集团被“国际传媒集团”收购，星系报业王国至此告终。1999年3月，东方日报报业集团发刊《太阳报》，刻意模仿《苹果日报》，以冀争夺其读者，从而又掀起了一场报纸减价战与黄色新闻战，但其杀伤力不及1995年至1996年间发生的报业“割喉之战”。2000年6月，《天天日报》被香港电宇国际集团所收购，9月7日因版权纠纷与经济亏损等问题而停刊。90年代后，香港的晚报也全部退出了报坛。1997年7月27日，《新晚报》停刊，宣告香港晚报的终结。此外，互联网对报业形成一股新的冲击波。1995年，《星岛日报》率先将报纸上网。顺应这一新潮，几乎所有的香港报纸都先后上网开设网络版。

香港的广播电视业，在80年代后也有重大发展与变化。1987年9月，广播事务管理局成立，统管无线电视与商营电台的事务。1988年，香港行政局通过的电视续牌新例规定，限制外地比例，由香港永久居民掌控电视持牌公司51%以上的资本，其大多数董事也应是香港的永久居民。同时还建有公开的检查机构，对所播节目进行检查并决定是否进行惩处。2000年6月，立法会通过《广播条例草案》，重整了以往的广播电视法规管理模式，将电视机构重新分类，并从技术中立的原则出发，将“发送”和“节目”两者分开管理。分类纯粹根据提供服务性质是否收费、服务区域作界定，包括了不同的传播科技。目前，香港的电视业主要有“亚视”(ATV)、“无线电视”(TVB)和“卫视”(Star TV)3家商业性无线电视公司和“有线电视”(Cable TV)1家有线电视公司。电视机的家庭普及率几乎是100%。

1982年9月15日，远东集团邱德根购入“丽的电视广播有限公司”的50%股份并把“丽的”改名为“亚洲电视台”，1984年又买下其余50%的股权并再次改名为“亚洲电视有限公司”，简称“亚视”或“亚洲电视台”(ATV)。1988年，林百欣家族和新世界发展集团购入“亚视”

的2/3股权，翌年又斥资购入余下的产权，1998年林百欣家族卖出部分股权，林百欣辞去主席职位并改任永久名誉主席。“亚视”现有两个频道，一是中文(粤语)的“本港台”，另一是以英文为主的“国际台”。

“无线电视”(TVB)，即电视广播有限公司，董事会主席为邵逸夫，现设有中文(粤语)的“翡翠台”和以英文为主的“明珠台”，播出的节目有新闻、知识、体育、娱乐、电视剧以及外国影片等。

“卫视”(Star TV)，全称为卫星电视广播有限公司，1991年10月成立并开播，系香港和记黄埔集团出资创办，董事长原为李嘉诚。“卫视”以香港为中心点，设有用英语播音的音乐台、体育台、新闻台、合家欢台和用汉语播音的中文台5个频道节目，通过亚洲卫星一号向亚洲地区免费传送24小时不间断的电视节目，而亚洲各地电视台均向卫星电视公司提供电视节目，覆盖面遍及38个国家和地区，西起埃及，东迄日本，总人口达27亿。1992年，对欧洲直播的“欧洲中国卫星电视”(CNE)开播；1993年，对台湾直播的“无线电视卫星台”(TVBS)开播。目前，“卫视”已为世界“报业大王”默多克所控股。

香港的有线电视公司，即1993年成立的九仓有线电视有限公司，简称“有线电视”(Cable TV)，由前香港船王包玉刚家族主持的九龙仓集团创办。该公司以“收费电视”的方式，于1993年10月31日正式开播，为香港受众提供20多个频道(包括6个新闻新闻频道)的收视选择。

此外，1995年，又有两家华语电视台在香港开播，一是仿美国有线电视网模式而建立起来的传讯电视(CIN)，其中的“中天”频道24小时用普通话播报新闻，“大地”则24小时播放中外娱乐节目；另一家是华娱电视(CETV)，每天专门播放娱乐节目。1996年3月31日，凤凰卫视中文台开播，创办人为刘长乐，是一家以香港为基地面向全球华人的中文普通话电视台。1999年8月，欧洲台在伦敦开播；2001年1月，中文资讯台开播，为全球首家24小时滚动播报新闻的中文普通话电视台。同年，美洲台在纽约开播。至于香港的无线电广播电台，除“香港电台”外，新城电台于1991年7月创建，有2套中文节目，1套英文节目。1995年，“浪潮之声”卫星直播音乐电台(Star Radio)开播，由香港“卫星电视”创办。

香港的新闻通讯业，也有不少发展与变化。2000年1月18日，根据国务院的决定，新华通讯社香港分社，这一在中华人民共和国成立后长期履行中央人民政府派出机构职责的机构，正式更名为中央人民政府驻香港特别行政区联络办公室，原承担新闻业务的工作部门，即原新华社香港分社总编辑室，则以新华社香港特别行政区分社的名称继续从事新闻业务。

香港地区的新闻教育事业进一步发展。香港中文大学新闻传播系扩建为新闻与传播学院，香港浸会大学新闻传播系扩建为传理学院。近年来，香港大学、香港城市大学等高校也开始创办新闻与传播系科或研究所，培养本科生或研究生，香港与内地高校的新闻院系的交流也日益增多。

80年代后新成立的香港新闻传播专业团体，影响较大的有：香港新闻行政人员协会，1986年注册并宣告成立，包括香港中英文报纸、新闻性杂志、广播电台、电视台及通讯社担任有行政职务的高级记者、编辑，基本任务是促进同业之间的交流，维护专业的尊严与权利。香港报业评议会，2000年7月宣布成立，由11份报纸和2个新闻工作者团体参加。90年代后期，由于香港新闻媒介专业操守下降，低俗的媒体在市场上占主导地位，因而使新闻传媒的公信力下降。1999年8月下旬，法律改革委员会公布一份传媒的隐私行为咨询文件，批评部分新闻媒介滥用新闻自由，建议设立法定组织，负责处理市民投诉、主动调查、裁决以及处罚违规的报刊负责人。鉴此，香港记者协会、香港摄影记者协会、新闻工作者联会和新闻行政人员协会于2000年6月制定并颁布了《新闻从业人员专业操守守则》，强调新闻记者应以公平客观、不偏不倚的态度处理新闻内容，在报道暴力、自杀或性罪行新闻时，要避免淫秽、不雅及煽情的手法等。

第二节　澳门地区新闻事业的发展与变化

一、新闻事业的稳步发展

澳门是中国最早出现新闻事业的地区之一，在中国早期报业史上具有重要的地位。鸦片战争结束后，帝国主义列强用武力打开了中国的大门，中国境内的近代报刊大批出现，致使澳门新闻事业的发展缺乏动力,其地位与作用也日益减弱。1949 年中华人民共和国成立后,澳门新闻事业的发展空间较前有所扩大,进入了稳步发展的历史时期。

在中华人民共和国成立之前,澳门主要有 3 家中文报纸和 1 家葡文报纸。《大众报》是澳门历史最长的中文报纸,创刊于 1933 年 7 月 15 日,创办人为陈天心。太平洋战争爆发后,《大众报》与澳门出版的其他报纸一样,因经济上陷入困境而停刊,1948 年后恢复出版。《华侨报》创刊于 1937 年 11 月 20 日,系香港《华侨日报》的澳门版,由香港《华侨日报》社长岑维休委派赵斑斓在澳门创办。《市民日报》于 1944 年 8 月 15 日在日伪失败前夕创刊,规模不大,但有一定的特色,以副刊娱乐为主,其时事评论也颇受推崇。葡萄牙文报纸《号角报》(O Clarim),周刊,创刊于 1947 年,为澳门天主教会机关报。

1949 年中华人民共和国成立后,进步报刊的出现与蓬勃发展,是澳门报业发展的一个亮点,从而也带动了整个报业的稳步发展。1950 年,澳门爱国团体新民主协会创办会刊《新园地》,在政治上拥护中华人民共和国。这份小型报纸初为半月刊,后改为旬刊、周刊。1958 年 8 月 15 日,大型日报《澳门日报》创刊。《新园地》除了作为这份大型日报的前身外,还被改组为该报的一个综合性副刊继续出版。《澳门日报》创刊后,在政治上持进步立场,重要消息大多采用新华社或中新社电讯稿,设有 20 多个专刊和副刊,集新闻性、生活性、服务性、知识性、趣味性于一体,不久后就发展成为澳门地区影响、规模和销量均为最大的一份报纸。该报还主办澳门新闻通讯社,从香港租用两条新闻专线,通过卫星直接接收新华社和外国主要通讯社的新闻,供本地其他报纸选用。

自《澳门日报》创刊后,1949 年前已出版的报纸虽然也有不同程度的新发展,但其发展速度则远逊于《澳门日报》。《华侨报》在 1969 年间与香港《华侨日报》分家,人事、经济各自独立,由赵斑斓承顶该报全部股份并独资经营,日出 4 至 5 大张,以报道经济新闻、商业信息见长,一般不发表社论,电讯稿主要来自美联社,新闻和广告的比例约各占 50%,销量在澳门报纸中名列第二。《大众报》偏重于宣传澳葡当局政策,日出 4 开 10 至 12 版,销量在澳门报纸中名列第三。此外,1949 年后在澳门创刊的中文报刊还有:《星报》,日报,1963 年 10 月 5 日创刊,主要刊登本地新闻、娱乐和狗经;《时事新闻》,周报,1972 年 11 月 15 日创刊;《正报》,日报,1978 年 1 月 7 日创刊,初名《澳门体育会》,

周刊，后易名为《体育日报》，全部内容为澳门的体育新闻，1982 年易名为《正报》，并成为综合性日报。自 60 年代后期起，亲国民党的报刊以及其他敌视中华人民共和国的报刊开始逐渐衰落，至 90 年代全部停刊。

1949 年后在澳门发行出版的葡萄牙文报纸有《澳门人报》（Gazeta Macaense）等。《澳门人报》为周六刊，另有中文版周报，逢星期六出版，内容多摘自内地和本地中文报纸。该报还接收澳葡当局及澳门有关旅游、娱乐公司的资助，1995 年停刊。

澳门的无线电广播事业始于 20 世纪 30 年代。1933 年 8 月 26 日，澳门电台（Radio Macao）开播。这个无线电广播电台，是一些无线电爱好者创办起来的，每晚 9 点至 11 点用葡萄牙语播送新闻和音乐。1937 年一度停办，1938 年 9 月恢复播音。1948 年，澳门电台为澳葡当局所接收，成为官方经营的电台，隶属于澳府新闻旅游处，1962 年改由邮电厅负责主办。

澳门的新闻事业团体有澳门新闻工作者协会、澳门记者联合会和澳门体育记者协会等。澳门新闻工作者协会，简称“澳门记协”，创建于 1968 年元旦。该协会成立后，为澳门新闻事业的发展和维护澳门新闻从业人员的正当权益，作了大量的有益工作。澳门记者联合会，创建于 1937 年 12 月 5 日，是澳门新闻界最早建立的社团。澳门记者联合会在成立后的几十年中，可谓历经沧桑，但也做了许多有益于新闻事业发展的工作。

二、新闻事业在 80 年代后的新变化

80 年代后，澳门发生了许多新的变化，其中影响最大的是 1987 年 4 月中、葡两国政府签署了关于澳门回归祖国的联合声明和 1999 年 12 月 20 日澳门回归祖国两件大事。因此，澳门的新闻事业也在这一时期日益走向繁荣，特别是在回归祖国后香港传媒对澳门的强势影响有所淡化，给澳门本地新闻事业的发展赢得了更大的市场空间和发展机会。

在报业发展方面，报纸的种数增加，内容亦有大的提升。澳门人口虽少，但报纸种类却不单薄。目前，澳门共有中外文报刊 17 家，其中中文日报 8 家，发行总数逾 10 万份。另有中文周刊 5 家、葡文报纸 3 家、葡文周报 1 家。中文日报为《澳门日报》、《华侨报》、《大众报》、《市民

日报》、《星报》、《正报》、《现代澳门日报》、《新华澳报》;中文周报为《讯报》、《澳门脉搏》、《澳门文娱报》、《时事新闻报》、《体育周报》。在众多报纸中,以《澳门日报》(图16.2)的发行量最大,回归后在当地占有率超过90%,为澳门特别行政区第一大报。该报主要版面内容为:第一至三版一般为要闻版,内地新闻、香港新闻、国际新闻、澳门马经、副刊及体育等各占一个版,其他为专刊版,广告一般占15版左右。《澳门日报》还开始走向电子化与网络化,为澳门最早上网的报纸。《华侨报》是澳门的第二大报,以报道经济新闻、商业信息见长,还辟有《华侨马经》、《华侨狗经》等专版,其中《赛后漫谈》、《董事报告》等栏目深得博彩业人士的厚爱。

澳門日報

熱烈祝賀
北京2008年奧運會盛大開幕

中國銀行

敬賀

第29屆奧林匹克運動會澳門幣紀念鈔
第二階段銷售公告

图16.2 《澳门日报》

《市民日报》和《现代澳门日报》两报的规模虽不大,但各有特色,前者的时事评论颇受推崇,后者则以突出报道凶杀、警事新闻见长。葡文日报为《今日澳门》(Hoje Macau,原名《澳门今日》Macau Hoje)、《濠江论坛报》(Jornal Tribuna de Macau)、《句号报》(Ponto Final);葡文周报为天主教澳门教区的《号角报》(O Clarim)。此外,香港约有20多份中文报纸每天运往澳门。以澳门人口45万计,约每6人拥有一份报纸。香港的《苹果日报》、《东方日报》、《太阳报》在澳门的报纸市场发行量超过本地的其他报纸,日销3万份以上,是澳门报业最大的竞争对手。

80年代后,澳门的广播电视事业得到迅速发展。1982年,澳门广播电台组成澳门广播电视公司,简称"澳广视",分为中文台和葡文台两部分,并增添广播设备,改进广播内容。当时澳门并没有自己的电视台,拥有电视机的家庭只能接收香港电视台的节目。1984年5月13日,"澳广视"筹建的电视台正式开播,属澳门葡萄牙政府所有,从而结束了澳门没有电视的局面。该电视台创建之初每周只播40小时,覆盖面仅及本地。由于收视率太低,难以拉到广告,开办第一年就亏损

1 000多万澳元。4年后,"澳广视"接受私人股份并转为私营公司,政府拥有50.5%的股份,同时延长播放时间、出新鲜节目、直播大型活动等,但仍未能扭转亏损局面。1999年澳门回归祖国后,由中、葡、澳三方投资达四五亿之多的"澳门有线电视"于2000年7月8日正式开播,开创了澳门电视走向多元化的新局面。该台不自制作节目,以转播为主,通过微波传送提供40条包括中、英、葡语频道给居民及商业用户,最多可提供200条频道,在运营一年后约有上万客户使用其服务。同月,由中、港、澳三地投资的"澳门卫星电视亚洲台"开始试播,为亚太区观众提供24小时综合节目,该台行政总部与控制中心位于澳门,并已获得内地批准作有限落地,这也许会有助于提高广告收益。2000年12月,澳门特别行政区政府另向中华卫星电视有限公司颁发为期15年的牌照,该公司立即开通了澳门科教台,并计划在3年内为整个亚太地区提供6个卫星电视频道。此外,澳门电台与澳门电视台在2000年底也开通了网上宽频广播,令观众可以在网络上收看和收听到所有的新闻节目和娱乐节目。

随着澳门有线及卫星电视频道的增多,广播事务的管理变得日益重要。目前牌照的审理及批准由行政长官办公室直接负责,内容及营支监管由新闻局负责,而电信暨资讯科技办公室负责监管频谱的动用。为了吸引海外媒体到澳门投资,特区政府多次强调对外开放卫星电视业务,只要申请者符合法律规定,妥善利用澳门频谱,保证播放内容符合规定,都会获得发牌经营。这一政策有助于创造就业机会、增加政府税收以及提升澳门的国际形象,而本地居民亦可获得更多资讯。

澳门的新闻通讯事业,也是在80年代后才较大规模地发展起来的。1987年9月21日,新华社在澳门设立分社,实际上还担负中央人民政府驻澳门的工作机构的职责。1999年12月28日,根据国务院第24次常务会议的决定,新华通讯社澳门分社自2000年1月18日起更名为中央人民政府驻澳门特别行政区联络办公室,原新华通讯社澳门分社承担的新闻业务,则由新华通讯社提请特别行政区政府注册的新华通讯社澳门特别行政区分社承担。外国通讯社在澳门建立分社的是葡萄牙通讯社澳门分社,创建于1988年,用中、葡、英3种文字发稿。1989年,葡萄牙通讯社又将澳门分社改组为亚太区总分社,下辖澳门、香港、北京3个分社。此外,美联社等一些外国通讯社也在澳门派有驻地记者。

第三节 台湾地区新闻事业的发展与变化

一、光复后新闻事业的初步发展与“报禁”的出台

1945年8月15日,台湾在沦陷50年后重新回到了祖国的怀抱。台湾光复后,奄奄一息的新闻事业获得了新生并得到了初步发展。

1945年台湾光复后,台湾同胞立即接管了台湾唯一的报纸《台湾新报》,并于10月10日发刊中文栏。10月25日,即中国政府在台湾举行接受日本投降仪式之日,《台湾新生报》在台北创刊。该报为台湾光复后问世的第一家日报,系接收《台湾新报》的设备而创办的公营报纸,隶属于台湾省行政长官公署(后改组为“台湾省政府”)宣传委员会,社长李万居,副社长黎烈文,1949年5月后改组为“新生报社股份有限公司”。之后,《中华日报》于1946年2月20日在台南市创刊,由国民党台湾省党部主办,1947年8月改组为股份有限公司,1948年2月20日在台北创刊北部版并设立总社,原在台南市刊行的报纸改称该报的“南部版”。《和平日报》于1947年6月在台北创刊,日出对开一大张半,由国民党国防部新闻局直辖,是大陆《和平日报》的分版,1949年7月1日起恢复《扫荡报》原名,终因财力不足而于1950年7月7日停刊。《国语日报》于1948年10月25日在台北创刊,由国语推广委员会发行,在汉字旁附加注音符号,在教育界和家庭中拥有不少读者,并深受学生欢迎。此外,《民报》、《大明报》、《人民导报》等民办报纸也如雨后春笋般在台湾出现。由于台湾光复初期经济困难、物价波动,民营报纸因经营不善等经济原因而昙花一现者也为数不少。

1947年2月,台湾发生“二·二八”起义。起义失败后,许多民营报纸、杂志被国民党当局封闭。在台北一地,半数以上的报纸被迫停刊,其中8家报纸在事件发生后立刻停刊,不久又有4家报社倒闭,《民报》等几家报社的负责人在混乱中失踪,不少报人被杀或被捕。但与此同时,《全民日报》、《自立晚报》、《民族报》、《经济时报》等一批新创办的民营报纸纷纷问世。《全民日报》于1947年7月7日在台北创刊,由台湾地方人士谢东闵等8人集议创建,社长林顶立。《自立晚报》于

1947年10月10日在台北创刊，为当时在台北的唯一一份晚报，由浙江温州人顾培根创办，初创时4开一张，1949年由郑邦昆接办并扩版为对开一大张，开晚报出大报之先河，1951年由李玉阶接办，1959年又由吴三连接办。《民族报》于1949年5月在台北创刊，由王惕吾等人发起创办。《经济时报》于1949年12月在台北创刊，系由原《台湾经济快报》改组而成。对于在台湾出版的日文报刊，中国政府有关主管部门于1946年2月发布有关日文图书杂志的取缔规则，从而使台湾所有的报纸、杂志上的日文版自10月25日起全部被裁撤。1948年后，行将失败的国民党当局将其党政军系统主办的所谓"公营"报纸大批迁台湾出版，并在台湾所有地区执当地报业之牛耳。1948年11月，国民党中央机关报《中央日报》决定将总社迁往台湾，1949年3月12日在台北正式出版。1950年2月1日，《大华晚报》在台北创刊，实为《中央日报》的晚刊。

在新闻通讯事业方面，1946年2月15日，国民党中央通讯社派遣叶明勋来台接收日本同盟社在台的分支机构及其全部设备，并在台北建立"中央社"台湾分社。在此前后，民权通讯社、台湾通讯社、海疆通讯社、每日新闻通讯社、海外通讯社、中外新闻通讯社、自由通讯社、经济新闻通讯社等本地通讯社也迅即恢复或创建。其中民权通讯社于1946年3月1日在台北创建，是台湾光复后出现的第一家民营通讯社。国民党在大陆失败前后，又有一批通讯社迁至台湾，连"中央通讯社"总社也被迫迁至台湾苟延残喘。1948年12月初，"中央社"总社决定迁至台湾，并开始将重要电讯器材运往台湾。1949年7月，"中央社"在台北成立总社办事处，总社大部分人员陆续来到台湾。12月，"中央社"总社正式迁至台北办公。1950年9月1日，"中央社"改组，成立了相当于企业机构董事会的管理委员会。

在广播事业方面，国民党中央在派员接收"台湾放送协会"及其所属电台的基础上，于1945年10月25日将其改组为"台湾广播电台"，呼号为XUPA，隶属于"中央广播事业管理处"，并在台中、台南、嘉义、花莲4处设立分台。紧接着，台湾各界人士也新创建起一批广播电台，如民声广播电台、正声广播电台等。不久后，由于国民党在大陆的失败，国民党党政军系统的中央广播电台、空军广播电台、军中广播电台以及一些追随国民党的民营广播电台也陆续迁至台湾。1949年6月，国民党当局将已迁至台湾的中央广播电台改建为中国广播公司台湾广播电台。11 月 16 日,中国广播公司第一次股东大会召开,正式转为公司组织形式,原台湾广播电台所辖的 6 个分台也并入中国广播公司。据统计,1949 年间台湾有 10 家广播电台,其中 9 家为公营台(7 家为中国广播公司所辖,2 家为军方电台,分别是军中台和空军台),1 家民营台,军用或公用的广播电台占用了几乎所有的频率。

1949 年后,随着国民党在大陆统治的失败,国民党政府对台湾新闻事业的控制日趋严厉。1 月,台湾省新闻处决定,未办妥登记手续的报刊不得出版,否则一律予以取缔。5 月 20 日,台湾省政府、台湾警备司令部宣布自是日起全省戒严,台湾由此进入长达 38 年的戒严状态。12 月 7 日,国民党中央以及“中央政府”迁至台北。1951 年 6 月 10 日,台湾国民党当局以“行政院”名义发布行政命令:“台湾全省报纸、杂志已达饱和点,为节约用纸起见,今后所申请登记之报纸、杂志、通讯社,应从严限制登记。”这一“限证”措施的出台,是台湾开始实行“报禁”政策的标志。1952 年 4 月 10 日,台湾当局正式宣布停止新报登记。同年 12 月 29 日,台湾当局又公布了《新闻用纸供应办法》,对其“党营”报纸采取优惠供纸办法,对民间报纸减少纸张供应。1955 年 4 月 21 日,台湾当局再次公布了《战时新闻用纸节约办法》,正式开始“限张”发行,通令所有报纸篇幅一律不得超过对开一张半;特定节日各报得出增刊,但篇幅不得超过对开一张。之后,迫于报界要求放宽“限张”的呼吁,国民党当局于 1958 年 8 月 30 日、1967 年 4 月 18 日,先后两次由“行政院”对《战时新闻用纸节约办法》进行修改,放宽用纸尺度,准许每份报纸可出版正张两张半、增刊一张。除“限证”、“限张”外,国民党当局还实行“限印”政策。1970 年,台湾当局“内政部”发函规定,报社必须在核准登记的发行所在地印刷发行。这个规定的用意,可能是为了便于政府的管理,但使台湾各报社受到印刷地的限制而遭遇发展上的阻碍,使一些全省性大报在外县市的推广发行工作难度增加。1952 年后,国民党当局公布《出版法修正草案》,经修正后于 1958 年 6 月 28 日正式公布,其中第 27 条明确规定:“出版品所需纸张及其他印刷原料,主管官署得视实际需要情形计划供应之。”

二、“报禁”实施后新闻事业的艰难发展

“报禁”实施后,在此后长达 30 多年的“报禁”时期(在台湾称之为

“封闭时期”、“保护时期”)，新闻事业的发展十分艰难、缓慢。

自1952年至1960年，国民党当局仅发出过7张新的报纸登记证，分别给予英文《中国邮报》、《青年战士报》、《商工日报》、《中国晚报》、《成功报》、《马祖日报》、英文《中国日报》7家报馆。其中《青年战士报》，创刊于1952年10月10日，由“国防部政治作战部”主办，原为4开小报，主要在军队中发行，1957年元旦扩版后开始向社会发行，1984年10月10日易名为《青年日报》，日出对开4大张16版。之后，台湾地区的报纸总数始终为31家。不少报纸在激烈竞争后被迫偃旗息鼓，但其登记证立刻就会有人出高价买去办新报。至1987年“报禁”解除前，台湾地区的31家报纸是：在台北出版的《中央日报》、《台湾新生报》、《中华日报》、《中国时报》、《联合报》、《经济日报》、《民生报》、《国语日报》、《青年日报》、英文《中国邮报》(The China Post)、英文《中国日报》(The China News)、《大华晚报》、《民族晚报》、《自立晚报》、《工商时报》15家，在高雄出版的《台湾新闻报》、《台湾时报》、《中国晚报》、《成功晚报》、《民众日报》5家，在台中出版的《自由日报》、《中国日报》、《民声日报》、《台湾日报》4家，在台北县出版的《忠诚报》，在台南出版的《中华日报》南部版，在花莲出版的《更生报》，在嘉义出版的《商工日报》、在澎湖出版的《建国日报》、在金门出版的《金门日报》，在马祖出版的《马祖日报》。

国民党党营的《中央日报》系统以及王惕吾经营的《联合报》集团和余纪忠经营的《中国时报》集团三大报纸系统，在台湾报业中规模与影响最大。据1987年3月台湾“行政院新闻局”公布的统计数字，31种报纸的总发行量为370万份，平均每五六人拥有一份报纸，其中《联合报》、《中国时报》的发行量在100万份以上，《中央日报》的发行量在55万份左右。

《中央日报》系统的报纸是指国民党党、政、军部门主办的机关报，如《中央日报》、《台湾新生报》、《中华日报》、《青年日报》、《忠诚报》、《建国日报》、《金门日报》、《马祖日报》等。

由王惕吾主持的《联合报》集团，又称“联经集团”，拥有《联合报》、《经济日报》、《民生报》等。《联合报》于1951年9月16日在台北创刊，是由王惕吾接办的《民族报》(1949年5月4日创刊)、林顶立的《全民日报》及范鹤言的《经济时报》3家合并而成，初名《民族报、全民日报、经济时报联合版》，1953年9月16日正式定名为《联合报》，60

年代初起由王惕吾独立经营。该报日出对开9至12大张,广告占总版面1/3,发行量在100万至120万份之间。《经济日报》创刊于1967年4月20日,日出对开9张36版,是台湾著名经济大报之一。《民生报》创刊于1978年2月18日,是台湾第一家以报道衣、食、住、行及体育、娱乐等软新闻为主要内容,知识性、实用性和趣味性并重的报纸,自1989年底起采用横排版式。此外,“联经集团”还经营刊物、通讯社和出版事业公司,在海外出版中文《世界日报》泰国版和美国版等。

由余纪忠主持的《中国时报》集团,又名“中时集团”,拥有《中国时报》、《工商时报》以及其他刊物和出版公司等。《中国时报》的前身是1950年10月2日创刊的《征信新闻》,由当时台湾“物资调节委员会”主办,是一份经济专业的报纸,日出4开油印小报一张,1951年4月由私人集资接办,余纪忠任社长。1954年9月起,该报改版为综合性报纸,1960年1月1日改名为《征信新闻报》,1968年9月1日再次改名为《中国时报》。《工商时报》创刊于1978年12月1日,为台湾著名经济大报之一。此外,“中时集团”还曾在纽约出版《中国时报》美洲版,1985年3月1日改为《时报周刊》,1992年1月又改为《中国时报周刊》,总社迁至香港,由香港向全球发行,而编辑部则设在台湾。

由于报纸出版受限,因而各类杂志大量出版,并成为“报禁”时期新闻出版界的一大奇观。据统计,在台湾出版的杂志,1962年为686家,1971年为1 370家,1973年为1 528家,1982年为2 244家。其中大部分在台北出版,约占70%。杂志的品种也很多,台湾“行政院”新闻局出版处根据这些杂志的内容将它们分为25类。其中财经工商类种数最多,达901种。从外形看,有的杂志是16开书册式,但也有的杂志采用报纸形式。

台湾新闻通讯社在实行“报禁”后发展迟缓。至1987年底,经登记允许营业的通讯社只有37家,大半设在台北,也有个别的通讯社设在高雄、台中、新竹、基隆等地。其中规模最大的是中央通讯社,在60年代中期仅在海外设立的分社或其他分支机构就有18处,70年代中期为24个。1973年,中央社改组为股份有限公司,但实际上仍掌握在国民党中央党部手中。

台湾的广播事业,在50年代时有较大发展。当时,由于台湾地区物质匮缺、民生凋敝,广播正好发挥其无需纸张等特长,为民众所欢迎,因而在这一时期建立的公、民营广播电台共有31家57座。1959年,台湾当局以电波干扰问题严重，不再允许建立新的民营电台。之后，台湾军营、公营、民营广播机构的总数一直为38家，所拥有的广播电台在60年代时为66座、70年代末为104座，其中新建的都是公营电台。公营的中国广播公司是台湾最大的广播机构，除对台湾本岛广播外，还设有大陆广播部和对海外广播部。大陆广播部是中国广播公司的主体和骨干，原名自由之声大陆部，1954年改为大陆广播部，沿用中央广播电台的名称。1976年，台湾当局恢复中央广播电台的独立建制，设有电台7座，每天使用4种方言和3种少数民族语言广播。对海外广播部原名为自由中国之声海外部，每天用英、法、日语及越南语、马来语等9种外国语和国语、闽语、客家语、粤语、潮语、藏语等5种方言对美国、日本、韩国、新西兰、澳大利亚及东南亚、南洋一带国家和地区广播。此外，台湾的公营电台还有5家军方电台（空军广播电台、汉声广播电台、复兴广播电台、复兴岗广播电台和光华广播电台），6家警察广播电台，以及幼狮广播电台、教育广播电台、台北广播电台、高雄市政广播电台、台湾区渔业广播电台等。台湾的民营广播电台，数正声广播公司规模最大。1950年4月1日，正声广播电台在台北开播，1955年4月1日改组为正声广播公司，在全省设有9个分台。

台湾的公营电台经费一般来自官方，不接纳广告，但中国广播公司自1962年起开始在对本省广播节目时间里插播广告，民营电台则在经济上主要靠广告收入来维持。50年代时，台湾电台广告占广告市场总量比约为20%左右，60年代开始因电视出现而陷入停滞乃至衰退之境地，1985年占有比例又落在杂志之后，由原来维持多年的第三位退居第四位。

在节目形态上，由于广播能提供最快的新闻，因而各大广播机构都大力加强新闻的采编与播放工作。1983年，中国广播公司为加强新闻播报而推出了以播报新闻为主的新闻专业电台，实行24小时播音制，每15分钟至30分钟播出新闻一次，同时还设有专业记者主持的特色新闻节目。台湾的调频（FM）立体音广播，始于中国广播公司于1968年开设的调频（FM）广播网，后逐步发展成为广播的主流。调频广播的出现，还使音乐逐渐取代新闻成为主要广播节目形式。

1971年后，交通等专业电台的出现，为广播事业发展开辟了新的发展道路。1971年3月1日，警察广播电台率先建立提供专业服务的台北交通专业电台，除播送新闻及音乐之外，随时报告路况，提供交通警察和驾驶人作为行车参考。接着,中国广播公司也先后建立台中交通专业电台、农业专业电台等。

台湾的电视事业诞生于20世纪60年代初。1960年5月20日,中国广播公司进行电视转播的示范表演,标志着台湾地区电视事业的开端。1962年2月14日,台湾第一个电视台"教育电视实验电台"在台北"国立科学馆"试播,每天播出两小时的教学节目,电波涵盖面约10公里。1962年4月28日,台湾电视公司在台北宣告成立,简称"台视",为台湾第一家电视公司,由台湾"省政府"、金融机构、台湾水泥公司等民营企业以及日本"富士"、"东芝"、"日立"、"日本电气"4家公司合资,也是台湾最早创办的公私及中外合资的商业电视台。10月10日,"台视"正式播放黑白电视,使台湾正式进入电视时代。在业务上,"台视"走美国商业电视制度的路子,节目靠广告支持,由市场决定节目内容,但其基本性质仍是国民党当局宣传的喉舌。1969年9月3日,中国电视公司在台北正式成立,简称"中视",由属于国民党党营事业的中国广播公司以及一些民营广播公司及有关文化机构合资筹建。10月31日,"中视"正式开播,并在台湾地区率先播放彩色电视。"中视"成立之初即开始传送彩色节目,迫使"台视"也增辟彩色节目,从而使台湾电视迈进彩色播映时代。1969年底,台湾电视通过人造卫星转播美国航天员登月实况,将电视推进到卫星转播时代。1971年10月31日,中华电视公司正式开播,简称"华视",在台湾当局"教育部"和"国防部"共同支持下由教育电视台扩大改组而成,采用商业电视台的组织形式。至1975年,台湾地区基本上完成了覆盖台湾全省的电视网,主干是台湾电视公司、中国电视公司和中华电视公司,全部掌握在官方手中。

80年代后,台湾电视市场生态产生重大的变化。公共电视的诞生,加之无数私接的有线电视和来自台湾境外的卫星电视,打破了3家电视公司对台湾电视市场的垄断地位,3家电视公司的电视节目收视率开始萎缩,但其晚间新闻的收视率总共高达80%左右,仍处于强势地位。

电视出现后,广告客户立即意识到电视具有惊人的传播效果而大量投放电视广告。1962年,"台视"全年广告额就达到706万台币,占全年广告总额的2.3%;1967年,广告额达到1亿1 200万,占广告市场总额的16.5%,电视广告总额首次超过广播广告总额。1970年,"台视”加上新开播的“中视”，广告总额突破 4 亿大关，增长率高达 107%。1980 年，“台视”、“中视”和“华视”3 家电视公司的广告收益高达 29 亿 5 380 万元，约增加了 7 倍，平均每年增长率为 21.66%，广告额仅次于报纸。1988 年，电视广告总额达 113 亿元；1990 年，电视广告总额达 157.5 亿元，占全年广告量 400 亿的 35% 左右。

根据广播电视发展状况，台湾当局于 1976 年颁布《广播电视法》，规定电波被收归公有，设立电台的资本额下限为 5 000 万台币，为一般企业或老百姓所无法承受，排除了民间申请设立电台的可能，也保障了现有公营媒体在市场的占有率，以保证电子媒介成为当局的宣传工具。根据该法实行细则的规定，台湾当局还对电子媒体所制作播放的节目实行事前审查制，除了对节目内容严格筛选、管制，对节目与广告的分配比例、时段、时间长度、播音语言及强制播出等也有规定和限制。

在宣传报道方面，国民党当局在“报禁”时期采用法律手段严禁新闻媒介刊登涉及政治、军事等方面的内容，凡对国民党有所批评的都会被扣上“违背反共国策”等罪名而遭到惩罚。50 年代初，《联合报》如实报道了美国军人雷诺枪杀中国平民刘自然的事件，被国民党当局视为挑动反美情绪，该报记者林振霆被长期监禁。60 年代初，雷震主办的《自由中国》杂志发表《反共不是黑暗统治的护符》等社论与署名文章，被国民党当局扣以“为共匪作统战宣传”等罪名，将雷震送交军事法庭。70 年代后，台湾新闻媒介公开批评国民党当局的报道日益增多，国民党当局也无不予以残酷的镇压，先后受到惩罚的有《大学杂志》、《台湾政论》、《鼓声》、《夏潮》、《美丽岛》等。

三、“报禁”解除后新闻事业的大发展

1988 年，是台湾新闻事业史上具有划时代意义的一年。自是年 1 月 1 日起，台湾国民党当局重新开始接受新办报纸的登记，报纸印张也可增加到日出对开 6 张 24 个版，解除了长达数十年的“报禁”。90 年代后，台湾当局又陆续开放广播电视领域，使有线电视、通讯卫星电视、调幅广播、调频广播，甚至无线电视皆可依据有关法律由民众自由开办。

“报禁”的解除，当然不可能是国民党当局的一时善举，而是台湾政治、社会和文化条件逐渐成熟和新闻界内外长期抗争的结果。早在

1955年3月4日,著名报人成舍我就在台湾"立法院"会议上提出质询:"鼓励人民食粮增产,为什么对于最重要的精神食粮的增产,却千方百计加以束缚?"但是,公开要求取消"报禁"的呼声则迟至20世纪70年代末才出现。在一次所谓"国建会"上,参加新闻组的《联合报》工作人员建议"开放报纸登记"、"取消篇幅限制"。1987年初,国民党当局被迫考虑解除"报禁"问题。2月1日,台湾"行政院"院长俞国华责成"新闻局"对"报禁"问题"以积极的态度重新加以考虑"。2月27日,台湾"新闻局"召集11位新闻传播专家组成一个从事"解禁"研究的专案小组。7月15日,国民党当局宣布解除长达37年的所谓"戒严",使"报禁"在政治、军事上也再无任何理由。12月1日,台湾"新闻局"发表声明,宣布自1988年元旦起解除"报禁",民众可以自由申请办报,报纸张数和发行印刷地点不限。

"报禁"解除后,台湾新闻出版界内外人士又进一步提出废除《出版法》的要求,台湾当局也在90年代后被迫多次承诺修改甚至取消该法。1997年7月,台湾当局"新闻局"在一场研讨会上宣布采纳与会代表提出的修订出版法的建议。1998年8月,"新闻局"呈报"行政院"建议废止出版法;9月,"行政院"通过废止出版法案;1999年1月12日,"立法院"三读通过废止出版法;1月25日,台湾当局正式颁布命令废除施行了69年的《出版法》,为配合该法的实施而颁布的近30种相关法令也随之废止或予以修正。《出版法》废止后,报纸、杂志、出版社等新闻出版机构按照《公司法》向"经济部"办理登记,无须再向"新闻局"办理登记,在出版数量及类别上亦无任何限制。

"报禁"解除后,台湾报业出现了蓬勃发展的势头,在质与量两个方面都出现了前所未有的变化。

一是新出版的报刊如雨后春笋般出现。在"报禁"解除后3个月内,33家新办的报纸、20家新办的通讯社向台湾"新闻局"办理登记手续,使台湾报纸骤增至64家,通讯社增至57家。至1988年底,台湾报纸已接近80家。1993年底,办理登记的报纸有221家,实际发行的有139家。1996年,台湾报社数增至342家,同1988年相比增长率高达1 100%。另据统计,至1998年4月止,台湾有关部门共发出883张报纸登记证,其中日报为435家。1999年《出版法》正式废止前,报社已经增加至367家,《出版法》废止后,报社仍在持续增加,至2000年时已超过400家。但值得注意的是,针对一般读者每日发行的报纸却逐渐减少，只剩下25家。随着报纸家数的不断增加，发行量也较前激增。1987年“报禁”解除前，台湾报纸发行总数每天估计在350万份左右；“报禁”解除后，虽然一度跌落，但旋即恢复，并持续稳定成长，1990年时达到450万份的空前纪录。1994年，当年报纸发行量达600万份，较“报禁”解除前增长约50%。1996年，报纸日发行总数约在400万份至600万份之间，平均约3至5人拥有一份报纸。而且，市场自由化之后，报业经营者不再仅局限于公营系统，同时也普及至一般的民间财团，其中包括许多以商业经营著称的财团。篇幅增加，印刷改进，也是“报禁”解除后报纸的重要变化之一。由于报纸限张的取消，报纸张数增加了，从而使报纸的内容更为充实，特别是讨论重大消息的报道更为详尽。以《联合报》和《中国时报》两大报为例，“报禁”解除后，两报立即由原来的3大张增加为6大张，随后并且增加至7大张、8大张，广告多时甚至增加到10大张以上。

二是大批新报纸的问世，使台湾报业市场形成了全新的格局。“报禁”解除后，台湾出现了联合、中时、国民党、自立四大报系。(1) 联合报系：为台湾最大报系，下有《联合报》、《经济日报》、《民生报》、《联合晚报》四大报。(2) 中时报系：下有《中国时报》、《工商时报》和《中时晚报》三大报。(3) 国民党报系：包括党政军三大系统，属于党报系统的有《中央日报》和《中华日报》，属于政府系统的有《台湾新生报》和《台湾新闻报》，属于军报系统的有《青年日报》、《忠诚报》、《台湾日报》、《建国日报》、《金门日报》和《马祖日报》等6家。(4) 自立报系：有《自立晚报》和《自立早报》。《自立早报》是台湾解禁后创刊的第一家报纸，1988年1月21日在台北创刊，由自立晚报馆创办。但是，随着报业的进一步分化整合，国民党报系随着国民党作为执政党地位的丧失而日趋衰落。中央日报社近年来累计亏损12亿元台币以上，被迫于1999年6月11日决定将总部大楼出售给台湾“中影公司”，以填补营运赤字。2006年5月底，国民党停止补助《中央日报》经费，致使该报于2006年6月1日起停刊，9月开始仅出该报的网络版。自立报系则因经济不景气而走上失败之路。1998年底，自立报系推出“瘦身”计划，600余名员工中的250名被遣散，并于1999年1月21日停办《自立早报》。但这一计划仍并未能摆脱经济危机，已有54年出版历史的《自立晚报》也不得已于2001年10月2日出版最后一份纪念刊，正式宣布停刊。而1978年2月由原《自强日报》改组而成的《自由时报》则在“报禁”解除后,采用重金挖角、抽奖促销等一系列纯商业的手段,使其发行量大幅增加。1996 年 6 月 3 日,《自由时报》在该报头版头条报道了台湾世界新闻学院进行的民意调查结果:《自由时报》发行量已逾 100 万份,在台湾发行的报纸中位居第一。2003 年 5 月 2 日,《苹果日报》台湾版在台北创刊。该报创办人黎智英在 2001 年即已进入台湾媒体市场,创办《壹周刊》台湾版,除了造成台湾杂志的恶性竞争外,还以“狗仔队”手法揭发名人隐私而引起台湾各界极大的争议。《苹果日报》台湾版进入台湾报纸市场后,以其“价格低、内容多、印刷美”的风格,发行量很快就赶上并超过《自由时报》,使台湾报纸市场出现了《苹果日报》、《自由时报》、《联合报》和《中国时报》四雄并争的新局面。

图 16.3 台湾《联合报》、《中国时报》、《自由时报》

“报禁”解除后,台湾新闻通讯事业也有所发展,新的通讯社纷纷创立。截至 1994 年,台湾的新闻通讯社已增至 176 家之多。但是,这些新办的通讯社,绝大多数规模很小,各自选择其赖以生存的服务对象,朝专业化方向发展。其中以报道经济新闻为主的通讯社所占比重最大,几乎占总数的 1/3。

在开放报刊的同时,台湾当局还开始着手逐步开放广播电视媒体。对于无线电广播,台湾当局于 1992 年宣布电波频率开放政策,1993 年起开放广播电台的创建,正式解除长达 34 年的冻结措施。1993 年 1 月,“新闻局”和“交通部”联合宣布开放 28 个调频(FM)中功率频道,供民间设立电台。1994 年 9 月,有关部门开始接受小功率社区电台的申请。这些举措,促进了广播电台的高速发展。

一是中小功率广播电台剧增。1993 年未开放广播电台之前,台湾共有 33 家电台。至 2000 年 6 月底,广播电台数已增至 142 家,其中正式营运的有 132 家。

二是民营电台成为广播业发展的主流。台湾当局开放电台后,新创建的电台几乎全部是民营电台,占全部电台的 70%。而且,民营电台大多是调频广播电台,从而使民营电台又成为台湾地区调频广播的主体,可凭借良好的音讯品质与公营电台竞争,有效地开发不同类型受众的市场。

三是专业电台的日趋繁荣。目前,台湾专业电台大致可以分为三大类。音乐类:包括当代热门音乐、休闲背景音乐、古典音乐、另类音乐等;信息类:包括新闻谈话、生活信息、都会类型、女性类型、语言类型等;特定主题类:包括混合、交通、宗教、农业、渔业、本土文化、医药保健、劳工、教育、校园、旅游等。

四是广播重新受到重视,收听率和整体产值回升。由于民众生活形态的改变,民众对广播市场的需求扩大,广播媒体再度受到重视。例如,台湾拥有汽车的人口大增,开车族平均每天塞车时间约两个小时,大多靠广播获悉最新路况,或听音乐和新闻打发时间。又如,服务业产值逐渐超过制造业,满街的商店、卖场需要流水般的广播音乐或人声以刺激购买欲望。再如,SOHO 族、网络工作者等行业的日趋自由的工作气氛,也增大了广播侵入的空间。据调查,台湾收听广播的人口比例从开放前的 10% 左右上升到 30% 左右,在大都会城市地区更高达40%。广播的市场产值也蒸蒸日上,广播产业的广告收入从 1988 年的 19 亿台币增加到 1998 年的 47.5 亿台币。

对于电视,台湾当局在 1988 年 11 月正式开放直播卫星,民众可收视国外的卫星电视频道。1991 年,5 个卫星电视频道进入台湾电视市场,官方的 3 家电视公司失去了在市场上的垄断优势,开始进入频道竞争时代。为了建立空中秩序,将卫星电视频道节目纳入管理范围,台湾当局于 1999 年 1 月公布《卫星广播电视法》。在卫星电视兴起之时,有线电视也趁势而起,并因其能提供多样的频道、满足消费者的信息需求而订户剧增。1993年8月,《有线电视法》公告施行,以规范有线电视产业市场竞争秩序,使台湾正式步入有线电视时代。1997年7月,正式审核通过并获得有线电视从业执照者有155家。之后,东森等有线电视系统经营者以各种方式进行大购并,从而使台湾从事有线电视业者只剩80余家。目前,台湾地区一般家庭都是收看由有线电视线缆传送的无线电视台节目、卫星电视台节目以及有线电视台本身的节目,所收看的电视频道可达到八九十个以上。卫星电视也日趋普及与多元化,目前有三四十家卫星电视频道商提供150个以上的卫星频道,节目制作品质也在不断改善之中。

此外,电视市场开始进入完全市场竞争时代。有线电视的多频道特性使订户得以自由选择自己想看的内容,打破了无线电视的垄断,有线电视不但瓜分了原官方掌握的3家电视公司的收视率,还瓜分了广告份额,使原官方掌握的3家电视公司的广告业绩每况愈下,并几乎濒临亏损窘境。1993年后,台湾当局又决定开放无线电视频道。1994年后,台湾当局决定开放一个全区性的民营无线商业电视台。1995年6月,民营性质的全民电视股份有限公司筹备处取得了台湾第四家无线电视台的经营权,改变了原有无线电视由3家官办的电视公司垄断的局面。1997年6月,全民电视台正式开播。

此外,公共电视的建设,也是台湾电视发展的一件大事。早在1982年,台湾当局"新闻局"开始筹设公共电视节目制作机构,以平衡商业电视的缺失,但因经费筹措困难等原因而未果。1990年7月1日,台湾公共电视建台筹备委员会成立。1992年9月,由公共电视建台筹备委员会草拟完成的《公共电视法案》送"立法院"审查。1997年5月底,《公共电视法草案》在"立法院"三读通过,开启了台湾公共电视传播的新纪元。1998年7月,台湾公共电视正式开播,出现了商业电视台以外的电视台。

"报禁"解除后,台湾的新闻舆论环境也有所改善。最令人欣喜的是,对大陆报道的限制被突破,海峡两岸新闻交流活动日趋频繁。80年代后,大陆体育健儿的优异成绩,在台湾的新闻媒介上广为传布,突破了台湾当局有关大陆报道的禁区。在1987年春后的一段时期内,围绕允许台湾同胞回祖国大陆探亲的问题,台湾新闻媒介上出现了一股引人注目的"大陆热"。1987年9月,台湾《自立晚报》记者李永得、徐璐冲破台湾当局的禁令,绕道日本到祖国大陆采访,成为两岸隔绝以来首次到大陆采访的台湾记者。11 月，中华全国新闻工作者协会负责人受国务院办公厅委托发表谈话，欢迎台湾新闻界来大陆采访、交流，两岸新闻交流的大门自此开启。之后，不计其数的大批台湾记者先后来到大陆进行采访，在大陆驻点采访的台湾新闻机构已有 10 多家。

与之相应，大陆记者也开始赴台湾采访。1991 年 8 月，新华社、中新社两名记者赴台湾采访“闽狮渔事件”处理情况，成为中华人民共和国成立后 40 多年来第一次赴台采访的大陆记者。1992 年 9 月，18 名大陆记者组团赴台采访，正式开启两岸新闻双向交流的大门。2001 年 2 月 8 日，两名新华通讯社记者作为大陆首批赴台湾驻点采访人员抵达台北，使海峡两岸新闻界的交流得以进一步深入。之后，人民日报社、中央电视台、中央人民广播电台、中国新闻社等大陆新闻媒体也获准在台湾驻点采访。2005 年 4 月，台湾当局粗暴、无理地停止新华社、人民日报社记者在台驻点采访。但是，海峡两岸新闻交流的进一步发展是任何反动势力也无法阻挡的。近年来，在两岸新闻界的共同努力下，两岸新闻交流与合作领域不断扩大，形式日益多样，内容越来越丰富。截至 2007 年底，来大陆采访的台湾记者累计已达 15 000 人次，大陆记者赴台采访也近 1 000 人次。

后 记

本书第一版在2001年3月出版时,作者充满了惶恐之情。虽然一直在探索、尝试根据中国新闻事业自身发展规律来进行历史分期,因而本书第一版在这一点上也有一定的创新之处,但这些创新之处是否能得到新闻史学界的认可,可以说把握不大。此外,中国新闻事业史上有不少已被发现的漏洞,或因学养不足而无力弥补,或因催稿太急而无暇弥补,又添加了一份不安。

所幸的是,本书第一版问世后,中国新闻史学界的诸前辈存奖掖后生之情,各同仁有宽以待人之心,誉之者有,毁之者无,即使当面或来信指出书中舛误之处者,也无不充溢着呵护之爱。不少同仁还在讲授中国新闻事业史课程时试将本书第一版用作教材或参考书目,使本书第一版屡次重印,在2008年6月已经是第11次印刷了。这一切,使作者继续探索、尝试根据中国新闻事业自身发展规律来进行历史分期的信心倍增。这些年来,作者根据教学与研究所得,不断引进最新研究成果、修正原有舛误之处,以冀将本书质量提升到一个新的高度。

2006年底,本书被列入普通高等教育"十一五"国家级规划教材。之后,本书第二版的修订工作正式启动。经过两年的努力,本书第二版终于完稿,自信在框架、结构、内容与文字等诸方面都比第一版更上了一层楼。当然,最公正的评价则要在本书出版后由中国新闻史学界同仁及广大的读者作出。在修订过程中,作者的学生邹军、杨桃莲、吴静、刘宝珍、王文涓等都做了不少工作,在此深表感谢。最后,作者还要向复旦大学出版社顾潜、李婷两位编辑致以由衷的感谢,他们分别为本书第二版的出版作出了重要贡献。

作　者

2008年11月于复旦大学新闻学院

图书在版编目(CIP)数据

中国新闻事业发展史/黄瑚著. —2版. —上海:复旦大学出版社,2009.1(2016.7重印)
(新闻与传播学系列教材:新世纪版)
ISBN 978-7-309-06410-0

Ⅰ. 中… Ⅱ. 黄… Ⅲ. 新闻事业史-中国-高等学校-教材 Ⅳ. G219.29

中国版本图书馆 CIP 数据核字(2008)第191847号

中国新闻事业发展史(第二版)
黄 瑚 著
责任编辑/李 婷

复旦大学出版社有限公司出版发行
上海市国权路579号 邮编:200433
网址:fupnet@fudanpress.com http://www.fudanpress.com
门市零售:86-21-65642857 团体订购:86-21-65118853
外埠邮购:86-21-65109143
大丰市科星印刷有限责任公司

开本 787×960 1/16 印张 24.5 字数 388 千
2016年7月第2版第8次印刷
印数 40 101—45 200

ISBN 978-7-309-06410-0/G·805
定价: 39.00元

如有印装质量问题,请向复旦大学出版社有限公司发行部调换。
版权所有 侵权必究

《中国新闻事业发展史》(第二版)反馈意见调查表

复旦大学出版社向使用本社《中国新闻事业发展史》(第二版)的教师免费赠送多媒体教学资源,包括配套的教学课件及电子书,便于教师教学。欢迎完整填写下面表格来索取,也可登录复旦教学服务网(edu. fudanpress. com)填写课件索取表索取课件。

教师姓名: ________________ **职务/职称:** __________

任课课程名称: ______________

任课课程学生人数: __________

联系电话:(O) ________ **(H)** ________ **手机:** ________

E-mail 地址: ______________________

学校名称: ________________ **邮政编码:** __________

学校地址: ____

学校电话总机(带区号): __________ **学校网址:** __________

系名称: ________________ **系联系电话:** ________

邮寄多媒体课件地址: ____________________________________

邮政编码: ______________

您认为本书的不足之处是:

您的建议是:

请将本页完整填写后,剪下邮寄到上海市国权路 579 号

复旦大学出版社 李 婷 收

邮编:200433 联系电话:(021)65109717

E-mail:liting243@126. com 传真:(021)65642892